우룸치烏魯木齊
천 산 산 맥
알타이 산맥
쿠차庫車
연기焉耆
룬대輪台
콜라
투르판吐魯番
하미哈密
타 림 강
85°
90°
95°
100°
감숙
소수누얼
크로라이나
樓蘭
옥문관玉門關
40°
타림 분지
로프누르
돈황敦煌
안서安西
주천酒泉
기祁
장액張掖
신강
찰 찬 강
가욕관嘉峪關
곤 륜 산 맥
무즈타그
련連
무위武威
차이담 분지
코코노르靑海
산山
서녕西寧
35°
청해
황 하
난
바 얀 할 산 맥
티베트
사천
아미산峨眉
니엔첸탕글라 산맥
성도成都
30°
라싸
에베레스트
싸꺄
히 말 라 야 산 맥
강톡
자디아
금金
사沙 강江
아솜
25°
임펄
미치나
등충騰衝
만인총萬人塚
콜카타
다카
보산保山
곤명昆明
운남
20°

『삼국지 다음 이야기』무대(변경부)

0   200   400   600   800   1,000km

90°
95°
100°

고비 사막

내몽골

음 산陰山

마산狼山
오원五原

호호호트

내몽골

도론누르多倫

장가구張家口

북경 (제성)

선화宣化

황금대

대동大同

연대

평양

서울

칼석산碣石山

살호구殺虎口

황산煙山

천진天津

고안固安

임구任邱

오대산五臺山

안문관雁門關

태원太原

태행산산太行山

석가장石家莊

제남濟南

태산泰山

황 해

개봉開封

낙양洛陽

낙하洛河

숭산嵩山

회하淮河

위수渭河

서안西安 (장안)

진 령秦嶺

대 파 산大巴山

한漢

대大

별別

합비合肥

남경南京 (건강)

태호太湖

상해上海

수水

산山

장

강

항주杭州

천태산天台山

대

사시沙市

무한武漢

여산廬山

동 중 국 해

경重慶

동정호洞庭湖

상湘

강江

장사長沙

남창南昌

무武

복주福州

귀양貴陽

형산衡山

대유령大庾嶺

산山

기륭

대북

계림桂林

구의산九疑山

소관韶關

매주梅州

아모이

광서

금전촌金田村

창오蒼梧

라부산羅浮山

조주潮州

스와터우

계평桂平

혜양惠陽

선

남녕南寧

서강西江

광주廣州

홍콩

하노이

합포合浦

마카오

광동

잠강湛江

해구海口

남 중 국 해

담주擔州

징매澄邁

해남

백두산

서간도

심양沈陽

싸르후

무순撫順

압

록

강

북진北鎭

요녕

흥성興城

산해관山海關

창려昌黎

대련

려순

위해

운

하

대

운

하

이夷

남령南嶺

삼국지 다음이야기

1

제2의 전국 시대, 중원을 지배한 오랑캐 황제들

魏晉南北朝

삼국지 다음이야기

1

신동준 지음

을유문화사

삼국지
다음이야기 1

발행일
초판 1쇄 2014년   3월 30일
초판 4쇄 2018년 11월 20일

지은이 | 신동준
펴낸이 | 정무영
펴낸곳 | (주)을유문화사

창립일 | 1945년 12월 1일
주소 | 서울시 마포구 월드컵로16길 52-7
전화 | 02-733-8153
팩스 | 02-732-9154
홈페이지 | www.eulyoo.co.kr
ISBN 978-89-324-7229-4 04900
      978-89-324-7231-7 (세트)

* 값은 뒤표지에 표시되어 있습니다.
* 지은이와 협의하에 인지를 붙이지 않습니다.

차례

서문

위진남북조 시대는 크게 위진 시대와 남북조 시대로 나눌 수 있다. 위진 시대는 조조가 세운 위나라와 사마씨가 천하를 통일한 이후의 서진이 존속한 시기를 말한다. 약 1백여 년에 이른다. 남북조 시대는 서진의 후신인 동진을 포함한 한족의 남조 정권과 북방 민족이 장성 이남으로 내려와 잇달아 세운 북조 정권이 대치하다가 수나라가 천하를 통일할 때까지의 기간을 말한다. 약 3백 년간에 달한다. 양자를 합치면 총 4백여 년이 된다.

원래 '위진남북조'라는 용어는 이 시기에 천하가 크게 분열되어 있었다는 취지에서 나온 것이다. 기본적으로 동양 전래의 순환사관에 뿌리를 두고 있다. 5백여 년의 분열 시대인 춘추전국 시대에 이어 4백여 년의 통일 시대인 진·한 시대가 도래했고, 다시 4백여 년의 분열 시대인 위진남북조 시대를 거쳐 재차 3백여 년에 걸친 수·당의 통일 시대가 찾아왔다는 식이다. 실제로 중국의 역사는 사계절의 순환처럼 분열과 통일의 시대를 반복하는 모습을 보여 주고 있다.

이는 기원전에 이미 완벽한 통치 체제와 이념을 구축한 결과다. 실제로 흥망의 패턴이 분열과 통일의 순환이라는 패턴에서 한 치도 벗어나지 않은 까닭에 새 왕조 모두 이전 왕조의 전철을 밟지 않기 위해 극도로 주의하는 모습을 보였다. 그러나 개인이나 기업, 국가 모두 창업 때의 어려움을 지나 수성의 안정기에 접어들면 나태해지기 마련이다. 역대 왕조가 하나같이 후기로 가면서 어지러운 모습을 보인 것도 이런 맥락에서 이해할 수 있다. 모두 창업 초기의 분발심과 헌신적인 자세를 잃고 자만과 태만에 빠진 결과다. 그 주기가 대략 2, 3백 년이었다. 중국의 역대 왕조가 2, 3백 년 단위로 바뀐 이유가 여기에 있다. 중국에서 순환사관에 입각해 고금의 역사를 하나로 꿰는 통사가 널리 편찬된 것도 이와 무관할 수 없다.

21세기 현재 한족 사가들은 총 4백 년에 달하는 위진남북조 시대를 중국 역사상 가장 고통스럽고 어두운 시기로 보고 있다. 남북조 시대 초기에 등장한 북조의 정권을 이른바 '5호 16국의 난'으로 표현하는 게 그 실례이다. 위진 남북조 대신 육조六朝 표현이 널리 사용된 것도 같은 맥락이다. 육조는 삼국 시대 오나라를 비롯해 서진을 이은 동진, 남조의 송, 제, 양, 진의 6개 한족 왕조를 지칭한다. 5호 16국을 비롯해 북중국을 통일한 북위와 그 후신인 북제와 북주 등은 말할 것도 없고, 그 이전의 삼국 시대 위나라까지를 암흑의 역사로 치부한 결과다. 여기에는 남쪽의 육조는 북쪽의 오랑캐와 달리 풍부한 물산을 배경으로 동질성을 유지한 채 한족 고유의 뛰어난 문명을 지속적으로 발전시켜 왔다는 시각이 깔려 있다. 이것이 한족의 오만과 왜곡된 화이華夷사상에서 비롯된 것임은 말할 것도 없다. 북조는 결코 야만의 문화가 아니었다. 강건한 상무 정신을 토대로 뛰어난 정치·군사 문화를 독자적으로 만들어 냈다. 나중에 이것이 수·당의 시기에 이르러 천하 통일의 밑거름이 됐다. 위진남북조 시대를 모르면 수·당 시대가 지니고 있는 역사적 의미와 그 이후의 역사 전개 과정을 제대로 이해하기 힘들다. 5백 년에 걸친 춘추전국 시대를 모르면 진·한 제국의 출현 및 그 이후의 전개 과정을 정확히 파악할 수 없는 것과 같다.

위진남북조 시대는 춘추전국 시대가 그랬듯이 매우 역동적인 시기였다. 사상사적으로 볼 때 유교와 불교 및 도교 모두 상호 치열하게 경쟁하면서도 상대의 장점을 적극 흡수해 사상 통합의 가능성을 탐색했다. 정치·군사적으로도 북쪽의 호인胡人과 남쪽의 한족을 하나로 묶기 위한 다양한 정책이 실시됐다. 문화적인 면에서도 남조의 섬세하면서도 화려한 문체와 북조의 간결하면서도 굳센 문체가 극명하게 대비되는 상황에서 서로 장점을 베끼려고 노력했다. 20세기 초 청화대의 저명한 역사학자 진인각陳寅恪은 이를 호한융합胡漢融合으로 표현했다.

남북 왕조의 이런 시도는 모두 매우 창조적인 모습을 띠고 있었다. 호한융합에 기초한 수·당 대의 성세가 등장하게 된 근본 배경이 바로 여기에 있다. 전래의 한족 문화에 선비, 강, 저, 갈, 흉노 등으로 구성된 여러 호인들의 참신한 문화와 상무 정신이 적극 유입된 결과이다. 하드웨어와 소프트웨어의 융합을 뜻하는 스마트 혁명이 그렇듯이 이질적인 남북의 문화를 하나로 녹이고자 하는 각 방면의 노력이 바로 호한융합에 기초한 수·당의 통일로 이어졌다고 해도 과언이 아니다. 그럼에도 우리나라에서는 위진남북조 시대의 서문에 해당하는 삼국 시대 관련 서적만 난무하고 있다. 게다가 하나같이 역사적 사실과 동떨어진 연의의 복사 내지 개작만이 넘쳐난다. 서문만 읽고 본문을 지레짐작하는 것은 어불성설이다. 왜곡된 서문을 읽을 경우는 그 폐해가 더욱 커질 수밖에 없다.

본서는 독자들에게 위진남북조 시대라는 큰 틀에서 난세를 바라보는 안목을 제공하고자 하는 충정에서 나온 것이다. 북방 민족과 남방 한족이 맞붙은 위진남북조 시대의 큰 틀에서 볼 때 한족들 간의 다툼으로 점철된 삼국 시대는 하나의 서막에 지나지 않는다. 이후 3백 년 동안 북중국을 배경으로 한 북조의 여러 왕조가 주도권을 장악한 사실이 이를 뒷받침한다. 남조의 한족 정권은 종속변수에 지나지 않았다.

객관적으로 볼 때 북방 민족이 중원의 역사에 적극 개입하는 단초를 제공한 인물은 위나라의 조조이다. 그는 영토를 확장하는 과정에서 흉노와 오환 등의 북방 민족을 위나라 백성으로 적극 끌어들여 군사력 강화의 계기로 삼았다. 북중국을 근거지로 삼았던 조씨의 위나라가 패망한 지 1백 년 뒤에 재차 북중국을 통일한 북위의 탁발씨가 국명을 사마씨의 '진'이 아닌 조씨의 '위'로 정한 것도 이런 맥락에서 이해할 수 있다. 천하 통일의 유한을 남긴 조조의 유업을 반드시 실현시켜 대업을 이루고야 말겠다는 의지의 표현이기도 했다.

필자는 본서를 집필하면서 역사적 사실에 가장 충실한 『자치통감』의 기록을 토대로 삼았다. 상세한 해설이 필요한 대목에서는 『삼국지三國志』, 『진서晉書』, 『송서宋書』, 『남제서南齊書』, 『양서梁書』, 『진서陳書』, 『위서魏書』, 『북제서北齊書』, 『주서周書』, 『남사南史』, 『북사北史』, 『수서隋書』 등의 관련 사서를 두루 인용해 놓았다. 각 시기별 주요 사건과 그 배경 및 특징을 인물 중심으로 기술해 놓은 까닭에 독자들은 복잡하기 짝이 없는 위진남북조 시대의 역사를 거시사의 관점에서 자연스럽게 파악할 수 있을 것이다.

중국이 문득 G1 미국과 어깨를 나란히 하는 G2의 일원으로 부상한 까닭에 중국의 전 역사에 대한 통찰이 매우 절실하다. 동북 공정으로 상징되는 역사 공정이 마무리 단계에 들어섰기에 더욱 그렇다. 『손자병법』은 "지피지기知彼知己이면 백전불태百戰不殆이다"라고 했다. 방략도 아는 만큼 보이는 법이다. 본서가 21세기 경제 전쟁의 최전선에게 맹활약하는 기업 CEO와 글로벌 비즈니스맨을 비롯해 코앞으로 다가온 한반도 통일을 견인해 명실상부한 허브 국가의 건설에 앞장서고자 하는 모든 사람에게 나름 도움이 됐으면 하는 바람이다.

학오재學吾齋에서 저자 쓰다

12 ◆

제1장

위진남북조
시대의
구분

삼국 시대가 '제2의 춘추 시대'라면
서진남북조 시대는 '제2의 전국 시대'에 해당한다.
뒤이은 통일 왕조는 이때의 사상과 제도 등을
토대로 천하를 운영했다.

서진과 양진, 그리고 위진

개인의 생장소멸과 국가의 흥망성쇠가 그렇듯이 영원한 제국은 없다. 천하 통일을 이룬 중국의 역대 왕조 가운데 1백 년간의 삼국 시대를 종식시킨 사마씨의 서진西晉만큼 허무했던 제국도 없다. 단명으로 끝난 진秦과 수隋를 거론할 수도 있으나 두 제국은 하드웨어인 정치, 군사 제도와 소프트웨어인 사회, 경제, 문화 등이 그대로 한漢과 당唐에 이어졌다. 비록 나라는 허무하게 스러지기는 했으나 그 정신만은 면면히 살아남은 셈이다.

서진의 경우는 이런 게 없다. 서진의 패망 후 재차 한이나 당과 같은 통일 제국이 들어서지 못하고 오히려 삼국 시대보다 더한 혼란기가 3백 년이나 이어졌기 때문이다. 학자들이 굳이 서진을 조씨의 위나라와 함께 위진魏晉으로 표현하면서 이후에 전개된 남북조 시대와 합쳐 '위진남북조'로 표현하는 이유가 여기에 있다. 주나라가 낙양으로 동천한 이후의 시기를 일면 동주東周로 칭하면서도 오히려 춘추전국 시대를 더 널리 사용하는 것과 같다. 이는 4백 년에 달하는 위진남북조 시대 자체가 춘추전국 시대를 방불케 하는 혼란스런 시기에 해당한다는 취지를 담고 있다. 서진의 등장 자체가 거대한 난세의 흐름인 위진남북조의 시기에 잠시 등장했다가 사라지는 휴지기에 불과하다는 판단이 저변에 깔려 있는 것이다.

내용적으로 볼지라도 서진처럼 황실을 비롯한 권력층이 하나같이 나약하고 부패했던 경우는 없었다. 이는 서진의 태생적 한계이자 비극이기도 했다. 후한 말 이후 1백 년간 지속된 삼국 시대를 마무리 지은 점에서 서진은 외견상 매우 화려해 보였다. 그러나 그 속내를 들여다보면 전연 딴판이었다. 부패와 비리, 위선으로 가득 차 있었다. 온갖 기괴한 일이 빚어지고, 그 후과가 남북조 시대로 들어오면서 오히려 더욱 큰 파문을 일으킨 배경이 여기에 있다. 중국의 역대 통일 왕조 가운데 최악의 경우로 꼽는 것도 바로 이 때문이다.

서진의 무제 사마염은 천하 통일을 완성한 후 점전제占田制와 과전제課田制, 호조식戶調式 등 나름 혁신적인 경제 정책을 시행해 권문세가의 사치 풍조에 제동을 걸고자 했으나 모두 실패했다. 결단력과 추진력의 결여가 가장 큰 이유였다. 사례교위로서 서진의 건국에 놀라운 수완을 발휘한 창업 공신 하증何曾조차 입에 맞는 음식이라면 하루에 1만 전을 소비하는 모습을 보고 규제를 아예 단념한 것이다. 그는 개혁을 포기한 후 이런 풍조에 적극 영합해 사치에 몰입했다. 후궁을 선발하기 위해 천하의 혼사를 금지시킨 데 이어 오나라를 병탄한 뒤에는 오나라 궁전에서 데려온 강남의 미녀에 홀딱 빠지기도 했다. 후궁이 1만 명에 이를 정도였다. 역대 제왕 가운데 최고의 호색한이라는 불명예를 안게 된 이유다. 지난 1995년 중국 호복성 양번에서 열린 위진남북조 역사 연구회의 국제 학술회의에서 일본의 중견 역사학자 아베지로安田二郎가 발표한 「서진무제호색고西晉武帝好色攷」 논문이 이를 웅변한다. 당시 은자의 삶을 산 노포魯褒가 『전신론錢神論』에서 "돈이야말로 신이다!"라고 선언한 것은 이런 풍조에 대한 자조적인 풍자에 해당한다. 이는 황실과 귀족들이 상상을 초월한 주지육림을 위해 수단과 방법을 가리지 않는 무자비한 가렴주구를 행했음을 반증한다. 서진을 파멸로 이끌고 간 '팔왕八王의 난'은 바로 이런 풍토에서 빚어진 것이었다. 이는 사마씨 황족이 보위를 둘러싸고 서로 혈전을 벌이며 스스로 왕조의 숨통을 조여 간 자멸의 난투극이었다.

난투극의 주역은 무제 사마염의 아들이 3명, 조카가 1명, 숙부 2명, 증조부를 같이하는 6촌이 2명이었다. 16년에 걸친 내란 끝에 남은 것은 패망이었다. 이들 여러 왕이 무력을 강화하기 위해 끌어들인 흉노와 선비 등의 북방 민족이 서진을 멸망시킨 뒤 화북 일대에 둥지를 틀고 새 왕조를 개창했다. 이른바 5호 16국의 시작이다. 일찍이 진시황은 흉노의 시도 때도 없는 공격을 방어하기 위하여 1만 리나 되는 장성을 쌓았다. 한나라도 건국 초기 흉노로 인해 골머리를 썩었다. 한족과 북방 민족의 주종 관계가 뒤바뀌기 시작한 것이 바로 서진의 무제 사마염 때이다. 서진은 응급 처방으로 이이제이以夷制夷의 계책을 구사해 만회를 꾀했으나 이는 오히려 사태를 더욱 악화시키는 배경으로 작용했다. 그 결과가 바로 5호 16국, 즉 남북조 시대의 개막이다.

5호 16국은 4세기 초부터 1백여 년 동안 화북에서 흉노, 흉노의 별종인 갈羯, 고구려와 마찬가지로 동호東胡 즉 퉁구스계에 속하는 선비, 티베트계인 저氐와 강羌 등의 5호가 잇달아 정권을 수립해 명멸한 것을 말한다. 북방 민족이 중원을 차지한 최초의 지배 형태이다. 314년 흉노의 추장 유연이 팔왕의 난에 편승해 지금의 산서 지방에 흉노 국가인 한漢을 세운 후 탁발부 선비족이 세운 북위가 북중국을 통일하는 439년까지의 기간이 여기에 속한다. 그러나 당시 북중국에는 16국 이외에도 구지仇池와 적요翟遼 등 여러 나라가 있었다. 16국은 북위 말의 사가 최홍崔鴻이 쓴『십육국춘추十六國春秋』에서 유래한 것일 뿐이다.

당시의 흐름은 북중국에 있는 2개의 축을 중심으로 형성됐다. 하나는 장안이 속해 있는 관중이다. 다른 하나는 지금의 하북성 임장현인 업과 하북성 형대시인 양국襄國, 하북성 정주시인 중산中山을 중심으로 한 관동이 그것이다. 서쪽의 관중과 동쪽의 관동을 지배한 나라는 16국 가운데 강국으로서의 면모를 유지했다. 320년대의 전조前趙와 후조後趙, 350~360년대의 전연前燕과 전진前秦, 380~390년대의 후연後燕과 후진後秦, 410~420년대의 북위北魏와

하^夏가 그렇다.

흥미로운 것은 비슷한 시기 유럽에서 게르만 민족의 이동으로 로마 제국이 쇠퇴하여 동서로 분열된 점이다. 게르만 민족은 곧 프랑크 왕국에 의해 통합돼 현재의 서유럽과 유사한 세계를 만들어 갔다. 게르만 민족의 이동이 긍정적인 평가를 받는 이유다. 그러나 5호 16국의 경우는 이와 정반대다. '역사상 가장 굴욕적이다'라는 악평과 더불어 '5호가 중화를 어지럽혔다'는 식의 부정적인 평가가 그렇다. '난^亂'으로 표현하는 게 그 증거다. 게르만 민족과 5호의 이동이 정반대의 평가를 받고 있는 가장 큰 이유는 말할 것도 없이 북위의 후신인 수·당 제국을 선비족의 정복 왕조가 아니라 한족의 왕조로 둔갑시킨 데 따른 것이다.

5호가 중원으로 이동한 후 한족과 융합했기 때문에 수·당의 천하 통일이 가능했고, 이후 동아시아 각국의 모범이 된 국가 체제가 구축되고, 불교가 새로운 통치 이념으로 자리 잡을 수 있었다는 것이다. 5호의 일원인 북위가 북중국을 통일한 시기를 기점으로 남쪽의 한족 정권과 더불어 남북조 시대가 시작됐고, 이후 천하 통일을 이룬 수·당은 선비족과 한족의 혼혈 정권인 까닭에 북위와 구별된다는 식의 주장을 펼치는 이유다. 이를 바탕으로 '육조' 내지 '양진남북조' 등의 용어가 나왔다.

과거 중국의 일부 사가들은 위진남북조 시대를 지금의 난징인 건강^{建康}을 수도로 삼은 삼국 시대의 동오와 동진, 송, 제, 양, 진에 초점을 맞춰 육조로 불렀다. 비록 문화사에 초점을 맞춘 것이기는 하나 한족 중심의 그릇된 화이 사상에 입각한 것이다. 양진 개념도 마찬가지이다. 현재 중국 학계의 일각에서는 편협한 육조 용어를 사용하지는 않고 있으나 위진남북조 대신 양진남북조라는 용어를 사용하고 있다. 동진이 패망하는 420년에서 얼마 떨어지지 않은 439년에 북위가 북중국을 통일한 것을 기점으로 명실상부한 남북조가 시작됐다는 게 논거다. 이는 기본적으로 다음과 같은 문제를 안고 있다.

첫째, 동진이 패망한 420년에서 북위가 북중국을 통일하는 439년 사이의

19년이 '양진'도 아니고 '남북조'의 시기도 아닌 애매한 시기로 남게 된다. 통일 정권인 서진이 무너지고 남쪽에 동진이 성립하는 시점부터 분열 시대인 남북조가 열리게 됐다고 보면 아무 문제가 없는 것을 공연히 한족 중심의 양진 개념을 고집하는 바람에 이런 일이 빚어진 것이다.

둘째, 북조의 역사를 16국이 난립한 전기와 북위가 북중국을 통일한 후기로 구분한 것은 역사적 사실을 무시한 것이다. 이는 북조의 후기를 남조의 역사와 억지로 대비시키려는 속셈에서 비롯된 것이다. 북조의 북위가 비슷한 시기의 남조 송나라와 남북으로 대립한 점은 나름 이해할 수 있으나 남조의 동진과 송을 굳이 구분해야 하는 이유가 무엇인지는 알 길이 없다. 이는 기본적으로 한족 역대 사가들의 그릇된 중화 개념을 고식적으로 답습한 결과로 볼 수밖에 없다. 위진남북조 시대와 관련한 여러 용어를 도식으로 정리하면 다음과 같다.

A. 위진남북조

1. 위(삼국 시대) → 2. 진(서진) → 3. 남북조(5호 16국·북위·북주의 북조 대 동진·송·제·양·진의 남조)

B. 서진남북조

1. 서진 → 2. 남북조(5호 16국·북위·북주의 북조 대 동진·송·제·양·진의 남조)

C. 양진남북조

1. 서진 → 2. 동진(5호 16국의 존재 무시) → 3. 남북조(북위·북주의 북조 대 송·제·양·진의 남조)

D. 육조

1. 동오(삼국 시대) → 2. 진(서진 및 동진) → 3. 송 → 4. 제 → 5. 양 → 6. 진

원래 위진남북조는 남북조의 전개가 서진의 홍망에서 비롯되고, 이는 조조의 위나라에 뿌리를 두고 있다는 생각에서 나온 것이다. 이에 반해 양진남북조는 남북조 전개가 조조의 위나라가 아닌 서진에서 비롯됐다고 보는 시각이다. 삼국 시대와 그 이후의 시기를 엄격히 구분하려는 취지가 반영된 결과이기는 하나 양진을 굳이 강조하는 이유가 석연치 않다. 객관적으로 볼 때 서기 317년에 성립된 동진은 남조의 일개 정권에 불과했다. 5호 16국의 등장과 더불어 남북조 시대의 개막을 알린 동진은 삼국 시대에 종지부를 찍은 사마씨의 서진과 엄격히 구분할 필요가 있다. 이를 전제로 할 경우 양진남북조는 서진남북조로 바꾸는 게 타당하다. 사실 그래야만 위, 촉, 오 등 삼국이 한 치의 양보도 없이 치열하게 다툰 삼국 시대와 그 이후의 서진남북조 시기가 확연히 구별될 수 있다.

이 경우 서진남북조 시기는 크게 두 시기로 나눌 수 있다. 하나는 사마염에 의해 삼국이 통일되는 280년에서 동진이 건립되는 317년 직전까지 모두 38년 동안 지속된 서진의 통일 시기다. 다른 하나는 동진의 성립에서 남조의 마지막 왕조인 진陳나라가 북중국을 통일한 수나라에 의해 통합되는 589년 정월까지 모두 273년 동안 지속된 남북조의 분열 시기다. 두 시기를 합치면 서진남북조의 기간은 총 311년에 달하게 된다.

역대 사가들은 북위와 그 후신인 동위, 서위, 북제, 북주의 다섯 왕조만을 북조北朝로 인정했다. 여기에 수나라까지 더해 북조의 역사를 기술한 이연수李延壽의 『북사北史』가 대표적이다. 이는 북위가 북중국을 통일하기 이전까지의 북조 역사를 역사로 간주하지 않은 데 따른 것이다. 5호 16국 용어가 출현한 근본 배경이다. 양진남북조의 '양진'도 같은 맥락이다. 오직 한족의 역사만 정통 중국사에 편입시킬 수 있다는 편견에서 비롯된 것임은 말할 것도 없다. 이는 모든 소수민족의 역사를 중국사에 편입시키고자 하는 현대 중국의 입장과 배치된다. 현재 중국 학계는 물론 중국인 사이에서도 '5호 16국'과 '육조' 용어는 완전히 자취를 감췄다. 학술적으로 볼지라도 이런 편협한 관점을 고집할 경우 북중국을 통일한 북위가 534년을 기점으로 동위와 서위로 다시 나뉜 뒤 권신인 고씨와 우문씨의 북제와 북주로 바뀐 사실을 제대로 설명하기가 어렵다.

원래 남조는 동진의 성립 이후 마지막 왕조인 진나라까지 줄곧 단일 정권으로 존재했다. 이에 비해 북조는 수나라에 의해 통일될 때까지 시종 여러 나라가 서로 한 치의 양보도 없이 치열하게 다투는 양상을 보였다. 북위가 거의 1백 년 동안 북중국을 하나로 통합한 정권으로 존재한 것도 남북 대립이라는 큰 틀에 넣어 바라보면 일시적인 현상에 불과하다. 사실 이같이 접근해야만 북중국을 통일한 북위가 동위와 서위 및 북

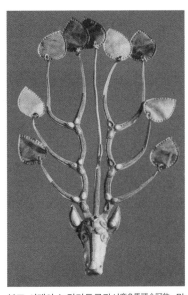

북조 시대의 녹각마두금관식鹿角馬頭金冠飾. 많은 사람들이 위진남북조 시대를 중국 역사상 가장 고통스럽고 어두운 시기로 보고 있다. 그러나 이는 한족의 관점에 지나지 않는다. 사진에서 보는 것처럼 이 시기는 북방 민족의 문화가 대거 중국에 유입되어 찬란한 문화를 꽃피운 시기이기도 했다. 북방 민족의 관점에서 보면 오히려 위대한 영웅들이 활약한 시기라 할 수 있다.

제와 북주로 나뉘었다가 40여 년만인 577년에 북주로 통합된 뒤 다시 581년에 수나라로 바뀐 사실이 자연스럽게 설명된다. 북위 자체가 동진이 등장하는 317년에서 불과 20년밖에 떨어지지 않은 338년에 이미 독자적인 연호를 사용하고 있었다. 북위를 5호 16국에서 배제한 것 자체가 어불성설이다. 북위의 북중국 통일을 기점으로 북조의 역사를 전기와 후기로 나눈 뒤 전기는 아예 무시한 채 양진의 시기로 못 박고, 이어 후기만 따로 떼어 내 남조와 대립한 시기로 간주하는 것 자체가 비과학적이라는 얘기다.

위진남북조에 대한 정확한 이해는 북조의 전기 역사를 5호 16국으로 한정하는 기존의 견해를 과감히 폐기하는 데서 출발할 필요가 있다. 사실 역대

사가들이 유연의 한漢과 유요의 조趙를 '전조'로 묶고, 염민冉閔의 위魏를 '후조'에 집어넣어 16국으로 못 박아 놓은 것 자체가 억지이다. 이런 억지가 한족 중심의 양진 개념을 만들어 낸 것임은 말할 것도 없다. 삼국 시대와 그 이후의 시기를 명확히 구분하고, 통일 정권인 서진이 무너진 후 북쪽에서 여러 나라가 명멸하면서 남쪽의 한족 정권과 각축을 벌인 사실을 분명히 드러내고자 할 경우 '서진남북조'로 명명하는 게 옳다. 동진의 성립 이후 남북이 시종 대립하는 모습을 보인 게 이를 뒷받침한다. 중국 학계에서 한족 중심주의에 매몰돼 비과학적인 양진남북조 용어를 계속 사용하고 있는 것은 그렇다 치더라도 한국의 학자들마저 이를 무비판적으로 사용하는 것은 큰 문제다.

중국의 역대 사서를 개관하면 쉽게 알 수 있듯이 중국사는 결코 한족의 역사로만 이뤄져 있는 게 아니다. 오히려 그 내막을 보면 북방의 호인을 중심으로 한 비한족의 정복 왕조 역사가 훨씬 길다. 서진남북조의 시기가 대표적이다. 이 시기에 한족이 세운 서진이 존속한 시기는 불과 38년에 불과하다. 3백년에 가까운 나머지 시기는 비록 여러 나라가 난립하기는 했으나 줄곧 호인이 세운 북조가 중심축을 이뤘다. 수·당 제국이 호인을 중심으로 한 이른바 호한융합의 정권으로 유지된 사실이 이를 뒷받침한다. 말할 것도 없이 수·당 제국이 선비족이 세운 북위의 후신으로 등장한 결과이다.

거시사의 관점에서 볼 때 중국의 역사는 통일과 분열의 반복으로 진행됐다. 서주의 통일과 춘추전국의 분열, 진·한의 통일과 위진남북조의 분열, 수·당의 통일과 오대십국의 분열, 북송의 통일과 남송·요 내지 남송·금의 분열, 원의 통일과 명·북원 내지 명·후금의 분열, 청의 통일과 민국·군벌 내지 민국·홍군의 분열이 그렇다.

위진남북조는 삼국과 서진남북조의 분열 시기를 총칭하는 말이다. 이 시기는 무려 4백 년에 달한다. 5백여 년에 달하는 동주, 즉 춘추전국의 분열 시대에 버금가는 매우 긴 기간이다. 전국 시대가 춘추 시대의 연장선상에 있듯이 서진남북조 시대 역시 삼국 시대의 연장선상에 있다. 단지 삼국 시대는 한족이 중심이 되어 각축을 벌인 데 반해 서진남북조 시대는 호인들이 중심이 돼 각축을 벌인 점이 다를 뿐이다. 주목할 점은 서진남북조 시대 이후 호인들이 청대 말기까지 시종 중국사 전개의 중심축으로 작용한 점이다. 통일 시대에 등장한 원 제국과 청 제국은 말할 것도 없고, 분열 시대에 등장한 요·금과 북원·후금 모두 무력 면에서는 한족 정권인 송과 명을 압도했다. 호인이 호한융합의 중심축에서 밀려난 것은 20세기 초 청조가 패망한 이후로 1백 년 남짓한 최근의 일일 뿐이다. 그런 점에서 호인이 중국의 역사 전개 과정에 본격적으로 개입해 주도권을 행사하기 시작한 위진남북조 시대의 역사는 중국 역사의 실체를 파악하는 관건에 해당한다.

삼국 시대와 위진남북조 시대

객관적으로 볼 때 북위는 북방 민족 특유의 강건한 상무 정신 위에 남조 한족의 문치 정신을 결합시킨 매우 세련된 문화를 영위했다. 실제로 북위가 북중국을 통일한 후 문학과 회화, 음악 등 문화·예술 면에서 남조와 북조의 차이는 사실상 사라졌다. 오히려 시간이 지나면서 남조의 문화가 퇴폐적인 면으로 흐른 까닭에 정치와 군사 등의 하드웨어뿐만 아니라 문화·예술 등의 소프트웨어 측면에서도 북조가 남조를 압도하기 시작했다고 보는 게 옳다. 위진남북조의 시기에 군이 정통을 꼽으라면 기존의 견해와 달리 남조가 아닌 북조를 들어야 하는 이유가 여기에 있다. 실제로 위진남북조 시대가 마무리된 직후에 등장한 수·당 제국이 찬란한 문화를 꽃피운 것은 남조가 아닌 북위의 역사·문화 전통을 이었기에 가능했다. 호한융합이 그 요체였다. 이는 북위의 역사를 개관하면 쉽게 알 수 있다. 북위의 역사는 크게 보아 호한분치胡漢分治가 호한융합으로 변환하는 과정으로 파악해도 큰 잘못은 없다.

시종 선비족의 풍습을 지키려는 세력과 이를 버리고 한화漢化를 추진하려는 세력이 치열한 신경전을 전개한 사실이 이를 뒷받침한다. 한화 추진의 중심은 주로 북방에 잔류한 한족이었다. 대표적인 인물이 바로 북위의 최호崔浩였다. 그는 외래 종교인 불교를 배척하기 위해 도교 교단의 교조 구겸지와 손을 잡고 태무제 탁발도에게 폐불廢佛을 설득해 이를 관철시킨 데 이어 한족 관료를 대거 발탁해 한화를 가속화했다. 그러나 그는 선비족의 커다란 반발을 야기해 결국 비참한 최후를 맞이하고 말았다. 이후 북위는 태무제가 암살당하면서 걷잡을 수 없는 혼란에 빠져들었다. 이를 수습한 사람이 문명태후文明太后 풍씨다. 그녀는 수렴청정을 하면서 봉록제封祿制와 삼장제三長制, 균전제均田制 등을 정착시켰다. 이는 이후 수·당이 중앙집권적인 통일 제국을 운영하는 기본 틀이 되었다. 그녀를 호한융합의 대표적인 인물로 꼽을 수 있는 이유다. 서기 490년에 그녀가 죽은 후에도 호한융합 정책은 면면히 유지되었다.

문제는 그다음이었다. 풍태후 사후 친정을 시작한 효문제 탁발굉은 매우 과격한 방법으로 한화를 추진했다. 서기 493년에 수도를 평성에서 낙양으로 옮긴 후 황실을 포함해 선비족 귀족의 성씨를 모두 한족의 성씨로 바꿨다. 탁발씨는 원씨, 발발씨는 장손씨, 독고씨는 유씨, 울지씨는 울씨 등으로 바뀌었다. 또 위나라 조비가 창안한 구품관인법九品官人法을 부분적으로 채용해 남조와 유사한 귀족제를 정착시켰다.

이는 선비족의 커다란 반발을 야기했다. 그의 사후 서기 523년에 옛 수도 평성 주변을 방위하던 여섯 곳의 주둔지에서 제국의 근간을 뒤흔드는 병란이 일어난 게 그 실례다. 이를 이른바 '6진의 난'이라고 한다. 6진은 원래 전략상 매우 중시된 까닭에 선비족의 유력자가 배치되어 있었던 곳이다. 그러나 낙양으로 천도한 뒤 이들에 대한 대우가 형편없이 나빠졌다. 그간 내부적으로 쌓였던 선비족 군인들의 불만이 일거에 폭발한 게 바로 6진의 난이다. 이는 북위 패망의 결정적인 계기로 작용했다.

당시 북위 조정은 매우 시끄러웠다. 효명제 원후와 생모 호태후 사이에 주도권 다툼이 일어난 게 대표적인 사례다. 서기 528년, 호태후가 효명제를 살해하면서 혼란이 극에 달했다. 이를 진압한 사람이 갈족의 지족인 계호^{契胡} 출신 이주영^{爾朱榮}이었다. 그는 밖으로 6진의 난을 진압한 여세를 몰아 효장제 원자유를 옹립한 뒤 권력을 손에 넣었다. 그러나 이후 전횡을 일삼다가 이내 효장제에게 살해됐고, 효장제 역시 이주영 일족의 손에 목숨을 잃었다.

이 틈을 노려 이주영 휘하의 고환^{高歡}이 이주영 일족을 척살하고 어부지리를 챙겼다. 북위 최후의 황제 효무제 원수가 고환의 옹립으로 보위에 오른 게 그것이다. 고환이 황제를 능가하는 권력을 행사하자 이에 불만을 품은 효무제가 이내 관중 일대에서 세력을 키운 군벌 우문태^{宇文泰}에게 몸을 맡겼다. 고환은 이에 맞서 서기 534년에 효정제 원선견을 옹립했다. 이듬해에 우문태도 효무제 원수를 제거한 뒤 문제 원보거를 옹립했다. 막강한 북위가 동위와 서위로 쪼개진 이유다. 동위와 서위의 건립은 사실 권신인 고씨와 우문씨의 찬위 수순에 지나지 않았다. 당시 고환은 막강한 무력을 배경으로 서위를 여러 차례 공격했으나 소기의 성과를 거두지 못했다. 서기 547년 고환이 사망하고 그의 아들 고징^{高澄}이 뒤를 이었다. 이때 하남을 수비하던 후경^{侯景}은 고징의 의심을 받게 되자 이내 남조의 양나라에 투항했다. 크게 기뻐한 양무제가 곧 하남 일대를 접수하기 위해 대군을 보냈으나 대패하고 말았다. 이후 양나라에 귀순한 후경은 군사 정변을 일으켜 양나라의 권력을 손에 넣었다. 이는 양나라에 일대 혼란을 야기했다. 통상 이를 '후경의 난'이라고 한다.

서기 549년 고징이 죽자 동생 고양^{高洋}이 선양을 받아 제나라를 세웠다. 이를 남조의 제나라와 구별하기 위해 통상 '북제^{北齊}'로 부른다. 북제는 막강한 군사력을 배경으로 여러 차례 북주와 맞섰으나 결정적인 승리는 거두지 못했다. 게다가 북제의 마지막 황제인 후주 고위^{高緯}는 아첨을 일삼는 신하들의 참언을 믿고 대장 곡률광^{斛律光} 등을 살해하는 우를 범했다. 이로 인해 북제는 급속히 약화됐다. 호시탐탐 기회를 노리고 있던 북주가 마침내 서기 577년에 대군을 파견해 북제를 멸하고 북중국을 통일했다.

당초 무천진 출신인 서위의 권신 우문태는 북위 말기에 이미 섬서 일대를 지배한 최대 군벌로 성장해 있었다. 주목할 점은 당시 우문태가 새로운 군제인 이른바 '24군제'를 편제한 점이다. 이는 군의 조직을 크게 주국, 대장군, 개부의 체제로 편제한 뒤 우문태가 이를 총괄한 게 특징이다. 훗날 수·당이 막강한 군사력을 배경으로 천하를 경영하게 된 이른바 부병제의 근간이 이때 마련됐다.

또 하나 주목할 점은 우문태가 북위의 효문제 탁발굉과는 정반대로 기존의 한화 정책을 폐지하고 선비 중심의 정책을 추진하면서 주례周禮를 근간으로 한 복고 정책을 동시에 추진한 점이다. 우문태의 아들 우문각宇文覺이 선양을 받아 보위에 오르면서 국호를 주周로 정한 이유다. 이는 크게 보아 호한융합의 균형을 취한 것으로 평할 수 있다. 이후에 등장하는 수와 당도 동일한 입장을 취했다. 당시 우문태는 균형 잡힌 호한융합 정책을 배경으로 서기 553년에 양나라로부터 사천을 탈취하고, 이어 후경의 난에 적극 개입해 괴뢰국가인 후량을 세워 남조를 견제하는데 활용하는 기민성을 발휘했다.

서기 556년 우문태가 죽자 그의 조카 우문호가 실권을 장악하고 우문태의 셋째 아들 우문각을 옹립해 북주를 건국했다. 이후 우문호는 효민제 우문각 이외에도 명제 우문육宇文毓과 무제 우문옹宇文邕을 옹립하는데 결정적인 공을 세우면서 사실상의 황제로 군림했다. 그러나 이후 돌궐과 동맹을 맺고 북제를 치려다가 실패한 뒤 우문옹의 계책에 말려들어 주살을 당했다.

『유라시아 유목제국사』를 쓴 프랑스의 저명한 중국학자 르네 그루쎄는 북제와 북주는 성립 당시부터 이미 완전히 한화된 까닭에 유목민의 특질을 찾아볼 수 없게 되었다고 주장했으나 이는 지나치다. 우문옹의 폐불 행보가 이를 뒷받침한다. 보위에 오른 지 12년 만인 서기 572년 3월에 비로소 우문호의 사망을 계기로 친정을 하기 시작한 우문옹이 가장 먼저 손을 댄 것은 도관道觀과 사찰의 재산을 몰수하고, 승려와 도사를 병사로 징집한 일이었다. 그루쎄가 불가의 가르침에 감화된 초원의 용사들이 원초적 호전성을 잃고 이내 자기 방어력까지 취약하게 됐다고 지적한 것은 옳다. 그러나 북제와 북주 때 이런 모습이 나타났다고 주장한 것은 역사적 사실과 배치된다.

당시 사찰과 도관의 재산을 강제로 몰수해 국부를 튼튼히 한 우문옹은 서기 575년 내분에 휩싸인 북제를 공격하기 시작했다. 북위는 2년 뒤인 577년 마침내 북제를 평정하고 북중국을 통일했다. 우문옹은 내친김에 천하 통일을 이룰 심산으로 이듬해인 서기 578년 남조 진나라 정벌에 나섰다가 불행하게도 도중에 병사하고 말았다. 만일 병사하지 않았다면 그는 당대에 천하 통일의 위업을 이뤘을 공산이 매우 컸다.

우문옹의 뒤를 이은 선제 우문빈은 평소 부황인 우문옹의 엄한 교육에 커다란 불만을 품고 있었던 차에 부황이 급서하자 그의 관을 향해 '죽는 것이 참으로 늦었다!'며 욕설을 퍼부었다. 북주의 패망은 바로 그로부터 시작됐다고 해도 과언이 아니다. 당시 미신을 굳게 믿은 우문빈은 즉위 이듬해인 서기 579년에 장남 우문천에게 보위를 넘기고 상황으로 물러난 후 대규모 토목공사를 벌이면서 주색잡기에 몰두했다.

서기 580년 우문빈이 과도한 주색잡기로 22세에 요절하자 북주의 열두 대장군 중 한 명인 외척 양견이 흑심을 품고 보정대신이 된 후 이내 전권을 장악했다. 그는 이듬해인 서기 581년 외손자인 정제 우문천을 압박해 보위를 넘겨받고 수나라를 세웠다. 북주의 건국 기반을 닦은 우문태 및 우문옹을 삼국 시대 당시 위나라 건국의 기틀을 닦은 조조 및 조비에 비유할 경우 수문제 양견은 여러 모로 위나라를 찬탈한 사마씨와 닮았다. 다만 할아버지에서 손자까지 3대에 걸친 사마씨의 찬탈 과정을 수문제 양견은 당대로 축약한 것만이 다를 뿐이다.

당시 수문제 양견은 서진의 사마염이 그러했듯이 천하 통일을 향해 매우 신중하게 움직였다. 그는 북쪽 돌궐의 침공에 대비해 만리장성을 수축하고, 버려진 운하를 정비해 보급로를 확보했다. 이어 괴뢰 국가 후량을 멸망시켜 직할령으로 만들었다. 서기 588년, 남조 진나라의 토벌 준비가 끝났다고 판단한 그는 마침내 차남 양광楊廣을 총사령관으로 삼아 50여만 명에 달하는 원정군을 파견했다. 양광이 이끄는 수나라 군사는 이듬해인 589년 진나라의 수도 건강을 함락시켰다. 수나라는 황건적의 난을 계기로 군웅이 할거하는 삼국 시대 이래 서진남북조 시대가 마무리되는 남조 진나라의 패망까지 무려 4백 년 동안 지속된 분열 시대를 끝낸 셈이다. 서진남북조의 시기를 위진 남북조 시대의 서막에 해당하는 삼국 시대의 뒤를 잇는 일종의 후삼국 시대로 간주해도 좋은 이유다.

수나라의 천하 통일은 기본적으로 조조의 위나라 승계를 내세운 북위가 존재했기에 가능한 일이었다. 북위라는 명칭 자체가 후대 사가들이 붙인 것인 만큼 당시의 공식 명칭이 조조가 세운 것과 똑같은 위나라였음은 말할 것도 없다. 삼국 시대의 정통을 위나라에 둔 결과다. 따라서 삼국 시대와 서진남북조 시대를 하나로 꿰어 살펴볼 필요가 있다. 필자가 이번에 『삼국지 다음 이야기』를 펴낸 이유다.

『삼국지 다음 이야기』의 기이한 장면들

위진남북조 시대에는 기이한 장면들이 많이 연출됐다. 280년 진무제 사마염이 오나라를 멸망시키고 천하를 통일했다. 우람한 체격의 미남자인 이 황제는 의기양양한 나머지 매일 연회를 베풀며 즐겼다. 밤마다 생황 소리가 울려 퍼지는 가운데 양이 이끄는 수레에 올라 양이 멈추는 후궁의 방에서 잠을 잤다. 궁인들은 대나무 잎을 문 앞에 꽂고 소금물을 땅에 뿌려 황제의 수레를 유인했다.

291년 진무제의 아들로 '백치 황제'로 불린 진혜제 사마충이 거대한 용상위에 단정히 앉아 있었다. 대신들은 밖에서 빚어지고 있는 화난을 앞다퉈 보고했다. 당시 수많은 백성들이 먹을 양식이 없어 굶어 죽었다. 사마충이 커다란 눈알을 굴리며 생각하는 모습을 보이더니 이같이 물었다.

"먹을 양식이 없으면 왜 고기로 죽을 쑤어 먹지 않는 것인가?"

팔왕의 난에 따른 후유증이 극심했던 311년의 어느 날, 갈족의 우두머리 석륵이 이끄는 군대가 영평성에서 인간 사냥을 했다. 난을 피해 황급히 도주했던 서진의 왕공과 사대부를 포함해 일반 백성 10여만 명이 도살됐다. 그다음 날 흉노 부장 유연이 이끄는 군사가 사방에 불을 놓아 요행히 죽음을 면한 20만 명의 서진 군민을 모두 산 채로 불에 태운 뒤 그 고기를 먹었다.

349년, 과거에 석호石虎 휘하에 있던 대장 염민과 이농은 갈족이 반기를 들자 이른바 살호령殺胡令을 내렸다. 하루 사이에 업성의 봉양문 밖 광장에 수만 명에 달하는 갈족의 머리가 산처럼 쌓였다. 며칠 동안 살호령에 의해 목숨을 잃은 갈족의 수가 20여만 명에 달했다. 이는 그동안 이뤄졌던 한족 군민軍民에 대한 탄압의 반동으로 인한 것이었다.

420년 여름, 동진의 공제가 선양의 조서를 내리면서 보위를 유유에게 넘겨 남조는 새로운 시대로 접어들었다. 1년여 뒤 유유가 보낸 병사들이 흔쾌히 보위를 넘겨준 뒤 연금 상태로 있으면서 염불을 외던 공제의 집 담장을 넘어 들어가 그를 독살했다. 이후 남조의 마지막 황제는 모두 그의 전철을 밟았다.

528년, 음탕한 데다 표독한 심성을 지닌 북위의 호태후가 갈족의 지족인 계호의 우두머리 이주영 앞으로 끌려왔다. 호태후가 구구히 변명하자 이주영이 도중에 소매를 떨치고 일어나 좌우에 명해 호태후와 3세의 어린 황제를 모두 황하에 내던지게 했다. 북중국을 통일했던 북위는 이내 몰락의 길로 접어들었다.

549년 여름, 건강성을 지키던 군민 가운데 10여만 명이 죽은 뒤 대장 후경이 입성했다. 한때 천하를 호령했던 86세의 양무제는 승냥이를 안방으로 불러들인 것을 후회했으나 이미 때가 늦었다. 당시 그의 곁에는 아무도 없었다. 여러 차례 불렀으나 누구도 응답하지 않았다. 결국 그는 연이어 '허허!'를 연발하다 한을 품고 죽었다.

589년, 수나라는 대장만 1백 명, 군사는 52만 명에 달하는 군대를 이끌고 진왕 양광의 지휘 하에 건강성을 향해 돌진했다. 남조 최후의 왕조인 진나라의 시인 황제 진숙보는 총애하는 두 명의 비빈과 함께 우물 속에 몸을 숨겼다가 이내 포로로 잡혔다. 이로써 천하가 다시 하나로 통일됐다.

이 모두는 『삼국지 다음 이야기』에 나오는 역사적인 장면들이다. 당시 천하는 3세기에 걸친 장구한 기간 중 겨우 38년 동안 유지된 서진의 통일 시기를 제외하고는 시종 사분오열된 모습을 보였다. 많은 사람들이 위진남북조 시대를 중국 역사상 가장 고통스럽고 어두운 시기로 보고 있다. 그러나 이는 한족의 관점에 지나지 않는다. 북방 민족의 관점에서 보면 오히려 위대한 영웅들이 활약한 시기에 해당한다.

서진의 멸망을 전후로 황하 유역이 피로 얼룩지면서 수많은 호인 정권이 들어섰으나 이는 동시에 호인과 한족을 하나로 묶는 계기로 작용했다. 이것이 호한융합에 기초한 수·당대의 성세가 등장하게 된 배경이다. 선비족과 강족, 저족, 갈족, 흉노족 등으로 구성된 북방 민족의 참신한 문화와 상무 정신이 유입된 결과이다.

이 시기에 문학과 음악, 회화, 서법, 종교 등 전 분야에 걸쳐 불교와 도교, 유교, 법가, 명가 등 수많은 사상이 각축을 벌이면서 춘추전국 시대를 방불하는 백화제방百花齊放의 양상을 보였다. 이것이 중국의 정신문화를 더욱 풍부하게 만들었다. 춘추전국 시대와 하등 다를 바가 없다. 삼국 시대가 '제2의 춘추 시대'라면 서진남북조 시대는 '제2의 전국 시대'에 해당한다. 위진남북조 시대 당시 시간이 지나면서 열국이 각축하는 수위와 내용 등이 훨씬 높아진 것도 춘추전국 시대의 흐름과 꼭 같다. 춘추 시대에는 나름 국가 간의 예양이 존재했다. 그러나 전국 시대로 접어들면서 약육강식의 병탄 작업이 활발히 전개됐다.

마찬가지로 제2의 춘추 시대인 삼국 시대에는 삼국 간에 전쟁 중에도 외교 사절이 활발히 오가는 등 나름 예양이 존재했다. 그러나 제2의 전국 시대인 서진남북조 시대에 들어와서는 무차별적인 정복 전쟁이 횡행했다. 위진남북조 시대를 제2의 춘추전국 시대로 간주하는 이유다.

위진남북조 시대는 동아시아 역사의 분수령에 해당한다. 뒤이은 통일 왕조인 수, 당, 송, 원, 명, 청 모두 제2의 춘추전국 시대에 마련된 사상과 제도 등을 토대로 천하를 운영했다. 삼국 시대 당시 위무제 조조와 위문제 조비 때 만들어진 둔전제와 구품중정제가 서진남북조 때 들어와 부병제와 균전제, 과거제 등으로 정립된 게 그렇다. 이들 제도는 이후 약간의 손질이 있기는 했으나 그 골격만큼은 청조 말까지 그대로 유지됐다.

동아시아 역사는 반드시 거시사의 관점에서 접근할 필요가 있다. 이는 서양의 직선사관 대신 분열과 통합이라는 순환사관에 입각해야만 가능하다. 그 분기점이 바로 위진남북조 시대이다. 실제로 『삼국지』와 더불어 반드시 위진남북의 역사를 함께 읽어야만 제2의 춘추전국 시대를 제대로 파악할 수 있다.

현재 많은 사람들이 『삼국지연의』를 통해 삼국 시대를 이해하는 것은 적잖은 문제가 있으나 『삼국지연의』 자체가 7할 가량 역사적 사실에 기초해 있는 만큼 크게 문제 삼을 것은 없다. 보다 중요한 것은 위진남북조 시대의 역사에서 도입 부분에 해당하는 1백 년의 삼국 시대만 이해하고 정작 알맹이에 해당하는 3백 년의 서진남북조 역사를 도외시하고 있는 현실이다.

이것이 중국의 역사를 동아시아의 역사가 아닌 한족의 중국사로 바라보게 하는 결정적인 배경으로 작용하고 있는 것은 말할 것도 없다. 중국의 역사 공정도 바로 이런 배경에서 나온 것이다. 현재 중화민족 대국주의를 추구하는 중국 수뇌부가 역사 공정을 이론적 무기로 사용하고 있는 만큼 이를 깨뜨리기 위해서는 우리도 역사적 사실에 입각한 이론적 무장을 튼튼히 할 필요가 있다. 관건은 북방 민족이 중국사의 전면에 등장해 주도권을 장악한 위진남북조 시대의 역사에 대한 정확한 이해에 있다. 필자가 본서를 펴낸 이유다.

제2장

조씨
위나라의
성립과 패망

탁류와 동탁의 난

지난 2009년 말 중국의 하남성 문물국은 기자 회견을 자청해 하남성 안양현 안풍향 서고혈촌 2호 묘지에서 조조의 무덤을 확인했다고 밝혔다. 우리의 문화재 관리국에 해당하는 중국의 국가 문물국은 이듬해인 2010년 6월 이 무덤이 문헌상으로만 전해 내려오던 조조의 고릉高陵임이 최종 확인됐다고 공식 발표했다. 2009년 최고의 고고학적 성과였다.

그간 2천 년 가까이 온갖 설이 난무해 온 무덤이 최종 확인된 것은 여러 차례에 걸친 도굴에도 불구하고 조조의 묘임을 보여 주는 유물들이 출토된 덕분이다. '위무왕魏武王'이 늘 사용하던 창'과 '위무제가 늘 사용하던 돌베개' 등의 명문이 결정적이었다. 돌베개 등의 출토 유물이 검박한 생활을 영위한 조조의 기호와 일치하고, 상대적으로 간소한 무덤 규모 또한 장례를 검소하게 치르도록 당부한 조조의 유언과 맞아떨어진다.

지하 15미터에 위치한 고릉은 약 3백 평 가량으로 1~2호 무덤으로 구성돼 있다. 2호 무덤에는 250여 점의 유물과 함께 남성 한 명과 여성 두 명의 것으로 추정되는 유골이 나왔다. 남성은 사망 당시 60세 전후였던 것으로 감정됐다. 이는 조조가 66세의 나이로 사망했다는 문헌상의 기록과 거의 일치한다. 여성의 유골 중 하나는 조비의 생모 변씨^{卞氏}가 아니냐는 견해도 있으나 문헌상의 나이와 일치하지 않고, 다른 한 명의 유골이 누구인지도 규명이 쉽지 않은 상황이다.

2호 무덤에서 30미터 떨어진 곳에 위치한 1호 무덤도 학계의 큰 관심을 모으고 있다. 이 무덤은 여러 차례에 걸친 도굴로 크게 훼손돼 당시 발굴에서 철검 한 자루만 출토됐다. 일부 학자들은 이 무덤의 주인이 조조의 맏아들인 조앙^{曹昂}일 것으로 추정하고 있다. 조조의 무기나 보석, 서재를 보관하는 부속 묘일 것이라는 추측도 있다. 고릉에서 6킬로미터 떨어진 곳에는 조조의 며느리와 조비의 아내 진황후^{甄皇后}, 위나라의 제5대 황제인 조조의 손자 조환^{曹奐}의 무덤이 있는 것으로 전해지고 있다.

이번 고릉 발견으로 조조가 죽기 전에 도굴을 막기 위해 72개의 의총^{疑塚}을 만들라고 주문했다는 황당한 얘기는 사라지게 됐다. 이는『삼국지연의』가 조조의 임종 장면을 그린 제78회 '간웅수종^{奸雄數終}' 대목에서 비롯된 것이다.『삼국지연의』는 조조의 입을 빌어 이같이 왜곡해 놓았다.

"후세 사람들이 내가 묻힌 곳을 알면 내 무덤을 파헤칠까 두렵기 때문이다."

원래 도굴은 무덤 속에 부장품을 많이 묻는 후장^{厚葬}을 할 때 일어나는 일이다. 그러나 조조는 생전에 지나칠 정도로 검박한 생활을 한 사람이다. 그의 아들 조비 역시 부장품으로 오직 흙을 구워 만든 와기 등을 쓰라고 유언한 바 있다. 역대 제왕들 중 박장^{薄葬}을 한 사람은 모두 도굴을 면했다. 물론 생전에 많은 원한을 산 나머지 무덤이 파헤쳐지는 경우도 있기는 했다. 대략『삼국지연의』도 이런 뜻으로 묘사했을 것이다. 그러나 조조가 자신의 입으로 이런 얘기를 했을 리 없다. 그는 생전에 자신이 평생에 걸쳐 이룬 업적은 난세를 평정해 백성을 구한 데 있다는 자부심을 갖고 있었다. 이 와중에 많은 원한을 산 것도 사실이나 이로 인해 백성들을 혹사시키는 이런 황당한 유언을 했을 리 없다. 실제로『삼국지』는 물론『후한서』와『자치통감』등 그 어떤 사서에도 의총에 관한 얘기는 없다. 그럼에도 송·원대 이후 대다수 사대부들이 이를 진실로 믿었다. 송대의 문인 유응부俞應符는 「72 의총」이라는 제목의 시에서 이같이 읊었다.

살아서는 하늘을 속여 한나라 맥을 끊고 生前欺天絶漢統
죽어서는 사람을 속여 의총을 만들었네 死後欺人設疑塚

오랫동안 많은 사람들이 72개의 의총을 확인하고자 했다. 그동안 무덤이 작은 산처럼 잇달아 서 있는 하남성 임장현 삼대촌三臺村(업성의 옛 터) 서쪽 8리 지점 강무성講武城에서 자주縣州에 걸쳐 있는 지역이 유력시됐다. 이 지역을 대상으로 조사를 했지만 예외 없이 실망하고 돌아갔다. 청나라 말기에 굶주린 농민들이 의총을 파헤친 적이 있었다. 그러나 북제의 태조인 고환의 11자인 고양왕高陽王 등의 무덤이었다.

민국 원년(1912년) 도굴에서는 많은 묘지문이 나왔다. 모두 남북조 때 북위와 북제 시대에 만들어진 왕공 등의 묘라는 사실이 밝혀졌다. 72 의총은 낭설이라는 얘기가 퍼졌으나 결정적인 물증이 없었다. 그러나 이번 발굴로 72 의총은 후대인이 악의적으로 퍼뜨린 낭설임이 확인되었다. 2천 년 가까이 조조에 대한 왜곡이 얼마나 극심했는지를 짐작케 해 주는 대목이다.

중국의 전 역사를 통틀어 후한 시대는 남송대와 더불어 명분을 가장 중시한 시기였다. 유학을 통상 한학漢學과 송학宋學으로 대별하는 이유다. 조조는 이런 시기에 비록 고관의 후예로 태어나기는 했으나 부친이 환관 집안에 양자로 들어간 까닭에 이른바 탁류濁流의 전형으로 간주됐다. 청류淸流 사대부들이 인간 취급을 하지 않은 집안 출신인 셈이다. 그러나 조조는 원소와 달리 환관의 존재를 긍정적으로 평가했다.

당초 하태후의 동생인 대장군 하진何進이 동탁의 군사를 끌어들이려고 할 때 전군교위로 있던 조조는 하진이 끝내 실패하리라는 것을 예견했다. 『삼국지』「위서·무제기」의 배송지^{裵松之} 주석에 인용된 왕침^{王沈}의 『위서』에 따르면 당시 조조는 이 얘기를 전해 듣고는 크게 웃으며 이같이 말했다.

"환관은 예나 지금이나 늘 있는 것으로 단지 군주가 부당하게 권총^{權寵}을 빌려 주면 지금과 같은 양상이 나타나게 된다. 그들의 죄를 묻고자 하면 응당 그 원흉만 죽이면 된다. 이는 일개 옥리로도 족한 일이다. 어찌 시끄럽게 외부 군사를 부를 필요가 있겠는가? 내 눈에는 이 일이 반드시 실패하리라는 게 훤히 보인다."

조조의 주장대로 환관은 황제의 신임을 등에 업고 호가호위^{狐假虎威}하는 까닭에 아무리 막강한 권력을 휘두를지라도 황제가 권력과 총애를 회수하기만 하면 곧바로 끝이다. 이는 청대 말까지 예외가 없었다. 황자의 숫자가 왕조의 운명과 직결되는 제왕정 시절에 환관 제도는 필요악이었다. 이들이 없으면 수많은 후궁이 득실거리는 황실 내부를 통제할 길이 없게 된다. 환관의 몰살은 황실을 무너뜨리는 것이나 다름없다.

실제로 당시 하진의 휘하 장졸과 원소 일당이 환관 2천여 명을 몰살하자 일부 환관들이 어린 황제를 데리고 피난을 떠났고, 이내 낙양으로 진군하는 동탁군과 조우해 마침내 천하대란이 빚어졌다. 동탁의 난은 하진과 원소가 자초했다고 해도 과언이 아니다.

난세의 영웅과 간웅

조조는 영수^{永壽} 원년(155년) 유방의 고향인 패국 초현에서 환관 조등^{曹騰}의 양자로 들어간 조숭^{曹嵩}의 맏아들로 태어났다. 조조의 자가 '큰 덕'을 뜻하는 맹덕^{孟德}인 데서 알 수 있듯이 조조의 집안은 비록 환관 집안이기는 했으나 유가적 가풍이 엄연했다. 그러나 조조가 원소와 하북의 패권을 놓고 격돌한 건안^{建安} 5년(200년)의 관도대전 당시 원소 휘하의 진림^{陳琳}은 『토조격문^{討曹檄文}』에서 조조 집안을 이같이 폄훼했다.

"조조의 할아비 조등은 포학한 환관들과 한 통속이 되어 한나라 사직의 심복대환^{心腹大患}이 되었다. 극악무도한 짓을 자행해 백성을 수탈하고 나라를 망친 일대 악당이다. 또 그의 아비 조숭은 본래 비렁뱅이로 문전걸식을 하다가 환관의 양자가 되어 돈으로 관직을 산 자이다. 금은보화를 수레에 싣고 권문세가의 뒷문으로 뇌물을 바쳐 삼공의 자리까지 도적질했다. 조조라는 자는 간사한 환관이 낳은 추물에 지나지 않는다."

이는 물론 사실을 침소봉대하고 헐뜯기 위한 것이나 당시 청류 사대부들이 탁류 환관을 얼마나 인간 같지 않게 보았는지를 보여 주는 것이기도 했다. 조조는 어린 시절 과연 어떤 행보를 보였던 것일까? 『무제기』는 이같이 기록해 놓았다.

"태조는 어려서부터 매우 기민하고 재치가 있어 사람을 놀라게 하고, 권모술수가 있었으며 큰 뜻을 지녀 두려워하는 바가 없었다. 삶을 유지하기 위한 직업을 갖지 않아 세인들이 그의 기이함을 알지 못했다."

이는 조조의 어린 시절과 그의 행동을 간단하면서도 명료하게 개괄해 놓은 것이다. 조조가 어릴 때부터 극히 총명한 데다 임기응변에 능했고, 뜻하는 바대로 행동했음을 보여 준다. 조조가 직업을 갖지 않았다는 것은 집안이 매우 넉넉한 데 따른 것이었다. 부친 조숭은 1억 전을 주고 삼공의 하나인 태위의 벼슬을 살 정도로 엄청난 재력을 지니고 있었다. 조조의 이런 모습에서 세상 사람들이 그의 기이함을 알아채기란 매우 어려웠을 것이다.

역사상 제국을 일으킨 인물 중에는 어렸을 때 세인들의 눈에 띄지 않는 경우가 많다. 한고조 유방의 어린 시절도 그러했다. 유방의 부친조차 그를 알아보지 못했다. 조조 역시 유방의 어린 시절과 유사한 점이 있다. 이는 『무제기』의 배송지 주에 인용된 『조만전^{曹瞞傳}』의 다음 기록을 보면 쉽게 짐작할 수 있다.

"조조는 어릴 적에 노래와 춤을 좋아하고 사냥을 즐겼다. 숙부가 그의 방탕한 모습을 보고 못마땅해 조숭에게 일러바쳤다. 꾸중을 들은 조조는 문득 한 가지 꾀를 생각해 냈다. 어느 날 숙부가 오는 것을 보고 조조는 땅바닥에 쓰러져 중풍을 앓는 시늉을 했다. 숙부가 깜짝 놀라 조숭에게 이를 알렸다. 그러나 조숭이 급히 달려와 보니 조조는 아무 탈이 없었다. 이후 조숭은 자신의 아우가 아무리 조조의 허물을 고해 바쳐도 귓등으로 흘려듣게 되었다. 이에 조조는 더욱 마음대로 행할 수 있게 되었다."

이 기록은 그리 믿을 바가 못 되나 어린 시절의 조조가 얼마나 기만하고 재치가 있으며 권모술수에 뛰어났는지를 짐작케 해 주고 있다. 『세설신어世說 新語』「가휼假譎」편에는 이보다 심한 일화가 실려 있다.

"조조는 어렸을 때부터 원소와 어울리면서 협기를 발휘하곤 했는데 한번 은 남의 결혼식을 보고는 주인집의 정원으로 몰래 들어가 밤에 크게 소리치 기를, '도둑이야'라고 했다. 신랑 집 문 앞에 세운 천막 안에 있던 사람들이 깜 짝 놀라 모두 밖으로 나와서 둘러보는 사이에 조조는 칼을 빼어 들고 신부를 겁탈한 뒤 원소와 함께 빠져나왔다. 이때 급히 나오는 바람에 길을 잃고 가시 나무 속으로 떨어져 원소가 꼼짝할 수가 없었다. 그러자 조조가 다시 크게 소리치기를, '도둑이 여기 있다'라고 했다. 이에 원소가 다급한 나머지 온 힘 을 다해 가시나무 속을 빠져나왔다. 이로 인해 둘 다 붙잡히지 않게 되었다."

이 일화 역시 후대에 만들어진 것으로 믿을 바는 못 되나 조조가 소싯적 에 원소 등과 어울려 유협을 즐긴 것만은 확실하다. 『이동잡어異同雜語』에는 잔 칫집이 아니라 환관 장양의 집 안으로 몰래 들어간 것으로 되어 있다.

"태조는 일찍이 중상시의 방으로 은밀히 들어갔다. 장양이 이를 알아채자 조조는 뜰에서 수극을 휘두르며 담을 넘어 달아났다. 재주와 무예가 뛰어나 그를 어찌할 수 없었다."

당시 장양의 권세는 하늘을 찌를 듯했다. 만일 조조가 감히 이런 행동을 했다면 반드시 체포되고 말았을 것이다. 있을 수 없는 일이다.

조조는 어느 시기엔가 나름 천하 평정의 웅략을 품기 시작했다. 그가 효렴孝廉에 천거된 사실이 이를 뒷받침한다. 전한 때는 효렴보다 수재秀才를 높이 평가했다. 후한 때 광무제의 이름이 '수秀'인 까닭에 명칭이 '무재茂才'로 바뀐 수재는 학문이 뛰어난 자를 천거하는 제도다. 광무제 유수는 관원들이 왕망의 신나라에 봉직한 것을 한스럽게 여겼다. 이런 인물들이 다시 나오지 않기 위해서는 효행이 뛰어나고 청렴한 인물이 필요하다고 생각해 학문보다 덕행에 초점을 맞춘 효렴을 중시했다. 그러나 효렴도 관원과 호족이 결탁하면서 점차 임자任子로 변해 갔다. 이는 관원으로 천거된 자들이 서로 결탁해 보답 차원에서 자신을 천거한 자의 자식을 천거하는 것을 말한다. 거짓 효자와 청렴지사가 횡행하면서 무재 중에 책을 읽을 줄 모르는 자가 나오고, 효렴 중에 부모와 별거한 자가 나온 이유다. 이로 인해 한순제 양가陽嘉 원년(132년)에 나이를 만 40세 이상으로 제한해 일정한 시험을 치도록 했다. 조조가 20세 때인 희평熹平 3년(174년) 효렴에 천거된 후 곧바로 낙양의 북부위北部尉로 나간 것은 매우 이례적인 일이다. 탁류의 자손인 조조는 어떻게 해서 이런 특혜를 입은 것일까?

사서의 기록을 보면 조조는 이미 20세 이전에 당대의 명사들로부터 커다란 칭송을 받고 있었다. 청류의 상징이었던 교현橋玄 등으로부터 천명을 받은 큰 인물이라는 극찬을 받은 게 그 증거다. 교현은 삼공의 자리까지 올랐으나 죽었을 때 관을 둘 곳조차 없을 정도로 청렴했던 인물이다.『위서』에는 교현이 조조에게 당부한 말이 나온다.

"나는 천하에서 이름난 사람들을 많이 만났지만 그대만 한 사람은 아직 보지 못했네. 부디 자중자애하게나. 내가 늙으면 원컨대 나의 처자를 자네에게 부탁하고 싶네."

두 사람의 교분이 매우 두터웠음을 짐작케 하는 일화다.『후한서』「교현전」에 따르면 건안 7년(202년) 조조는 출정 도중 고향 근처인 준의浚儀에 이르렀을 때 자신을 알아준 '지우지은知遇之恩'에 보답하기 위해 그의 묘 앞에서 손수 제문을 짓고 제사를 올렸다. 당시 인물평의 최고 권위자였던 허소許劭도 그를 난세의 영웅으로 평한 바 있다. 『후한서』「허소전」의 해당 대목이다.

"당시 조조가 자신의 사람됨을 묻자 허소는 조조를 비루하게 보고 대답하지 않았다. 조조가 틈을 보아 협박하자 허소가 마지못해 말하기를, '그대는 치세의 간적이고, 난세의 영웅이오'라고 했다."

『후한서』는 남북조 때 남조 송나라의 범엽范曄이 편찬한 사서로 유비의 촉한을 정통으로 삼았다. '조조를 비루하게 보고' 운운이 그 증거다. 「무제기」에 인용된 서진 때의 곽반郭頒이 쓴 『세어』에는 정반대의 내용이 나온다.

"교현이 조조에게 이르기를, '그대는 아직 명성이 높지 않으니 허소와 사귀는 것이 좋을 듯싶소'라고 했다. 조조가 허소를 찾아가자 허소가 받아들였다. 이로써 조조의 이름이 널리 알려지게 되었다."

이는 조조가 청류 명사 교현을 비롯해 인물평의 권위자 허소 등과 각별한 사이였음을 방증한다. 주목할 점은 『후한서』조차 조조를 난세의 영웅으로 평한 허소의 인물평을 그대로 실어 놓은 점이다. 이는 당시만 해도 조조가 난세의 영웅이라는 얘기가 매우 널리 퍼져 있었음을 시사한다.

당시 조조를 낙양의 북부위에 천거한 사람은 상서우승尚書右丞으로 경조윤京兆尹을 겸직하고 있던 사마방司馬防이었다. 훗날 조조의 부름을 받고 출사한 사마의司馬懿는 사마방의 차남이다. 오나라의 무명인이 쓴 『조만전』에 이에 관한 일화가 나온다.

"건안 21년(216년) 위왕이 된 조조가 사마방을 업성으로 불러 함께 환담하며 술을 마셨다. 조조가 묻기를, '과인이 오늘 다시 위尉에 임명될 수 있겠소'라고 했다. 사마방이 대답키를, '지난날 대왕을 천거할 때는 위가 가장 적당했습니다'라고 했다. 이에 조조가 대소했다."

낙양 북부위는 소관小官에 불과하다. 그러나 조조는 이 직책을 매우 신중히 수행했다. 이를 뒷받침하는 『조만전』의 해당 대목이다.

"조조는 부임하자마자 사대문부터 정비했다. 다섯 가지 색깔의 몽둥이 10여 개를 만들어 낙양의 사대문에 걸어 두고 법을 어기는 자가 있으면 아무리 지위가 높고 권세가 있다 할지라도 예외 없이 벌을 주었다. 하루는 영제가 총애하는 환관 건석蹇碩의 숙부가 통금을 어기고 밤중에 다니자 그를 잡아 죽였다. 이에 경사京師 내의 모든 사람이 밤길을 자제한 것은 물론 감히 이를 범하려는 자가 없게 되었다."

당시 청의지사淸議之士를 자부한 청류 사대부들은 조조의 이런 행보에 찬탄을 금치 못했다. 그는 고관으로 나아가는 첫 관문에서 자신의 능력과 포부를 유감없이 보여 준 셈이다. 그러나 그는 이 일로 인해 건석 등의 견제를 집중적으로 받게 됐다. 부친 조숭에게도 누를 끼칠 우려가 컸다. 그가 두 번에 걸쳐 낙향하게 된 이유다. 당시 그가 고향인 초현으로 돌아간 이후의 상황과 관련해 『위서』는 이같이 기록해 놓았다.

"성 밖에 집을 짓고 봄과 여름에는 독서를 하고, 가을과 겨울에는 수렵을 하며 이를 낙으로 삼았다."

당시 조조의 심경은 어떠했을까? 건안 15년(210년)에 발표한 「양현자명본지령讓縣自明本志令」에서 당시 상황을 이같이 회상했다.

"관직을 내놓은 뒤에도 내 나이는 아직 어렸다. 효렴에 천거된 동료들을 돌아보니 나이가 50세에 이르렀는데도 이름을 세우지도 못한 채 늙은 자도 있었다. 이에 내심 도모하기를, 오히려 20년쯤 세상과 떨어져 천하가 맑아질 때를 기다렸다가 다시 나아가 같은 나이에 효렴에 천거된 자들과 동등한 위치에 서고자 했다. 이에 늘 고향으로 돌아가 여름과 가을에 독서하고 겨울과 봄에 사냥하면서, 지하 토굴에 흙벽을 쌓아 스스로를 가림으로써 빈객과 내왕하고자 하는 마음을 끊으려 했다. 그러나 부득이 그리하지 못했다."

그가 재직 중에도 늘 귀향해 장기간에 걸쳐 은거하며 학덕을 연마하고자 했음을 알 수 있다. 그는 시세에 아부하며 도리를 어기고 얼굴을 꾸미는 것과는 거리가 먼 인물이었다. 그가 난세의 영웅이라는 칭송을 들은 게 결코 허언이 아니었음을 알 수 있다.

그러던 것이 위나라 패망 후 난세의 간웅이라는 지적을 받게 되었다. 이는 남북조 때 동진의 손성孫盛이 『이동잡어』에서 멋대로 개작한 결과였다. 이런 왜곡은 이후 명대 나관중의 『삼국지통속연의』를 3분의 1가량 개작한 청대 모종강 부자의 『삼국지연의』가 나오면서 더욱 확대되었다.

심흑과 심백

불행하게도 조조에 대한 왜곡은 지금까지도 지속되고 있다. 리쭝우李宗吾의 『후흑학厚黑學』과 이중톈易中天의 『삼국지 강의』가 그것이다. 20세기 초 리쭝우는 삼국 시대의 인물을 『손자병법』에서 말하는 궤도詭道의 시각에서 새롭게 평한 『후흑학』을 펴내 낙양의 종이 값을 올린 바 있다. 그는 이 책에서 조조를 마음이 시커먼 심흑心黑의 대가, 유비를 낯가죽이 두꺼운 면후面厚의 대가, 사마의를 면후와 심흑 두 측면에서 조조와 유비를 압도한 후흑厚黑의 달인으로 평했다.

유비 및 사마의에 대한 분석은 정사의 기록과 부합한다. 그러나 조조에 대한 평은 부분적으로만 맞다. 이는 『삼국지연의』를 토대로 조조를 분석한 결과다. 이중톈도 비록 삼국 시대의 인물 중 조조를 가장 높이 평가했으나 조조의 품성을 간교하면서도 영웅답고, 인자하면서도 옹색하다는 식으로 평해 놓았다. 리쭝우와 마찬가지로 심흑의 관점에 서 있는 것이다.

『삼국지연의』는 유비 집단을 주인공으로 삼은 까닭에 도원결의에서 시작한다. 조조는 약간 뒤에 동탁을 척살하려는 자객으로 등장한다. 조조를 일개 자객으로 둔갑시킨 것 자체가 희극이기는 하나 동탁을 흉악한 악당으로 묘사해 놓은 까닭에 이는 그런대로 봐 줄 수 있다. 문제는 중평 6년(189년) 조조가 도망가는 과정에서 중모현에서 현령 진궁陳宮의 도움으로 가까스로 살아나고 다시 도주하던 중 부친의 친구인 여백사呂伯奢를 해치는 것으로 묘사한 대목이다.

　진원지는 손성이다. 그는 『이동잡어』에서 조조를 난세의 간웅으로 낙인찍
은데 이어 자신을 대접하려는 무고한 여백사를 무참히 죽인 만고의 간웅으
로 만들어 놓았다. 손성의 조조에 대한 왜곡은 너무 악의적이다. 조조가 관도
대전에서 승리한 후 원소의 묘를 찾아가 눈물을 흘리며 제사를 지낸 행위에
대해 악평한 것이 그 증거다.

　"무릇 선현들은 친구에 대한 원한을 감추는 것을 부끄럽게 생각했다. 조조
가 이미 원소의 집 등을 그대로 놓아두지 않은 채 원소의 묘를 찾아가 거짓
울음을 보인 것은 의리에 부합하지 않는다. 그와의 우정마저 끊어졌는데 어
찌하여 눈물을 흘린단 말인가?"

　조조를 심흑의 대가로 본 대표적인 사례다. 조조가 도주할 당시 여백사가
살았던 성고는 조조의 고향인 초현이 낙양의 동쪽에 있었던 것과 달리 서쪽
에 있다. 사정상 서쪽으로 가게 됐다면 사리에 비춰 먼저 여백사가 있는 성고
를 지난 뒤 동쪽에 있는 중모현에 도착하는 게 옳다. 『삼국지연의』는 정반대다.
도주하다가 다시 되돌아간 셈이다. 진궁도 중모현의 현령이 아니라 초평 2년
(191년)에 조조가 동군 태수가 되었을 때 비로소 그의 부하가 된 인물이다.

　여백사에 관한 일화는 배송지주에 인용된 『이동잡어』와 『세어』 등에 실려
있다. 내용 자체도 같은 일화를 소개해 놓은 『위서』와 너무나 차이가 크다. 『위
서』에는 여백사의 자식들이 조조 일행의 말과 짐을 탈취하려다가 죽임을 당
한 것으로 되어 있다. 여백사를 죽이지 않은 것은 물론이다. 『자치통감』은 이
를 빼버렸다. 항간에 떠도는 소문 정도로 치부한 것이다. 그럼에도 『삼국지연
의』의 이 대목은 독자들에게 조조를 흉포한 인간으로 각인시키는 데 결정적
인 역할을 했다. 더 가관인 것은 여백사를 죽인 뒤 내뱉은 조조의 독백이다.

　"내가 천하인을 버릴지언정 천하인이 나를 저버리게 둘 수는 없다!"

　리쭝우와 이중톈 모두 이 대목을 조조의 심흑을 상징하는 논거로 들고 있
다. 과연 이런 독백이 가능한 것일까? 조조가 설령 천하의 모든 재주를 다 가

졌을지라도 어떻게 '천하인을 저버릴지언정' 운운할 수 있단 말인가? 조조는 오히려 자신에게 부족한 점이 너무 많다는 것을 분명히 알고 있었다. 그가 천하의 인재를 두루 얻어 그들의 지혜와 힘을 빌리고자 한 이유다. 조조에 대한 왜곡은 이처럼 유서가 깊다.

정사의 기록을 보면 조조는 유비처럼 짐짓 도덕군자 행세를 하며 희로애락의 감정을 교묘히 숨긴 적도 없고, 사마의처럼 전장은 물론 통상적인 대인관계에서조차 무시로 심흑을 구사한 적이 없다. 조조가 전장에서 뛰어난 궤사를 구사한 것은 맞다. 그러나 이는 전쟁의 속성상 불가피한 것이다. 그는 인재를 얻고 활용하는 득인술 및 용인술에 궤사를 행한 적이 없다. 그가 그런 식으로 사람을 다뤘다면 당대의 수많은 내로라하는 인재들이 그의 휘하로 몰려들기는커녕 모두 달아났을 것이다.

그럼에도 조조에 대한 평가는 그의 생존 당시부터 극명하게 엇갈렸다. 역대 사가 중 조조를 노골적으로 비난한 대표적인 인물로 동진 때의 습착치^{習鑿}^齒를 들 수 있다. 그의 악평은 성리학을 완성시킨 남송대 주희의 사론 및 사평에 지대한 영향을 미쳤다는 점에서 손성의 개작과는 차원을 달리한다.

습착치의 『한진춘추漢晉春秋』는 그의 박학한 학식과 유려한 문장을 유감없이 드러낸 작품으로 평가받고 있다. 그러나 『한진춘추』는 극단적인 촉한정통설의 입장에 서 있었다. 유비의 촉한과 조조의 위나라를 선악의 관점에서 비교해 놓은 다음 구절이 그 증거다.

"촉한은 한실의 종실로서 정통성을 지니고 있었다. 이에 반해 위나라는 비록 한실로부터 선양을 받아 진나라에 제위를 선양하기는 했으나 그 본질은 찬역이다. 위나라는 도덕이 부족했던 까닭에 당대를 제압했다고 말할 수 없다. 당대를 제압하지 못했으니 결국 단 하루도 천하의 주인이 된 적이 없는 것이다."

또 한 사람으로 남북조 때 자사와 도독을 지낸 송무제宋武帝의 조카 유의경劉義慶을 들 수 있다. 조조에 관한 악의적인 얘기가 그가 지은 『세설신어』 「가휼」편에 대거 실려 있다. 남송대의 주희는『자치통감』을 촉한정통설의 관점에서 완전히 새롭게 뜯어 고친『통감강목通鑑綱目』을 저술할 때「가휼」편을 대거 인용했다. 사대부들은『자치통감』대신『통감강목』을 숙독했다. 조조에 대한 왜곡이 극심해진 배경이다.

조조는 적의 속셈을 훤히 읽고 역으로 그 허점을 찌를 줄 아는 당대 최고의 전략가였다는 점에서 볼 때 심흑의 대가였다고 볼 수 있다. 그러나 이는 어디까지나 전장에서만 발휘된 것이다. 조조는 사마의와 달리 사람을 다룰 때 심흑을 구사한 적이 없다. 그럼에도『삼국지연의』는 조조가 매사 심흑을 구사한 것으로 그려 놓았다. 유비의 모신으로 활약한 서서徐庶의 노모를 인질로 삼아 서서를 끌어들인 것 등이 그것이다. 정사의 기록은 정반대다.『무제기』에 따르면 진궁의 사주를 받은 장막이 조조에게 반기를 든 뒤 별가로 있던 필심畢諶의 어머니와 동생, 아내 등을 위협하자 조조는 필심을 기꺼이 떠나보냈다. 이때 필심은 눈물을 흘리며 이같이 말했다.

"제가 비록 부득이하여 가지만 결코 두 마음을 품지 않을 것입니다."

조조도 그를 보내며 석별의 눈물을 흘렸다. 훗날 여포의 군사가 패하고 필심이 사로잡혀 조조 앞으로 끌려왔을 때 사람들 모두 필심이 어찌 될까 두려워했다. 이때 조조가 이같이 말했다.

"무릇 부모에게 효도하는 사람이 어찌 주군에게 충성하지 않겠는가? 그는 바로 내가 찾고자 하는 사람이다."

조조는 그를 노나라 국상國相에 임명했다. 조조는 자신을 배신한 진궁을 여포와 함께 주살하면서도 그의 노모와 딸 등을 극진히 보살폈다.『삼국지』와 배송지주에 나오는『위서』, 나관중본『삼국지통속연의』, 사마광의『자치통감』등에서 조조가 평소에도 심흑을 구사했다는 대목은 찾을 수 없다.

조조 못지않게 뛰어난 지략과 학식을 자랑한 사마의와 조조가 가장 큰 차이를 보이는 점이 바로 여기에 있다. 사마의가 온갖 기만술을 동원해 위나라의 권력을 탈취함으로써 훗날 손자 사마염의 천하 통일의 초석을 깐 데 반해 조조가 자신의 생전에 천하 통일을 완수하지 못한 것도 이와 무관하지 않을 것이다.

득룡망촉과 평룡망촉

『자치통감』과 『통감강목』의 기본 입장은 완전히 상반되고 있다. 『삼국지』와 『삼국지연의』의 관계와 같다. 마오쩌둥은 『자치통감』을 죽을 때까지 모두 열일곱 번이나 읽었다. 배낭 속에 『삼국지』와 『자치통감』을 집어넣고 대장정에 나섰을 정도로 삼국 시대를 깊이 연구한 마오쩌둥의 조조에 대한 평가가 놀랄 만큼 객관성을 띠고 있는 것도 이와 무관할 수 없다.

마오쩌둥과 죽을 때까지 서로 시를 주고받으며 깊은 우정을 나눈 초대 사회과학원장 궈모뤄郭沫若의 조조에 대한 평가도 마찬가지다. 두 사람은 자신의 학문에 대한 고집이 대단했다. 궈모뤄가 『십비판서十批判書』에서 공자를 진보적인 혁명가로 평가했을 때 마오쩌둥이 모두 다섯 번이나 숙독했음에도 공자를 반동의 수괴로 간주한 기존의 견해를 버리지 않은 게 그 증거다. 문화대혁명 당시 궈모뤄는 이로 인해 적잖은 곤욕을 치렀으나 마오쩌둥의 비호로 위기를 무사히 넘길 수 있었다.

두 사람은 공자와 달리 조조에 대한 평가에서는 완전히 일치했다. 조조를 심흑의 대가로 보는 견해에 대해서도 강한 불만을 나타냈다. 심흑의 인물이기는커녕 오히려 자신의 희로애락을 그대로 드러내는 심백心白의 인물에 가깝다는 게 이들 평이다. 마오쩌둥의 언급이다.

"조조의 글은 본색이 잘 드러난다. 가슴속의 말을 직접 해 버리고, 활달하고 통쾌하다."

중국의 전 역사를 통틀어 조조를 난세의 영웅으로 대접하며 객관적인 평을 내린 사람은 마오쩌둥과 궈모뤄 정도밖에 없다. 실제로 조조는 마오쩌둥이 언급한 역대 인물 중 가장 많이 등장하는 인물이기도 하다. 담화나 대화 등을 통해 공식적으로 언급한 것만도 모두 서른두 번에 달한다. 1954년 여름 그는 조조가 지은 「관창해觀滄海」를 음송한 후 곁에 있는 수행원에게 이같이 말했다.

"조조는 북방을 통일한 후 여러 악습을 개혁하고, 호족을 견제하고, 생산을 발전시키고, 법치를 추진하고, 근검절약을 제창했다. 이렇게 해서 파괴된 사회는 안정을 되찾아 발전하게 됐다. 대단하지 않은가? 조조를 간신이라고 하는 것은 『삼국지연의』에 그렇게 쓰여 있고, 경극 등의 희극에서 그렇게 연기하고, 백성들이 그렇게 말하기 때문이다. 이제 이를 바로잡아야 한다."

이는 조조에 대한 기존의 왜곡된 평가를 바로잡아야 한다고 공식적으로 언급한 최초의 사례다. 1957년 3월 20일 그는 비행기를 타고 남경에서 상해로 가는 도중 진강鎭江의 상공을 지날 때 시흥에 겨워 시를 한 수 지으면서 삼국 시대에 관해 많은 말을 했다.

"조조가 유비에게 영웅론을 얘기하자 유비가 '누가 그런 사람이오'라고 물었다. 조조가 문득 손을 들어 유비와 자신을 차례로 가리키며 '천하의 영웅은 오직 그대와 나 조조뿐이오'라고 했다. 유비는 비록 조조보다 식견이 약간 떨어지기는 했으나 사람을 아주 잘 쓰고, 단결을 잘 시키고, 큰일을 잘 이끌었다."

당시 마오쩌둥이 인용한 조조의 영웅론 원문은 다음과 같다.

무릇 영웅이란	夫英雄 者
가슴에 큰 뜻을 품고	胸懷大志
뱃속에 좋은 계책이 있고	腹有良謀
우주를 감싸 안을 기지가 있고	有包藏宇宙之機
천지를 삼켰다 토했다 할 수 있는 뜻을 지닌 자이다	呑吐天地之志者也

조조처럼 글씨에 일가견이 있던 마오쩌둥은 영웅론을 자주 써 주변 사람에게 나눠 주곤 했다. 이듬해인 1958년 8월 당중앙이 북대하北戴河에서 정치국 확대회의를 열었다. 마오쩌둥은 회의를 주재하면서 이같이 말했다.

"조조는 한헌제를 두고 '깊은 궁궐에서 태어나 부인의 손에서 자랐다'고 말했다. 이 말은 맞는 말이다. 현재 고급 간부의 자제들은 한헌제와 같다."

이는 간부 자제들이 부친의 직업과 서열 등을 논하며 귀족 자제처럼 군다는 얘기를 전해 들은 데 따른 것이었다. 이해 11월 20일 무한에서 열린 좌담에서는 『삼국지연의』와 『삼국지』의 차이점을 구체적으로 설명했다.

"『삼국지연의』와 『삼국지』의 조조에 대한 평가는 서로 다르다. 『삼국지연의』는 조조를 간신으로 묘사했으나 『삼국지』는 역사상의 긍정적인 인물로 서술해 놓았다. 조조는 세월을 뛰어넘는 초세超世의 웅걸이다. 『삼국지연의』가 통속적이면서 생동감이 있기에 읽는 사람이 많고, 옛날 희극 모두 『삼국지연의』를 기본으로 하여 만든 까닭에 조조는 여전히 희극 무대에서 간신으로 나오고 있다. 조조를 간신이라고 하는 것은 봉건 시대의 정통론이 만들어 낸 억울한 사건이고, 지금 우리는 조조의 왜곡된 인물상을 바로잡아 주어야 한다. 잘못되고 억울한 것은 10년에서 20년, 아니 1천 년에서 2천 년이 지날지라도 바로잡아야 한다."

마오쩌둥은 스스로를 조조에 비유하기도 했다. 마오쩌둥의 강력한 의지를 확인한 학계가 분주히 움직였다. 궈모뤄 등이 글을 잇달아 발표하면서 이듬해인 1959년에는 조조의 명예 회복이 대세로 자리 잡았다. 이해 8월 11일 그는 여산 회의에서 강도 높은 어조로 조속한 명예 회복 조치를 촉구했다.

"그간 조조는 2천 년 가까이 욕을 얻어먹었다. 이제는 명예를 회복시켜 주어야 한다."

곧바로 경극 등의 희극에서 하얗게 분장한 조조 얼굴의 눈썹 위에 붉은 점 하나가 더 붙게 됐다. 경극에서 백색은 엉큼함, 붉은색은 충의를 의미한다. 뛰어난 문학적 재능을 지니고 있던 마오쩌둥은 평소 조조의 시를 매우 좋아했다. 그는 측근에게 이같이 말하기도 했다.

"조조의 시는 기백이 웅혼하고 위엄이 있다. 강개하면서도 비감하다. 그는 진짜 사나이고, 크게 보았다."

1970년 3월 마오쩌둥은 제4기 전국인민대표대회를 소집했다. 후계자로 정해진 린뱌오가 마오쩌둥에게 공석으로 있는 국가 주석에 취임할 것을 강권했다. 마오쩌둥을 명예직으로 내쫓고 실권을 장악하려는 속셈이었다. 심기가 불편해진 마오쩌둥은 4월 하순 중앙정치국 회의에서 국가 주석을 신설하지 않을 뜻을 거듭 밝히면서 삼국 시대 고사를 인용했다.

"손권이 조조에게 황제의 자리에 오를 것을 권하자 조조가 말하기를, '손권이 나를 화롯불 위에 올려놓고 구우려 한다'고 했다. 그대들은 나를 조조로 만들지 마라. 그대들 역시 손권이 되지 마라."

마오쩌둥의 조조에 대한 평가는 어렸을 때부터 죽을 때까지 수십 년간에 걸쳐 이뤄진 것이다. 평생 조조만을 연구한 학자도 이를 흉내 내기 힘들었다. 마오쩌둥은 조조가 원소와 건곤일척의 싸움을 벌였듯이 막강한 실력을 지닌 장제스와 힘겨운 싸움을 벌여 승리를 거둔 바 있다. 그러다 보니 이론과 실제, 두 측면에서 그 누구보다 조조를 객관적으로 평가할 수 있는 위치에 있었다.

지금까지 조조에 대한 무수한 평가가 나왔음에도 마오쩌둥을 뛰어넘는 객관적인 평이 나오지 않는 것도 이와 무관하지 않을 것이다. 이는 무수한 사람들이 『손자병법』 주석을 가했음에도 21세기 현재까지 조조의 주석을 뛰어넘는 해석이 나오지 않는 것에 비유할 만하다. 중국의 전 역사를 통틀어 『손자병법』에 조조처럼 이론과 실제를 모두 겸해 객관적인 주석을 단 사람은 없다. 현존하는 『손자병법』은 조조가 기존의 것을 완전히 새롭게 편제한 것이라는 점에서 사실 『조조병법』이라고 봐도 큰 잘못은 없다.

그렇다고 마오쩌둥이 조조를 무턱대고 높이 평가한 것은 아니다. 그는 조조가 중차대한 시기에 크게 두 가지 실수를 범했다고 지적했다. 첫째, 건안 13년 (208년) 적벽 전투 당시 조조는 자신에게 엄격하지 못했고, 둘째, 건안 20년

(215년) 한중대전 당시 우유부단한 행보를 보였다는 것이다. 그는 『삼국지』 「무제기」를 읽다가 '조조는 패전한 자는 죄를 묻고 실리失利한 자는 관작을 박탈했다'는 대목을 접하고는 이런 주석을 달았다.

"그렇다면 적벽의 패배는 누구의 죄인가?"

조조가 자신에 대해서는 너무 관대했다고 비판한 것이다. 원래 적벽 전투는 『삼국지연의』의 묘사와 달리 그리 큰 싸움이 아니었다. 『자치통감』이 전투 차원으로 간주해 간략히 기술해 놓은 게 그 증거다. 그러나 이를 계기로 삼국 정립의 계기가 마련된 것만은 부인할 수 없다.

현재 학계에서는 적벽 전투의 패인과 관련해 크게 두 가지 설이 맞서 있다. 화공설과 역질설이 그것이다. 화공설은 손권과 유비의 연합군이 적벽에서 승리를 거둬 조조의 배를 태웠다고 기술한 『삼국지』 「촉서·선주전」 및 「오서·주유전」의 기록을 논거로 삼고 있다. 『자치통감』도 화공설을 취하고 있다. 당나라 때 이백李白도 이같이 읊었다.

성난 불길 하늘에 뻗쳐 운해를 비추니 烈焰張天照雲海
주유가 이곳에서 조조를 깨뜨렸구나 周瑜於此破曹公

조조의 군선이 화공의 제물이 된 모습을 상상해 읊은 것이다. 오랫동안 화공설은 당연한 것으로 여겨졌다. 그러나 21세기에 들어와서는 전염병으로 전투력을 상실한 결과 패하게 되었다는 역질설이 설득력을 얻고 있다. 역질설은 「무제기」의 기록을 논거로 들고 있다. 여기에는 조조군이 적벽에서 고전하기도 했지만 전염병으로 병사하는 장병이 속출해 부득불 후퇴한 것으로 되어 있다. 역질설은 조조가 손권에게 보낸 편지도 유력한 근거로 제시하고 있다. 서신의 골자다.

"적벽의 싸움 때 마침 질병이 돌아 할 수 없이 배를 불태우고 후퇴했다. 그러나 이로 인해 공연히 주유에게 헛된 명성만 얻게 해 주었다."

배송지주에 인용된 『강표전』에도 유사한 내용이 나온다. 역질설은 배를 불태운 주체와 관련해 화공설과 정반대다. 사서의 기록에 따르면 주유가 화공을 가한 것도 사실이고, 당시 조조군 내에 역질이 돈 것도 사실이다. 문제는 주요 원인이 어디에 있었는가 하는 점이다. 주유가 화공을 가하기 전에 이미 전염병으로 인해 전력상 큰 손실을 입었던 점에 비춰 화공설보다 역질설이 더 설득력이 있다.

당시 조조는 적벽 전투 후 나름 조속히 손실을 만회했으나 그 후유증은 간단하지 않았다. 이후 다시는 동오를 일거에 도모할 수 있을 정도의 막강한 군세를 회복하지 못했기 때문이다. 역질설을 좇을 경우 조조의 책임이 상대적으로 줄어드는 게 사실이나 이게 중요한 게 아니다. 마오쩌둥이 지적했듯이 적벽 전투의 패배는 기본적으로 조조의 자만에서 비롯됐다. 개인이든 국가든 잘 나갈 때가 위험하다. 조조는 형주를 아무 힘도 들이지 않고 접수한 사실에 도취한 나머지 손권을 너무 얕잡아보는 실수를 범했다. 이런 조짐은 익주의 유장이 축하 사절로 보낸 장송張松을 홀대할 때 이미 드러났다.

적벽 전투가 일어나기 직전 익주목 유장은 조조가 형주를 점령했다는 소식을 접하고는 크게 놀라 주목의 부관이었던 장송을 조조에게 보내 축하의 뜻을 전했다. 장송은 몸이 왜소하고 행동이 제멋대로였으나 식견이 매우 높고 과단성도 갖추고 있었다. 형주에 이른 장송은 곧 관역館驛에 들어가 여장을 푼 뒤 매일 조조를 찾아갔으나 만나기가 쉽지 않았다. 당시 조조는 유비를 깨뜨린 후 잔무를 처리하느라 매우 바빴다. 장송은 사흘을 기다린 후 비로소 조조를 만날 수 있었다. 조조가 장송에게 물었다.

"유장이 여러 해를 두고 공물을 바치지 않으니 어찌된 일이오?"

"길이 멀고 험한 데다가 또 도적이 자주 출몰하므로 공물을 바치러 오지 못했습니다."

장송의 대답에 조조가 발끈 화를 냈다.

"내가 중원을 평정했는데 무슨 도적이 있단 말인가?"

"남쪽에는 손권이 있고, 북쪽에는 장로가 있으며, 동쪽에는 유비가 있습니다. 그들 중 가장 군사가 적은 자도 10여만 명이나 되니 어찌 태평하다고 하겠습니까?"

조조는 장송의 인물이 추한 것을 보고 별로 탐탁하게 여기지 않는데 말까지 함부로 하는 것을 보고는 기분이 크게 상해 이내 소매를 떨치고 일어나 안으로 들어가 버렸다. 『삼국지연의』는 이 대목에서 장송이 조조의 푸대접을 받고는 앙앙불락하던 중 양수와 논쟁을 벌이며 조조가 새로 편제한 『손자병법』을 외우는 모습이 나온다. 이에 따르면 장송은 『손자병법』의 13편을 본떠 지은 『맹덕신서孟德新書』를 대충 훑어보고는 웃으며 말한다.

"우리 촉 땅에서는 삼척동자도 이 글을 다 외우고 있는 터인데 『신서』라고 하니 웬 말이오. 이 책은 본래 전국 시대의 무명씨가 지어 놓은 것을 표절한 것이오."

"승상의 병법서는 함부로 남에게 보여 주지 않았던 책인데 그것을 촉에서는 아이들조차 암기하고 있다니 도저히 믿기지 않소."

장송이 그 자리에서 처음부터 끝까지 한 자도 틀리지 않고 낭송하자 이 이야기를 들은 조조는 발끈한 나머지 서책을 찢어서 태워 버린다는 내용이다. 이는 현존하는 『손자병법』 13편이 조조의 손을 거쳐 새롭게 편제된 사실을 뒤집어 놓은 것이다. 물론 허구이기는 하나 조조가 장송을 푸대접한 사실을 묘사한 점에서는 아주 틀린 것도 아니다.

당시 조조가 조금만 주의를 기울여 장송을 제대로 대접하기만 했다면 익주는 유비의 손에 들어가기 전에 조조에게 넘어올 공산이 컸다. 그렇게만 되었다면 동오까지도 쉽게 도모해 당대에 천하를 통일할 수도 있었다. 조조로서는 천재일우의 기회를 놓친 셈이다. 자만심이 불러온 일대 실책이 아닐 수 없다.

더 큰 문제는 적벽 전투 패배 후 본인의 자만에 따른 실수를 전혀 반성하지 않은 점이다. 이는 이후 한중대전에서 이른바 득롱망촉得隴望蜀의 실수로 이어졌다. 조조는 60세가 되는 건안 19년(214년) 촉을 차지한 유비와 동오의 손권이 갈등을 빚자 이를 놓치지 않고 장합을 보내 농서隴西를 취한 데 이어 이듬해에는 한중까지 손에 넣었다. 사마의가 곧 조조에게 내친김에 촉 땅까지 쳐들어갈 것을 적극 권했다. 유비가 기만적인 수법으로 촉 땅을 얻은 지 얼마 안 된 시점이기에 민심이 동요하고 있어 쉽게 평정할 수 있다는 것이었다. 그러나 조조는 이같이 일축했다.

"사람이란 만족을 모른다고 하더니 이미 농을 얻었는데 다시 촉까지 바라는 것이오?"

원래 득롱망촉은 조조가 후한 제국 초기에 나온 이른바 평롱망촉平隴望蜀 고사를 원용한 것이다. 『후한서』 「잠팽전岑彭傳」에 따르면 왕망의 신나라가 패망할 당시 군웅들이 각지에 난립한 바 있다. 장안을 점거한 적미군赤眉軍을 비롯해 농서의 외효, 촉 땅의 공손술 등이 그들이다.

건무 8년(32년) 대장군 잠팽이 군사를 이끌고 광무제 유수의 뒤를 좇아 천수군을 격파하면서 장군 오한吳漢과 함께 서성西城에서 외효를 포위한 적이 있다. 이때 공손술은 휘하 장수 이육李育을 시켜 군사를 이끌고 가 외효를 구하게 했다. 이육이 상규上邽를 지키자 광무제는 휘하 장수를 시켜 이를 저지하게 한 뒤 이내 낙양으로 돌아가면서 잠팽에게 이런 내용의 칙서를 내렸다.

"서성과 상규의 두 성이 함락되거든 곧 군사를 이끌고 남진해 촉의 공손술을 치도록 하라. 사람은 실로 만족할 줄 모르는가 보다. 이미 농서를 평정했는데 다시 촉을 바라니! 매양 군사를 출동시킬 때마다 그로 인해 머리가 희어진다."

「잠팽전」은 이를 '평롱망촉'으로 표현해 놓았다. 대략 같은 뜻이기는 하나 취지만큼은 천양지차가 있다. 평롱망촉은 농 땅의 외효를 격파한 뒤, 곧 촉 땅의 공손술을 치라고 격려한 것이다. 하나를 얻은 김에 또 하나를 얻자는 취지다. 인간의 욕심을 적극 수용하는 일종의 현실론에 해당한다.

사람의 욕심은 끝이 없으니 하나를 얻었으면 만족할 줄 알아야 한다는 조조의 당위론과 대비된다. 순자는 일찍이 인간의 욕망을 억제하는 이른바 제욕制欲을 주장했고, 맹자는 욕망 자체를 스스로 줄이는 과욕寡欲을 역설한 바 있다. 유가의 이런 당위론 입장에 설 경우 조조의 득롱망촉이 옳다. 그러나 천하 통일을 이루고자 하는 현실론적인 관점에서 보면 유수의 평롱망촉이 정답이다. 유수가 천하 통일을 이뤄 후한 제국을 세운 데 반해 조조는 끝내 천하 통일을 이루지 못한 채 숨을 거둔 것도 이와 무관하지 않다고 봐야 한다. 이 대목에서 조조는 광무제 유수보다 더욱 유가적인 모습을 보였다. 식자우환識字憂患의 우유부단이 아닐 수 없다. 어떤 점에서는 춘추 시대 송양공이 보여 준 이른바 송양지인宋襄之仁과 닮았다.

실제로 항일전 당시 제2차 국공합작을 성사시켜 역전의 계기를 마련했던 마오쩌둥은 『삼국지』의 이 대목에 주석을 달면서 조조가 사마의의 건의를 좇지 않아 천하 통일에 실패했다고 지적했다. 조조의 송양지인 행보를 질타한 것이다. 1966년 3월 그는 항주에서 당료들과 얘기를 나누면서 이를 뒷받침하는 발언을 했다.

"당시 조조는 한중의 장로張魯를 친 후에 촉 땅의 유비도 쳤어야 했다. 그는 사마의가 강력히 건의했는데도 이를 받아들이지 않았다. 몇 주일이 지나 후회했지만 그때는 이미 늦은 뒤였다."

마오쩌둥은 국공내전 당시 스탈린의 만류에도 불구하고 회하 일대를 석권한 여세를 몰아 장강의 도강 작전을 과감히 전개해 마침내 장제스를 대만으로 몰아내는 데 성공했다. 그는 조조와 정반대되는 평롱망촉 행보로 천하 통일의 대업을 이룬 셈이다. 장제스를 송양지인에 비유하며 패퇴시킨 바 있는 마오쩌둥은 한중대전 때 조조가 보여 준 송양지인을 비판할 자격이 충분히 있다.

조조의 리더십

난세에 보인 조조의 리더십에는 탁월한 바가 있다. 주어진 상황을 냉철히 진단하는 통찰, 인재를 단박에 알아보는 지감, 상과 벌을 분명히 하는 신상필벌, 상황이 여의치 않을 경우 미련 없이 포기할 줄 아는 결단, 기존의 가치 및 관행에 얽매이지 않는 파탈擺脫, 상황에 따라 대응을 달리하는 임기응변, 전장에서도 손에서 책을 놓지 않는 등 부단히 노력하는 자강불식 등이 그것이다. 마오쩌둥도 이를 높이 평가했다. 이는 시공을 뛰어넘어 난세에 필요한 리더십의 기본 덕목에 해당한다. 조조는 이를 오직 능력만 있으면 과감히 기용하는 이른바 유재시거惟才是擧의 용인술로 구현했다.

현대 중국인들에게 제갈량과 더불어 최고의 재상으로 칭송받고 있는 청대 말기의 증국번曾國藩이 태평천국의 난을 진압할 수 있었던 것도 조조의 유재시거 용인술을 흉내 낸 결과였다. 태평천국의 난을 평정한 후 그는 주변 사람들에게 자신을 누구와 비교할 수 있겠는지를 물은 적이 있다. 여러 얘기가 나왔으나 그가 생각한 답은 나오지 않았다. 그는 이같이 말했다.

"모두 아니다. 나는 평생 조조를 배우고자 했다. 그러나 그리하지 못했다."

그의 휘하에서 이이제이의 계책을 능수능란하게 구사한 이홍장李鴻章 등이 나온 것도 결코 우연이 아니다. 삼국 시대 당시 조조처럼 공개적으로 인재를 모은 사람은 없다. 그는 생전에 모두 세 번에 걸쳐 대대적으로 인재를 모았다. 첫 번째가 건안 15년(210년)에 선포한 구현령求賢令이다. 이는 중국의 역대 왕조에서 제왕이 반드시 본받아야 할 모범적인 사례로 평가받고 있다. 골자는 대략 다음과 같다.

"자고로 천명을 받아 창업을 하거나 나라를 중흥시킨 군주로서 일찍이 현인군자와 함께 천하를 통치하지 않으려고 한 자가 어디 있었겠는가? 천하가 아직도 안정되지 않아 더욱더 현자를 구하는 일을 서둘러야 할 시기다. 지금 천하에 피갈회옥被褐懷玉(남루한 옷을 걸치고 웅지를 품음)하고 위수가에서 낚시질이나 하는 현자가 어찌 없겠는가? 또 도수수금盜嫂受金했으나 재능을 갖추고도 위무지魏無知의 천거를 받지 못한 자가 어찌 없겠는가? 여러분은 나를 도와 누항陋巷에 있는 자일지라도 오직 능력만 있으면 천거하도록 하라. 내가 그들을 얻어 임용할 것이다.”

피갈회옥은 주왕조 개국공신인 여상呂尙, 도수수금은 전한 제국 개국공신인 진평陳平, 위무지는 진평을 천거한 사람을 말한다. 구현령의 핵심은 크게 두 가지다. 하나는 피갈회옥의 현인군자를 구하는 것이고 다른 하나는 도수수금의 인재를 구하는 것이다.

소위 강태공으로 불리는 여상은 주문왕을 위수 가에서 만날 때까지 궁핍하게 살며 낚시로 소일했다. 주문왕은 여상을 만나 곧바로 그를 국사國師로 삼음으로써 마침내 주나라 건국의 기틀을 다지게 되었다. 조조가 여상을 예로 든 것은 재덕을 겸비한 현인군자의 지혜를 빌려야만 비로소 새로운 왕조를 개창하거나 피폐한 왕조를 중흥시킬 수 있다는 뜻을 담고 있다.

조조가 도수수금의 인재를 구한 것은 난세의 기본 특징을 통찰했기 때문이다. 당시 조조 휘하에서 도수수금의 진평과 유사한 인물을 고르라면 단연 가후를 들 수 있다. 그는 동탁의 휘하에 있다가 이각 및 곽사를 부추겨 장안에 정권을 세우게 한 뒤 다시 장수에게 몸을 맡겼다가 마침내 조조에게 귀의한 인물이다. 그가 장수의 참모로 있을 때 조조는 그의 계책에 넘어가 가까스로 사지를 빠져나온 것은 물론 혼전의 와중에 장자 조앙을 비롯해 조카 조안민을 잃었다. 이후 가후가 장수를 부추겨 함께 조조에게 귀의한 것은 전적으로 자신의 이익을 위한 것이었다. 그의 행보에서는 순욱 및 순유와 같은 절조는 물론 곽가와 같은 충성이 전혀 보이지 않는다. 그러나 조조는 그의 뛰어난 재능을 높이 사 그의 덕성과 과거의 은원을 전혀 개의치 않았다.

조조는 이후에도 건안 18년(213년) 5월 취사물폐편단령取士勿廢偏短令, 건안 22년(217년) 8월 거현물구품행령舉賢勿拘品行令을 선포했다. 구현령과 유사한 내용이다. 이들 3개 영을 관통하는 키워드는 오직 재능만 있으면 과감히 발탁하는 유재시거였다.

실제로 조조의 득인술 및 용인술은 범인들이 흉내 내기 어려울 정도의 탁월한 면이 있었다. 대표적인 예로 배신을 일삼은 위충을 끝내 껴안은 일화를 들 수 있다. 『자치통감』 건안 4년(199년)조는 그 배경을 이같이 기록해 놓았다.

"당초 조조가 연주兗州에 있을 때 위충을 효렴으로 추천한 적이 있었다. 연주에서 반란이 일어났을 때 조조가 장담하기를, '오직 위충만이 나를 배반하지 않을 것이다'라고 했다. 이후 조조는 위충이 도망갔다는 얘기를 듣고 크게 노했다. 원소를 대파한 후 위충을 사로잡게 되자 조조가 '나는 단지 너의 재주를 아낄 뿐이다'라고 말하면서 그의 결박을 풀어 주고 하내 태수에 임명해 황하 이북의 일을 그에게 맡겼다."

상식적으로 볼 때 위충처럼 배신을 일삼은 경우는 당시의 정황에 비춰 능지처참을 면하기 어려웠다. 그러나 조조는 그의 포승줄을 풀어 주고 등용했다. 조조가 중시했던 것은 오직 그의 재능이었다. 실제로 조조 휘하에는 싸움을 잘하는 용장, 꾀를 잘 내는 모사, 언변과 글 솜씨가 뛰어난 문인, 병참 보급 및 공정한 법 집행에 뛰어난 관원 등 온갖 유형의 인물이 다 모여 있었다. 주목할 것은 조조가 눈부신 전공을 세운 장군들에게 큰 상을 내린 것 못지않게 전략을 짠 사람을 높이 평가한 점이다. 건안 8년(203년) 그는 순욱에게 삼공의 직책을 내릴 것을 청하는 표문을 올리면서 기이한 계책과 은밀한 계략의 효용을 이같이 강조했다.

"전략을 짜는 것이 전공의 으뜸이고, 계책을 내는 것이 포상의 기본입니다. 야전에서의 공적은 군막 안의 계책을 넘을 수 없고, 전공이 아무리 많을지라도 나라를 구한 공로보다 더할 수는 없는 것입니다."

조조 휘하에 수많은 문인이 구름처럼 몰려든 이유다. 이들 가운데 유명한 문인들의 동아리를 '건안칠자建安七子'라고 한다. 건안칠자의 한 사람인 왕찬王粲은 원래 형주의 유표劉表 밑에 있었다. 그는 15년 동안 헌신적으로 일했지만 눈에 띄지도 않았고 중용되지도 않았다. 유표가 사람을 보지 못한 것이다. 유표 사후 왕찬은 유표의 아들 유종劉琮을 부추겨 조조에게 투항하게 만들었다. 조조가 피 한 방울 흘리지 않고 형주를 차지한 배경이다.

그가 보여 준 난세의 리더십은 기본적으로 패도와 왕도를 적절히 뒤섞은 왕패병용王霸竝用에서 나온 것이다. 조조는 비록 난세의 상황을 감안해 패도를 앞세우기는 했으나 결코 왕도를 잊은 적이 없다. 이를 뒷받침하는 일화는 매우 많다. 조조는 기본적으로 법 집행의 공평성을 확보하기 위해 주변의 친애하는 인물은 물론 자신에 대해서조차 결코 사정을 두지 않았다. 그러나 구체적인 시행 과정에서는 결코 각박한 것만도 아니었다.

한번은 패국 사람 위풍魏諷이 모반을 꾀하다가 적발되면서 수많은 사람이 이에 연루되어 처형을 받게 되었다. 당시 황문시랑 유이劉廙는 동생이 위풍과 함께 모반을 꾀한 일로 인해 죽임을 당하게 됐다. 신하들이 사면을 청하자 조조가 이같이 말했다.

"유이는 명신이다. 옛날 진晉나라의 숙향叔向은 동생 숙호叔虎의 죄로 연루되지 않았다. 이는 고례의 법제이다."

숙향은 공자가 숭모했던 정나라 대부 자산子産과 더불어 춘추 시대 후기를 화려하게 수놓은 현대부賢大夫다. 고전에 밝았던 조조는 『춘추좌전』에 나오는 일화를 예로 들어 유이를 사면한 뒤 승상부의 관원으로 발탁했다.

조조의 너그러운 법 집행은 일반 백성들을 향해서도 널리 행해졌다. 당시 위나라에서는 병사들의 도주가 그치지 않았다. 그러자 형벌을 더욱 엄하게 하여 부모와 형제를 연루시킬 생각으로 형벌 전담 법관을 엄선했다. 마침 북을 치고 나발을 부는 병사 송금木金 등이 도주한 사건이 일어났다. 송금의 어머니와 처, 동생 등이 모두 관부로 끌려왔다. 해당 관원들이 모두 참수를 건의하자 담당 관원인 고유高柔가 간했다.

"병사가 탈영하는 것은 확실히 악한 일이나 그중에는 후회하는 자도 있다고 들었습니다. 오히려 그들의 처자를 용서해 마음을 돌리도록 유인하는 것이 옳을 듯합니다."

조조가 고유를 크게 칭찬하며 곧 이들을 살려 주었다. 본래 법치는 예치禮治에 뿌리를 두고 있다. 조조는 평소에는 예를 위주로 하되 무력을 동원하는 경우는 형을 위주로 삼는 이른바 예형병용禮刑並用의 입장에 서 있었다. 건안 8년(203년)에 내린 「수학령修學令」에 그 취지가 잘 나타나 있다.

"상란喪亂이 일어난 이래 15년이 지났다. 이로 인해 후생들이 인의와 예양의 풍도를 제대로 알지 못하고 있다. 나는 이 점을 매우 우려하고 있다. 각 군국마다 문학을 닦고, 각 현마다 5백 호 당 한 명의 교관을 두어 마을의 뛰어난 사람을 선발해 후생들을 가르치도록 하라. 그리하면 거의 선왕의 치도治道가 폐해지는 일이 없을 것이다."

조조가 백성들에게 예교禮敎를 가르치기 위해 얼마나 노심초사했는지를 짐작하게 해 준다. 이는 조조가 '효'를 매우 중시한 사실과 무관하지 않았다. 관우가 원소군에 가담해 있는 유비를 찾아갔을 때 제장들이 즉시 추격할 것을 촉구하자 조조는 반대했다.

"주군을 모시며 그 본뜻을 잊지 않는 자는 천하의 의사義士이다."

조조가 보여 준 엄격하면서도 너그러운 관맹호존寬猛互存의 모습을 두고 이 중톈이 간교하면서도 영웅답다고 평한 것은 잘못이다. 조조의 리더십을 높이 평가하면서도 이런 식으로 평하는 것은 대중에 영합하기 위한 게 아니냐는 의심을 받을 소지가 크다. 1959년 궈모뤄는 가장 논란이 많았던 조조의 찬역 부분을 이같이 해석한 바 있다.

"한나라 조정은 외척과 환관들의 온갖 비행으로 부도덕한 지배계급이었을 뿐이다. 부도덕한 지배계급을 몰아낸 것이 어찌 찬탈인가? 조조는 한나라를 대신해 위나라를 세우고 경제를 부흥시켰으며, 북쪽의 오랑캐를 정벌했고, 한나라를 재건하겠다는 백일몽에 빠졌던 유비나 제갈량 등과 같은 야심가들과 싸웠다. 그는 보기 드문 탁월한 정치가였고 우수한 전략가였으며 백성들의 아픔을 아는 황제였다."

그는 이어 조조를 난세의 간웅으로 간주하는 당시의 풍조에 대해서도 통렬한 비판을 가했다.

"주자학의 정통론에 입각한 『삼국지연의』가 널리 퍼진 이후 세 살짜리 어린애조차 모두 조조를 악인으로 간주하고, 얼굴에 가면을 쓴 간신으로 여기게 되었다. 이는 실로 역사상 일대 왜곡이 아닐 수 없다."

문화대혁명 당시 법가를 재평가하고 유가를 비판하는 이른바 평법비유評法批儒 운동으로 인해 조조는 위대한 법가 사상가, 유물론자, 유가의 봉건사상에 반대한 진보주의자 등으로 규정되었다. 그러나 조조는 이들이 주장한 것처럼 결코 단순한 패도주의나 법가주의자가 아니었다. 이는 또 다른 차원의 역사 왜곡이다.

현재 중국인들은 조조에 대해 매우 우호적인 반응을 보이고 있다. 여기에는 CCTV의 백가강단 프로그램에서 삼국 시대 군웅 중에서 조조를 가장 높이 평가한 이중톈의 〈삼국지 강의〉가 큰 영향을 미쳤다. 그러나 그의 평가 역시 조조를 심흑의 대가로 간주한 데서 출발하고 있다. 사서의 내용을 종합해 볼 때 궈모뤄와 마오쩌둥의 조조에 대한 평가가 가장 객관적이다. 이들의 평가는 사인방四人幇의 평가와 엄격히 구분할 필요가 있는데도 문화대혁명의 후유증으로 인해 이를 제대로 구분하지 못하고 있다.

삼국 시대 당시 전장에서조차 손에서 책을 놓지 않은 이른바 수불석권手不釋卷의 자세를 견지한 사람은 오직 조조밖에 없었다. 그는 원래 무인이 아닌 문인이다. 베이징 부시장을 지낸 우한吳晗이 단언했듯이 독서량이 부족했던 유비와 손권은 애초부터 조조의 상대가 될 수 없었다. 21세기 지식 창조의 시대에서 승리하기 위해서는 이 같은 조조의 리더십을 적극 활용할 필요가 있다.

영웅의 후예들

조조의 뒤를 이은 위문제 조비에 대한 기존 사가들의 평가는 대체적으로 비판적이다. 『삼국지연의』가 대표적이다. 조조에 관한 비판적 입장을 그의 후손들에게 그대로 적용한 결과다. 『세설신어』에는 조비를 폄하하는 얘기가 세 편 실려 있다. 아우 조식을 죽이기 위해 칠보시를 짓게 했고, 임성왕 조창에게 독이 든 대추를 먹여 독살했고, 부친이었던 조조의 궁녀를 첩으로 삼았다는 얘기가 그것이다. 당시 이런 얘기가 그럴듯하게 떠돌아다녔음을 짐작하게 해 준다. 『삼국지』와 『자치통감』은 이에 대해 한마디도 언급해 놓지 않았다. 역사적 사실로 간주하지 않았기 때문이다. 그러나 이런 얘기가 전혀 근거 없는 것은 아니었다. 그는 즉위 후 친형제들에게 야멸차게 대했다. 설령 친동생들을 무자비하게 제거하려는 것은 아니었을지라도 최소한 계속 경계심을 품고 음으로 양으로 감시의 눈을 번득였음을 시사한다. 진수는 조비를 이같이 평했다.

"만일 이런 인물에게 도량을 키워 주고 공평한 사랑으로 정성껏 기를 살려 주었다면 옛날의 현명한 군주 못지않게 성장할 수 있었을 것이다."

이는 조비의 그릇이 작고 인선 등에서 공평하지 못했음을 지적한 것이다. 조조가 오관중랑장 조비를 태자로 삼은 것은 숨을 거두기 3년 전이다. 원래 그가 가장 마음에 둔 자식은 조충이었다. 그러나 조충은 요절하고 말았다. 이후 조비와 조식을 놓고 오랫동안 고심했다. 그동안 조비는 엄청난 마음고생을 했다. 이때의 고통이 훗날 보위에 오른 뒤 형제들에게 가혹하게 대한 근본 배경이 되었다.

당초 조조는 정씨를 처로 맞았으나 그녀는 자식을 낳지 못했다. 그러나 첩으로 맞아들인 변씨가 조비曹丕와 조창曹彰, 조식曹植, 조웅曹熊 등 4명의 아들을 낳았다. 또 다른 첩 유씨도 조앙曹昻을 낳았다. 조조는 정씨에게 생모의 명

위문제 조비. 조비는 "콩 심은 데 콩 난다"는 우리말 속담처럼 나름 매우 총명한 인물이었다. 하지만 조조가 태자 자리를 놓고 고심하는 동안 엄청난 마음고생을 해야 했고, 이것은 훗날 보위에 오른 뒤 형제들에게 가혹하게 대하는 근본 배경이 되었다.

의로 조앙을 키우도록 했으나 조앙은 양현에서 죽었다. 정씨가 크게 슬퍼하며 절제를 잃자 조조가 그녀를 내친 뒤 변씨를 후실로 삼았다.

변씨는 낭야군 개양현 사람으로 원래는 가기歌妓 출신이다. 그녀가 20세였을 때 초현에 있던 조조가 첩으로 삼았다. 그녀는 나중에 조조를 따라 낙양에 왔다. 동탁이 난을 일으켰을 때 조조는 평상복으로 갈아입고 낙양을 떠나 동쪽으로 몰래 도주했다. 이때 원술은 조조가 이미 죽었다는 헛소문을 듣고 이를 변씨 등에게 알려 주었다. 당시 조조를 좇아 낙양으로 왔던 첩들이 모두 고향으로 돌아가려고 하자 변씨가 이들을 저지했다.

"부군의 생사 여부를 아직 확실히 알지도 못했는데 여러분이 오늘 집으로 달아나 버린 다음 만일 부군이 내일 여기에 온다면 우리는 무슨 낯으로 부군을 바라볼 것이오. 설령 화가 눈앞에 닥칠지라도 함께 죽는다면 무슨 두려움이 있겠소?"

조조가 이 얘기를 듣고 크게 칭찬했다. 이후 변씨가 정실이 되어 왕비의 자리에 오르게 된 것도 이와 무관하지 않았다.

변씨 소생의 셋째 아들 조식은 재주가 많았다. 글도 잘 짓고 행동도 민첩해서 조조가 그를 매우 총애했다. 조조가 조식에게 기우는 조짐을 보이자 조조의 총신 정의丁儀는 동생인 황문시랑 정이丁翼와 승상주부 양수楊修 등과 함께 여러 차례 조식을 칭송하며 그를 후계자로 삼도록 부추겼다. 그러나 이 와중에 조식은 지나치게 자유분방한 모습을 보인 탓에 조조의 신임을 잃고 말았다. 진수의 평이다.

"조식은 자신이 생각나는 대로 행동하여 행동에 꾸밈이 없었다. 조비는 술책을 구사하여 자신의 감정을 억제하고 스스로를 꾸미는 데 능했다. 이로 인해 궁인들을 비롯한 조조의 주변 사람들 모두가 조비를 칭송하게 되었다."

결국 조조는 조식을 단념하고 조비를 태자로 정했다. 이런 갈등 과정이 조비에게 적잖은 상처를 안겨 주었을 것이다. 즉위하자마자 조식의 심복들을 일거에 제거한 사실이 이를 반증한다. 조식 역시 11년 동안 세 차례나 봉지를 옮기는 등 삼엄한 경계 속에서 살다가 숨을 거두었다. 후대인들이 조비를 냉혹한 인물로 비난한 근본 배경이 여기에 있다. 그러나 도량이 좁은 협량狹量의 인물이었다고 비난하는 것은 가능할지 몰라도 냉혹하다고 평하는 것은 약간 지나쳤다. 조식 자체가 자유분방한 데다 큰 뜻을 품고 있어 이를 방치할 경우 나라를 제대로 다스리기 어려웠을 것이다. 천하를 호령하기 위해서는 불가피한 측면이 있었다.

조비는 "콩 심은 데 콩 난다"는 우리말 속담처럼 나름 매우 총명한 인물이었다. 유비와 손권이 맞붙은 이릉대전 당시 유비의 패배를 미리 예측한 게 대표적인 사례다. 당시 그는 유비가 무려 7백여 리에 걸쳐 영채를 세웠다는 보고를 받고 신하들에게 이같이 말했다.

"유비가 이번에는 패할 것이오!"

신하들이 의아해하며 물었다.

"폐하께서는 그것을 어찌 아십니까?"

"유비는 군사를 모르는 사람이오. 어찌 7백 리에 걸쳐 영채를 세우고 적을 막겠다는 것이오? 『손자병법』에서 말하기를, '잡초가 무성하거나 지세가 평탄, 조습, 험고한 곳에 영채를 세우면 반드시 적에게 사로잡힌다'고 했소. 이는 병가에서 가장 꺼리는 것이니 손권이 이겼다는 상서가 매우 빨리 도착할 것이오."

과연 이로부터 7일 후 손권의 군사가 유비의 군사를 격파했다는 상서가 도착했다. 조비의 예언에 놀란 신하들이 속히 군사를 보내 방비하기를 청하자 조비가 만류했다.

"동오가 이기면 여세를 몰아 파촉을 취하러 갈 것이고, 그리되면 동오의 내부가 텅 빌 것이오. 그때 짐이 싸움을 돕겠다는 핑계를 대고 군사를 보내면 동오를 힘 안 들이고 쉽게 얻을 수 있소!"

그가 문재文才뿐만 아니라 무략 또한 뛰어났음을 짐작할 수 있다. 부전자전이었다. 그러나 조비는 오래 살지 못했다. 병이 점점 위독해져 온갖 약을 써도 아무 소용이 없었다. 그는 자신의 수명이 얼마 남지 않은 것을 알고 조예曹叡를 태자로 삼았다. 숨을 거두기 하루 전날 중군대장군 조진曹眞과 진군대장군 진군陳群, 정동대장군 조휴曹休, 무군대장군 사마의司馬懿 이렇게 네 사람을 불러들인 뒤 조예도 함께 불렀다. 조예가 오자 조진 등에게 이같이 부탁했다.

"이제 짐의 병이 침중해서 더 살지 못할 것이오. 이 아이가 나이가 어리니 경들이 잘 보좌하여 짐의 뜻을 저버리는 일이 없도록 하시오!"

조비는 황초 7년(226년) 5월 17일 새벽, 숨을 거뒀다. 당시 40세로 보위에 오른 지 7년만이었다. 조비는 조조의 창업에 뒤이어 나름 수성에 성공했다고 평할 수 있다. 인재 등용에 심혈을 기울여 이른바 구품중정법을 확정 지은 게 대표적인 사례다. 이는 조조 때부터 시작된 구현령을 제도화한 것이다. 훗날 귀모뢰는 이같이 평했다.

"정치 의식은 아우인 조식보다 훨씬 고명했다. 풍모 역시 부친인 조조보다도 뛰어났다고 할 수 있다. 환관의 월권 행위를 차단하고, 태후의 정치관여를 금지시키고, 경력보다는 실적 위주로 인재를 등용하고, 조세를 경감하고 검약에 힘썼던 일 등이 그렇다. 명군의 본보기였다고 평할 수 있는 증거다. 그가 겨우 40세밖에 살지 못한 채 재위 7년 만에 죽은 것이 애석한 일이다. 그가 만일 70, 80세까지 살았다면 위나라가 사마씨에게 찬탈당하는 일은 없었을 것이다!"

「낙신부도洛神賦圖」에서 조식이 등장하는 부분. 이 그림은 위나라의 조식이 지은『낙신부洛神賦』를 그린 것이다. 조조는 자신의 보위를 놓고 조비와 그림에서 보이는 조식을 저울질하다가 결국 조비로 낙점했다. 이로 인해 조식은 생전에 조비로부터 많은 견제를 받아야 했다.

조비에 대한 극찬이다. 조조는 평소 사마의라는 인물을 정확히 파악하고 있었기에 그에 대한 경계를 늦추지 않았다. 그러나 조비는 이를 무시하고 사마의를 중용했다. 사마씨가 찬탈하는 길을 열어 준 셈이다.

조비의 뒤를 이은 조예는 출생에서 죽음에 이르는 과정이 조선조의 연산군과 닮아 있다. 생모가 부친의 노여움을 사 사약을 받고, 우여곡절 끝에 보위에 오르고, 각종 대규모 토목공사를 일으키고, 여악女樂을 설치해 음울한 과거를 잊고자 한 점 등이 그렇다. 조예의 생모는 원래 원소의 며느리인 진씨甄氏이다. 조비는 오관중랑장의 자리에 있을 때 조조와 함께 업성으로 들어가 원희의 처 진씨가 미인인 것을 보고 대단히 기뻐하며 부인으로 삼았다. 이후 진씨가 조예를 낳았다. 조비는 보위에 오른 뒤 곽귀빈郭貴賓을 총애했다. 조비가 조식을 제치고 태자로 책봉된 데에는 그녀의 지략이 크게 작용했다. 조비가 총애한 후궁 중에는 곽귀빈 이외에도 이귀인^{李貴人}과 음귀인^{陰貴人} 등이 있었다. 진씨가 조비의 총애를 되찾기란 사실상 불가능했다. 조비가 수도를 업도에서 낙양으로 옮기면서 진씨를 업도에 남겨 둔 게 이를 뒷받침한다. 곽귀빈이 황후가 될 요량으로 진씨를 무함하자 조비는 보위에 오른 지 1년 반만에 진씨에게 사약을 내린 뒤 신하들의 반대를 무릅쓰고 곽귀빈을 황후로 삼았다.

이후 곽씨가 아들을 낳지 못하자 조비는 그녀에게 어머니의 자격으로 조예를 키우도록 했다. 조예는 곽씨를 매우 공경히 섬기고 아침저녁으로 문안을 거르지 않았다. 곽씨 역시 조예가 정성을 다해 자신을 시봉하며 매우 근신하는 모습을 보이자 대단히 좋아했다. 조예는 어릴 때부터 학문을 좋아했고 매우 박식했다. 하루는 조비가 조예를 데리고 사냥을 가서 골짜기를 지나다가 사슴 두 마리를 만났는데 보니 어미와 새끼였다. 조비가 어미 사슴을 쏘아 쓰러뜨리자 새끼 사슴이 조예의 말 앞으로 달려갔다. 조비가 조예를 향해 소리쳤다.

"애야, 왜 쏘지 않는 것이냐?"

조예가 울며 대답했다.

"폐하가 이미 어미 사슴을 죽였으니 신은 도저히 새끼 사슴까지 죽일 수가 없습니다."

조비가 그 말을 듣고 측은한 마음이 일어 즉각 활을 버렸다. 조예는 동궁으로 있을 때부터 조정 대신들과 교류하거나 정사를 묻는 일이 전혀 없었다. 오직 책만 열심히 읽었다. 조예가 생모의 죽음에도 불구하고 보위에 오르게 된 데에는 이런 노력이 결정적인 배경이 됐다. 연산군이 보위에 오르는 과정과 꼭 닮았다. 『연산군일기』는 연산군이 패륜적인 행동을 했음에도 불구하고 부왕 성종이 연산군을 측은히 여겨 보위에 오르게 했다는 식으로 기술했으나 이는 왜곡이다. 보위는 결코 측은지심에 의해 양위할 수 있는 자리가 아니다.

명제明帝 조예는 신하들의 간언을 귀담아 들으면서 이를 적극 장려했다. 그의 치세 때 극렬히 간언을 한 이유로 불리한 처우를 받은 자는 단 한 사람도 없었다. 명군의 자질을 지니고 있었음을 알 수 있다. 왕찬도 『위서』에서 이같이 칭송했다.

　"명제는 용모가 빼어나며 위엄도 갖추고 있었다. 그는 황태자 시절 조신들과 거리를 두고 정치 문제에 무관심한 채 오직 서적에 깊이 몰두했다. 즉위 후 대신을 예우하고, 공을 세운 자나 유능한 자를 발탁하고, 진실과 허위가 뒤섞이지 않게 했다. 이로 인해 군대를 출동시키거나 논의를 통해 중대한 일을 결정할 때에는 지략이 있는 신하와 장군, 대신들이 모두 명제의 계략을 따랐다. 명제는 굴욕을 참아 내고 직언을 받아들이는 일을 잘하여 신분이 낮은 관리나 백성들의 상소를 모두 받아들였다. 한 달에 수천 통에 달하는 봉서封書가 이르렀는데 글이 비록 비루할지라도 끝까지 읽어 보며 결코 피곤해하는 기색을 드러내지 않았다."

　청룡 3년(235년) 낙양에 전염병이 크게 유행했다. 마침 태후 곽씨가 세상을 떠났다. 항간에는 조예가 곽씨에게 생모 진씨가 죽게 된 배경 등을 추궁하자 크게 상심한 나머지 이내 병이 나 세상을 떠나게 되었다는 얘기가 떠돌았다. 그러나 이는 역사적 사실과 동떨어진 항간의 얘기에 불과하다. 조예는 보위에 오른 후에도 곽씨를 친어머니처럼 따르면서 매우 공경스런 모습을 보였다. 다만 그가 곽씨 사후 갑자기 대규모 토목공사를 크게 일으킨 것은 납득하기 어렵다. 그 이유는 무엇일까? 진수는 이같이 분석해 놓았다.

　"명제는 침착하고 굳세며 결단력과 식견을 갖추고 있었으며 마음이 내키는 바대로 행동했으나 백성들에게는 지극히 자상한 뛰어난 군주로서의 기개를 지니고 있었다. 그러나 그는 당시 백성들의 생활이 피폐하고 온 천하가 분열되어 있었는데도 선조의 빛나는 대업을 먼저 생각하여 왕업의 기틀을 다질 생각을 하지 않고 진시황이나 한무제를 급히 모방해 궁전을 지었다. 큰 틀에서 보면 군주의 자격으로 이는 매우 커다란 결함이었다고 할 수 있을 것이다."

자만심의 결과로 파악한 셈이다. 후대 사가들은 토목공사를 문제 삼아 조예를 비판했으나 이는 지나치다. 조조 역시 매우 어지러운 시기였음에도 불구하고 업성에 거대한 규모의 동작대를 세운 바 있다. 『삼국지연의』는 조조가 향락을 위해 만든 것으로 왜곡해 놓았으나 사실 이는 업성을 인공적인 요새로 만들기 위한 심모원려에서 나온 것이었다. 명제가 낙양과 업성, 허창 등의 3도에 대규모 토목공사를 일으킨 것을 두고 향락과 사치를 즐기기 위해서였다고 비판하는 것은 문제가 있다. 명제 역시 조조와 마찬가지로 이들 3도를 보다 튼튼한 요새지로 만들 요량으로 대규모 토목공사를 일으켰을 공산이 크다.

안타까운 것은 조예 역시 부황 조비와 마찬가지로 수명이 길지 않았던 점이다. 재위 기간은 부황의 배인 14년에 달했지만 사망 당시 나이가 겨우 34세에 불과했다. 조비보다도 6년이나 짧다. 그의 요절은 위나라에 치명적인 타격을 가했다. 야심가 사마의가 그의 죽음을 계기로 전면에 부상해 찬탈의 기반을 닦았기 때문이다.

당시 조예는 사마의의 야심을 전혀 몰랐던 것일까? 그렇지는 않다. 그 역시 사마의의 야심을 알고 있었다고 보는 게 옳다. 당시 그는 자신의 병이 회복되기가 어렵다는 것을 알고 조조의 서자인 연왕 조우曹宇를 대장군으로 삼은 뒤 영군장군 하후헌夏侯獻과 무위장군 조상曹爽, 둔기교위 조조曹肇, 효기장군 진랑秦朗 등에게 공동으로 국정을 보좌하게 했다. 자신의 사후를 책임질 고명대신에 사마의를 발탁하지 않은 것이다. 사마의의 야심을 읽었다고 보는 이유다. 그런데도 사마의는 최종 결정 과정에서 어떻게 하여 고명대신에 임명된 것일까?

무위장군 조상은 조진의 아들이고, 둔기교위 조조는 조휴曹休의 아들이다. 조예는 어릴 때부터 연왕 조우와 매우 친했다. 고명대신으로 발탁한 이유다. 조우는 뛰어난 인물이었다. 당초의 방안대로 갔다면 사마씨의 찬탈은 불가능했을 것이다. 그런데 이를 중간에서 훼방 놓은 자들이 있었다. 조비 때 이래로 황제의 측근에서 권력을 행사했던 유방劉放과 손자孫資가 바로 그들이다.

당시 하후헌과 조조는 유방과 손자가 오랜 기간 권력의 핵심을 장악해 온 것에 대해 내심 불만을 품고 있었다. 어느 날 두 사람은 궁정 안에 있는 계서수鷄栖樹라는 나무 아래에서 이 나무를 쳐다보며 이같이 말했다.

"이 나무는 참 오래도 되었다. 다시 얼마나 오래 살 수 있을까?"

이 얘기를 전해 들은 유방과 손자는 이후 자신들에게 재앙이 있을 것을 우려했다. 이에 은밀히 조예와 두 사람 사이를 이간하는 계책을 꾸몄다. 당시 연왕 조우는 성정이 공손하고 온화해 대장군직을 정중히 사양했다. 이것이 사마의를 불러들이게 된 가장 직접적인 계기가 되었다. 당시 조예는 유방과 손자를 자신이 몸져 누워 있는 내전으로 불러 물었다.

"연왕이 왜 사양하는 것으로 보시오?"

두 사람이 입을 모아 대답했다.

"연왕은 실로 이런 대임을 맡을 수 없음을 스스로 알기 때문입니다."

"누가 가히 중임을 맡을 만하오?"

당시 조예 옆에는 오직 조상 한 사람만이 있었다.

"조상이 적임자라고 생각합니다."

그러고는 이같이 덧붙여 말했다.

"마땅히 태위 사마의를 불러 함께 보정토록 해야 합니다."

조예가 미심쩍어하며 자문하듯 혼잣말을 했다.

"조상이 능히 이 일을 해 낼 수 있을까?"

조상이 긴장하여 땀을 비 오듯 흘리며 대답을 못했다. 유방이 곧바로 조상의 발을 밟고는 귓속말로 조상이 대답할 말을 가르쳐 주었다. 조상이 기어들어 가는 목소리로 말했다.

"신이 죽음으로써 사직을 보호하겠습니다."

조예는 마침내 결심한 듯 유방에게 명해 조상과 사마의에게 대임을 맡긴다는 내용의 조서를 작성하게 했다. 두 사람이 나가자 조예는 못내 의구심이

들었다. 사마의의 야심이 걱정되었기 때문이다. 마침 둔기교위 조조 등이 와서 사마의를 불러서는 안 된다고 강력히 건의했다. 조예가 곧 유방과 손자를 다시 불렀다.

"나는 당초 태위를 부르려고 생각했는데 조조 등이 와서 나로 하여금 그를 저지하도록 했소. 하마터면 나의 대사가 그르칠 뻔했소."

유방과 손자가 다시 이해득실을 자세히 설명하며 반드시 사마의를 불러야 한다고 설득했다. 조예가 또다시 마음이 바뀌어 이들의 말을 따랐다. 총명하기 그지없던 조예도 죽음을 앞두고는 총기가 흐려져 있었다. 결과론적인 얘기이지만 이게 결정적인 패착이 되었다. 결국 조예는 조상이 유방 및 손자와 함께 조명을 받도록 하는 내용의 조칙을 작성했다. 조우와 하후헌, 조조, 진랑 등은 빠지게 됐다. 유방이 조예에게 건의했다.

"이는 마땅히 친필로 써야 합니다."

조예가 숨을 몰아쉬며 말했다.

"나는 너무 힘이 들어 붓을 잡을 수가 없소."

그러자 유방이 어탑 가까이 다가가서 조예의 손을 잡고 강제로 써 내려 갔다. 이어 유방이 조서를 들고 밖으로 나와 큰 소리로 말했다.

"연왕 조우 등의 관직을 모두 면하게 하라는 조명이 내려졌다. 연왕 등은 이제 궁중에 머물 수가 없다!"

연왕 조우 등이 눈물을 흘리며 출궁했다. 이로 인해 조상이 마침내 대장군이 되어 나라 정사를 맡게 되었다. 당시 조예는 조상의 재주가 시원치 않은 것을 꺼려 다시 손례를 대장군을 보필하는 장사長史로 삼아 보좌하게 했다. 그러나 이는 한계가 있었다. 조상 자체가 지극히 미욱한 인물에 지나지 않았기 때문이다.

당시 연왕 조우는 궁에서 쫓겨 나가기 직전 나름 계책을 내어 사마의를 멀리 내쫓으려고 했다. 급현汲縣에 머물고 있는 사마의에게 속히 샛길을 이용해 지관軹關 서쪽에서 장안으로 들어가도록 하는 조서를 내린 것이다. 사마의를 낙양에서 멀리 떨어뜨려 놓으려는 계책이었다. 구실은 장안이 있는 관중 일대에 위급한 일이 생겼으니 속히 그곳으로 가서 일을 마무리 지으라는 것이었다. 그러나 사마의는 이미 조예가 유방 등의 애기를 듣고 자신을 부른다는 내용의 조서를 받은 상황이었다. 그는 상반된 내용의 조서를 동시에 받게 되자 낙양에 변고가 있음을 직감하고 급히 말을 몰아 낙양으로 내달렸다. 경초 3년(239년) 정월, 사마의가 낙양에 도착해 입궁하여 조예를 만나자 명제가 그의 손을 잡고 이같이 말했다.

"짐이 후사를 그대에게 부탁하고자 하니 그대는 조상과 함께 나의 어린 아들을 잘 보좌해 주시오. 짐은 그대를 기다리느라 죽지 않고 있었소. 이제 그대를 보니 더 이상 유한이 없소."

사마의가 머리를 조아리며 말했다.

"신이 오는 도중에 폐하의 성체가 편치 못하다는 소식을 듣고 두 겨드랑이에 날개가 없어 궁궐로 급히 날아오지 못한 것을 한탄했습니다. 이제 용안을 뵈니 신 또한 참으로 여한이 없습니다."

조예가 제왕 조방曹芳과 진왕 조순曹詢을 가리키며 사마의에게 말했다.

"이 애들은 아직 어리니 군은 자세히 보아 두도록 하오. 두 아이를 착각하면 안 되오."

이어 조방을 불러 앞으로 나아가 사마의의 목을 껴안게 했다. 사마의가 머리를 조아리며 눈물을 흘렸다. 조예는 이날 조방을 태자로 삼는 조칙을 내린 뒤 이내 눈을 감았다.

조씨의 위나라는 조조와 조비, 조예로 이어지는 3대의 기간 동안 최고의 전성기를 구가했다고 평할 수 있다. 모두 출중한 인물들이었다. 그러나 조예가 마지막 순간에 사마의를 보정대신에 임명함으로써 모든 게 끝나고 말았다. 조상이 그만큼 무능한 인물이었다는 얘기다. 조상과 사마의는 정반대되는 인물이다. 조상은 부친 조진의 후광에 힘입어 최고의 자리에 오른 평범하기 그지없는 황족의 일원에 불과했다. 그러나 사마의는 오랜 세월 동안 전쟁

터를 누비며 온갖 궤계를 구사한 노회하기 그지없는 인물이었다.

삼국 시대와 관련한 많은 책들이 사마의를 장수의 범주에 넣고 있으나 이는 잘못이다. 그는 당대에 황제로 등극하지는 못했으나 조조와 마찬가지로 남의 밑에서 일할 인물이 아니었다. 그만큼 야심이 컸다. 그는 여덟 형제 중 둘째였는데 형제들 모두 준수해 당시 사람들은 그들을 사마팔달이라고 했다.

조조는 건안 13년(208년) 6월 중앙 관제에 대한 대대적인 정비를 행한 바 있다. 원성 현령 사마랑司馬朗을 주부, 그의 동생 사마의司馬懿를 문학연으로 삼았다. 이것이 바로 훗날 사마씨가 위나라를 찬탈하게 된 단초가 되었다. 사마랑 형제는 영천 태수 사마휴司馬儁의 손자이자 경조윤 사마방司馬防의 아들이었다. 사마방은 성품이 질박하고 공정했다. 그의 자식들은 성인이 되어서도 사마방의 명이 없으면 앉거나 말하는 것조차 마음대로 못했다. 사마랑이 장남이었고 사마의가 차남이었다.

문학연이 된 사마의는 자가 중달仲達로 어렸을 때부터 총명한 데다 커다란 뜻을 지니고 있었다. 일찍이 최염은 사마의를 보고 사마랑에게 이같이 말한 적이 있었다.

"그대의 동생은 총명하고 성실한 데다 결단력도 있소. 그대가 결코 따라갈 수 없을 것이오!"

조조는 생전에 사마의가 인재라는 얘기를 듣고 곧바로 그를 불렀다. 그러나 사마의는 관절염을 이유로 이를 거절했다. 내심 탁류 출신의 조조 밑에서 머리를 숙이는 것을 싫어했을 공산이 크다. 조조가 크게 노하자 사마의는 장차 해를 입을까 두려워한 나머지 이내 자리를 받게 되었다. 이와 관련해 『진서』「선제기」에는 조조가 사마의와 관련해 이상한 꿈을 꾼 얘기가 나온다. 이에 따르면 어느 날 조조는 사마의가 조비의 부관으로 있을 때 세 마리의 말이 한 개의 말구유에 머리를 처박고 있는 꿈을 꾸게 되었다. 조조는 아무래도 그 꿈속의 말 한 필이 사마의 같은 생각이 들어 조비에게 넌지시 말했다.

"내가 꿈을 꾸었는데 아무래도 이상하다. 생각건대 사마의는 인신으로 끝날 사람이 아니다. 틀림없이 네 일에 끼어들 것이다. 장차 조심하도록 하라.”

후대의 사람들이 만들어 낸 얘기로 보이나 결과적으로 조조의 이런 예언은 꼭 들어맞았다. 이 일화는 당시 조조가 사마의를 손에 넣고도 마음이 놓이지 않아 그를 매우 경계했음을 시사하고 있다. 조조와 달리 조비는 사마의에 대한 경계를 소홀히 했다. 보정대신에 임명한 게 그렇다. 이것이 사마의에게 딴마음을 품게 만든 단초가 되었을 것으로 짐작된다.

사마의의 본색이 결정적으로 드러나는 것은 조조를 만나고 나서 40여 년이 지난 뒤였다. 그동안 그는 조조와 조비, 조예, 조방 등 4대를 섬기며 국가 최고의 권력자가 되었다. 조예가 죽고 조방이 8세로 위나라의 제3대 황제로 등극하면서 사마의는 조예의 유조에 따라 조상과 함께 어린 황제를 보필하면서 야심을 드러내기 시작했다.

조상은 부귀한 집에서 고량진미만 먹고 귀엽게 자라나서 고생을 전혀 모르는 고량자제에 불과했다. 후흑술의 달인인 사마의와 함께 그가 국정의 최고 책임자에 임명된 것 자체가 위나라의 불행이었다. 사마의는 결국 조상 집단에게 모반의 죄목을 뒤집어 씌워 3족을 멸한 뒤 위나라의 권력을 완전히 장악했다. 이후 16년의 세월이 흐르는 사이 사마의의 뒤를 이어 사마사와 사마소 등 사마씨 부자가 조씨의 위나라를 손에 넣고 멋대로 주물렀다. 두 차례의 폐립과 살육전 끝에 마침내 조씨의 위나라는 역사의 무대에서 사라지고 대신 사마씨의 진나라가 등장했다. 이게 사가들이 말하는 서진이다.

훗날 나관중은 『삼국지연의』에서 모든 신의를 저버리고 정적을 가차 없이 제거한 뒤 그 시체를 밟고 권력의 보좌에 오르는 사마의의 냉혹하고 잔인한 모습을 적나라하게 묘사해 놓았다. 고량자제에 불과한 조상이 사마의와 맞설 때부터 이미 모든 것은 끝난 것이나 다름없었다. 위나라의 마지막 황제인 조환曹奐은 후한의 헌제가 그랬듯이 허수아비 황제에 불과했다.

사마사와 사마소의 전횡은 말할 것도 없이 사마의가 간교한 술책을 써서 조상 등을 제거하고 군사 대권을 장악한 데 기초한 것이었다. 『삼국지』는 사마의가 임종에 앞서 사마사와 사마소 두 아들을 병상 앞으로 불러 이같이 당부한 것으로 기록해 놓았다.

"내가 위나라를 오랫동안 섬겨 벼슬이 태부에 이르렀으니 신하로서 그 지위가 더할 나위없다. 그러나 사람들이 모두 나에 대해 다른 뜻을 품고 있는 것은 아닌가 의심한 까닭에 나는 일찍이 두려운 마음으로 지내야만 했다. 내가 죽은 후에라도 너희 형제들은 힘을 합해 국정을 잘 다스리되 부디 삼가고 또 삼가기 바란다."

이를 액면 그대로 믿을 수 있는 것일까? 사마사와 사마소의 이후 행태를 보면 오히려 사마의가 두 자식에게 후흑술의 진수를 전수했을 공산이 크다. 사마사가 성년이 된 조방을 쫓아내기 위해 태후의 명을 빌어 문무 관원을 모아 놓은 뒤 새빨간 거짓말을 한 게 그 증거다.

"금상은 황음무도한 데다 광대를 가까이하며 참소하는 말을 믿고 있소. 어진 이의 바른말을 받아들이지 않으니 그 죄가 한나라의 창읍왕보다 더해 천하를 다스릴 수 없게 됐소. 내가 삼가 이윤伊尹과 곽광霍光을 본받아 새 군주를 세워 사직을 보전하고 천하를 편안히 할 생각이오. 여러분의 생각은 어떻소?"

이윤은 은나라 건국 공신으로 탕왕 사후 탕왕의 아들 외병外丙과 중임왕을 보필하다가 뒤를 이은 탕왕의 손자 태갑太甲이 국정을 돌보지 않자 동桐으로 내쫓고 스스로 국정을 섭정한 인물이다. 3년 동안 태갑이 동에 갇혀 있으면서 잘못을 뉘우치고 새롭게 태어나자 그는 다시 태갑에게 정권을 돌려주었다. 또 다른 설에 따르면 이윤이 태갑을 동에 감금한 뒤 스스로 왕이 되어 7년을 통치했으나 지지를 얻지 못하자 태갑이 동에서 도망쳐 나와 이윤을 죽이고 권력을 되찾았다고 한다. 이게 오히려 역사적 사실에 가까울 듯싶다.

곽광은 한무제 때 대사마대장군으로 있다가 김일제金日磾와 상관걸上官桀, 상홍양桑弘羊 등과 함께 보정대신이 된 인물로 8세의 어린 소제昭帝를 보필하다 실권을 틀어쥔 인물이다. 그는 김일제가 병사한 후 소제의 형인 연왕 단旦의 반란을 구실로 상관걸과 상홍양을 제거한 뒤 조정을 장악했다. 소제 사후 그를 계승한 창읍왕의 보위를 박탈한 뒤 무고巫蠱의 난 때 죽은 여태자戾太子의 손자를 선제宣帝로 옹립했다. 이후 황후 허씨를 독살하고 자신의 딸을 황후로 만드는 등 전횡을 일삼았다. 선제는 곽광 사후 그의 일족을 반역죄로 몰아 모두 죽여 버렸다. 당시 사마사가 이윤과 곽광을 자처할 때 누구 하나 감히 이에 저항하지 못했다. 이미 새 왕조가 등장할 것을 예감하고 있었던 것이다. 조정 대신들 모두 입을 모아 말했다.

"대장군께서 이윤과 곽광을 본받아 행하시니 이는 바로 천의에 응하고 민의에 부합하는 것입니다. 누가 감히 영을 거역하겠습니까!"

사마사가 이내 조방을 봉지인 제국齊國으로 쫓아낸 뒤 14세의 고귀향공高貴鄕公 조모曹髦를 새 황제로 옹립했다. 동탁이 어린 황제 유변을 몰아내고 유협을 헌제로 옹립한 것과 닮았다. 당시 조방은 쫓겨날 이유가 전혀 없었다. 조조는 동승 등이 헌제의 밀조를 받고 유비와 함께 자신을 암살하려는 모의를 적발해 냈는데도 헌제를 결코 쫓아낸 적이 없었다. 위나라의 건국과 진나라의 건국은 그 근본부터 달랐다.

사마사의 전횡에 반발한 관구검과 문흠이 정원 2년(255년) 정월 수춘에서 거병했다. 당시 관구검이 격문을 돌리자 6만 명의 사람이 대거 수춘에 몰려들었다. 관구검은 이때 사자를 보내 진남장군 제갈량의 동생인 제갈탄을 끌어들이려 했으나 제갈탄이 이를 거절했다. 결국 관구검 등은 사마사의 간계에 걸려 야음을 틈타 도주하는 신세가 되고 말았다. 관구검은 북쪽으로 도주해 신현愼縣에 숨어 있다가 이를 알아낸 평민 장속張屬에 의해 죽임을 당했다. 장속은 그의 목을 낙양으로 보내 열후에 봉해졌다. 사마사는 관구검의 반기를 제압한 뒤 이내 병이 깊어져 죽게 되자 병상 앞으로 동생 사마소를 불러 이같이 유언했다.

"내 이제 권세가 워낙 중해 벗어 놓으려 해도 할 수가 없다. 너는 내 뒤를 이어 중임을 맡되 행여 대사를 남에게 함부로 맡기지 마라. 그것은 멸문지화를 자초하는 길이다."

사마사의 유언이 매우 노골적이다. 찬탈를 위해 호랑이 등에 올라탔으니 여기서 내려오는 순간 멸문지화를 당한다고 경고한 것이다. 호랑이 등에 올라타면 그 선택은 호랑이가 지쳐 죽을 때까지 버티고 살아남거나 힘이 달린 나머지 등에서 떨어져 호랑이의 밥이 되거나 둘 중 하나밖에 없다. 여기에서 호미난방虎尾難放이라는 성어가 나왔다.

사마소는 부형의 유언을 가슴 깊이 새기고 더욱 절묘한 후흑술을 구사했다. 사마씨의 서진 건립이 사마소에 의해 이뤄진 것도 그가 부형의 당부를 철저히 이행한 결과다. 당시 고귀향공 조모는 비록 나이는 어렸지만 사마사의 죽음을 계기로 일거에 사마씨를 제거하고자 했다. 이를 보면 분명 조조의 혈통을 이어받은 게 확실하다. 그러나 기밀이 누설되는 바람에 도중에 척살되고 말았다. 조모는 척살된 다음 날 낙양 서북쪽 30리쯤 되는 곳에 묻히게 되었다. 볼품없는 수레가 몇 대 따랐고 아무런 깃발도 없었다. 낙양 사람들이 모여들어 서로 수군댔다.

"이분이 살해된 천자란다!"

초라한 장례 행렬을 바라보는 사람들 모두 얼굴을 가리고 눈물을 흘렸다. 사마소는 이후 촉한을 정벌한 뒤 민심이 돌아오기를 기다리고 있다가 중풍으로 급사했다. 그는 죽기 직전 진국晋國의 태자로 있는 아들 사마염을 무군대장군으로 삼아 군사권을 장악하게 하는 등 사후를 대비해 만반의 준비를 했다.

함희 2년(265년), 원제元帝 조환이 보위에 오른 지 6년째가 되는 해였다. 때가 무르익었다고 판단한 사마염이 칼을 차고 궐내로 들어가 조환에게 강제로 선양의 칙서를 내리게 했다. 이로써 조조와 조비 및 조예로 이어지며 천하통일의 기반을 닦은 위나라는 건국 50년도 채 안 돼 역사 무대에서 사라지고 말았다. 당시 조환의 나이는 20세였다. 이를 두고 진수는 이같이 평했다.

"적자가 없으면 방계 친족 중에서 덕행이 있는 자를 후사로 삼는 게 옳다. 명제 조예는 사사로운 정에 이끌려 어린 조방에게 자리를 전해 주고, 적합한 인물에게 위탁의 책임을 맡기지 않았다. 그 결과 조상은 주살되고 조방도 자리에서 쫓겨나고 말았다. 고귀향공 조모는 재간이 있고 총명했으나 사람됨이 경솔하고 분노에 차면 함부로 행동하여 결국 스스로 재난을 초래했다. 원제 조환은 이전의 사례를 좇아 보위를 사마씨의 진나라에 양도했다. 산양공山陽公보다 더 총애를 받은 이유다."

산양공은 조씨의 위나라에 양위한 후한의 마지막 황제 한헌제를 말한다. 진수의 이런 평가는 사마씨의 찬탈과 진나라의 건국을 미화한 것이다. 그 자신이 진나라에서 벼슬을 하며 『삼국지』를 쓴 만큼 여러 한계가 있을 수밖에 없었다.

객관적으로 볼 때 조방과 조모 역시 조비나 조예 못지않게 뛰어난 재능을 지닌 자들이었다. 그러나 이들 모두 사마씨의 찬탈에 방해가 된 까닭에 암군 내지 폭군으로 몰려 쫓겨 나거나 비명횡사하고 말았다. 조환은 아예 정사를 사마씨에게 맡긴 까닭에 이런 재앙을 입지는 않았으나 아무런 실권이 없는 허수아비 황제에 지나지 않았다. 그럼에도 진수는 조예와 조방을 폄하하며 사마염에게 보위를 넘긴 조환을 극구 칭찬한 것이다. 이는 역사의 왜곡에 지나지 않는다.

후한 말기는 이미 폐정이 극에 달해 천하의 모든 사람이 한나라의 천명이 다했다는 것을 알고 있었다. 그러나 위나라의 조방과 조모 등은 아무런 잘못도 없었을 뿐 아니라 오히려 영명한 군주의 자질을 갖추고 있었다. 그런데도 이들 모두 하나같이 암군이나 폭군으로 매도됐다. 역사는 늘 승자의 기록일 수밖에 없다는 금언을 상기시켜 주는 대목이다.

함희 2년, 진왕 사마염이 드디어 보위에 올라 천하에 대사령을 내리고 연호를 태시泰始로 바꿨다. 이어 다음 날 조서를 내려 조환을 진류왕으로 삼고 업성의 궁궐에 살게 했다. 위나라 건국 초기 한헌제에게 행한 전례를 좇아 대우한 것이다. 이어 사마의를 선황제宣皇帝, 경왕 사마사를 경황제景皇帝, 문왕 사마소를 문황제文皇帝로 추존했다. 사마염은 위나라가 종실과 고립된 까닭에 이내 패망한 것을 거울삼아 종친들을 모두 왕으로 봉하고 직책을 나눠 주었다. 조씨의 위나라처럼 황친들 간의 관계를 소원하게 만들어 다른 성씨에게 천하의 강산을 빼앗기지 않으려는 속셈이었다.

즉위 초기 위나라의 각박하고 사치한 풍습을 고쳐 절검하는 모습을 보여 주려고 애쓴 것도 이런 맥락에서 이해할 수 있다. 이는 후흑술에 따른 교묘한 위장술에 지나지 않았다. 그가 동오마저 멸망시키고 천하를 통일한 뒤 보여 준 방탕한 모습이 이를 뒷받침한다. 그는 위군자^{僞君子}의 전형이었다. 이는 그가 취한 일련의 표리부동한 행보를 보면 쉽게 확인할 수 있다.

제3장

〰️

사마염의
방탕과
팔왕의 난

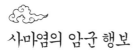

사마염의 암군 행보

사마씨의 위나라 찬탈 의도는 사마소가 생존했을 때부터 노골적이었다.
이들의 흑심은 길을 가는 사람조차 모두 알고 있었다. 사마씨는 운도 좋았다.
제갈량 사후의 촉나라와 손권 사후의 오나라가 모두 피폐한 모습을 보인 게
그렇다. 유비의 아들 유선劉禪은 위나라 장수 등애가 급습해 오자 이내 항복
했다. 오나라의 마지막 황제 손호孫皓는 너무 포학해 민심이 등을 돌린 상태
였다. 태강 원년(280년), 서진의 무제 사마염의 명을 받은 장수 왕준王濬이 배
를 타고 강을 따라 내려와 지금의 남경인 금릉을 함락시켰다. 손호의 항복을
계기로 사마염은 마침내 천하를 하나로 통일하는 대업을 이루게 됐다. 그러
나 사마염은 단지 운이 좋았을 뿐이다. 게다가 그는 호색한이었다. 황실의 번
영 차원에서 황제의 호색을 탓할 수는 없지만 후궁의 수가 만 명을 넘어선 것
은 확실히 지나쳤다. 그는 제왕이 응당 갖고 있어야 할 심모와 만세의 제업을
이루기 위한 원대한 방략을 결하고 있었다. 쇠망의 징후는 이미 천하 통일 직
후 곧바로 드러난 셈이다.

초기만 해도 그는 나름 명군의 면모를 보여 주는 듯했다. 조환을 비롯해

진무제 사마염. 사마염은 즉위 초에 나름 명군의 면모를 보였으나 이내 사치와 향락에 빠져들었다. 그의 가장 큰 잘못은 자신의 보위를 '백치 황제'라 불린 사마충에게 넘겼다는 사실이다. 그의 사후 보위를 놓고 이내 팔왕의 난이 벌어진 것도 이 때문이다.

유선과 손호 등을 후하게 대한 게 그렇다. 금의옥식과 저택, 많은 비복을 하사해 여생을 편히 보내게 했다. 자신의 뜻을 거스른 신하를 포용하는 아량을 보이기도 했다. 태강 3년(282년), 사마염은 남교로 가 하늘에 제사를 올린 후 옆에 있는 사례교위 유의劉毅에게 물었다.

"짐과 한나라 황제들과 비교하면 과연 누구와 어깨를 나란히 할 수 있겠소?"

유의의 대답이 걸작이다.

"후한의 환제桓帝와 영제靈帝는 매관매직한 돈으로 창고를 가득 채웠습니다. 폐하도 매관매직한 돈을 모두 사적으로 챙기고 있으니 이로써 말하면 환제와 영제 같지 않겠습니까?"

사마염이 크게 웃으며 말했다.

"환제와 영제의 치세 때에는 이런 말을 듣지 못했을 것이오. 지금 짐에게는 바른말을 하는 직신直臣이 있으니 실로 내가 나은 것이오!"

진무제 사마염의 재위 중기와 후기는 나라에 별일이 없어 사치가 극에 달했다. 사서의 기록에 따르면 대신 하증은 하루에 음식을 먹는 데 1만 전을 썼다. 그의 아들 하소何劭는 한 술 더 떠 매번 식사할 때마다 사방의 진기한 음식을 먹는 바람에 하루에 2만 전을 썼다고 한다. 『세설신어』「태치汰侈」는 사마염의 치세 때 대신들이 얼마나 황당한 사치 행각을 벌였는지를 극명하게 보여 주고 있다. 이에 따르면 당시 석숭石崇은 매번 손님들을 모아 연회를 베풀면서 미인들을 시켜 곁에서 시중을 들게 했다. 손님이 대취하는 지경에 이르지 못하면 그는 시중을 들던 미인의 목을 쳤다. 승상 왕도王導와 그의 사촌형인 대장군 왕돈王敦이 일찍이 석숭을 찾아간 적이 있었다. 왕도는 술을 잘 마시지 못했으나 미인이 죽을까 우려해 대취했으나 대장군 왕돈은 꿈적도 하지 않았다. 이로 인해 세 번에 걸쳐 미인의 목이 잘리는 참사가 빚어졌다. 그러나 왕돈은 계속 술을 마시지 않았다. 보다 못한 왕도가 나무라자 왕돈이 말했다.

"이는 저 사람이 자기 집 사람을 죽였을 뿐입니다. 어찌 승상이 참견할 일이겠습니까?"

석숭의 집 측간에는 늘 아름다운 옷에 화려한 장식을 한 10여 명의 시비侍婢가 대기해 있었다. 이들이 측간에서 일을 본 뒤에는 새 옷을 입고 나가게 했다. 그러자 손님들이 송구스러워 측간에 가지 못했다. 대장군 왕돈이 측간에 가서 입던 옷을 벗고 새 옷을 입고는 오만한 모습을 보이자 시비들이 서로 은밀히 말했다.

"이 사람은 필시 반적叛賊이 될 것이다."

『진서』에는 이 일화가 왕개王愷의 집에서 벌어진 것으로 되어 있다. 한번은 진무제 사마염이 석숭과 부를 다투는 사위 왕제王濟의 집에 갔다. 왕제는 음식을 내오면서 유리로 된 기물에 담아 왔다. 시비 1백여 명이 모두 비단으로 치장하고 손으로 음식을 떠 먹였다. 얼마 후 김이 모락모락 나는 삶은 돼지가 나왔다. 희귀한 맛에 진무제 사마염이 크게 놀라 음식에 대해 묻자 왕제가 대답했다.

"이는 사람의 젖으로 키운 것입니다."

이 말을 들은 진무제는 심히 불편해하며 음식을 다 먹지 못하고 이내 자리를 떴다. 이처럼 석숭은 왕개 및 왕제와 매번 부와 사치를 경쟁했다. 한번은 왕개가 자기 집 문 앞의 대로 양쪽으로 40리에 걸쳐 자사포紫絲布로 막을 치자, 석숭은 비싼 비단으로 50리를 감쌌다. 이런 일도 있었다. 진무제가 높이

2척에 달하는 산호를 왕개에게 하사했는데 가지가 무성한 게 세상에 비할 바가 없는 것이었다. 왕개가 이를 석숭에게 보여 주며 자랑하자 석숭이 이내 철여의鐵如意로 깨뜨린 뒤 손으로 가루를 내버렸다. 이를 크게 아까워한 왕개는 석숭이 자신의 보물을 질투해 깬 것으로 생각했다. 그가 목소리를 높이자 석숭이 대답했다.

"너무 한스럽게 생각하지 마시오. 지금 바로 돌려주도록 하겠소!"

그러고는 이내 좌우에 명해 집에 있는 산호를 내오게 했다. 모두 높이 3~4척에 가지가 사방으로 뻗은 모습이 천하일품이었다. 눈이 부시도록 광채가 휘황한 게 여섯에서 일곱 개나 되었다. 왕개에게 마음에 드는 것을 갖고 가도록 하자 왕개는 망연자실했다. 한번은 왕개가 엿기름으로 솥을 씻자 석숭은 촛불을 장작처럼 사용해 밥을 지었다. 또 한 번은 왕제가 책망을 받고 집을 북망산 아래로 옮기게 되었다. 그곳은 사람이 많이 살고 있어 땅값이 비쌌다. 왕제는 말을 타고 활 쏘는 것을 좋아했다. 그는 땅을 몽땅 사서 낮은 둑을 쌓았다. 돈과 비단을 묶어 둑을 두르자 사람들이 이를 금으로 둘러싼 도랑이라는 뜻으로 금구金溝라고 불렀다. 이처럼 왕개와 석숭이 부와 사치를 다툰 것은 천고에 없는 황당한 짓이었다. 이를 투부鬪富라고 한다. 고금을 막론하고 가진 자의 '투부'는 망국의 길이다. 극단적인 사치가 빚어낸 폐해는 천재天災보다 심한 법이다. 진무제 사마염 자신이 천하의 호색한인 데다 당시의 사치까지 더해지자 진나라는 광기에 가까울 정도의 방종이 만연했다.

진무제 사마염의 재위 후기에 이르러서는 후사 문제가 중차대한 문제로 부상했다. 당초 위문제 조비가 구품중정제를 만든 후 사족들은 시간이 지나면서 혼인을 통해 하나의 거대한 문벌을 형성했다. 가문의 높은 명성이 혼맥 형성의 첫 번째 요건이었다. 사마염의 백부 사마사 자신이 후한의 명유인 채옹蔡邕의 외손인 양씨의 딸을 처로 삼았다. 사마소 역시 후한의 명유인 왕숙의 장녀 왕씨를 왕후로 맞았다. 진무제 사마염도 홍농군 화음현의 명문 고족인 양씨를 부인으로 맞았다. 진무제의 황후 양씨는 어렸을 때부터 총명한 데다 책을 읽어 자질이 매우 뛰어났다. 그녀는 3명의 아들과 딸을 낳았다. 자식들 모두 뛰어났으나 유독 태자 사마충^{司馬衷}만 태어날 때부터 문제가 있었다. 그는 지능이 백치보다 약간 나은 수준이었다. 사마충에 앞서 태어난 장자 사마궤^{司馬軌}는 어렸을 때 죽었다.

사마염과 사마충은 늘 같이 먹고 자며 함께 지냈다. 사마염도 태자에게 문제가 있다는 것을 잘 알고 있었다. 사마염 슬하에는 아들이 모두 26명이나 되었다. 이후에 빚어진 이른바 '팔왕지란八王之亂'에 가담한 초왕 사마위^{司馬瑋}, 장사왕 사마예^{司馬乂}, 성도왕 사마영^{司馬穎}을 비롯해 진회제^{晉懷帝} 사마치^{司馬熾} 모두 용모가 당당하고 지능도 뛰어났다.

사마염과 양황후는 금실이 좋았다. 사마염은 사마충이 대통을 잇기에 문제가 있다고 생각해 태자를 바꾸고자 했다. 이 얘기를 전해 들은 양황후가 크게 놀라 이같이 말했다.

"적통을 세우는 것은 장유長幼로 하는 것이지 현우賢愚로 하는 게 아닙니다. 어찌 바꿀 수 있겠습니까?"

유가의 법통 논리에서 보면 나름 맞는 말이다. 그러나 이는 먼 앞날을 내다보지 못한 부인의 소견에 지나지 않았다. 사마염은 귀가 얇은 까닭에 이 얘기를 듣고는 다시 얘기를 꺼내지도 못한 채 홀로 골머리를 앓았다. 그는 사마충의 아들 사마휼^{司馬遹}이 특별히 총명한 것에 기대를 걸었다. "자식을 보지 않고 손자를 본다"고 말할 정도로 사마염은 사마휼을 총애했다. 이내 태자를 바꿀 생각을 버린 이유다. 그는 권신 가충^{賈充}의 딸 가남풍^{賈南風}을 태자비로 맞아들이면서 내심 중요한 일이 있을 때마다 며느리 가남풍이 태자 사마충을 도와줄 것으로 기대했다.

백치 황제와 음험한 황후

처음에 사마염은 가남풍을 며느리로 맞아들이기 전에 현숙한 위관(衛瓘)의 딸을 맞아들일 생각이었다. 당시 양황후는 가충의 후처인 곽괴(郭槐)와 매우 가까웠다. 사적으로도 곽괴로부터 진귀한 보물을 받고는 사마염 앞에서 여러 차례 가남풍의 현숙함을 칭송했다. 귀가 얇은 사마염은 이를 곧이듣고 이내 추녀인 가남풍을 며느리로 맞아들였다. 못생긴 데다 음험하기 짝이 없는 가남풍이 태자비로 선정되면서 서진은 이내 커다란 소용돌이에 휘말리게 되었다. 가남풍은 사마충보다 두 살이 많았고 질투가 심한 데다 거짓말에 능했다. 사마충은 매번 두려워하면서도 그녀의 암수에 걸려들었다. 그녀는 성정이 잔혹해 자신의 손으로 여러 명의 시녀를 살해하기도 했다. 한번은 어떤 궁녀가 몰래 태자의 아이를 낳아 품에 안고 있는 것을 보고는 질투심에 눈이 뒤집힌 나머지 날카로운 창으로 그녀를 찔러 죽였다. 궁녀가 품에 안고 있던 아이는 비명을 지르며 땅에 떨어져 죽었다. 사마염이 이 소식을 듣고 대로한 나머지 궁빈과 황족의 유폐소인 금용성에 가두려고 했다. 그러자 양황후가 사마염에게 말했다.

"가충은 사직을 세우는 대공을 세워 죄를 지어도 세 번 사면을 받게 되어 있습니다. 지금 태자비는 나이가 어려 질투가 심할 때이니 작은 잘못으로 그 아비의 큰 덕을 가려서는 안 될 것입니다."

이 말에 사마염은 이내 화를 풀었다. 가남풍은 이런 사실도 모르고 오히려 양황후가 사마염 앞에서 자신을 헐뜯은 것으로 생각하고 가슴에 원망하는 마음을 품었다.

상서 화교(和嶠)가 이렇게 간하기도 했다.

"태자는 순박한 풍모를 지니고 있는데 세상은 말세의 거짓 풍조가 넘쳐나고 있습니다. 폐하의 집안일을 우려하지 않을 수 없습니다."

사마염은 입을 다물고 대답하지 않았다. 한번은 대신 위관이 사마염을 모시고 술을 마시는 자리에서 옥좌를 손으로 쓰다듬으며 말했다.

"이 옥좌가 참으로 아깝다!"

그 뜻을 알아챈 사마염이 동궁의 대소 관원을 황궁으로 불러 연회를 베푼 후 몇 가지 사안을 적은 봉투를 보내 태자의 정무 처리 능력을 살펴보고자 했다. 관원들이 모두 연회에 나와 있는 만큼 답안 작성을 도와주는 일이 없을 것으로 생각해 사자에게 태자가 답안지를 작성하는 동안 밖에서 기다렸다가 답안지를 갖고 오도록 했다. 가남풍은 크게 놀란 나머지 황급히 사람을 찾아 답안을 대신 작성하게 했다. 그러나 대신 작성한 답안은 고전을 인용한 게 매우 많았다. 그러자 장홍張泓이라는 총명한 환관이 말했다.

"태자가 많이 공부하지 않았다는 것은 모든 사람이 알고 있는 것입니다. 지금 답안지에 수많은 고전을 인용하고 있으니 반드시 황제가 눈치채고 배후를 추궁할 것입니다. 직접 작성하여 의견을 구하느니만 못합니다."

가남풍이 크게 기뻐했다.

"미안하지만 그대가 직접 작성해 주시오. 훗날의 부귀영화를 약속하겠소."

"제가 약간의 재주가 있습니다. 먼저 초안을 써서 드릴 터이니 이를 태자가 베껴 제출토록 하십시오."

사자가 답안지를 갖고 백관과 동궁의 대소 관원이 모여 있는 연회 장소로 갔다. 사마염이 답안지를 보고는 크게 기뻐하며 태자소부太子少傳 위관에게 보여 주었다. 태자가 바보가 아니라는 것을 위관에게 과시하고자 한 것이다. 사마충이 사마염의 뒤를 이어 진혜제晉惠帝로 즉위한 배경이다. 당시 사마염은 태자의 아들 사마휼에게 기대를 걸고 사마충의 보위 승계를 승낙했다. 원래 사마휼의 생모 사씨는 후궁의 재인才人으로 있을 때 이미 사마염의 성은을 입었다. 『진서』에 따르면 사마충이 10세 때 태자에 책봉되자 사마염은 태자비를 간택하기에 앞서 그녀를 보내 시침을 들게 했다. 태자가 아직 어려 남녀의 일을 잘 모를까 우려했기 때문이다. 사마염은 미모의 사씨가 총명한 데다 사

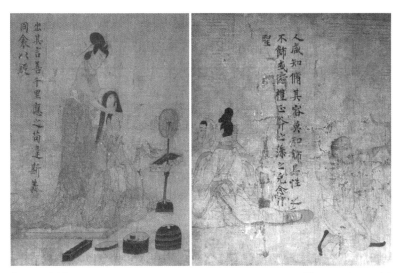

「여사잠도女史箴圖」 부분. 중국 동진의 고개지가 그린 화첩이다. 서진의 장화張華가 지은 『여사잠女史箴』을 희화화한 것으로 진혜제의 황후 가남풍의 방탕함을 겁낸 장화가 여사(왕후의 시중을 드는 후궁)의 자리를 고사하고 황후 일족을 풍자하려는 의도로 편찬했다고 전해진다.

람의 마음을 잘 헤아리는 것을 알고 사마충을 성에 눈뜨도록 만들기 위해 보낸 것이다. 얼마 후 사씨는 임신을 하게 되었다. 가남풍은 동궁 내의 비빈을 멋대로 살육했지만 사씨에 대해서는 감히 어쩌지 못했다. 사씨도 가남풍의 투기를 잘 알고 있었기에 서궁으로 옮겨가 사마휼을 살려 낼 수 있었다.

몇 년 후 사마충이 부황父皇을 조현하는 자리에서 서너 살 된 어린아이가 여러 황자들과 함께 노는 것을 보고 이 어린아이를 끌어안고는 바보처럼 웃었다. 이를 본 사마염이 가까이 다가가 사마충에게 말했다.

"이 아이가 네 자식이다."

그러자 사마충은 땅 위에 엎드려 절하며 사은했다. 당시 12~13세의 사마충이 사씨를 임신시켰을 가능성은 그리 크지 않다. 사마염은 사마충의 과도기를 거쳐 보위를 황태손인 사마휼에게 넘기고자 한 것이다. 그러나 이는 서진이 급속히 무너지는 바람에 좌절됐다. 사마염이 그토록 애지중지했던 사마휼 역시 가남풍에 의해 도살됐다.

당초 사마염에게는 친동생이자 덕망이 뛰어난 제왕齊王 사마유司馬攸가 있었다. 사마의가 죽었을 때 장자 사마사는 무군대장군으로서 보정대신輔政大臣이 되어 위나라 대권을 장악하고 있었다. 사마사의 친동생 사마소는 형에게 아들이 없는 것을 알고 자신의 두 번째 아들인 사마유를 보내 형의 뒤를 잇게 했다. 사마사는 동분서주하며 사마씨의 세력을 확장하던 중 회남 일대에서 사마씨의 전횡에 반발한 문흠文欽을 토벌하다가 군중에서 병사했다. 당시 48세였다.

사마사 사후 사마소는 허창에 머물라는 조명을 어기고 홀연 대군을 이끌고 낙양으로 들어와 대장군 겸 시중侍中, 도독중외제군사都督中外諸軍事가 되었다. 도독중외제군사는 안팎의 모든 군사권을 총괄하는 자리였다. 위나라 황제 조모가 이에 반발했다가 피살됐다. 사마소는 조씨의 종실인 조환을 꼭두각시 황제로 내세웠다. '사마소의 속셈을 길가는 사람도 훤히 알았다'는 얘기가 나온 배경이다.

사마소가 진왕晉王에 봉해질 당시 사마사는 경왕景王으로 추존됐다. 사마소는 여러 차례 사마유를 세자로 삼고자 했다. 그는 수시로 주위 사람들에게 이같이 말했다.

"천하는 경왕의 천하이다."

사마유를 세자로 삼는 것은 죽은 친형 사마사에게 보답하는 길이기도 했다. 당시 사마유는 현자를 가까이하며 널리 덕을 베풀고, 책을 좋아하며 문장에도 능한 까닭에 명성이 높았다. 사마소는 매번 사마유를 볼 때마다 옥좌를 손으로 두드리며 애정이 듬뿍 담긴 목소리로 이같이 말하곤 했다.

"도부桃符(사마유의 아명)야, 이 자리는 네 것이다."

그러자 사마소의 측근인 하증과 가충 등이 간했다.

"중무군中撫軍(사마염의 위나라 관직)은 총명하고 무략이 뛰어나니 초세超世의 웅재에 해당합니다. 머리털이 땅에 닿고 손이 무릎까지 내려오니 이는 인신의 상이 아닙니다."

"인신의 상이 아니다"라는 말이 장차 위나라를 찬탈하고자 하는 사마소의 마음에 들었다. 사마염은 자신의 적장자이기도 했다. 결국 그는 사마유를 사마염의 보필로 결정했다.

자식을 잘 아는 사람으로 부모만 한 사람은 없는 법이다. 사마소는 죽기 직전 사마염과 사마유를 불러 전한의 회남왕 유안劉安과 위나라 조식이 형제간의 불화로 인해 이내 불행해진 고사를 얘기한 뒤 사마유의 손을 잡아 사마염에게 넘겨주며 합심할 것을 당부했다. 두 사람의 생모인 사마소의 부인 왕태후도 임종 때 눈물을 흘리며 사마염에게 당부했다.

"사마유는 성질이 급하고, 너는 형이 되어 자애롭지 못하다. 나는 죽는 마당에도 너희 형제가 서로 용납하지 못할까 두렵다. 너는 부디 동생을 우애로 대해야 한다. 내 말을 잊어서는 안 된다."

사마유는 무슨 속셈을 숨기거나 야심을 지닌 사람은 아니었다. 사마염은 제위를 선양받은 뒤 사마유를 제왕에 봉했다. 그러나 사마염은 내심 제왕 사마유를 늘 경계했다. 사마유는 홍수와 가뭄이 들었을 때 곡식을 풀어 구휼하고 수시로 사마염에게 농사를 근본으로 삼고, 사치를 멀리하고 근검할 것을 간했다. 조정 안팎이 그를 칭송했다. 이게 사마유에게 불리하게 작용했다. 사마염은 말년에 이르러 조신들이 뜻을 제왕 사마유에게 두고 있는 것을 알고 크게 걱정했다. 사마염의 총신 중서감 순욱荀勖과 시중 풍담馮紞은 사마염 사후 사마유가 뒤를 이으면 자신들이 불리해질까 우려했다. 이들이 틈을 보아 사마유를 헐뜯었다.

"폐하가 만세지후萬歲之後(황제의 사망을 뜻함)하시면 태자는 보위에 오르지 못할 것입니다."

사마염이 크게 놀라 물었다.

"무슨 말인가?"

순욱이 말했다.

"조정 안팎의 관원이 모두 제왕에게 마음을 두고 있으니 태자가 어떻게 자리를 잇겠습니까? 저희들 말을 믿지 못하시겠다면 짐짓 제왕에게 봉지를 양도하는 조서를 내리면서 조정 관원들의 행동을 살펴보십시오."

풍담이 옆에서 거들었다.

"천자가 제후들을 봉지로 보내는 것은 국가의 큰 법입니다. 응당 가까운 사람부터 하십시오. 폐하의 지친 중 가장 가까운 사람이 제왕입니다. 제왕은 응당 명을 좇아 경성을 떠나 자신의 봉지로 가야 합니다."

사마염이 이를 옳게 여겨 짐짓 조령을 내려 제남군濟南郡을 제나라 봉지에 잘라 붙이고, 사마유의 아들 사마건司馬蹇을 북해왕으로 삼았다. 또 황제에 준하는 육일무六佾舞와 황월黃鉞(천자를 대신해 토벌에 나설 때 사용하는 황금 장식이 된 도끼) 등을 보내면서 제왕 사마유에게 봉지로 가도록 명했다.

조명을 내리자 조정 대신 중 왕혼王渾, 왕준王駿, 양수羊琇, 왕제王濟 등이 분분히 나서 제왕은 지친인 만큼 경사에 남아 정사를 도와야 한다고 간했다. 또 이들은 사마소와 왕태후 등이 임종 때 신신당부한 유명을 거론하며 명을 거둬들일 것을 권했다. 하지만 사마염은 듣지 않았다.

"이는 짐의 집안일이다."

그리고는 왕혼과 왕제 등을 외직으로 내쫓았다. 사마유는 순욱과 풍담 등이 배후에서 자신을 무함하고 있다는 것을 알고 곧 상서를 올려 돌아가신 왕태후의 능을 지키겠다고 청했으나 사마염이 받아들이지 않았다. 사마유는 조급한 성정에 화가 나 병세가 더욱 깊어졌다. 사마염은 사마유가 꾀병을 앓는지 알아보기 위해 어의를 제왕부로 보내 진찰하게 했다. 사마염의 심기를 헤아린 어의 모두 입을 모아 아무 병도 없다고 보고했다. 그동안 사마유의 병세는 더욱 깊어졌다. 그러나 조명이 바뀔 여지는 없었다. 사마유는 아픈 몸을 무릅쓰고 의관을 단정히 하고 입궁한 뒤 사마염에게 인사를 올렸다. 사마염이 보니 사마유는 멀쩡한 듯했고 이로 인해 의심이 더욱 깊어졌다. 결국 사마유는 봉지로 가는 도중 피를 토하고 죽고 말았다. 그의 나이 서른여섯 살 때의 일이다.

보고를 받은 사마염은 동생이 꾀병을 앓은 게 아니라는 것을 알고 통곡을 그치지 않았다. 시중 풍담이 말했다.

"제왕의 명성이 이미 도를 넘어 천하인의 마음이 그에게 가 있었습니다. 지금 그가 병사했으니 이는 사직의 복입니다. 폐하는 어찌해서 이처럼 슬퍼하는 것입니까?"

사마염은 이 말을 듣고 눈물을 거뒀다. 장례 때 사마유의 아들 사마경司馬冏이 땅에 엎드려 통곡하면서 어의들이 부친을 무함했다고 호소했다. 사마염도 부끄러운 나머지 조명을 내려 해당 어의들을 처형토록 하면서 자신의 과실을 덮었다.

결과론이지만 사마염의 보위는 백치 같은 아들보다는 친동생인 사마유에게 넘겨주는 것이 옳았다. 그랬다면 풍부한 통치 경험을 바탕으로 서진은 크게 번성했을 것이다. 그러나 역사에는 가정이 없다. 적장자가 황위를 잇는 제도 또한 가벼이 바꿀 수 있는 것도 아니다. 모든 역사적 인물은 그들 나름의 운명이 있기 마련인 모양이다.

팔왕의 난 제1막

진무제 사마염의 병이 깊어질 당시 양황후의 부친인 시중 양준楊駿이 옥새를 갖고 있는 것을 빌미로 황제를 대신해 권력을 휘둘렀다. 내궁의 시위侍衛를 모두 자신이 신임하는 사람들로 채운 게 그렇다. 친왕과 대신은 입궁하여 황제의 병환을 문후하는 일이 불가능했다. 사마염은 죽기 직전 잠시 온전한 정신이 돌아오자 주변의 시위들이 모두 바뀐 것을 보고는 정색을 하며 양준에게 화를 냈다.

"어떻게 이리할 수 있는가?"

그러고는 급히 궁정 문서와 조칙을 담당하는 중서中書를 불러 조서를 작성하게 했다. 진남대장군으로 임명된 후 아직 임지로 떠나지 않은 숙부 여남왕 사마량司馬亮을 불러들여 양준과 함께 정사를 돌보게 하는 내용이었다. 양준은 이 얘기를 듣고 크게 놀라 조서 내용에 빠진 것이 있는지 살펴본다는 구실로 사람을 중서성으로 보내 조령을 가져오게 한 뒤 곧바로 없애 버렸다.

얼마 후 진무제의 병이 더욱 깊어지자 양황후가 중서감 화익華廙과 중서령 하소何劭를 부른 뒤 조령을 발포한다는 구실로 자신의 부친 양준을 태부太傅, 도독중외제군사, 시중, 녹상서를 겸하게 했다. 군사와 행정 대권을 모두 장악하게 한 것이다. 동시에 여남왕 사마량을 급히 봉지인 허창으로 떠나게 했다. 진무제가 죽기 직전 다시 약간의 정신이 들어 여남왕이 왔는지 물었다. 좌우의 시종이 안 왔다고 하자 진무제는 크게 놀라 서둘렀으나 곧바로 혼수 상태에 들어가 다시는 깨어나지 못했다. 보위는 잠시라도 비워둘 수 없었다. 곧바로 태자 사마충이 황제의 자리에 올라 영희永熙로 개원한 뒤 양황후를 태후로 높이고, 가남풍을 황후로 삼았다.

양준은 계책은 많았으나 결단력이 없었고 겉으로는 강한 척했으나 속으로는 겁이 많았다. 그는 궁내의 태극전에 머물러 일을 처리하면서 주변에 백여 명의 무장한 위사衛士를 배치했다. 여남왕 사마량은 경성을 떠나기 전 진무제 사마염이 붕어했다는 소식을 들었으나 감히 입궁해 조문할 수 없었다. 그는 대사마문 밖에서 통곡을 하며 신하의 예를 다했다. 곡이 끝난 후 사마량은 곧바로 상표해 진무제의 장례가 끝난 후 임지로 갈 뜻을 밝혔다. 어떤 사람이 이를 구실로 사마량이 거병해 양준을 토벌할 것이라고 헐뜯었다.

크게 두려워한 양준은 곧 딸인 양태후와 이를 상의한 뒤 새 황제 사마충을 불러 친히 조서를 쓰게 했다. 대신 석감石鑑과 장소張邵는 속히 군사를 이끌고 가 사마량을 체포하라는 내용이었다. 장소는 양준의 생질이었다. 그는 급히 갑옷을 입고 말에 올라 석감이 있는 곳으로 갔다. 그러나 석감은 사마량이 황실의 어른이라는 이유로 출병을 하지 않았다. 그동안 사마량의 휘하들이 속히 거병해 양준을 토벌할 것을 권했다. 끝내 결심하지 못한 사마량은 밤낮으로 임지인 허창을 향해 달려갔다. 장례를 치르는 동안 궁궐은 조용했으나 이는 곧이어 닥칠 이른바 담장 안에서 형제들이 싸우는 소장지란^{蕭墻之}^亂을 피한 것에 지나지 않았다.

양준은 자신의 딸로 인해 귀한 위치가 되었다. 그는 자신이 백성들의 신망과 명문사족들의 지지도 받지 못하는 상황에서 작위와 상을 마구 나눠 주며 영예를 추구했다는 것을 잘 알고 있었다. 그러나 그는 자신의 친동생 양제^楊^濟와 생질 이빈^{李斌}을 비롯해 동료 석숭 등이 여러 차례 충고했으나 듣지 않았다. 한번은 이런 일도 있었다. 태원 사람 왕창^{王彰}은 청고한 행동으로 명성이 높았다. 그는 양준의 부름을 받았으나 이를 거절하고 몸을 숨겼다. 어떤 사람이 그 이유를 묻자 이같이 대답했다.

"양준은 소인을 가까이하고 군자를 멀리하며 전횡을 일삼고 있으나 과연 얼마나 가겠는가? 무제가 자신의 사후를 제대로 생각하지 못해 후사 황제가 뒤를 잇기에 부족하고 고명대신 또한 제 역할을 하지 못하니 천하대란이 어찌 조만간 벌어지지 않을 수 있겠는가?"

양준은 황후 가남풍이 음험한 데다 시기가 많았기 때문에 세심한 주의를 기울였다. 자신의 생질 단광^{段廣}을 산기상시로 삼아 군국 기밀을 주관하게 한 이유다. 또 심복인 장소를 중호군에 임명해 황제 및 황실 호위병인 금군^{禁軍}을 통괄하게 했다. 중대한 조명은 자신과 양태후의 심의를 거쳐 반포케 했다.

물론 겉으로는 사마충의 재가를 거쳤다. 가남풍은 이를 크게 못마땅하게 생각했다. 공교롭게도 당시 중랑^{中郞}으로 있던 맹관^{孟觀}과 이조^{李肇}는 양준에게 무시를 당한 일로 커다란 불만을 품고 있었다. 이 사실을 안 가남풍이 가까운 환관을 보내 두 사람과 은밀히 연락하며 양준의 제거 방안을 모의했다.

이조와 맹관은 몰래 여남왕 사마량을 비롯해 형주에 머물고 있는 초왕 사마위^{司馬瑋}와 연락했다. 사마량은 거절했으나 20대의 혈기왕성한 사마위는 단번에 승낙했다. 사마위는 곧바로 상서해 황제의 알현을 청했다. 늘 사마위의 뛰어난 무예를 꺼려하던 양준은 사마위가 그물 속으로 뛰어들자 크게 기뻐하며 곧 진혜제 사마충의 명의로 양주揚州(안휘성, 강소성, 절강성 일대)에 있는 회남왕 사마윤司馬允과 함께 입조하도록 했다.

진혜제 원강元康 원년(291년) 4월, 사마충이 곤히 잠을 자다가 갑자기 이조와 맹관이 깨우는 소리에 벌떡 일어나 이들이 내미는 조서에 서명했다. 양준이 모반했으니 초왕 사마위가 사마문司馬門에 군사를 배치하고, 동안공 사마요司馬繇는 금군 4백 명을 이끌고 가 양준을 체포하라는 내용이었다. 군국 기밀을 주관하던 단광이 머리를 땅에 부딪치며 양준을 위해 극구 변명했다.

"양준은 아들이 없는데 어찌 모반하여 보위를 찬탈할 마음을 품을 리 있겠습니까? 성상은 이를 통찰해 주십시오."

당시 양준은 공교롭게도 옛날 사마의에게 도륙을 당한 조상의 집에 살고 있었는데 무기 창고가 집 가까이에 있었다. 궁중에 변고가 일어났다는 소식을 듣고 그는 급히 대신들을 자신의 집에 불러 대책을 논의했다. 태부주부太傅主簿 주진朱振이 건의했다.

"이는 틀림없이 가황후가 획책했을 것입니다. 속히 사람을 보내 운룡문에 불을 지르고 크게 성세를 떨친 연후에 입궁하여 모반자를 체포하고, 다시 군사를 보내 만춘문을 열고 동궁의 병사와 외부 병사를 동원해 황태자와 함께 입궁토록 하십시오. 이같이 하면 궁내 사람들이 크게 두려워해 곧바로 모반자의 목을 베어 보내며 항복할 것입니다. 그리하지 않으면 공은 재앙을 면하기 어려울 것입니다."

그러나 모든 문무 대권을 장악하고 있던 양준은 반나절이나 생각한 뒤 겨우 이같이 말했을 뿐이다.

"운룡문은 위나라 명제 때 건조한 것으로 공사비가 엄청났다. 그것을 어찌 불태울 수 있단 말인가?"

크게 실망한 대신들이 모두 황제의 안위를 살펴본다는 핑계로 일시에 흩어졌다. 양준의 당우黨羽인 좌군장군 유예劉豫는 줄곧 신임을 받지 못하다가 이때 마침 대규모 군마를 이끌고 양준의 집에 당도했다. 그가 가남풍의 사촌 오빠인 우군장군 배위裵頠를 만나 태부의 소재를 묻자 배위가 거짓으로 말했다.

"태부는 이미 작은 수레에 올라 두 명의 종자를 이끌고 서성으로 갔소."

유예가 크게 당황해하며 배위에게 어찌해야 좋을지를 물었다. 배위가 대답했다.

"당신은 응당 정위廷尉를 찾아가 자수해야 할 것이오."

유예는 과연 자신이 이끄는 군사를 놓아둔 채 정위를 찾아가 자수했다. 황태후 양씨는 반란 소식을 가장 늦게 들었다. 궁궐의 모든 문은 이미 가황후와 그의 무리들에 의해 봉쇄되어 있었다. 양태후는 곧 비단 위에 "태부를 구하는 자에게 상을 내린다"는 글을 쓴 뒤 태감을 시켜 궁 밖으로 내던지게 했다. 공교롭게도 가황후의 일당이 이를 주웠다. 가황후는 이를 빌미로 태후가 그의 부친과 모반했다고 뒤집어씌워 태후를 연금했다.

당초 난이 일어났을 때 주진의 계책을 들었거나 유예가 양준을 앞세워 대군을 이끌고 가 황궁을 포위했다면 궁중에 있는 사람들 모두 곧바로 가황후 일당을 베고 공을 세우고자 했을 것이다. 그러나 겁이 많은 양준은 그리하지 못했다. 이로 인해 가황후가 오히려 금군을 동원했다. 양준의 호위 병사들이 화살을 피해 몸을 숨기고 있다가 마구 사방으로 흩어졌다. 금군이 양준의 집으로 밀려들어 마구간에 숨어 있던 양준을 찾아내 단칼에 목을 베었다. 맹관 등은 여세를 몰아 양준의 동생 양요楊珧와 양제와 단광, 유예 등은 물론 그의 일족까지 노소를 가리지 않고 모조리 도륙했다. 그 수가 수천 명에 달했다.

양태후 역시 사직을 위태롭게 했다는 이유로 폐서인이 되었다. 그의 어머니 배씨는 참수됐다. 당시 양씨는 머리카락을 자르고 고개를 숙이면서 며느리 가남풍에게 '신첩臣妾'을 칭하며 목숨을 구해 달라고 애걸했다. 가남풍은 이를 허락하지 않았다. 결국 양태후는 유폐된 뒤 음식 공급이 끊겨져 아사하고 말았다.

여남왕 사마량, 초왕 사마위, 동안왕 사마요 모두 입조해 권력을 장악했고, 태보 위관도 녹상서사에 임명됐다. 가남풍의 족형인 가모賈模와 당숙 곽창郭彰, 생질 가밀賈謐도 입조해 정사를 보살피게 되었다. 사마량은 사람들의 마음을 끌기 위해 1081명을 후작으로 삼는 등 상을 남발했다. 어사중승 부함傳咸이 간했다.

"지금처럼 상을 남발한 적은 일찍이 없었습니다. 아무 공도 세우지 않은 자가 상을 받게 되면 나라에 화란이 있을 때 사람들이 나서지 않을 것입니다. 이로 인한 화가 무궁할 것입니다."

부함은 또 양준이 황제를 위협하는 위엄을 지닌 채 일족을 불러들여 멸족의 화를 입었다는 얘기를 했으나 사마량은 듣지 않았다.

대란이 일어난 지 반달 후 동안왕 사마요는 멋대로 나라의 정사를 요리했다는 죄목으로 멀리 대방군에 안치됐다. 혈기왕성한 초왕 사마위는 양준을 토벌하는 데 공을 세웠다는 자부심이 지나쳐 사람을 안하무인으로 대했다. 당초 여남왕 사마량과 태보 위관은 그를 꺼려 그의 병권을 빼앗은 뒤 각기 자신의 봉지로 돌아가도록 조치했다. 초왕 사마위가 분노했다. 사마위의 사주를 받은 장사長史 공손굉公孫宏, 사인舍人 기성岐盛은 곧 적노장군 이조를 가남풍에게 보내 사마량과 위관이 모반을 꾀한다고 고했다.

가남풍은 전에 위관이 사마염 앞에서 사마충이 보위를 잇기 어렵다고 말한 것에 원한을 품고 있던 차에 이런 고발이 들어오자 곧 남편을 움직여 초왕 사마위에게 조서를 내렸다.

"여남왕 사마량과 태보 위관이 황제 폐립을 꾀하고 있다. 초왕은 조명을 받들어 회남왕과 장사왕, 성도왕 등 3명의 왕과 함께 군사를 동원해 궁문을 지키고, 사마량과 위관의 관직을 박탈하도록 하라."

태감이 야음을 이용해 은밀히 초왕 사마위가 있는 곳으로 가 조서를 전했다. 초왕 사마위는 조서의 진위를 몰라 망설였다. 먼저 입궁해 이를 알아보려고 하자 태감이 재촉했다.

"일이 누설될까 두렵소. 이는 밀조를 내린 취지를 거스르는 것이오!"

이 말이 일리가 있다고 생각한 초왕 사마위는 곧 군사들을 움직여 여남왕 사마량과 태보 위관의 저택을 포위했다. 그는 내친김에 조서를 멋대로 고쳐 낙양 안팎의 36군郡 모두를 자신의 지휘 하에 두었다. 당시 여남왕 사마량의 시위장 이룡李龍이 결사 저항을 권했으나 사마량은 듣지 않았다. 사마위 병사들이 담 위로 올라가 외치자 여남왕 사마량은 안마당에서 큰 소리로 물었다.

"나는 두 마음이 없소. 무슨 이유로 이러는 것이오? 조서가 있다면 나에게 보여 주시오."

공손굉 등이 조서를 보여 줄 리 만무했다. 그는 병사들을 재촉해 공격하게 했다. 사마량의 장사 유회劉淮가 권했다.

"저들이 조서를 보여 주지 않으니 이는 간교한 모략입니다. 왕부 내에 정병이 많으니 사력을 다해 저지토록 하십시오."

결단력이 없는 사마량은 이 또한 듣지 않았다. 초왕 사마위의 병사들이 곧 여남왕 사마량을 체포해 수레에 싣고 엄밀히 감시했다. 사마량이 탄식했다.

"나의 황상에 대한 충성은 가히 천하에 훤히 드러내 보일 수 있다!"

여름날의 햇볕은 따가웠다. 위병들도 사마량이 무고하다는 것을 알고 있었다. 이들은 그를 위해 의전용 부채를 이용해 햇볕을 가려 줬다. 정오 때까지는 그에게 해를 가하는 자가 없었다. 소식을 들은 초왕 사마위가 하령했다.

"사마량을 능히 참하는 자에게는 베 1천 필을 상으로 내리겠다."

사마량의 몸이 곧바로 토막이 났다. 그의 아들인 여남왕의 세자 사마연명司馬延明도 피살됐다.

당시 위관은 휘하 병력이 얼마 없었다. 좌우에서 문을 걸어 잠그고 일전을 벌일 것을 권했으나 위관은 듣지 않았다. 청하왕 사마하司馬遐를 수종한 장군 영회榮晦가 위관을 체포했다. 그는 전에 위관이 사공으로 있을 때 휘하의 도독으로 있다가 죄를 지어 위관에 의해 쫓겨난 적이 있었다. 원수를 갚을 수 있는 기회가 온 셈이다. 그는 위관을 비롯해 그의 자식 위항衛恒과 위악衛岳 등 손자까지 포함해 9명을 죽였다. 위항의 두 아들 위조衛璪와 위개衛玠는 마침 밖에서 요양한 덕분에 화를 면했다.

위개는 중국 역사상 최고의 미남으로 알려진 반악潘岳과 더불어 당대 최고의 미남자로 칭송받은 인물이다. 관후한 군자의 모습을 보여 평생 한 번도 화를 내는 모습을 보인 적이 없었다. 명성이 높아지자 경성의 모든 사람들이 그의 모습을 보고자 했다. 위개는 이를 몹시 꺼려하다가 영가 6년(312년)에 죽었다. 당시 27세였다. 여기서 '간살看殺'이라는 말이 나왔다. 몰려든 사람들의 시선을 이기지 못해 죽음을 맞이했다는 뜻이다.

사마량과 위관이 척살되자 초왕 사마위의 사인인 기성이 권했다.

"마땅히 여세를 몰아 진궁한 뒤 가황후 등을 제거해 천하를 안정시켜야 합니다."

초왕 사마위는 나이도 어린 데다 경솔했다. 여러 방면으로 사람을 보내 소식을 수집하던 태자소부 장화張華는 이 소식을 접하고는 곧 가남풍에게 이같이 권했다.

"초왕이 사마량과 위관을 죽인 까닭에 천하가 두려워하며 귀의할 터이니 황제가 어찌 편할 수 있겠습니까? 응당 멋대로 친왕과 대신을 죽인 죄를 물어 벌하도록 하십시오."

가남풍 역시 이들을 제거할 생각을 갖고 있었기에 흔쾌히 동의했다. 곧바로 사마위를 제거하라는 조명이 내려졌다. 장화가 입조하면서 전중장군 왕궁王宮으로 하여금 이른바 추우번騶虞幡을 높이 들어 병사들을 해산시키면서 큰 소리로 이같이 외치게 했다.

"초왕은 조서를 멋대로 고쳤다. 장병들은 그의 명을 들을 필요가 없다."

추우번은 독전 때 사용하는 백호번白虎幡과 달리 성인의 덕에 감동해 세상에 출현한다는 전설상의 동물인 '추우'를 그려 넣은 깃발로 휴전 내지 병사의 해산 때 사용한다. '추우'가 인명을 중시한다는 의미를 지니고 있기 때문이다.

중국 역사상 궁중에서 추우번과 백호번 등의 깃발을 사용한 것은 오직 진나라밖에 없다. 병사들은 추우번을 보자 곧바로 무기를 놓고 사방으로 도주했다. 초왕 사마위도 이내 사로잡혔다.

초왕 사마위를 저자에서 목을 치려 할 때 그는 품속에 있는 진혜제의 푸른색 조서를 꺼낸 후 눈물을 흘리며 자신의 무고를 주장했지만 아무 소용이 없었다. 당시 그의 나이 21세였다. 그의 모사 공손굉과 기성을 포함해 그의 삼족이 모두 피살됐다. 사마염의 제5자인 초왕 사마위는 평소 잘 베풀어 민심을 크게 샀기 때문에 백성들이 사당을 지어 그의 죽음을 애도했다.

여기서 이른바 팔왕의 난 제1막이 끝났다. 여남왕 사마량과 초왕 사마위가 제1막의 주인공인 셈이다. 두 사람은 8왕 중 가장 먼저 목이 달아난 경우에 속한다. 가남풍은 대권을 손에 넣고 자신을 추종하는 붕당을 만들기 시작했다. 장화가 시중, 중서령에 임명되는 등 일당이 요직을 모두 차지했다. 다행히 장화와 배위 등이 성심껏 정사를 돕자 나라가 제법 안정되어 이후 근 10년 동안 별다른 일이 벌어지지 않았다.

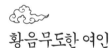

황음무도한 여인

가밀은 가남풍의 생질이다. 외조부 가충이 죽은 후 그의 작위까지 이어받자 그의 권세는 황제를 뛰어넘었다. 그는 학문을 좋아한 데다 재주 또한 뛰어났다. 어떤 사람이 아첨하여 그의 문장이 전한 때의 가의賈誼에 비교할 만하다고 말하자 가밀이 크게 기뻐하며 빈객들을 대거 맞아들였다. 그의 집 앞은 아첨하는 자들로 인해 문전성시를 이뤘다. 당시 사람들은 글이 뛰어난 문인 24명을 일컬어 이른바 '문장 24우文章二十四友'로 불렀다. 이들 중에는 양준의 난을 간신히 면한 미남자 반악도 있었다. 중국 문학사에서 높이 평가되고 있는 육기陸機와 육운陸雲, 좌사左思, 유곤劉琨을 비롯해 사치와 부로 명성을 떨친 석숭 등도 그 명단에 포함돼 있었다.

가밀의 외조부이자 가남풍의 부친인 가충은 "살인 방화를 하면 부귀한 모습으로 죽으나 교량과 길을 보수하면 빈천한 모습으로 죽는다"고 언급할 만한 사람이었다. 실제로 그는 그같이 해 부귀영화를 누리다가 평안히 죽음을 맞았다. 당초 가충은 위나라 황제 조모가 사마소의 전횡을 견디지 못하고 거병했을 때 태자사인 성제成濟를 부추겨 조모를 척살하게 만든 뒤 성제의 일족을 주살해 입을 막았다. 사마소는 가충의 충성에 감읍해 그의 식읍을 늘려 주었다. 그는 사마소가 죽기 직전 사마유에게 왕위를 넘기려 하자 "사마염이 관인한 적장자입니다"라며 사마염을 적극 옹호하고 나섰다. 사마염도 가충의 충성에 감읍해 그를 거기장군, 산기상시, 상서복야에 임명하고 노국공魯國公에 봉했다.

가충의 전처였던 이씨 소생의 딸은 사마유의 왕비가 됐고, 후처 곽괴의 딸 가남풍은 태자비가 되었다. 가충은 스스로 사마씨 부자의 즉위에 대공을 세웠다고 자부해 거리끼는 바가 없었다. 한번은 오나라의 손호가 포로가 되어 잡혀 왔을 때 진무제 사마염이 군신들을 모아 놓고 손호와 오나라의 관원들을 인견했다. 이때 사마염은 손호에게 이렇게 물었다.

"짐이 이 자리를 마련해 놓고 경을 기다린 지 오래되었소."

손호의 대꾸가 신랄했다.

"신도 남쪽에서 이런 자리를 마련해 놓고 폐하를 기다렸습니다."

진무제가 이 말에 대소했다. 그러자 가충이 자신의 위세를 과시할 생각으로 손호에게 꾸짖듯이 물었다.

"내가 듣건대 그대는 남쪽에서 사람의 눈을 뽑고, 낯가죽을 벗겼다고 하니 이는 무슨 형벌이오?"

손호가 가충을 쳐다보며 대답했다.

"신하가 되어 군주를 살해하는 불충을 저지른 자가 바로 이런 형벌에 해당하오!"

이 말을 들은 가충의 얼굴이 흑색이 되었다. 또 한 번은 연회 자리에서 하남윤 유순庾純이 크게 취해 가충과 말다툼을 벌인 적이 있었다. 가충이 대로해 이같이 말했다.

"부친이 병이 들었을 때 너는 관직을 탐한 나머지 집으로 가 봉양하지도 않았으니 천지에 이처럼 불충불효한 적은 없었다."

유순이 대꾸했다.

"고귀향공(사마소를 제거하려다 실패한 조모)은 지금 어디에 있소?"

가충은 창피하고 화가 났으나 어찌할 도리가 없었다. 이처럼 사람들에게 손가락질을 당하기도 했지만 가충은 부귀영화를 누리며 나름 행복하게 살았다고 할 수 있다. 다만 그는 자식 복이 없었다. 이는 투기가 심한 곽괴 때문이었다. 가충과 곽괴 사이에는 원래 두 명의 아이가 있었으나 모두 곽괴의 질투로 숨졌다. 장자 가려賈黎는 세 살 때 유모의 품에 있다가 가충이 밖에서 들어오는 것을 보고 반기며 좋아했다. 가충이 다가가 아이와 함께 놀자 멀리서 이 모습을 보던 곽괴는 가충이 유모와 수작을 벌이는 것으로 생각해 아이를 빼앗은 후 유모를 채찍으로 때려 죽였다. 눈앞에서 유모가 매 맞아 죽는 것을 본 가려는 크게 놀란 데다 종일토록 유모를 그리워하다 이내 병사했다. 이후 가충은 다시 아들 하나를 낳았다. 한 살이 약간 넘었을 때 가충이 유모의 품에 있는 아이의 머리를 쓰다듬었는데 곽괴가 다시 유모를 죽이자 이 아이 역시 종일토록 울다가 이내 죽고 말았다. 이로 인해 가충은 후사가 없었다. 하지만 곽괴는 가충의 좋은 파트너였다. 시중 임개任愷와 사이가 좋지 않은 가충을 구한 것도 바로 곽괴였다. 한번은 임개가 조회 시간에 관중의 저족과 강족이 자주 소란을 일으키는 것을 이유로 덕망이 높은 가충을 도독으로 보낼 것을 주청했다. 이는 명목상 그럴듯한 얘기였으나 사실 좌천이나 다름없었다. 황제로부터 떨어져 있으면 쉽게 망각의 대상이 된다. 이는 권력 다툼에서 패배를 의미한다. 이때 가충과 가까운 순모荀勖가 태자에게 딸을 보내는 계책을 가르쳐 주었다. 태자의 장인은 경사에 남아 국사를 돌봐야 하는 까닭에 밖으로 나갈 이유가 없게 된다. 일이 이렇게 진행되자 곽괴가 바삐 뛰어다녔다. 양황후가 베갯머리송사를 벌이고 가충의 무리가 가남풍을 칭송하면서 곧 일이 성사됐다. 당초 외임으로 나가는 일만 없었어도 가충 역시 딸을 바보 태자인 사마충에게 보내려 하지 않았을 것이다. 결국 가충은 경사에 머물며 안락한 침상 위에서 죽음을 맞았다. 그러나 몇 년 뒤 그의 일족은 모두 도륙되고 말았다. 노자가 『도덕경』에서 역설했듯이 화복이 맞물려 있다는 말이 허언이 아니다.

가남풍의 생질이 되는 가밀은 가충의 작은딸 가오賈午의 아들이다. 부친은 남양 사람 한수韓壽로 용모가 뛰어났다. 그의 증조부 한기韓曁는 위나라에서 사도를 지낸 바 있었다. 한수는 25세 안팎의 시기에 가충에 의해 사공연에 발탁된 후 함께 정사를 논했다. 가오는 소녀 시절 창문 틈으로 한수를 보고는 이내 반해 시녀를 한수가 있는 곳으로 보냈다. 한수도 마음이 동해 높은 담을 뛰어넘어 들어갔다. 가오는 사마염이 가충에게 하사한 서역의 유향을 훔쳐 한수에게 선물로 주었다. 이내 한수의 몸에서 나는 유향의 향내가 코를 자극했다. 이 향기는 한 달이 지나도록 가시지 않았다.

가충의 휘하 관원이 이를 고하자 가충이 크게 놀랐다. 이 유향은 진무제 사마염이 자신과 대사마 진건陳騫에게만 하사한 것이었다. 진상을 알게 된 그는 곧바로 딸 가오를 한수에게 시집보냈다. 한수는 진혜제 사마충이 즉위한 지 얼마 안 된 원강 원년에 병사했다.

가밀의 성은 원래 '한'으로 그의 이름은 '한밀'이 되는 게 맞다. 그러나 외조부 가충의 후사가 끊어진 까닭에 외손으로서 가씨 집으로 입양돼 성을 '가'로 바꿨다. 가충은 진무제 태강 3년(282년)에 병사했다. 박사 진수秦秀는 외손을 후사로 들인 것을 두고 인륜을 크게 어지럽혔다고 비판하며 시호를 '황공荒公'으로 할 것을 청했다. 그러나 사마염은 가충의 공을 생각해 '무공武公'으로 정했다. 당시 서진은 이미 패망의 조짐이 농후했다. 고관을 비롯한 명문사족

청대의 화가 전혜안이 그린 죽림칠현竹林七賢. 서진 시대에는 그림에서 보이는
죽림칠현처럼 현실 세계에서 벗어나 청담을 즐기려는 풍조가 만연했다.

들의 가렴주구가 도를 넘은 데다가 이들 모두 정사를 돌보지 않고 청담을 낙으로 삼았다.

대표적인 예로 왕융王戎은 삼공의 하나인 사도司徒가 되자 정사를 모두 속료屬僚들에게 맡긴 채 매일 사냥과 연회로 날을 새웠다. 게다가 탐욕스럽고 인색했다. 사방에 그의 과수원과 밭이 널려 있었고, 밤낮으로 주판을 튕기며 회계를 하면서도 늘 부족하게 여겼다. 집에서 품종이 뛰어난 자두나무를 심어 시장에 내다팔며 이문을 챙기기도 했는데 다른 사람이 똑같은 자두를 팔 것을 우려해 상품을 시장에 내놓기 전에 뾰족한 침으로 자두의 씨를 뚫어 버리기도 했다.

상서령 왕연王衍과 하남윤 악광樂廣, 왕연의 동생 왕징王澄 등도 청담을 즐겨 그 명성이 매우 높았다. 조야의 사람들이 모두 다투어 그를 본받고자 했다. 이들은 도포를 입고 깨끗하게 면도한 얼굴에 향을 바른 채 손에 큰 사슴 꼬리로 만든 총채를 들었다. 멀리서 보면 마치 신선과 같았다. 그들은 정사를 속세의 일로 생각해 노장의 현학玄學을 즐겨 얘기했다. 다른 사람들이 이를 처세의 기준으로 삼아 위에서 행하면 곧바로 아래가 본받았다. 나라가 망하지 않는 게 오히려 이상한 일이었다.

완함阮咸과 완수阮修, 호무보지胡毋輔之, 사곤謝鯤, 필탁畢卓 등의 사족들이 모두 이와 같았다. 심지어 술에 취해 알몸으로 다니는 것을 부끄럽게 생각하지 않았다. 위나라에서 진나라로 바뀌는 와중에 완적阮籍과 혜강嵇康 등은 정치 폭풍을 피해 짐짓 술에 취해 거짓으로 미친 척했으나 이는 나름 이해해 줄 만 했다. 진무제의 치세 중엽 이후 정국이 안정되고 사방으로 출정할 일이 없으니 나라를 다스리는 데 힘쓸 만했다. 그러나 조정의 관원 모두 오히려 현실 정치와 동떨어진 대철학가 내지 대시인이 돼 버린 것이다. 이부랑吏部郞 필탁의 다음 시는 이들의 정신 상태가 어떠했는지를 잘 드러내고 있다.

한 손에 게의 집게발을 잡고, 한 손으로 술잔을 잡는다네 一手持蟹螯, 一手持酒杯

술 연못에서 마구 헤엄치니, 이로써 삶에 부족함이 없다네 拍浮酒池中, 便足了一生

　게다가 사실상 천하를 거머쥔 가남풍은 황음무도한 여인이었다. 그녀는 병을 핑계로 태의령太醫令 정거程據와 함께 기탄없이 음란한 짓을 벌였다. 이것도 모자라 사람을 밖으로 보내 미소년들을 궁으로 잡아들여 갖은 음란한 짓을 벌인 뒤 입을 막기 위해 살해했다.

　낙양성 남쪽에 치안을 담당하는 소리小吏가 있었다. 단아한 용모를 지닌 그는 평소 박봉에 찌들어 살았으나 어느 날 문득 몸에 기이한 옷을 걸치고 궁궐 내에서나 볼 수 있는 주옥을 노리개로 찼다. 주위에서 이상하게 생각해 이를 상부에 보고하자 상부에서 곧바로 그를 잡아들여 심문했다. 소리는 있는 그대로 대답했다.

　"전에 우연히 한 노파를 만났더니 집에 병이 난 사람이 있다고 했소. 무당이 점을 치며 하는 말이 성의 남쪽에 사는 청년을 불러와 푸닥거리를 하면 낫는다고 했다며 후하게 보상하겠다고 약속했소. 나는 돈이 필요했던 차에 그녀를 따라갔소. 도중에 수레를 갈아타고 가다가 이내 화려하게 장식한 궤짝 속으로 들어갔소. 대략 10여 리를 간 듯하오. 큰 대문을 6~7개 지난 뒤 궤짝에서 나와 보니 홀연 장려한 누대와 전각이 보였소. 노파에게 그곳이 어딘지 물었더니 천상이라고 했소. 곧바로 사람이 나와 나를 목욕시키고 유향을 쐬게 했소. 며칠간 잘 먹고 지내려니 나에게 화려한 옷을 입힌 뒤 어떤 방으로 안내했소. 그곳에 한 부인이 있었는데 대략 35~36세가량이었소. 몸은 왜소한 데다 피부는 검었고, 미간에 사마귀가 있었소. 나는 며칠 동안 그녀와 같이 지내며 함께 자고 음식을 먹었소. 이별할 때가 되자 그 여인이 나에게 이런 옷과 장식품을 내주었소."

　이 말을 들은 주변 사람들은 웃음을 참지 못했다. 그가 백치 황제 사마충을 대신해 땀을 흘리고 왔다는 사실을 알아챈 것이다. 남양 사람 노포는 『전신론』에서 당시의 세태를 이같이 비꼬았다.

"돈이 매사에 위주가 되니 마치 형제처럼 친하다. 자孔는 동전의 가운데에 사각형 구멍이 뚫린 까닭에 공방孔方이라고 했다. 덕이 없는데도 존귀하고, 세력이 없어도 따르는 자가 많다. 금으로 만든 문을 밀치고 궁 안으로 들어가니 위험한 것도 안전하게 하고, 죽은 것도 살려 낸다. 귀한 것도 천하게 만들고, 살아 있는 것도 죽게 만들 수 있다. 어떤 분쟁도 돈으로 되지 않는 게 없고, 막힌 것도 돈이면 뚫리지 않는 게 없고, 원한도 돈이면 해결되지 않는 게 없다. 지금 듣건대 돈이 아니면 되는 게 없다고 한다. 요즘 사람에게는 오직 돈만 있을 뿐이다."

조정에서도 이를 걱정하는 사람이 없는 것은 아니었다. 태자세마太子洗馬 강통江統은 관중으로 이주한 흉노족 등이 수시로 분란을 일으키는 것을 보고 곧 『사융론徙戎論』을 올려 경각심을 일깨웠다. 그는 오랑캐의 행적을 이같이 지적했다.

"괴이한 기풍으로 극도로 탐욕스럽기 그지없고, 흉포하고 사나운 데다 불인不仁하기 짝이 없는 자들입니다. 저들은 힘이 약하면 우리를 두려워하며 복종하나 강하면 곧바로 침략하며 반기를 듭니다."

그는 후한의 장군 마원馬援과 위무제 조조가 이들을 관중으로 이주시킨 폐해를 논하면서 이들의 정책 모두가 일시적인 방편에 불과해 만세의 계책이 될 수 없다고 지적했다. 관중은 물산이 풍부해 제왕이 이곳을 도성으로 삼은 이유를 언급하면서 이같이 주장했다.

"융적이 이곳에 머물게 된 이유를 찾을 수 없습니다. 저들은 우리 화하족華夏族과 다른 족속으로 그 심보 또한 다르니 결코 동화될 수 없는 자들입니다. 지금 화하의 사서士庶가 저들을 업신여기자 그 원한이 골수에 사무쳐 있습니다. 반드시 틈을 보아 흉포한 성정을 드러낼 터이니 지금 저들이 피폐하고 우리의 무력이 성한 때를 이용해 저들을 원래 살던 곳으로 쫓아내느니만 못합니다."

그러나 조정은 이를 받아들이지 않았다. 10년이 채 안 돼 강통의 우려가 현실로 나타났다.

5호의 발호

삼국 시대 당시에는 흉노^{匈奴}와 선비^{鮮卑}, 저^氐, 갈^羯, 강^羌 등의 북방 민족이 기회가 날 때마다 중원으로 쳐들어왔다. 서기 216년 조조는 투항한 흉노를 5부로 나눠 정착시켜 외적을 막게 했다. 선우^{單于} 호한야^{呼韓邪}를 우두머리로 한 흉노 부족은 당시의 자씨현과 기현, 흔현 등지에 살았으나 점차 한인 부족과 뒤섞여 살면서 대거 농업에 종사하게 되었다. 상당 일대에 흩어져 살던 흉노의 별종인 갈족은 한족 지주의 착취 속에서 이웃한 병주 부근의 선비족, 부풍 등지의 저족, 관중에 들어가 정착한 강족 등으로부터 크게 자극을 받았다. 마침내 화산이 폭발하듯 이들의 분노가 일거에 터져 나왔다.

당시 일부 식자들은 그 조짐을 이미 오래전에 눈치챘다. 진혜제 원강 6년(296년) 정서대장군 조왕 사마륜^{司馬倫}의 총애를 받은 손수^{孫秀}는 서북지구에서 옹주자사 해계^{解系}와 사이가 좋지 않아 서로 다투다 조정에 투서를 올렸다. 조정은 의논 끝에 양왕 사마동^{司馬彤}을 조왕 사마륜과 교체하기로 결정했다. 사마륜은 입조해 거기장군이 되었다.

이때 어사중승으로 있던 해계의 동생 해결^{解結}이 사공이었던 장화 앞에서 손수가 저족 및 강족과 손을 잡고 난을 일으킨 사정을 설명했다. 장화는 곧 조왕 사마륜에게 임지에 도착하자마자 손수를 주살하도록 했다. 손수는 두려운 나머지 친구 신염^{辛冉}을 시켜 진귀한 보물을 갖고 사마륜을 찾아가 선처를 부탁했다. 저족과 강족이 스스로 난을 일으킨 것으로 이는 결코 자신의 죄가 아니라는 내용이었다.

조왕 사마륜은 곧 입조해 손수가 보낸 보물을 사용해 가황후의 친족과 결탁했다. 가황후의 신임을 얻게 된 사마륜은 상표하여 녹상서사 자리를 구했다. 이를 논하는 자리에서 장화와 배위가 반대 입장을 표명했다. 조왕 사마륜과 손수가 장화 및 배위에게 큰 원한을 품게 된 배경이다. 이는 서진을 패망으로 이끄는 계기로 작용했다. 실제로 서진은 사마륜과 손수가 입조한 것을 계기로 대란의 소용돌이에 빠지게 되었다. 그러나 산기상시 가밀은 상황을 낙관했다. 그는 동궁의 시강侍講으로 있을 때 태도가 거만했다. 태자와 바둑을 두면서 조금도 양보하지 않았다. 신하로서 겸양하는 자세가 전혀 없었다.

당시 황태자 사마휼의 열여섯 번째 숙부인 성도왕 사마영이 옆에 앉아 있다가 이 모습을 보고 면전에서 가밀을 질책했다. 가밀이 원한을 품고 곧바로 입궁해 이모 가남풍에게 사마영의 행동을 고자질했다. 가황후는 곧바로 조서를 내려 사마영에게 속히 업성으로 출진할 준비를 하게 했다. 도성인 낙양에서 쫓아낼 심산이었다.

가밀은 비록 가황후에게 기대어 이처럼 기탄이 없었으나 가씨 일족이 모두 그런 것은 아니었다. 가황후의 족형인 가모와 사촌 오빠 배위는 장차 화가 자신들에게 미칠까 크게 우려했다. 두 사람은 곧 사공 장화를 찾아가 대책을 논의했다. 배위가 음탕한 가황후를 폐하고, 황태자의 생모인 사숙비謝淑妃를 황후로 삼는 방안을 제시했다. 하지만 장화와 가모는 크게 두려워했다.

"황제 자신이 황후를 폐위할 뜻을 밝히지 않았는데 우리가 이를 앞장서면 황제가 찬동하지 않을까 두렵소."

각지의 사마씨 왕족이 무력을 동원하고 조정에 붕당이 무수히 생기면 이는 화란의 단서를 만드는 것이나 다름없었다. 배위는 이를 통찰하고 있었으나 장화와 가모가 동의하지 않으니 달리 도리가 없었다. 장화가 두 사람에게 말했다.

"두 사람은 황후의 친척으로 큰 신임을 받고 있소. 황후에게 계속 간하여 나라를 잘 이끌도록 권해 주기 바라오. 설령 아무런 변화가 없을지라도 천하에 어떤 대란이 반드시 일어나는 것도 아니니 이같이 하면 우리들은 능히 집에서 편히 죽음을 맞이할 수 있소."

장화는 비록 충성스런 신하이기는 했으나 우유부단했다. 명철보신을 꾀하는 일개 서생에 지나지 않았다. 결국 그는 이후 머리와 사지가 나뉘는 비참한 최후를 맞았다. 당시 배위는 두려운 나머지 가황후의 모친이자 자신의 이모인 광성군廣城君 곽괴를 찾아가 간절한 어조로 화복禍福을 얘기했다. 곽괴가 가남풍에게 간하여 황태자를 잘 대우토록 할 심산이었다. 가모도 여러 차례 가남풍을 찾아가 얘기했다. 그러나 가남풍은 오히려 가모를 배척하기 시작했다.

당시 곽괴도 자주 가남풍을 찾아가 황태자를 잘 대우해 줄 것을 권하면서 태자에게 무례했던 외손 가밀을 질책했다. 곽괴는 태자를 잘 보호해야 가씨 집안이 무사하다는 것을 잘 알고 있었다. 그녀는 가밀의 여동생을 태자비로 들일 생각이었다. 태자 사마휼도 가밀의 여동생을 맞아들여 자신의 위치를 공고히 하고자 했다. 그러나 가황후는 물론 가밀과 가오 모두 이에 반대했다. 결국 태자 사마휼은 왕연의 작은딸을 태자비로 맞아들였다. 이때 가황후는 가밀에게 왕연의 큰딸을 처로 맞아들이게 했다. 황태자는 왕연의 큰딸이 훨씬 아름답다는 얘기를 전해 듣고 내심 큰 불만을 품었다.

태자 사마휼은 자가 희조熙祖로 진혜제 사마충의 장자이다. 그러나 사실 사마염의 아들일 공산이 크다. 사서는 그가 어렸을 때부터 총명해 사마염이 늘 옆에 두고 총애했다고 기록해 놓았다. 한번은 궁내에서 저녁 늦게 불이 난 적이 있었다. 사마염이 누대에 올라가 이를 바라보자 다섯 살이었던 사마휼이 사마염을 어두운 곳으로 끌어당겼다. 사마염이 그 이유를 묻자 사마휼은 이같이 대답했다.

"늦은 밤에는 응당 잘 방비해야 합니다. 옆 사람이 황제를 밝은 곳에서 보도록 해서는 안 됩니다."

이 일로 사마염은 사마휼을 더욱 기특하게 여겼다. 한번은 사마휼이 6, 7세 때 태뢰太牢에 바칠 돼지를 보고는 사마염에게 이같이 말했다.

"이 돼지는 살찌고 큰 데 왜 신하들에게 나눠 주지 않고, 여기서 오곡을 축내며 기르는 것입니까?"

사마염이 크게 기뻐하며 곧바로 사람을 시켜 돼지를 잡아 중신들에게 나눠 주도록 했다. 이어 사마휼의 등을 어루만지며 대신 부지傅祇에게 자랑스럽게 말했다.

"이 아이가 장차 우리 가문을 크게 일으킬 것이오."

사마염은 조회를 볼 때 군신들에게 사마휼의 인품과 모습이 개국 황제인 사마의와 매우 닮았다고 자랑했다. 애석한 것은 어렸을 때의 총명이 반드시 커서도 유지되지는 않는다는 데 있다. 사마휼은 장성하면서 공부를 멀리하고 오직 좌우와 어울려 놀기만을 좋아했다. 음험한 가남풍은 장차 자신의 소생을 보위에 앉힐 생각으로 은밀히 가까운 태감을 보내 태자가 멋대로 놀도록 더욱 부추겼다. 청년기에 이르러 사마휼은 곁에 돌보는 사람이 없자 더욱 방자해졌다.

그는 말안장의 끈을 끊은 뒤 좌우 시종에게 말을 타고 달리게 해 낙마하는 모습을 보고는 낄낄거리며 좋아했다. 마음에 들지 않는 자가 있으면 직접 손으로 때리고 발로 찼다. 동궁 옆에 시장을 개설해 물건을 사고파는 것을 즐기기도 했다. 손에 물건을 올려놓고 무게를 가늠하면 저울과 거의 차이가 없었다. 사마휼의 생모 사숙비의 부친은 원래 백정 출신이었다. 사마휼의 파락호 행보는 어쩌면 유전 때문인지도 모를 일이다.

당시 조정에서는 태자에게 매달 50만 전을 보냈다. 그러나 지출은 늘 이보다 많았다. 서원西園에서 수확하는 채소와 쌀, 면, 닭 등을 내다팔아 좌우에 상을 내리는 비용으로 지출하기도 했다. 태자세마로 있던 강통이 상서하여 간했으나 사마휼은 받아들이지 않았다. 태자사인 두석杜錫이 간하자 화가 난 사마휼은 좌우를 시켜 큰 바늘을 두석의 자리에 꽂아 놓도록 했다. 멋모르고 자리에 앉았던 늙은 선생은 피를 철철 흘려야만 했다.

사마휼과 가밀의 나이는 서로 비슷했다. 둘은 서로를 용납하지 않았다. 태자는 자신이 왕연의 약간 못한 작은딸을 취한 데 반해 가밀은 미모의 장녀를 취한 일로 인해 늘 불만을 품고 있었다. 가밀이 오면 태자는 가밀을 방에 홀로 놓아둔 채 후정으로 나와 좌우와 함께 놀곤 했다. 가밀도 원한을 품고 가황후에게 태자가 폐위된 양태후를 흉내 내 장차 가황후를 폐위한 뒤 가씨 일족을 멸족시키려 한다고 헐뜯었다. 가황후는 곧 사방으로 사람을 보내 태자의 비리를 찾게 했다. 조야의 모든 사람들은 이로써 가황후가 태자를 폐할 생각을 갖고 있다는 사실을 알게 됐다.

진혜제 원강 9년(299년) 12월, 가황후가 태자를 폐해 죽일 결심을 했다. 그녀는 혜제 사마충이 병이 났다는 이유로 사람을 보내 태자를 입조하게 했다. 이에 앞서 천하의 미남자 반악이 가밀의 명을 받고 밤을 새워 달려와 입궁하던 중 가황후를 보게 되었다. 반악과 가밀은 매우 가까운 술친구로 서로 잘 알고 있었다. 그러나 반악이 황후가 된 가남풍을 본 것은 이것이 처음이었다. 가황후는 폐태자의 뜻을 분명히 밝히면서 반악에게 태자의 필체를 흉내 내 글을 쓰게 했다. 사서는 당시 반악의 행보를 자세히 기록해 놓지 않았다. 태자를 폐하게 만드는 글을 흉내 내는 것은 구족이 죽임을 당하는 중죄에 해당한다. 반악은 부득불 붓을 들어 이같이 썼다.

"폐하는 응당 스스로 명을 끊어야 한다. 그러지 않을 경우 태자인 내가 대신할 수밖에 없다. 중궁도 마찬가지다. 그렇지 않을 경우 내가 손으로 직접 해치우는 수밖에 없다. 생모인 사숙비와 함께 기일 내에 동시에 행하기로 약조했으니 의심하며 머뭇거리지 마라. 자칫 후환을 초래할 수 있다. 피를 나눠 마시며 천지신명에게 맹서하니 하늘도 환해^{患害}를 제거하는 것을 허락했다. 장차 나의 아들 사마문^{司馬文}을 왕으로 삼고, 측실 장씨를 안주인으로 삼을 것이다. 삼생^{三牲}을 잡아 북두칠성에게 제사 지내고, 천하에 대사령을 선포하고자 한다."

상식이 있는 사람이면 단박에 조작된 문서라는 것을 알 수 있었다. 태자 사마휼은 이른 아침 조반도 먹기 전에 급히 호출돼 입궁했다. 내전에 들어가자 가황후가 시비 진무^{陳舞}를 시켜 술 3되와 대추가 가득한 쟁반을 들고 가 태자에게 마시게 했다. 태자는 술을 잘 마시지 못하는 데다 아침 공복에 술을 마시면 실수할까 두렵다며 사양했다. 가황후가 큰 소리로 꾸짖었다.

"너는 어찌 이처럼 불효한가? 부모가 술을 내려도 마시지 않으니 술에 무엇이라도 들어 있는 것으로 생각하는 것인가?"

결국 태자는 3되의 술을 모두 마셨다. 궁녀가 붓과 종이를 갖고 와 반악이 쓴 글을 보여 주면서 이를 베껴 쓰게 했다. 대취한 태자는 떨리는 손으로 이를 베껴 썼다. 가황후가 곧바로 이를 진혜제 사마충에게 보냈다. 곧 조정 회의가 열렸다. 가황후가 태감을 시켜 태자가 평소에 쓴 글과 그가 취중에 베껴 쓴 글을 군신들에게 보여 주면서 사사할 뜻을 표했다. 중신들은 감히 이의를 제기하지 못했다. 다만 장화와 배위가 나서서 태자의 무고를 주장하며 계속 이를 문제 삼았다. 그러다 보니 어느덧 저녁 무렵이 될 때까지 결론이 나지 않았다.

그러자 가황후는 태자를 서인으로 삼을 것을 청했다. 곧 이를 허락한다는 조명이 내려졌다. 가황후는 사람을 시켜 조서를 들고 가 태자를 서인으로 삼은 뒤 3명의 어린 아들과 함께 금용성에 연금시켰다. 이어 조서를 내려 태자의 생모 사숙비와 태자의 측실 장준蔣俊을 죽였다. 새해가 지나자 가황후는 동궁의 태감을 시켜 태자가 외부 사람들과 연락해 모반을 꾀했다고 고하게 했다. 이를 구실로 태자를 다시 낙양성 밖의 허창성에 수금했다. 허창성으로 가는 도중 태자는 생병이 났고 태자의 어린 장남은 이내 병사했다.

이때 동궁에서 시위관을 지낸 우위독右衛督 사마아司馬雅가 전중중랑殿中中郎 사의士猗 등과 상의해 가황후를 폐하고 동궁을 복위시키는 방안을 논의했다. 상의를 거듭한 끝에 대신 장화와 배위는 보신을 꾀하는 자들이라 함께 일을 도모하기 어렵다는 결론이 났다. 그러나 강력한 대군을 이끌고 있는 우군장군 사마륜은 저돌적인 까닭에 함께 거사할 만하다고 판단했다. 그들은 손수가 사마륜의 핵심 책사인 것을 알고 은밀히 그를 만나 이같이 권했다.

"가황후는 흉포하고 투기가 심한 데다가 무도해 가밀 등과 공모해 태자를 폐했소. 지금 나라에 후사가 없어 사직이 위험하게 됐소. 많은 대신들이 거사를 준비하고 있소. 당신과 조왕은 가씨 일족과 관계가 좋소. 많은 사람들이 태자 폐위에 당신 두 사람도 가담한 것으로 말하고 있소. 하루아침에 거사가 일어나면 화가 닥칠 것이오. 왜 앞장서서 화를 복으로 바꾸려 하지 않는 것이오?"

손수가 이 말을 듣고는 일리가 있다고 생각해 이를 조왕 사마륜에게 보고하고 은밀히 거사를 꾀했다. 손수는 궁중의 장림張林 및 장형張衡 등과 연계해 거사할 틈을 노렸다. 모든 준비가 끝날 즈음 손수가 사마륜에게 말했다.

"태자는 총명하고 사납습니다. 그가 복위하면 다른 사람의 통제를 받으려 하지 않을 것입니다. 명공은 줄곧 가씨의 일당으로 알려져 있습니다. 설령 가씨를 무너뜨리고 태자를 복위시킬지라도 무슨 좋은 일이 있겠습니까? 태자도 명공이 여론에 밀려 부득불 죄를 면할 생각으로 가담한 것으로 생각할 것입니다. 태자가 득세하게 되면 명공에 대해 털을 불어 가며 흠을 찾아내려 할 것이니 화를 면치 못할 것입니다. 거사일을 늦추십시오. 틀림없이 가황후가 태자를 해칠 것입니다. 태자가 죽으면 가황후를 쫓아내고 민심을 얻음으로써 철저히 화를 면하는 게 좋을 것입니다. 그러면 능히 대권을 쥘 수도 있습니다."

조왕 사마륜이 머리를 끄덕였다. 이에 손수가 사람을 내보내 요언을 퍼뜨렸다. 황궁 내에 많은 사람들이 가황후를 폐하고 황태자 복위를 원한다는 식으로 떠벌인 것이다. 가황후는 궁녀와 태감들을 분장시켜 시장으로 내보내 여론을 탐색했는데 태자의 복위를 원한다는 얘기를 전해 듣고는 크게 두려워했다.

조왕 사마륜은 동시에 함께 가밀 등을 부추겼다. 골자는 속히 태자를 제거해 중망衆望을 차단하라는 것이었다. 가황후 주변에는 가밀과 가오 등 모두 정치 경험이 일천한 자들뿐이었다. 이들은 가황후에게 속히 손을 쓸 것을 권했다.

가황후와 정부로 있는 태의령 정거는 독약을 제조한 후 태감 손려孫慮를 시켜 허창의 태자를 독살하게 했다. 당시 사마휼은 폐출된 뒤 독살될까 두려워 매일 스스로 음식을 검게 태워 먹고 있었다. 허창에 도착한 태감 손려는 곧 태자를 감시하는 유진劉振과 대책을 상의했다. 유진은 사람을 보내 태자를 작은 골방으로 넣은 뒤 음식 제공을 끊었다. 궁중의 시녀와 수종은 태자에게 충성스러웠다. 이들은 담 너머로 음식물을 던져 주었다. 이렇게 며칠이 지났다. 손려 등이 더 이상 참지 못하고 문을 부수고 들어가 태자에게 독약을 먹도록 강압했다. 태자가 거부하자 태감은 급히 약절구 방망이를 들어 태자의 머리를 마구 내리쳤다. 가황후는 태자 사마휼이 죽었다는 소식을 듣자 곧 위에 알려 왕의 예로써 안장했다.

진혜제 영강永康 원년(300년) 5월, 조왕 사마륜과 손수는 당직을 서는 우위 차비독右衛伏飛督 여화閭和와 내응하기로 약속했다. 밤에 북소리를 신호로 거사한다는 내용이었다. 손수가 곧 사마아를 사공 장화에게 보내 고변했다.

"조왕이 장공과 함께 사직을 바로잡고, 천하를 위해 해악을 제거하고자 합니다."

장화가 거절하자 사마아가 화를 냈다.

"칼이 장차 목을 겨냥할 터인데 감히 안 된다고 말하는 것이오?"

그는 말을 끝내고는 이내 밖으로 나갔다. 조왕 사마륜은 전신 무장을 한 뒤 황제의 조칙이 있다고 칭하면서 금군 3부의 사마司馬 장관들을 소집한 다음 거짓 조서를 읽었다.

"중궁과 가밀 등이 나의 태자를 죽였다. 조왕은 입궁해 가황후를 폐하도록 하라. 일이 끝나면 관작을 올려줄 것이다. 명을 좇지 않는 자는 삼족을 멸할 것이다!"

사마륜과 손수 등은 금군을 이끌고 밤에 황궁으로 들어가 요소를 장악했다. 그리고 혜제의 사촌 형제인 제왕 사마경을 시켜 내궁으로 진입하게 했다.

"황제를 모시고 동당東堂으로 간다."

사람들이 좌정하자 가밀에게 상의할 일이 있으니 급히 입조하라는 조서를 내렸다. 가밀이 입궁한 후 살펴보니 황제 사마충 옆에 조왕 사마륜이 살기등등한 모습으로 서 있었다. 일이 잘못된 것을 눈치챈 가밀은 밖으로 뛰쳐나가며 큰 소리로 외쳤다.

"황후, 저를 구해 주시오!"

하지만 몇 발짝 못 가 병사들에게 잡혀 토막이 나고 말았다. 가황후는 밖에서 시끄러운 소리가 나 창밖을 보니 제왕 사마경의 병사들이 문을 부수는 모습이 보였다. 가황후가 황급히 물었다.

"경은 무슨 일로 왔는가?"

사마경이 대답했다.

"조명을 받고 황후를 잡으러 왔소."

"조명은 모두 나의 손에서 나오는데 경이 받은 조명은 어디서 나온 것인가?"

사마경은 칼을 들어 병사들을 지휘하며 속히 문을 부수게 했다. 가황후는 황급히 뛰쳐나가 고각 위로 올라가 사방을 살폈다. 멀리 동당 안에 진혜제 사마충이 앉아 있는 모습을 보고는 큰 소리로 말했다.

"폐하가 저를 폐하면 폐하 또한 폐해질 것입니다!"

말이 다 끝나기도 전에 사마경이 뒤에서 발로 차 그녀를 엎어뜨렸다. 가남풍은 고꾸라진 상황에서도 오히려 냉정을 되찾아 사마경에게 물었다.

"일을 일으킨 자가 누구요?"

"조왕 사마륜과 양왕 사마동이요."

가남풍이 땅을 치며 외쳤다.

"개를 묶으려면 응당 목을 묶어야 하는데 오히려 꼬리를 묶은 셈이니, 어찌해서 그리하지 못했단 말인가!"

후회해도 소용이 없었다. 가남풍은 곧 폐서인이 돼 궐내에 유폐됐다. 거사한 사람들이 즉각 가씨 일당을 체포했다. 가밀의 모친이자 가황후의 여동생인 가오도 체포돼 감옥에 갇혔다가 이내 주살됐다. 당시 조왕 사마륜은 여세를 몰아 찬역할 생각이었다. 조정 대신부터 제거할 필요가 있었다. 조서를 내려 장화와 배위를 체포했다. 일찍이 손수와 원한을 맺었던 해계와 해결 등은 곧바로 목을 베고 삼족을 멸했다. 장화가 형을 받기 전에 자신은 진나라의 충신이라고 변명하자 형을 집행하는 장림이 힐문했다.

"경은 재상으로서 태자가 폐해지는데 사절死節을 다하지 않았으니 이는 무슨 까닭인가?"

장화는 폐위를 저지하기 위해 극력 간했다고 말했다. 장림이 다시 물었다.

"간하여 받아들여지지 않았다면 어찌하여 벼슬을 버리지 않은 것인가?"

장화는 더 이상 할 말이 없었다.

사마륜은 곧 조명을 내세워 천하에 사면령을 내리고 스스로 사지절, 도독 중외제군사, 상국, 시중이 되었다. 사마의와 사마사가 과거 위나라를 틀어쥔 것을 흉내 내 문무의 대권을 손에 넣은 것이다. 자신의 여러 아들을 왕후에 봉하고, 손수 등에게는 커다란 군의 열후에 봉했다. 문무 관원 중에 열후에 봉해진 자가 수천 명에 달했다.

원래 조왕 사마륜은 사마의의 제9자이다. 진혜제 사마충의 숙부에 해당한다. 당시 방략이 없던 그는 손수가 하자는 대로 했다. 한마디로 손수의 괴뢰에 지나지 않았다. 천하의 모든 일은 중서령이 된 손수에 의해 처리됐다. 그러자 손수의 위엄이 조정을 진동시켰다.

손수는 원래 낭야의 소리小吏 출신이었다. 그는 모든 과정에서 치밀한 계책으로 마침내 사마륜이 권력을 틀어쥐도록 만들었다. 시중, 중서감, 표기장군의 벼락출세를 하게 된 배경이다. 그는 여기에 그치지 않았다. 곧 황실과 친척이 되면서 사실상 조정을 장악했다. 당시 사마륜은 천하의 인심을 얻기 위해 태자 사마휼의 위호를 복위시키고 그의 두 아들 사마장司馬臧과 사마상司馬尚을 왕으로 삼았다. 양왕 사마동은 태재太宰에 임명됐으나 얼마 후 병사하고 말았다. 회남왕 사마윤司馬允은 표기장군 겸 영중호군이 되었다.

모든 일이 끝나자 사마륜은 사자를 가황후가 유폐된 금용성으로 보냈다. 가남풍은 금설주金屑酒를 마시고 죽었다. '금설주'는 강제로 독주를 먹이는 것을 말한다. 진무제 사마염 사후 서진의 궁정에서는 모두 세 차례의 궁정 정변이 일어났다. 양태후와 태자 사마휼, 가황후의 폐위가 그것이다.

여기서 중요한 것은 금군을 장악하는 일이었다. 조왕 사마륜은 대권을 장악한 후 손수와 본인의 아들 몇에게 금군의 고위직을 맡게 했다. 이로써 금군을 완전히 장악했다. 금군의 장악은 황제를 장악한 것이나 다름없다. 황제를 손에 넣으면 천자를 끼고 제후를 호령하는 게 가능하다. 그러나 사마륜은 이후 사마씨의 3왕이 반기를 들고 경성인 낙양으로 올라오자 금군을 내보내 이를 저지했다. 스스로 힘을 크게 소진하고 마침내 자멸을 초래한 배경이다.

개 꼬리가 등장하다

당시 조왕 사마륜과 손수는 매우 교만하고 방자했다. 사마륜은 조만간 진혜제 사마충을 폐위하고 보위에 오를 심산이었다. 진혜제의 형제인 회남왕 사마윤은 가황후를 제압한 후 금군의 일부를 손에 넣었다. 성정이 깊고 굳세어 숙위하는 장병들이 모두 믿고 따랐다. 사마륜이 찬역의 뜻을 지니고 있다는 것을 알게 된 그는 병을 칭하고 조회에 나가지 않은 채 은밀히 결사대를 양성했다. 기회를 틈타 조왕 사마륜과 그의 핵심 참모 손수를 일거에 제거할 심산이었다.

조왕 사마륜은 회남왕 사마윤을 꺼린 나머지 곧 태위의 벼슬을 내렸다. 태위는 무관의 최고 자리이기는 하나 실질적인 병권이 없었다. 겉으로는 존중하는 모습을 보이면서 사실은 그의 병권을 빼앗고자 한 것이다. 이를 눈치챈 사마윤은 병을 칭하고 태위 벼슬을 받지 않았다. 사마륜은 어사를 시켜 조서를 갖고 가 사마윤의 중호군 인신을 거둬들이게 했다. 이어 그를 대역부도한 인물로 탄핵했다.

회남왕 사마윤은 조서를 접하고 유심히 살펴보는 와중에 손수의 필적을 찾아냈다. 대로한 그는 좌우에 큰 소리로 선언했다.

"조왕이 우리 집안을 도륙하려고 한다."

이에 장사들이 분연히 일어섰다. 좌우 7백여 명과 함께 거병한 사마윤이 지체 없이 낙양성을 향해 진격하면서 크게 외쳤다.

"조왕이 오히려 모반을 일으켰다. 나는 장차 그를 토벌할 것이다. 회남왕을 편드는 자는 좌단左袒하라."

'좌단'은 소매를 걷는다는 뜻으로 편드는 것을 의미한다. 전한 초기 한고조 유방의 부인 여후가 죽자 개국공신 주발이 병사들에게 한나라 왕실을 편드는 자는 왼쪽 소매를 걷으라고 한 데서 나온 말이다. 전횡을 일삼던 여씨 일족이 일거에 제거된 배경이다. 사마윤이 '좌단'을 선언하고 낙양으로 진격할 당시 길거리에서 귀부하는 자들이 매우 많았다. 사마윤은 먼저 황궁으로 들어가 혜제를 확보하려고 했다. 다만 사마륜의 상서좌승 왕여王輿가 왼쪽 궁문을 굳게 닫아걸어 일시에 공격해 들어가기가 쉽지 않았다. 부득이 병사들에게 명해 사마륜이 머물고 있는 상국부相國府를 겹겹이 포위했다.

회남왕 사마윤은 무예가 출중했다. 그는 일거에 사마륜의 호위병 1천여 명을 넘어뜨렸다. 이어 승화문 안에서 진을 짠 뒤 쇠뇌와 화살을 쏘게 했다. 화살이 우박처럼 쏟아지자 상국부의 관원들 모두 나무 뒤에 몸을 숨겼다. 나무마다 수백 발의 화살이 꽂혔다. 그러는 동안 내심 회남왕 사마윤을 추종하던 태자좌솔 진휘는 동궁의 병사들을 결집시킨 가운데 북을 치고 소리를 지르며 사마윤을 격려했다. 그러나 그는 조명이 없는 까닭에 군사를 동원해 도울 수가 없었다. 마침 궁 안에서 근무하고 있던 그의 형 진준陳準이 진혜제에게 이같이 말했다.

"응당 사람을 시켜 백호번을 들고 밖으로 나가 싸움을 말려야 합니다."

백호번은 싸움을 독려하는 것이고, 추우번은 싸움을 말리는 것인데 이를 일부러 거꾸로 말한 것이다. 진준은 백호번을 동생 진휘에게 넘겨줘 사마윤을 돕게 하려는 심산이었다. 백호번을 든 사마도호 복윤伏胤이 궁문 밖으로 나가려는 순간 문하성 판사로 있던 사마륜의 아들 여음왕 사마건司馬虔이 그를 불러 세운 뒤 이같이 애원했다.

"장차 부귀를 그대와 함께하겠소!"

부귀를 탐한 복윤은 곧바로 아무런 글자도 없는 빈 조서를 들고 출궁하면서 회남왕을 도우라는 조서가 있다고 사칭했다. 백호번을 진휘의 수중에 넘겨주지 않은 것은 물론이다. 당시 회남왕 사마윤은 황제의 사자가 왔다는 말에 크게 기뻐했다. 내심 사마륜을 토벌하라는 성지가 왔을 것으로 기대했다. 그가 병거에서 뛰어내려 땅에 엎드려 조서를 받는 순간 복윤이 재빨리 칼을 뽑아 그의 목을 베었다. 사마윤의 좌우는 수천 명이나 되었지만 속수무책이었다.

복윤은 조명을 선포하며 황제의 명을 받들어 사마윤을 베었다고 말했다. 동시에 그는 함께 온 군사에게 명해 사마윤의 세 아들의 목을 치게 했다. 이때 사마윤의 일당 수천 명이 주살됐다. 어이없는 죽음을 당한 사마윤의 당시 나이는 29세였다. 사서는 낙양의 백성 가운데 사마윤이 죽었다는 소식을 듣고 탄식하지 않는 자가 없었다고 기록해 놓았다.

당시 손수는 회남왕 사마윤을 참살한 뒤 반악 및 위위 석숭, 석숭의 생질 구양건歐陽建 등이 회남왕 사마윤과 공모했다는 식으로 모반 사건을 꾸몄다. 손수는 전에 반악 밑에서 소리小吏로 있을 때 여러 차례 일을 간교히 처리한 사실이 들통이 나 처벌을 받은 까닭에 내심 원한을 품고 있었다. 구양건 역시 상서랑으로 있을 때 상서하여 조왕 사마륜의 죄악을 성토한 적이 있었다. 석숭은 가밀과 친했던 까닭에 가씨 일족이 포획된 후 면관되어 집으로 쫓겨가 있었다.

원래 석숭은 단순히 자신의 부를 자랑하는 비루한 인물이 아니었다. 자가 중용仲容인 석숭의 부친 석포石苞도 당대의 미남자였다. 당시 사람들은 "석중용의 아름다움은 천하무쌍이다"라고 칭송했다. 사마소로부터 인정받은 그는 위나라 말기에 벼슬이 진동장군, 동광후東光侯에 이르렀다. 사마소가 위나라 황제 조모를 죽인 것도 그가 사마소에게 "조모는 비상한 군주다"라고 귀띔해 준 결과였다.

석숭은 석포의 여섯 자식 중에서 가장 어렸다. 석포는 죽을 때 재산을 5명의 자식에게 고루 나눠 주고는 석숭에게는 아무것도 남겨 주지 않았다. 부인이 그 이유를 묻자 석포가 대답했다.

"이 애는 비록 어리지만 후에 능히 스스로 얻을 것이오."

석숭은 자가 계륜季倫으로 청주에서 태어났는데 어려서부터 총명하고 꾀가 많았다. 하지만 양준이 보정대신으로 있는 동안 배척을 받아 형주자사와 남만교위 등 외직으로 돌았다. 그는 형주자사로 있을 때 관병을 이끌고 마치 사냥을 하듯이 먼 길을 떠나는 사자와 객상들을 털어 마침내 천하의 부를 쌓았다. 이후 다시 부름을 받아 경사로 올라와 위수사령관에 해당하는 위위衛尉에 제수된 뒤 반악 등과 함께 가밀에게 아첨해 '문장 24우'의 일원이 되었다.

『진서』「석숭전」에 따르면 가황후의 생모인 곽괴가 매번 출타할 때마다 석숭은 수레에서 내려 길 왼편에 서서 예를 올렸다. 손수는 세력이 하늘을 찌를 때 석숭에게 피리를 잘 부는 뛰어난 미인 녹주綠珠가 있다는 얘기를 듣고 사람을 보내 그녀를 요구했다. 마침 사자가 왔을 때 석숭은 자신의 금곡 별장에서 연회를 베풀고 있었다. 석숭은 시중을 들고 있는 수십 명의 비첩 중에서 마음에 드는 자를 임의로 고르게 했다. 사자가 말했다.

"여기 미인들은 확실히 뛰어나지만 제가 하명받은 사람은 녹주입니다. 누가 그녀인지 모르겠습니다."

석숭은 화를 내며 말했다.

"녹주는 내가 총애하는 여인이다. 그것만은 안 된다!"

그러자 사자가 화를 가라앉히며 말했다.

"그대는 고금을 두루 꿰는 사람입니다. 부디 다시 생각하기 바랍니다."

그러나 석숭은 불가하다고 고집했다. 사자가 돌아와 이를 전하자 손수가 대로했다. 이때는 마침 회남왕 사마윤의 모반 사건을 다룰 때였다. 결국 석숭의 이름이 명단에 들어가게 되었다. 무장한 병사들이 그를 잡으러 왔을 때 마침 그는 누대 위에서 연회를 베풀고 있었다. 창검이 마당에 가득 찬 모습을 본 그가 곁에 있는 녹주에게 슬픈 어조로 말했다.

"나는 너로 인해 죄를 얻게 됐다!"

녹주가 울면서 대답했다.

"죽음으로 보답하겠습니다!"

그리고는 누대 아래로 몸을 날려 목숨을 끊었다. 당시 석숭은 자신이 진나라의 공신이라는 자부심이 있었다. 목이 잘리고 삼족이 죽임을 당하리라고는 전혀 생각지도 못했다. 그는 주위 사람들에게 이같이 말했다.

"나는 교주나 광주로 유배를 가는 데 지나지 않을 것이다!"

그러나 그는 감옥으로 가기는커녕 일족과 함께 동시東市의 형장으로 끌려 나왔다. 이때 비로소 죽음을 면치 못하게 된 사실을 알고서 이같이 탄식했다.

"이놈들이 내 재산을 노렸구나!"

그를 압송하는 군관이 이 말을 듣고 힐난했다.

"재물이 해를 부른다는 것을 아는 사람이 왜 이를 일찍이 나눠 주지 않은 것인가?"

당시 반악도 일가족과 함께 동시로 실려 나왔다. 그는 백발이 성성한 노모의 몸에 형구가 채워진 것을 보고는 대성통곡했다.

"제가 어머니를 저버렸습니다!"

반악의 모친과 형 시어사 반석 및 동생 연령 반표, 사도연 반거와 반거의 동생 반세를 비롯해 시집을 간 딸 등 노소를 막론하고 반씨 집안 일족이 모두 죽임을 당했다. 당시 석숭은 반악과 그의 일족이 형장에 끌려온 것을 보고는 쓴웃음을 지으며 말했다.

"안인安仁(반악의 자), 당신도 가담했소?"

『진서』는 석숭과 황문랑 반악이 은밀히 회남왕을 부추겼다고 써 놓았으나 이는 사관이 관변 사료를 그대로 써 놓은 것에 불과하다. 만일 그랬다면 사마윤이 죽었을 때 석숭이 태연히 연회를 즐기거나 형장에서 반악을 보고 크게 놀랐을 리 없다. 손수의 모략이 간단치 않았음을 보여 준다. 당시 반악도 석숭을 보고는 쓴웃음을 지으며 이같이 말했다.

"오늘은 가히 '백수白首가 같은 곳으로 간다'고 이를 만하오."

반악의 「금곡집작시金谷集作詩」를 보면 일찍이 문장 24우와 담소하며 세상을 얘기하던 시절을 읊은 내용이 나온다. 마지막 두 구절은 석숭과의 우정을 읊은 것이다.

의기투합해 금석지교에게 몸을 기대니 投分寄石友
늙어서 함께 전원으로 가려고 한다네 白首同所歸

불행하게도 함께 전원으로 가는 대신 황천길을 같이한 셈이다.

당초 가황후를 폐위할 때 사마경은 공이 컸음에도 겨우 유격장군에 제수되었다. 이로 인해 불만이 컸다. 손수는 그가 낙양에서 무슨 일을 일으킬까 우려해 조서를 내려 허창을 지키게 했다. 이때 조왕 사마륜의 위망을 높이기 위해 구석九錫이 더해졌다. 구석은 천자가 공이 큰 제후와 대신에게 내린 아홉 가지 물품을 말한다. 거마車馬와 의복衣服, 악칙樂則, 주호朱戶, 납폐納陛, 호본虎賁, 부월鈇鉞, 궁시弓矢, 거창秬鬯 등이 그것이다. 거마는 호위무사인 호본이 호위한 가운데 검은 소 두 필, 누런 말 여덟 필로 된 수레를 타고 이동하는 것을 말한다. 의복은 곤룡포에 면류관을 사용하고 붉은색 신발을 신는다. 악칙은 조정이나 집에서 육일무六佾舞를 출 수 있는 것을 말한다. 주호는 거처하는 집 대문과 나무 기둥에 붉은색을 칠하는 것이다. 납폐는 전각에 신발을 신고 오를 수 있는 특권을 말한다. 호본은 300명가량의 호위병을 데리고 다니고, 부월은 의장용 도끼를 지니고 다니는 것을 말한다. 궁시는 붉은 활 1벌과, 붉은 화살 100개, 그리고 검은 활 10벌과 화살 3,000개를 가지고 다니는 것을 뜻한다. 거창은 옥으로 만든 제기로 술을 빚는 것을 의미한다.

구석은 찬역을 위한 준비였다. 조왕 사마륜의 아들 모두 금군을 나눠 장악한 게 그 증거다. 손수도 시중, 보국장군, 상국사마 등으로 승진했다. 그러나 사마륜과 그의 아들들은 용렬한 자들이었다. 진정한 주인은 손수였으나 그 역시 크게 보아 소인배에 불과했다. 그는 심모원략이 없었다. 그럼에도 손수는 왜소하고 누추하게 생긴 아들 손회孫會의 며느리로 진혜제의 딸 하동공주를 맞아들일 수 있었다. 이는 당시 경성의 가장 큰 화제였다.

진혜제 영녕永寧 원년(301년) 봄 정월, 사마륜과 손수는 더 이상 기다릴 수 없다고 판단했다. 곧 진혜제 사마충의 당숙인 의양왕 사마위司馬威를 보내 선양을 압박했다. 진혜제는 비록 백치에 가까운 인물이기는 했으나 몸에 있는 새수璽綬가 중요하다는 사실은 알고 있었다. 그가 꼭 잡고 놓지 않으려고 하자 사마위가 강제로 빼앗았다. 사마륜은 병사들을 시켜 울고 있는 진혜제를 금용성으로 데려가게 했다. 겉으로는 태상황으로 높인 뒤 황태손으로 있던 사마휼의 아들을 밀실로 데려가 단칼에 해치웠다. 그런 다음 사마륜은 곧바로 즉위하고 연호를 건시建始로 바꿨다. 손수와 장림, 사마위 등의 관작을 올려주고 그의 일당 모두를 공경이나 장수로 임명했다. 그 수가 매우 많았다. 『진서』「조왕륜전趙王倫傳」에 따르면 조회가 열릴 때마다 담비 꼬리가 속출했다. 당시에는 관모를 담비 꼬리로 장식하였다. 그런데 갑자기 관원의 숫자가 늘어나 담비 꼬리가 모자라게 되자 비슷한 개 꼬리로 이를 대체했다. 여기서 '구미속초狗尾續貂'라는 성어가 나왔다.

사마륜이 황제의 자리에 올랐으나 진정한 황제는 분명 손수였다. 손수가 조정을 장악하고 있기에 사마륜이 조령을 내려도 손수가 곧바로 이를 개정했다. 그러다 보니 아침에 행한 일이 저녁에 바뀌는 경우도 허다했다. 관직의 이동도 마찬가지였다.

팔왕의 난 제2막

당시 손수는 종실과 민심을 다독이기 위해 사마륜의 명의로 허창에 머물고 있는 제왕 사마경, 업성에 머무는 성도왕 사마영, 관중에 있는 하간왕 사마옹司馬顒에게 대장군을 제수했다. 그러면서 사마륜은 측근을 대거 이들 세 왕의 중요 관직에 임명해 감시하게 했다. 사마륜이 황제를 칭한 기간은 불과 두 달여밖에 안 되었다. 허창에서 대군을 이끌고 있는 제왕 사마경이 곧 성도왕과 하간왕을 비롯해 상산왕 사마예司馬乂 및 신야현공新野縣公 사마흠司馬歆 등과 두루 연락해 각지에 격문을 보낸 결과였다.

"역신 손수가 조왕을 미혹시키고 있으니 응당 함께 토벌해야 한다. 명을 좇지 않는 자는 삼족을 멸할 것이다!"

일시에 각지에서 호응했다. 군사가 조가朝歌(하남성 기현)에 이르렀을 때 이미 20여만 명이 넘었다. 손수와 사마륜은 세 왕이 기병했다는 얘기를 듣고 크게 놀라 장홍과 사의, 허초, 손회 등에게 명해 금군을 이끌고 나가 이들을 영격하게 했다. 미신을 믿는 손수와 사마륜은 밤낮으로 궁 안에 무당을 불러 푸닥거리를 하며 승리를 기원했다. 기도가 효험이 있었는지 제왕 사마경이 영음에서 장홍에게 패했다. 손회와 사의 등은 황교에서 성도왕 사마영을 깨뜨리고 수만 명의 수급을 얻었다.

이 소식을 전해 들은 손수와 사마륜은 크게 기뻐하며 사의와 허초, 손회 등을 지절持節로 삼았다. 이로써 군정이 일치하지 않아 누구도 다른 사람의 지휘를 받지 않게 됐다. 황교의 싸움에서 대패한 사마영은 이내 도주하려던 생각을 버리고 손회 등이 나태해진 틈을 타 기습 공격을 가해 대승을 거둔 뒤 곧바로 황하를 건넜다.

이들이 낙양성을 향해 진격해 오자 손수는 황급히 군신들을 모아 대책을 논의했으나 의견이 엇갈려 결론이 나지 않았다. 이 와중에 금군을 이끄는 좌위장군 왕여王輿가 먼저 이반했다. 그는 7백여 명의 병사를 이끌고 남쪽 액문을 통해 입궁한 뒤 손수와 허초, 사의 등을 공격해 죽였다. 이어 8명의 대신을 불러들여 사마륜에게 조서를 발표토록 강압했다.

"나는 손수에게 잘못 이끌려 세 왕을 노하게 했다. 지금 이미 손수가 죽었으니 태상황을 맞아들여 복위시키고, 나는 귀향하고자 한다."

이에 추우번을 내걸어 싸움을 멈추게 했다. 수천 명의 갑사들이 진혜제를 맞이해 복위시켰다. 3왕은 입성한 후 사마륜의 네 아들을 죽이고, 손수의 무리를 모두 잡아 죽였다. 사마륜은 금설주를 마시고 죽었다. 그는 음독하기 직전 부끄러운 나머지 수건으로 얼굴을 가리고 이같이 말했다.

"손수가 나를 오도했다, 손수가 나를 오도했다!"

사마륜의 반란은 비록 두 달여의 시간밖에 걸리지 않았으나 전사한 병사는 10여만 명에 이르렀다. 진혜제의 복위로 제왕 사마경은 대사마에 제수되고 구석이 더해졌다. 성도왕 사마영도 장군이 되어 구석이 더해졌다. 하간왕 사마옹은 태위에 제수되고 삼석三錫이 더해졌다. 상산왕 사마예는 장사왕으로 개봉되고 무군대장군에 제수됐다.

제왕 사마경은 진혜제의 사촌 형이고, 성도왕 사마영과 장사왕 사마예는 진혜제의 이복동생이었다. 사마예와 죽은 초왕 사마위는 동복형제였다. 이들 모두 20~30대의 청장년이었다. 하간왕 사마옹은 진혜제의 당숙으로 40대였다.

당시 진혜제에게서 새수를 빼앗은 바 있는 의양왕 사마위는 철군하여 구곡九曲에 이르렀을 때 사마륜이 패했다는 소식을 듣게 됐다. 그는 황망히 통솔하던 군사를 놓아둔 채 낙양으로 들어와 대죄했다. 여러 왕들이 그를 용서하는 방안을 논의하자 그간 백치처럼 용상에 앉아 있던 진혜제가 문득 이같이 말했다.

"아피阿皮(사마위의 아명)는 내 손가락을 비틀어 새수를 탈취해 갔다. 죽여야 한다."

여러 왕들이 아무 말도 하지 못하고 곧 사람을 보내 사마위를 죽였다. 며칠 후 몇 명의 왕들이 각자 무리를 지어 진무제 사마염의 능을 참배했다. 이때 신야현공에서 신야군공으로 격상된 사마흠이 제왕 사마경에게 말했다.

"그대는 성도왕과 함께 만세에 길이 남을 공을 세웠으니 응당 경성에 남아 정사를 보필해야 하오. 이럴 마음이 없다면 다른 사람의 병권을 줄이거나 제거해야 하오.”

장사왕 사마예도 참배할 때 이복형인 성도왕 사마영에게 이같이 건의했다.

“천하는 선제가 만든 것이오. 응당 대왕이 기본 줄기를 바로잡아야 하오.”

진무제 사마염의 직계가 황통을 이어야 한다는 얘기로 제왕 사마경을 견제해야 한다는 취지였다. 성도왕 사마영의 책사 노지盧志도 병법에서 말하는 이른바 이퇴위진以退爲進의 계책을 건의했다.

“제왕은 백만 대병을 떠벌렸다가 장홍에게 패한 후 대왕이 손회에게 강공을 펼친 뒤에야 비로소 대공을 세울 수 있게 되었습니다. 두 영웅은 서로 양립할 수 없는 법입니다. 대왕은 태비太妃(성도왕의 생모)에게 병이 있다는 이유로 상서하여 업성으로 돌아가십시오. 제왕에게 조정을 맡기는 것이 사해의 민심을 거두는 방법입니다.”

성도왕 사마영이 이를 받아들여 곧바로 입궁해 진혜제에게 사직 인사를 올린 뒤 낙양을 떠나 업성으로 돌아왔다. 사민士民들이 그를 높이 칭송했다. 그는 구석의 예를 사양하면서 공신들의 공을 논하는 표문을 올리고, 이재민을 진휼하고, 사망한 장병들을 장사 지냈다. 모두 노지의 계책이었다. 사서는 뛰어난 용모를 지닌 사마영이 비록 책을 많이 읽지는 않았으나 성정이 돈후하고 노지에게 일을 맡겨 이런 칭송을 받게 되었다고 기록해 놓았다. 당시 제왕 사마경은 천하의 재사 육기가 조왕 사마륜을 위해 진혜제를 대신해 선위 조서를 쓴 배경을 알지 못하고 곧바로 육기와 육운 형제를 잡아 죽이려고 했다. 성도왕 사마영이 적극 변호해 두 사람을 구했다. 이어 그는 표문을 올려 육기를 평원내사平原內史, 육운을 청하내사淸河內史에 천거했다. 두 사람의 지인들은 속히 오吳 땅으로 내려가 시비 논쟁에서 벗어날 것을 권했다. 육기는 사마영이 자신을 위해 애쓴 은혜를 갚기 위해 함께 공을 세울 만하다며 듣지 않았다.

제왕 사마경의 동조연東曹掾으로 있는 장한張翰 역시 오 땅 출신이었다. 그는 낙양에 있으면서 가을바람이 일 때마다 오 땅에서 먹었던 순채국과 농어

회를 생각했다. 그는 이같이 언급하며 곧바로 귀향했다.

"인생은 뜻을 좇는 것을 귀하게 여긴다. 어찌 수천 리 먼 곳에서 벼슬 자리에 얽매여 명예와 작위를 탐할 것인가!"

덕분에 그는 나중에 목숨을 보전할 수 있었다.

당시 진혜제는 태자 사마휼이 가황후에게 살해된 데 이어 사마휼의 두 아들 역시 사마륜에게 죽임을 당해 후사가 없었다. 순서로 볼 때 대장군 사마영이 황태제_{皇太弟}가 될 만했다. 사마경은 이를 꺼려 진혜제의 조카인 여덟 살의 사마담_{司馬覃}을 태자로 삼을 것을 주청하면서 스스로 태자태부가 되었다. 이어 자신과 가까운 동해왕 사마월_{司馬越}을 사공, 영_領중서감으로 삼았다. 사마월도 진혜제의 숙부 항렬이었다.

그러나 제왕 사마경은 대권을 손에 넣은 뒤 이내 교만하고 사치스런 모습을 보이며 멋대로 권력을 휘둘렀다. 그는 매일 왕부에서 연회를 열어 즐겼다. 시중 혜소_{嵆紹}와 전중어사 환표_{桓彪}와 손혜_{孫惠} 등이 정사를 돌볼 것을 간했다. 특히 손혜의 상서 내용이 간절했다.

"천하에는 5난_{五難}이 있는데 그중 4개가 명공에게 있습니다. 칼날의 위험을 무릅쓰는 것이 첫 번째, 영웅호걸을 모으는 것이 두 번째, 장사들과 함께 노고를 나누는 것이 세 번째, 약한 것으로 강한 것을 이기는 것이 네 번째, 황업을 부흥시키는 것이 다섯 번째 어려움입니다. 큰 명성은 오랫동안 유지될 수 없고, 큰 공은 오랫동안 믿을 만한 게 못 되고, 큰 권력은 오랫동안 잡을 수 있는 게 아니고, 큰 위세는 오랫동안 머물 수 있는 게 아닙니다. 대왕은 '난'을 행하면서 '난'으로 생각지 않고, '불가'한 것을 '가'하다고 말했으니 이제 공성신퇴_{功成身退}를 생각할 때입니다."

제왕 사마경은 겸손한 말로 사례하면서도 끝까지 이를 좇지 않았다.

1년여 뒤인 진혜제 영녕 2년(302년), 하간왕 사마옹이 장사_{長史} 이함_{李含}의 종용을 받고 기병했다. 이함이 주의를 주었다.

"성도왕 사마영은 황제의 지친입니다. 제왕 사마경은 이보다 먼 친척인데 멋대로 권력을 휘둘러 조야가 원한을 품고 있습니다. 지금 격문을 장사왕 사마예에게 보내 제왕을 공격토록 하면 제왕은 필히 먼저 장사왕을 쓰러뜨릴 것입니다. 그러면 우리는 이를 구실로 제왕을 쓰러뜨리면 됩니다. 성도왕을 옹립해 입성하는 것으로 사직을 안정시킬 수 있습니다."

하간왕 사마옹은 원래 조왕 사마륜과 가까운 사이였다. 당시 상황이 부득이해 조왕 토벌에 가세하기는 했으나 내심 제왕 사마경에게 원한을 품고 있었다. 이때에 이르러 그는 때가 무르익었다고 판단해 곧 부장 이함과 장방張方을 선봉으로 내세워 군사를 이끌고 낙양으로 진격했다. 동시에 성도왕 사마영에게 사자를 보내 함께 거병할 것을 촉구했다. 사마영이 곧바로 거병 준비에 들어갔다.

하간왕 사마옹의 부장 이함과 장방은 낙양 근교에 군사를 주둔시킨 뒤 격문을 장사왕 사마예에게 보내 제왕 사마경을 칠 것을 부추겼다. 제왕 사마경은 장사왕과 성도왕이 이복형제인 점을 노려 곧바로 선수를 쳐 장사왕을 공격했다. 장사왕 사마예는 신장이 7척5촌이고, 과단성이 있었다. 힘이 절륜한 데다 부하들을 스스럼없이 대한 까닭에 그 명성이 매우 높았다. 그는 1백여 명의 선봉대를 이끌고 궁 안으로 뛰어든 후 모든 문을 걸어 잠그며 이같이 말했다.

"천자를 받들어 대사마인 제왕을 공격한다."

황제를 손안에 넣은 덕분에 문득 피동적인 입장에서 능동적인 입장으로 바뀐 것이다. 이날 밤 성안에서 큰 싸움이 벌어졌다. 제왕 사마경은 "장사왕이 조서를 멋대로 고쳤다"고 떠들었고, 장사왕 사마예는 "대사마 제왕이 모반했다"고 떠들었다. 화살이 비 오듯 쏟아지고 화광이 충천했다. 동쪽 문루 위로 피신한 진혜제는 크게 놀라 황급히 내려왔다. 화살이 어전으로 날아들고 많은 군신들이 화살을 맞고 쓰러졌다.

전투가 사흘이나 계속되는 와중에 제왕 사마경의 부대가 크게 패했다. 사마경은 휘하에 있던 장사 조연趙淵에게 체포돼 궁 안으로 보내졌다. 이를 본 진혜제는 그가 자신의 복위를 주도한 사실을 알고 있는지라 측은히 여겨 살려 주고자 했다. 그러자 장사왕 사마예가 좌우에 명해 곧바로 끌고 나가 창합문 아래에서 목을 친 뒤 그 목을 6군에 두루 보여 주었다. 제왕 사마경은 8왕 중 네 번째로 죽은 셈이다.

하간왕 사마옹의 부장 이함 등은 제왕 사마경이 죽었으니 군사를 이끌고 장안으로 갈 것을 청했다. 이로부터 반년 뒤인 혜제 태안太安 2년(303년) 8월, 이함 등이 장사왕 사마예에 의해 목이 달아나자 하간왕 사마옹이 다시 거병해 이를 쳤다. 당시 성도왕 사마영은 비록 계속 업성에 있었으나 자신이 세운 공을 믿고 교만하고 사치스러운 모습을 보이면서 멀리서 조정을 통제코자 했다. 장사왕 사마예의 세력이 커지면서 이복형제 사이에 틈이 벌어졌다. 성도왕 사마영은 하간왕 사마옹과 합세해 낙양의 장사왕을 쳤다.

하간왕 사마옹은 부장 장방을 도독으로 삼은 뒤 군사 7만 명을 이끌고 유곡幽谷 동쪽에서 빠져나와 낙양으로 들어가게 했다. 군사를 조가에 주둔시킨 성도왕 사마영은 곧 육기를 전장군, 전봉도독으로 삼아 112만 명의 군사를 이끌고 남진해 낙양을 치게 했다. 사상자가 수만 명에 달했다. 당시 장사왕의 수중에는 진혜제가 있었다. 이들은 황제의 기고旗鼓를 사용했다. 승패의 관건이 여기에 있었다. 건춘문의 싸움에서 육기가 이끄는 성도왕의 군사가 7리에 걸친 도랑에 시체가 쌓여 물이 흐르지 않을 정도로 대패한 이유다.

당시 육기 형제와 성도왕 사마영의 태감 맹구孟玖 사이에 의견 충돌이 있었다. 맹구는 육기 형제가 장사왕과 연합해 반기를 들 것이라고 성도왕에게 모함했다. 성도왕 사마영은 주견이 없었던 까닭에 곧바로 육기 형제와 그 일족을 주살할 것을 명했다. 천하의 재사 육기는 죽기 직전에 이같이 탄식했다.

"화정華亭에서 학이 우는 소리를 이제 다시 들을 수 있을까?"

진시황이 세운 진제국 말기 때 함양의 저자에서 요참 형을 당한 이사李斯가 죽기 직전 사냥개를 끌고 다시 사냥을 나갈 수 있을까 하고 탄식한 것과 닮은 최후였다.

당시 성도왕 사마영의 군사를 대파한 장사왕 사마예는 진혜제의 효용이 얼마나 큰지를 실감했다. 그가 황제를 모시고 나가자 장방의 병사들이 황제의 어거를 보고 모두 물러나는 바람에 대승할 수 있었던 것이다. 이때 장사왕의 주부主簿 조적祖逖이 사마예에게 서북쪽의 옹주자사 유침劉沈에게 조서를 보내 도움을 청하도록 건의했다. 하간왕 사마옹의 배후를 치는 방법으로 장방의 군사를 퇴각시켜 경성의 포위를 푸는 방안이었다.

장사왕 사마예는 비록 진혜제를 이끌고 다니면서도 예를 갖추는데 소홀하지 않았다. 낙양성 안의 양식이 날로 줄어드는데도 사졸들이 이반하지 않은 이유다. 전후로 목을 베거나 포획한 자의 수가 6~7만 명에 달했다. 낙양성을 포위했던 성도왕 사마영과 하간왕 사마옹의 군사들이 이내 힘이 다하자 장방은 장안으로 철군하고자 했다. 이처럼 중요한 시기에 장사왕 사마예와 행동을 같이한 진혜제의 숙부 동해왕 사마월은 성 밖에 주둔한 두 왕의 군사가 날로 늘어나는 것을 우려해 가까운 장수와 밀모했다. 이내 야반에 사마예의 방으로 뛰어들어 그를 밧줄로 묶은 뒤 금용성으로 보내고 곧 황제의 명의로 조서를 발표했다. 사마예의 관작을 박탈하고 성도왕 사마영을 성안으로 불러들여 정사를 돕도록 하는 내용이었다.

이윽고 성문이 열린 뒤 성안의 병사들은 성 밖의 병사들이 별로 많지 않은 것을 보고는 후회하면서 곧 사마예를 구출해 낸 뒤 사마영의 군사에 저항하고자 했다. 사마월은 정세가 이상하게 돌아가자 크게 두려워한 나머지 장사왕을 죽여 중망을 끊고자 했다. 황문시랑 반도潘滔가 장방에게 사람을 보내 그의 손을 빌려 사마예를 제거하는 이른바 차도살인借刀殺人의 계책을 일러주었다.

장방은 본성이 잔인하고 포학했다. 곧바로 병사들을 금용성으로 보내 사마예를 밧줄로 묶어 성 밖 병영으로 끌어낸 뒤 장작더미 위에서 불태워 죽였다. 그의 나이 28세였다. 사서는 사마예의 원통해하는 소리가 사방에 울려 퍼지자 삼군 중 눈물을 흘리지 않는 자가 없었다고 기록해 놓았다. 사마예는

8왕 중 다섯 번째 희생자였다.

당시 교전 중 여러 차례 크게 패했던 성도왕 사마영은 무력을 뽐내며 입경한 후 다시 업성으로 돌아갔다. 사마영을 승상으로 삼고 동해왕 사마월을 상서령으로 삼는 조명이 내려졌다. 사마영은 신임하는 장령 석초石超를 보내 낙양의 열두 성문을 수비케 했다. 또한 궁중에 의심되는 자가 있으면 가차 없이 제거했다.

이어 제왕 사마경이 옹립한 황태자 사마담을 청하왕으로 삼자 하간왕 사마옹이 사마영의 야심을 읽고 이에 영합하기 위해 곧바로 상표해 사마영을 황태제로 삼을 것을 청했다. 이내 이를 허락하는 조서가 내려졌다. 이때 하간왕 사마옹은 여러 차례 옹주자사 유침에게 패하자 급히 장방에게 장안으로 군사를 이끌고 와 도와줄 것을 청했다. 장방은 장안으로 가면서 낙양 궁중의 남녀 1만여 명을 이끌고 갔다. 도중에 양식이 떨어지자 남녀 군중이 이끌고 온 소와 양 등을 군량으로 삼았다. 관중에 이른 후에는 사마옹의 군사와 합세해 적을 대파한 뒤 유침을 허리를 자르는 요참 형에 처했다. 그동안 황태제 사마영이 교만하고 사치스러운 모습으로 멋대로 일을 처리하자 사람들은 크게 실망했다. 경성에 머물러 있던 동해왕 사마월도 이내 자립할 생각을 품게 되었다. 진혜제 영흥永興 원년(304년) 가을 군사를 운룡문 안으로 투입해 성도왕 사마영을 성토하면서 폐위된 황태자 사마담의 복위를 주장했다. 사마월은 사마예를 흉내 내 진혜제를 모시고 북정北征에 나선다는 핑계로 10여만 명의 군사를 이끌고 업성으로 갔다. 낙양성에서 사마영을 위해 성문을 지키던 석초가 이 소식을 듣고 황급히 업성으로 달려갔다. 이때 사마영은 그에게 5만 명의 병사를 주어 사마월을 영격하게 했다.

양측 군사가 탕음蕩陰에서 조우했다. 석초의 군사가 이내 사마월의 군사를 대파했다. 혼전 중에 혜제의 어거가 풀숲에 뒤집어졌다. 혜제의 얼굴에 칼자국이 나고, 몸에 세 발의 화살을 맞아 피가 낭자했다. 모시던 백관들이 사방으로 도주한 가운데 오직 시중 혜소嵇紹만이 말에서 내려 수레 위에 올라 몸으로 황제를 보호했다. 병사들이 혜소를 수레에서 끌어내려 칼로 난자하자 진혜제가 소리쳤다.

"충신이다, 죽이지 마라!"

병사들이 대답했다.

"오직 폐하 한 사람만 범하지 않도록 한 황태제의 명을 받드는 것입니다."

얼마 후 황태제 사마영이 파견한 책사 노지가 풀숲에 쭈그려 앉아 통곡하는 진혜제를 발견하고 업성으로 데려 갔다. 좌우에서 황제의 옷을 씻으려고 하자 진혜제가 말했다.

"혜시중의 피다, 씻지 마라!"

『진서』의 사신史臣은 이를 두고 탄식하기를 "누가 혜재를 두고 어리석다고 했는가"라고 했다. 확실히 진혜제는 완전 백치는 아니었다.

혜소의 부친 혜강은 위나라 말기 사마씨에 협조하지 않아 이내 무함을 받고 피살된 바 있다. 반면 혜소는 사마씨에게 충성을 다하다 죽었다. 혜소는 이른바 군계일학群鷄一鶴 성어의 주인공이다. 훗날 남송 문천상文天祥의 「정기가正氣歌」에서 그를 충신의 모범으로 칭송한 것도 이상한 일이 아니다.

동해왕 사마월이 낙양에서 출병할 때 하간왕 사마옹은 이미 장방을 파견해 낙양을 점령하게 했다. 당시 도독유주제군사都督幽州諸軍事 왕준王浚은 산에 앉아 호랑이들이 싸우는 모습을 관망하는 자세를 취했다. 그는 곧 변경 지역의 연합 세력인 선비족과 오환족의 기병들을 이끌고 동해왕 사마월의 동생인 동영공東嬴公 사마등司馬騰과 합세한 뒤 업성을 향해 진공했다.

사마영은 이 소식을 듣고 황급히 왕초王超 등을 파견해 이를 저지하게 했다. 그러나 연전연패였다. 왕준 휘하의 선비족 기병이 나타나면 병사들은 도주하기 바빴다. 마치 가을바람이 낙엽을 쓸고 가는 것과 같았다. 업성에 대혼란이 일어나 백관들이 도주하고 사졸들이 사방으로 흩어졌다. 노지는 사마영에게 진혜제를 모시고 낙양으로 올 것을 권했다. 당시 갑사는 아직 1만5천 명이 있었다. 일부 병사가 도주할지라도 호위하는 데에는 큰 어려움이 없었다.

여명이 밝아올 무렵 사마영의 생모 정태비正太妃는 업성에 미련이 남아 미적거렸다. 사마영 역시 호의하며 결단하지 못했다. 그동안 무수한 사람이 굶어 죽었다. 1만여 명의 군사 모두 총사령관에게 아무런 계책이 없는 것을 보고는 시끄럽게 떠들며 사방으로 흩어졌다. 사마영과 노지는 겨우 수십 기의 기병과 함께 진혜제를 데리고 간신히 낙양으로 올 수 있었다. 북망산에 도착했을 때 장방이 1만여 기의 정병을 이끌고 이들을 영접했다. 그가 배알하려고 하자 진혜제가 수레에서 내려 이를 저지했다. 진혜제는 비록 바보스러웠지만 당당히 황제의 자리에 있는 사람이었다. 그러나 이제는 일개 장군의 궤배跪拜도 황공해할 정도로 전락해 있었다.

왕준은 업성에 입성한 후 군사를 풀어 대대적으로 약탈했다. 군사들이 계주薊州로 돌아오기 전 왕준은 선비족 사병들이 약탈한 부녀를 데리고 행군해 일을 그르칠까 우려해 이같이 하령했다.

"감히 곁에 물건을 끼고 감추는 자는 참할 것이다."

당시 이들 기병들은 군법을 매우 두려워했다. 모두 약탈한 부녀를 역수易水에 밀어 넣었다. 사서는 사망자가 무려 8천여 명에 달했다고 기록해 놓았다.

사마씨의 왕들이 다툴 당시 진나라 유민들 중 우두머리에 해당하는 이웅李雄은 이미 파촉에서 스스로 성도왕을 칭하며 사실상 독립국을 이끌고 있었다. 흉노 출신의 귀족인 유연劉淵 역시 이러한 흐름에 합류했다. 그는 본래 성도왕 사마영의 천거를 받아 관군장군이 된 인물이다. 그러다가 난을 틈타 5부족을 이끌고 거사하게 된 것이다. 국호는 '한漢'이라고 하고 스스로 '한왕'을 칭했다.

진혜제가 낙양으로 들어간 후 장방이 군사를 이끌고 조정의 정사를 주도했다. 성도왕 사마영은 권한을 잃어 연금 상태나 다름없었다. 대부분 장안에서 온 장방의 군사들은 낙양을 커다란 고깃덩어리로 생각해 약탈을 일삼으면서 "황제를 모시고 장안으로 천도해야 한다"고 떠벌렸다. 이들은 교외로 나가 선황의 능묘를 참배한다고 속여 진혜제와 군신들을 밖으로 유인했다. 진혜제는 다시 험한 꼴을 보기 싫어 대답하지 않았다. 장방이 무장한 대군을 이끌고 궁 안으로 들어가 동산의 죽림 안에 숨어 있던 진혜제를 찾아낸 뒤 가마에 오를 것을 강압했다. 진혜제가 눈물을 흘리며 좇는 동안 장방의 군사들은 후궁에서 궁녀들을 겁탈하고 보물을 약탈했다.

장방이 궁실과 종묘를 불태워 인망人望을 끊으려고 하자 노지가 만류했다.

"동탁이 무도해 낙양을 불사르는 바람에 원망하는 소리가 백 년이나 지속되고 있습니다. 어찌 이를 좇으려 하는 것입니까?"

장방이 진혜제와 성도왕 사마영, 진혜제의 동생 예장왕 사마치司馬熾를 이끌고 장안으로 오는 동안 하간왕 사마옹이 잠시 서진의 주인 노릇을 했다. 그는 진혜제에게 사마영의 황태제 신분을 폐하고 예장왕 사마치를 황태제로 세우는 조서를 내리게 했다. 진혜제의 형제는 25명이었으나 이때까지 살아남은 사람은 오직 사마영과 사마치, 오왕 사마안司馬晏밖에 없었다.

진혜제 영흥 2년(305년) 7월, 동해왕 사마월은 한숨을 돌리자 곧 장방과 하간왕 사마옹을 황제의 거가를 강제로 끌고 간 죄로 성토하면서 천하 각지에 하간왕 토벌의 격문을 돌렸다. 성도왕 사마영의 옛 부하들이 분분히 하북에서 기병했다. 산동과 하북 일대에서 군사가 일어나자 하간왕은 심히 두려워한 나머지 연금 상태의 사마영을 진군대장군에 봉한 뒤 노지에게 명해 1천여 명의 군사를 이끌고 그와 함께 가 하북 일대를 다독이게 했다. 성도왕 사마영은 이때 병마로 인해 극히 쇠약해져 과거 수십만 대군을 지휘하던 모습을 찾을 길이 없었다.

반면 동해왕 사마월의 기세는 극히 성했다. 그가 낙양을 압박할 당시 하간왕 사마옹은 사마월과 강화할 생각이었다. 장방은 어가를 겁박한 죄가 있어 두 왕이 화해하면 자신이 불리하다고 판단해 이를 격렬히 반대했다. 하간왕은 장방의 옛 친구 질보郅輔에게 명해 먼저 서신을 보낸 뒤 장방이 편지를 읽는 사이 그의 목을 치게 했다.

장방의 목을 친 뒤 사마월과 협상해 퇴병을 성사시킬 생각이었으나 사마월은 계속 서진했다. 당시 패잔병을 이끌고 낙양에 머물러 있던 성도왕 사마영은 이내 버티지 못하고 황급히 화음으로 퇴각했다. 도중에 하간왕과 동해왕이 화해한다는 소리를 듣고 그는 어느 쪽으로 가야할지 몰라 망연자실했다. 양측이 화해할 경우 그는 희생양이 될 수밖에 없었다.

영흥 3년(306년) 5월, 동해왕의 장군 기홍祁弘이 관중으로 쳐들어와 사마옹의 군사를 격파했다. 사마옹은 황급히 태백산 안으로 피신했다. 당시 백관들도 산속으로 도망쳐 들어가 상수리를 먹으며 허기를 채웠다. 기홍의 군사가 장안을 점령한 후 휘하의 선비족 병사들이 마구 약탈하며 2만여 명을 살육했다. 기홍은 진혜제를 빼앗은 뒤 다시 낙양으로 돌아왔다. 하간왕은 기회를 틈타 다시 장안성을 탈환했으나 관중 일대는 모두 사마월에게 신복臣服한 뒤였다. 그는 오직 장안성 하나만을 보유했을 뿐이다.

광희光熙 원년(306년) 7월 진혜제는 낙양으로 돌아오자마자 연호를 광희로 바꾸었다. 진혜제는 매번 겁난劫難을 당할 때마다 연호 변경의 압박을 받았다. 팔왕의 난에서 가장 큰 특색 중 하나다.

동해왕 사마월은 대군을 낙양에 진주시킨 후 태부, 녹상서사가 되었다. 자신의 사촌 형 범양왕 사마효司馬虓를 사공으로 삼아 업성에 주둔시켰다. 사마월과 사마효는 사마의의 동생 사마규司馬馗의 손자로 황실의 종통에서 먼 혈통이었다. 또한 성도왕을 치는 데 공을 세운 왕준을 표기대장군, 도독동이하북제군사都督東夷河北諸軍事 및 유주자사에 임명했다.

당시 화음에 있던 성도왕 사마영은 동해왕 형제가 이미 경성을 점령했다는 얘기를 듣고 화음에서 무관武關 방향으로 도주하고자 했다. 신야현에 이르렀을 때 동해왕은 이미 진혜제의 명의로 성도왕 체포의 조서를 내렸다. 사마영은 노모와 처자를 돌볼 사이도 없이 수레 하나에 두 아이를 태운 채 황급히 황하를 건너 조가로 달아났다. 거기서 전에 휘하에 있던 부하 수백 명을 소집한 뒤 옛 부하 공사번公師藩이 있는 곳으로 도주하려고 했다. 하지만 얼마 가지 못해 범양왕 사마효 휘하 장병들이 사마영 일당을 일망타진해 업성의 감옥에 가뒀다. 범양왕 사마효는 진혜제의 동생인 성도왕 사마영을 해칠 생각이 없었다. 그러던 중 범양왕이 갑자기 병사했다. 당시 대문호 유곤劉琨의 형이자 범양왕 휘하의 장사로 있던 유여劉與는 사마영이 업성에서 다시 일어설까 두려운 나머지 사람을 시켜 거짓 조서로 밤에 사마영을 사사했다. 당시 사마영은 조서를 다 들은 후 냉정을 되찾아 감옥을 지키는 전휘田徽에게 물었다.

"범양왕이 죽었는가?"

"모르오."

"당신은 지금 몇 살인가?"

"쉰 살이오."

"지천명知天命을 아는가?"

"모르오."

사마영이 자탄했다.

"내가 죽은 후 천하가 평안할까, 아닐까? 나는 쫓겨난 이후 지금까지 1년 동안 한 번도 목욕을 하지 못했소. 몸을 씻게 약간의 끓인 물을 갖다 주시오."

사마영의 두 아들은 구석에서 크게 놀라 울음을 그치지 않았다. 사마영은 비명횡사하는 것이 애석한 나머지 손짓으로 사람을 불러 두 아이를 데리고 나가 자신이 죽는 모습을 보지 못하게 했다. 간단히 몸을 씻은 후 산발한 채 동쪽으로 머리를 두고 누우면서 전휘에게 목을 조르게 했다. 그의 나이 28세였다. 두 아들 역시 죽었다. 업성의 사람들이 모두 이를 애도했다. 8왕 중 여섯 번째 희생자였다.

광희 원년(306년) 12월, 동해왕 사마월은 진혜제가 이용 가치가 없다고 생각해 사람을 시켜 독약이 든 떡을 보냈다. 진혜제는 이 떡을 먹고 숨을 거뒀다. 당시 나이 48세였다. 진혜제 사마충이 보위에 오른 후 16년 동안 온갖 풍우가 그치지 않았다. 그는 수많은 백성이 먹을 양식이 없어 아사하고 있다는 보고를 받고는 "왜 고기로 죽을 쑤어 먹지 않는가"라고 반문했다. 화란의 근본 원인은 진무제 사마염이 그 자식을 모른 데 있다. 생모 양황후의 부인지인

婦人之仁도 한몫했다.

진혜제가 죽은 뒤 사마월은 진혜제의 스물다섯 번째 동생인 사마치를 보위에 올리고 연호를 영가永嘉로 바꿨다. 그가 바로 진회제晉懷帝다. 태부 사마월은 진회제의 이름으로 조서를 내려 장안성에 고립돼 있는 하간왕 사마옹을 사도에 임명했다. 숱한 우여곡절을 겪는 동안 하간왕 사마옹도 요행심이 생겨 사도의 자격으로 귀경해 만년을 평안히 살 생각을 했다. 그는 조명을 받자 곧 세 아들과 함께 복잡한 심사 속에 수레에 올라 낙양으로 향했다. 신안의 옹곡雍谷을 지날 때 동해왕의 친동생인 남양왕 사마모司馬模가 보낸 장령 양신梁臣이 이미 정병을 이끌고 나와 그를 맞이했다. 수레에 있는 사람이 하간왕이 확실한지를 물은 뒤 양신이 말에서 내려 문득 수레 안으로 돌입해 큰 손으로 마구 쳐 죽였다. 이어 칼을 뽑아 하간왕의 세 아들의 목을 내리쳤다. 하간왕은 8왕 중 일곱 번째 희생자였다.

동해왕 사마월은 최후의 승리자인 듯이 보였다. 그러나 그 역시 비참한 최후를 면치 못했다. 사마월은 진회제를 옹립한 후 대권을 멋대로 휘둘렀다. 그는 먼저 진회제의 조카인 14세의 청하왕 사마담을 제거했다. 사마담은 과거 진혜제에 의해 황태자에 책봉되었는데 사마월은 그가 진회제의 뒤를 이을까 우려했다. 얼마 후 사마월은 진회제의 외숙 왕연王延과 대신 고도高篤를 제거한 뒤 대신 구희苟睎를 유배 보냈다. 그는 장졸을 모두 자신의 왕부 사람들로 채웠다.

진회제 영가 5년(311년) 낙양성 밖에서 외적의 침입을 알리는 낭연狼煙이 거듭 피어오르자 사마월이 융복을 입고 입조해 갈족의 수령 석륵石勒에 대한 토벌을 청했다. 차제에 대공을 세워 자신의 입지를 굳건히 하고자 한 것이다. 석륵은 흉노족 출신 한왕 유연의 휘하에 있었다.

사마월은 4만 명의 정병을 이끌고 출병하면서 사방으로 격문을 돌렸다. 그러나 주군州郡에서 징병하기로 한 병사는 모두 올라오지 않았다. 각 주군은 시세를 관망하고 있었다. 진회제가 구희 등에게 밀조를 내려 자신을 제거하라는 사실을 알게 된 사마월은 두려움과 우려 등으로 인해 항성頃城에 이르렀을 때 돌연 폭질暴疾로 사망했다. 함께 토벌에 나선 양양왕 사마범司馬范과 태위 왕연은 발상하지 않은 채 군사를 이끌고 그의 시신을 봉지인 동해로 옮기고자 했다.

석륵은 이 소식을 듣고 곧 기병을 이끌고 그 뒤를 추격했다. 그는 고현 영평성寧平城에서 서진의 군사를 도륙했다. 이들은 마치 사냥을 하듯 서진의 군사 수십만 명을 둘러싼 뒤 마구 화살을 쏘아 댔다. 사망자가 무려 10여만 명에 이르렀다. 석륵은 곧 병사를 보내 사마월의 관을 불태우게 했다.

"이자가 천하를 어지럽게 만들었다. 나는 천하를 대신해 보복한 것이다. 그래서 그의 뼈를 태워 천지에 고하는 것이다."

요행히 죽음을 면한 서진의 군민軍民 20여만 명은 이후 유연의 부장 왕장王璋이 놓은 불더미 속에서 모두 불타 죽었다. 이들은 이를 군량으로 썼다. 당시 석륵은 태위 왕연과 이부상서 유망劉望 등을 체포했다. 이중에는 양양왕 사마범과 임성왕 사마제司馬濟 등도 있었다. 왕연 등은 죽음을 두려워해 석륵의 비위를 맞추고 나섰다. 왕연이 석륵에게 황제를 칭할 것을 권한 게 그렇다. 양양왕 사마범이 의연한 모습으로 그를 꾸짖기를, "오늘 일을 어찌 다시 시끄럽게 떠들 수 있는가"라고 했다. 밤에 석륵은 병사를 보내 집의 벽을 무너뜨리게 해서 왕연과 사마범 등을 압사시켰다.

낙양에 머물던 사마월의 부장 하륜何倫 등은 이 소식을 듣고 황급히 사마월의 세자와 왕비 배씨 등을 이끌고 동해 방향으로 도주했다. 성안의 백성들도 이들 군인들을 좇아 성 밖으로 도주했으나 유창에 이르렀을 때 석륵의 대군을 만나 모두 목숨을 잃었다. 세자와 황족 48명이 전부 난병의 손에 죽었다. 동해왕의 왕비 배씨는 병사들에게 끌려가 윤간을 당한 뒤 팔려 나갔다.

영가 5년(310년) 6월 진회제는 흉노 유연의 한나라 군사에게 포획됐다가 2년 뒤에 피살됐다. 나이 30세였다. 건흥建興 4년(316년) 진혜제의 또 다른 조카인 진민제晉愍帝 사마업司馬鄴이 성문을 열고 항복했다가 1년여 뒤 살해되었다. 18세였다. 이로써 서진은 멸망했다. 장사왕 사마예의 주부 조적은 일찍이 이같이 말한 바 있다.

"서진의 황실에서 일어난 난은 위가 무도하고 백성들이 반기를 든 결과가 아니다. 여러 왕들이 서로 다투고 죽이면서 융적들에게 그 틈을 노려 중원에 쳐들어 오도록 만든 결과였다."

진혜제는 비록 암우하기는 했으나 포학하지는 않았다. 그러나 이처럼 광대한 진 제국을 이런 어리석은 군주 아래 다스리도록 한 것은 사상 처음 있는 일이었다. 진무제 사마염은 멀리 보는 식견이 없었다.

당시 팔왕의 난에 가담한 자들은 하나같이 식견이 좁고 웅략이 없었다. 여남왕 사마량은 약간의 청렴과 재능이 있었으니 난은 그로부터 기인한 게 아니다. 초왕 사마위는 널리 베풀며 민심을 얻었다. 그러나 나이가 어려 경륜이 없었고 사적인 원한을 품고 있다가 가황후의 살인 도구로 이용당했다. 조왕 사마륜은 어리석고 나약해 책사 손수의 꼭두각시가 됐다. 게다가 멋대로 찬역을 행해 후대인들로부터 8왕 중 가장 큰 욕을 먹었다. 제왕 사마경은 젊었을 때 널리 베풀고 은혜로워 칭송을 받았다. 가히 중흥주가 될 만했으나 도중에 야심을 드러내는 바람에 저자에서 죽임을 당했다.

장사왕 사마예는 과단성도 있고, 힘도 절륜하고, 스스럼없이 병사들을 대해 문무겸전의 인재라 할만 했다. 그러나 결국 동해왕에게 당하고 말았다. 성도왕 사마영은 본래 책사 노지 등의 도움을 받아 대역을 평정하고 민심을 모았다. 그러나 결국 결단력이 없어 패망했다. 하간왕 사마옹은 황통에서 거리가 먼 황족이나 젊었을 때 청명한 명성이 있었고, 재물을 가벼이 여기며 인재를 사랑했다. 그러나 이리저리 붙은 데다 휘하 부장 장방의 잔혹함으로 인해 결국 패망했다. 동해왕 사마월은 팔왕 중 유일하게 생전에 죽임을 당하지는 않았으나 사후에 불태워지는 수모를 당했다.

진무제 사마염이 초기에 행한 점전법은 그런대로 볼만 했다. 이는 5명의 병졸에게 일정한 땅을 나눠 줘 의식을 해결하고 조세에도 도움을 주도록 한 제도다. 그러나 주군州郡의 병력이 감소하고 중대한 사건이 발생했을 때 이를 관철하기가 어려웠다. 상서복야 산도山濤가 진무제 사마염에게 주군의 무비를 해제하지 말라고 권한 이유다. 그러나 천하 통일의 위업에 도취한 사마염은 이를 듣지 않고 조명을 내려 주군의 군대를 감축시켰다.

"천하가 비록 평안할지라도 전쟁을 잊으면 반드시 위태로워진다"는 병서 『사마법』의 망전필위忘戰必危 구절이 절로 상기되는 대목이다. 사마염이 죽었을 때 곧 화란이 일어난 게 그 증거다. 당시 큰 군에는 무장이 약 1백 명, 작은 군에는 50인가량 있었다. 이런 상황에서 사마염은 '무武'를 무시하고 '문文'만을 강조했다. 그의 생각이 짧았음을 알 수 있다.

서진은 중국의 역대 왕조 가운데 농민 반란으로 무너지지 않은 소수의 사례 중 하나다. 비록 경학이 쇠퇴하는 와중에 현학玄學과 불학佛學이 흥기하고 선비족과 흉노족 등 북방 민족이 중원으로 대거 이주한 게 서진 쇠망의 한 원인으로 작용한 것이 사실이나 보다 근본적인 이유가 있다. 그것은 바로 팔왕이 서로 공격하면서 내부 혼란을 조성한 점이다. 그럼에도 서진은 결과적으로 가장 빠른 속도로 한족과 북방 민족의 융합을 촉진시킨 시기이기도 했다. 이른바 호한융합이 그것이다. 호족의 문화는 한족 문화에 침전돼 있던 낡은 찌꺼기를 말끔히 씻어 내는 역할을 했다. 이는 훗날 수·당이 천하를 통일한 후 풍부한 사상적 기초를 닦는 근본 배경이 되었다.

제4장

서진의
패망과
5호의 등장

> 산이 무너지고 돌이 깨지는 것은 나라가 기울어지고
> 사람이 어지러워지는 것을 상징합니다.
> '황망, 황망, 패, 조창'은 황실이 장차 석록의 조나라에 패하고,
> 석록의 조나라는 이로 인해 창성한다는 뜻입니다.

중원의 흉노, 역사를 움직이다

한 제국 이래 지금의 몽골 초원에서 살던 흉노족은 물과 풀을 찾아 이동하며 생활을 영위했다. 이들은 이리 머리를 한 대도大纛를 높이 들고 소리를 지르며 홀연히 나타나 북부 변경을 약탈했다. 대도는 대가大駕나 군대의 행렬 앞에 세우던 대장기를 말한다. 큰 삼지창에 소의 꼬리를 달거나, 창에 붉은 술을 달아서 만든다. 이들은 납치해 간 한족을 노예로 부려 먹었다. 한족 대군이 나타나면 초원 사이로 순식간에 사라져 완벽한 토벌이 불가능했다. 이는 하루 이틀의 일이 아니라 수세기에 걸쳐 벌어진 일이었다.

후한 건무 22년(46년) 흉노가 살던 몽골 대초원에서 전대미문의 대가뭄이 나타났다. 수천 리에 걸쳐 초목이 완전히 말라 죽었다. 말과 양 등 1천만 마리가 죽었다. 유목민도 덩달아 아사했다. 게다가 전염병까지 겹쳐 흉노족 절반가량이 죽었다. 막강한 무력을 자랑했던 흉노의 한국汗國은 이내 분열돼 남흉노와 북흉노로 나뉘었다.

남흉노는 한 제국에 복속했다. 북흉노는 서쪽으로 이동했다. 후한 화제 영원 3년(91년) 한 제국의 대군이 알타이 산맥까지 압박하자 북흉노는 우랄 산

「행군진찬도行軍進餐圖」. 그림에서 보이는 것처럼 북방 민족은 유목 민족인 경우가 많았고 그들만의 독특한 상무 정신을 바탕으로 뛰어난 전투력을 지니고 있었다. 이후 이들은 위진남북조 시대에 대거 남하해 한족과 때론 융합하거나 때론 대립하면서 중국 역사의 한 축을 만들기 시작한다.

맥을 거쳐 볼가 강을 넘어서야 비로소 한숨을 놓을 수 있었다. 2세기 뒤 현지 부족과 통혼하며 번성했던 북흉노는 지금의 헝가리 평원에서 새로이 나라를 세웠다. 5세기에 흉노왕 아틸라는 서유럽 일대를 유린했다. 서유럽 사람들은 이들을 일컬어 '하나님의 채찍'이라고 불렀다. 453년 아틸라가 미녀의 품속에서 폭사하자 흉노 제국은 이내 분열돼 유럽의 각 민족과 동화됐다.

당시 후한에 복속한 남흉노는 약 5천여 부락가량 되었다. 이들은 지금의 내몽골 포두包頭 서쪽에서 우랄 산맥 이남의 이른바 오원五原에 정착했다. 후한 제국은 매년 이들에게 1억 은을 썼다. 북흉노의 침입을 막는 울타리 역할에 대한 보상이었다. 그러나 그동안 이들의 상무 정신이 어느새 약화되면서 이들의 뒤를 이어 일어난 선비족이 흉노의 고지를 점거하기 시작했다. 이들이 서쪽으로 이동하면서 남흉노는 계속 남쪽으로 밀려 마침내 산서성 이석현 북쪽까지 내려오게 됐다.

후한 말기에 이르러 황건적의 난이 일어나자 후한의 조정은 흉노 기병을 투입시켜 이들을 진압하고자 했다. 부족들은 이를 거부하며 친한적인 강거羌渠 선우를 죽이고 새 선우를 세웠다. 강거 선우의 아들 어부라는 후한으로 도주하면서 사방에서 서로 살벌하는 모습을 보였다. 흉노의 각 부족은 수천 명의 기병을 모아 사방을 정복하면서 독자 세력을 형성하기 시작했다.

건안 21년(216년) 조조가 흉노 세력을 분산시키기 위해 이들을 좌, 우, 남, 북, 중앙의 5부로 나눴다. 매 부마다 1명의 우두머리인 도위都尉를 둔 뒤 중앙에서 사마司馬를 파견해 이들을 감독했다. 1만여 부락민을 거느린 좌부는 자씨현玆氏縣(산서성 임분현), 6천여 부락민을 거느린 우부는 기현祁縣(산서성 기현), 6천여 부락의 중부는 대릉현大陵縣(산서성 문수현)에 거주했다. 이로써 분수汾水 일대는 남흉노 3만여 부락이 사실상 점령한 꼴이 되었다. 이들은 조조의 위세에 눌려 평상시에는 농목을 하고 전쟁 시에는 말을 타고 출병했다. 선우는 공손한 모습을 보였다. 중원으로 이주한 이들은 내지의 한족과 아무런 차이가 없었다.

중원으로 들어온 흉노족은 모두 19개 부족이었다. 이들 중 가장 유명한 것으로 도각屠各, 강거, 노수호盧水胡 부족 등이 있었다. 이들이 훗날 16국 시대에 맹위를 떨쳤다. 도각 부족의 유씨가 세운 한漢과 전조前趙(304~329), 혁련씨林連氏가 세운 대하大夏(407~431), 강거족이 세운 후조後趙(319~351) 등이 그것이다. 이 밖에 노수호 부족의 저거씨沮渠氏도 서북쪽에서 북량北涼(397~439)을 세웠다.

한고조 유방 때부터 황실의 공주를 흉노에게 시집을 보낸 까닭에 도각 부족의 각 귀족은 다투어 성을 유씨로 바꿨다. 이들이 흉노의 부족 중 가장 지위가 높았다. 5부의 흉노 부족 우두머리가 모두 유씨 성을 가진 흉노 귀족이었다. 이외에도 흉노에게는 호연呼衍, 복卜, 란蘭, 교喬 등 4대 귀족이 있었다. 이들은 유씨 귀족을 보좌하는 고관이었다. 이들이 중원에 들어와 산 지 오래되면서 한화가 더욱 가속화되었다. 이들 귀족 자제 중에는 여러 서책을 많이 보고 말을 타고 활을 쏘는 데도 능한 그야말로 문무를 겸비한 인재가 많았다. 이들은 비록 사마씨의 진나라 신민으로 있었으나 유사시 영걸이 나타나 호령을 하면 순식간에 강력한 군사 조직으로 돌변할 수 있는 집단이기도 했다.

유연의 청장년 시절

유연은 자가 원해元海로 흉노 모돈 선우의 직계 후손이다. 후한 말기 강거 선우가 피살된 후 그의 아들 어부라가 선우를 자칭하며 수천의 기병을 이끌고 중원으로 도주했다. 마침 동탁의 난을 맞아 어부라는 태원과 하동 지역을 약탈한 뒤 하내 지역에 주둔했다. 어부라 선우가 죽고 동생 호주천呼廚泉 선우가 들어선 후 어부라 선우의 아들 유표劉豹는 좌현왕左賢王이 되었다. 이 좌현왕이 바로 유연의 부친이다.

조조가 남흉노를 5부로 나눌 때 좌현왕 유표는 좌부의 우두머리가 되었다. 유연은 어렸을 때부터 학문을 좋아했다. 스승은 상당 지역의 이름 높은 선비 최유崔游였다. 유연은 『시경』과 『주역』 등을 배웠는데, 특히 『춘추좌전』과 『손자병법』 등과 같은 정벌과 관련된 권모술수 병서에 관심이 많았다. 『사기』와 『한서』 등의 사서와 제자백가서 등 두루 읽지 않은 책이 없었다. 일곱 살 때 모친을 잃고는 슬피 애곡해 부락민들로부터 커다란 찬탄을 자아내기도 했다.

청년 때 유연은 큰 뜻을 품고 같이 공부하는 한족 동문에게 늘 이같이 말했다.

"나는 책을 읽을 때마다 한 제국 건립 초기 수하隨何와 육가陸賈에게 무武가 없고, 주발周勃과 관영灌嬰에게 문文이 없는 것을 비루하게 생각했다. 도는 문과 무를 통합한 것인데 하나를 모르는 것은 군자가 매우 수치스럽게 생각하는 것이다."

그는 체격이 장대하고 훤칠했다. 신장이 8척4촌에 이르렀고, 수염은 3척이 넘었으며, 가슴에 붉은색 털이 세 가닥 있어 그 길이가 3척6촌에 달했다고 한다. 서진 제국에서 관상을 잘 보는 사람들이 그를 보고는 모두 이같이 말했다.

"이 사람의 상모는 비상하다. 나는 일찍이 이런 상모를 본 적이 없다."

태원의 호족 왕혼王渾도 유연이 큰 인물이 될 것임을 알고 그의 아들 왕제王濟를 시켜 유연을 배견케 했다.

위나라 원제 함희咸熙 원년(264년), 유연은 임자任子가 되어 낙양에 머물게 되었다. 이는 소수민족의 귀족 자제를 경성으로 보내는 것으로 일종의 인질에 해당한다. 당시 사마소는 그를 귀하게 여겨 상객으로 대우했다. 이듬해인 함희 2년(265년) 원제 조환이 사마염에게 보위를 선양했다. 진무제 사마염이 보위를 선양받은 후 서진 제국의 대신 왕혼은 곧바로 사마염 앞에서 유연을 천거했다. 진무제가 유연을 소견한 후 크게 기뻐하며 왕혼의 아들이자 자신의 사위인 왕제에게 이같이 말했다.

"유연의 용모와 기민함 등은 비록 유여由余(진목공 때의 서융 출신 좌서장)와 김일제金日磾(한무제 때의 흉노 출신 고명대신)일지라도 당하지 못할 것이다."

왕제가 말했다.

"성상의 말씀과 같습니다. 유연의 문무 재간은 유여와 김일제 두 사람을 훨씬 뛰어넘습니다. 만일 그를 보내 오나라를 평정케 하면 능히 성공할 수 있을 것입니다."

왕혼과 왕제 부자의 천거도 있는 데다 사마염 역시 그에게 매우 좋은 인상을 받은 까닭에 곧바로 그에게 군사를 이끌고 가 오나라를 치게 하려 했다. 그러자 대신 공순孔恂과 양요楊珧가 간했다.

"유연의 재주는 확실히 뛰어난 바가 있습니다. 폐하가 만일 그에게 많은 군사를 주지 않으면 성공하기 어려울 것이고, 너무 많은 권위를 주면 오나라 평정 후 자립해 왕을 칭할까 두렵습니다. 우리 족속이 아니니 그 마음이 반드시 다를 것입니다."

사마염이 아무 말도 하지 않았다. 결국 이는 없던 일이 되었다.

이후 관중과 농서 일대의 저족 추장 수기능樹機能이 반기를 들자 진무제가 조정 대신들에게 누가 토벌 대장에 나서는 게 좋을지를 물었다. 상서복야로 있는 동향의 상당 출신 이희李熹가 유연을 천거했다.

"흉노 5부에서 군사를 선발해 유연에게 맡기고 서정케 하면 가히 평정할 수 있을 것입니다."

공순이 질책했다.

"이공의 말은 우환이 아직 끝나지 않았는데 다시 새 우환을 만드는 것일 뿐이오."

이희가 발끈해 반박했다.

"흉노의 굳건함과 유연의 지휘로 국위를 선양하는 것인데 어찌하여 난을 평정할 수 없다고 하는 것이오."

공순도 지지 않았다.

"유연이 수기능의 목을 베고 양주涼州를 탈취하면 양주는 그야말로 일대 화란을 입게 되오. 교룡이 비구름을 얻는 격이니 다시는 연못 속의 이무기처럼 있으려 하지 않을 것이오."

사마염이 언쟁을 제지했다. 결국 유연이 활약할 수 있는 두 번째 기회마저 무산됐다. 이로 인해 유연의 마음도 싸늘해졌다. 한번은 유협으로 명성이 높은 동래 사람 왕미王彌가 고향으로 내려가게 되자 유연이 구곡九曲에서 연회를 열어 그를 전송했다. 술이 몇 순배 돈 후 유연이 왕미에게 말했다.

"왕혼과 이희 두 사람은 나와 동향 출신으로 여러 번 나를 천거했으나 오히려 참언만 불러일으켰소. 실로 나는 고관이 될 수 없는 듯하오. 두 사람의 좋은 마음이 오히려 일을 그르쳤으니 오직 그대만이 내 마음을 알 것이오. 나는 낙양에서 늙어 죽을까 두렵소. 이게 그대와 마지막 이별일 듯싶소."

말을 마치고는 강개한 표정으로 슬피 노래를 부르며 술을 취하도록 마셨다. 자리를 같이한 사람들이 모두 그의 이런 모습에 감동했다.

공교롭게도 마침 사마염의 동생 사마유가 구곡에서 손님에게 주연을 베풀다가 옆에서 시끄럽게 떠들고 슬피 노래 부르며 탄식하는 소리를 듣게 되었다. 곧 사람을 보내 사연을 알아보게 했다. 그는 궁궐로 돌아가자마자 사마염에게 이같이 말했다.

"폐하가 유연을 제거하지 않으면 장차 병주幷州가 안녕하지 못할까 우려됩니다."

이때 왕혼이 나타나 말했다.

"유연은 도가 도타운 사람입니다. 제가 모든 것을 걸고 그에게 두 마음이 없다는 것을 보증하겠습니다. 우리 진나라는 덕을 베풀어 멀리까지 감싸고 있는데 어찌하여 흉노의 인질을 죽이려 하는 것입니까?"

사마염은 왕혼의 말에 일리가 있다고 생각했다. 덕분에 유연은 하마터면 목숨을 잃을 수 있는 위기를 넘길 수 있었다.

천재일우의 기회

유연이 가까스로 위기를 넘긴 지 얼마 안 돼 유연의 부친인 흉노의 좌부 우두머리인 유표가 병사했다. 서진 제국의 율령에 의하면 유연은 속히 귀향해 좌부 통수의 자리를 이어야 했다. 조정은 그를 북부도위에 임명했다. 북부도위에 임명된 유연은 법 집행을 공정히 하면서 덕을 널리 베풀었다. 5부의 수뇌부 모두 그의 정사를 칭송했다. 심지어 유주와 기주 일대의 명유와 인재들이 불원천리하여 그를 찾아왔다.

사마염 사후 외척 양준이 정사를 돌보면서 권력을 사유화했다. 이때 유연을 건위장군에 임명하고 5부의 대도독을 겸하게 하면서 한광향후에 봉했다. 팔왕의 난 당시 유연은 부족들을 결속시킨 채 시세의 변화를 주시했다. 성도왕 사마영이 정권을 장악했을 때 유연을 업성으로 부른 뒤 행行영삭장군, 감監5부군사에 임명했다. 이는 훗날 그가 성공하는 배경이 되었다.

당시 유연은 업성에서 관직을 수행하면서 서진 제국 종실들이 싸우는 와

중에 천하가 동요하는 것을 목도했다. 그는 내심 크게 기뻐하면서도 몸이 업성에 있어 움직일 수 없는 게 아쉬웠다. 이때 분수 유역의 흉노 5부족이 준동하기 시작했다. 유연의 작은할아버지인 유선劉宣이 은밀히 5부의 귀족들을 불러 모아 거병을 논의했다.

"우리 흉노 선인들과 한조는 형제의 맹약으로 영욕을 같이하기로 했다. 그러나 한조가 망하고 위진의 시대가 되면서 우리에게는 땅이 수여되지 않고 있다. 왕족세가의 호칭만 있을 뿐 서민과 하등 차이가 없다. 지금 사마씨가 골육상잔하며 사해가 들끓고 있으니 우리가 대업을 이룰 호기다. 유연은 자세와 그릇이 뛰어난 초세의 인걸로 장차 대업을 이룰 최고의 인물이다."

5부의 귀족들이 비밀리에 맹서하고 유연을 대선우로 선출했다. 그런 다음 은밀히 호연유呼延攸를 업성으로 보내 유연에게 맹서 사실을 알렸다. 유연은 자신이 대선우에 선출됐다는 소식을 듣고 크게 기뻐했다. 그러나 그는 이를 전혀 내색하지 않고 오히려 5부족 내에 상사喪事가 있어 장례식에 참여해야 한다는 핑계로 사마영에게 휴가를 청했다. 하지만 사마영은 응답하지 않았다. 그는 여러 왕들이 격렬히 다투고 있는 까닭에 유연을 잡아 둬야 한다고 생각했다. 들어줄 가능성도 없고 감히 경솔히 빠져나가기도 쉽지 않게 되자 유연은 호연유에게 명해 속히 돌아가 유선 등에게 5부족의 군사는 물론 의양宜陽 일대의 모든 호인들의 병마까지 소집할 것을 부탁했다. 사마영을 응원한다는 깃발 아래 기회를 노려 거병할 것을 꾀한 것이다.

진혜제 영안 원년(304년) 사마영이 업성에서 황태제를 선언하면서 조카 사마담의 황태자 위호를 폐했다. 이는 동해왕 사마월에게 공격의 구실을 만들어 주었다. 사마영은 탕음의 싸움에서 승리를 거둬 이내 진혜제를 손에 넣을 수 있었다. 그는 크게 기뻐한 나머지 계속 자신의 곁에서 계책을 낸 유연의 작위를 올려 관위장군에 봉했다. 그러나 사마영의 기쁨은 오래가지 못했다. 사마월과 가까운 병주자사 동영공 사마등과 안북장군 왕준 등이 기병해 사마영을 공격했기 때문이다. 이때 이들은 선비족과 오환족 등으로 구성된 10만 명의 군사를 동원했다. 사마영은 크게 놀라 어찌할 바를 몰랐다. 유연이 기회를 봐 진언했다.

"지금 10여만 명의 적들이 쳐들어오고 있으니 이곳 숙위군 병사로 저들을 막지 못할까 두렵습니다. 전하가 윤허하시면 제가 고향으로 돌아가 흉노 5부의 병사를 이끌고 가 대적코자 합니다."

사마영이 물었다.

"흉노 5부의 군사를 과연 동원할 수 있겠소? 설령 그럴지라도 왕준 등이 이끄는 선비족과 오환족의 병사들은 빠르기가 풍운과 같은데 과연 그들을 대적할 수 있겠소? 나는 황제를 호위해 낙양으로 돌아가 적들의 예봉을 피한 뒤 천하에 격문을 보낼 생각이오. 장군은 이를 어찌 생각하오?"

유연이 대답했다.

"전하는 무제의 자제로 황실에 큰 공을 세워 사해 모두 흠모하고 있습니다. 그 누가 신명을 다해 명을 받들지 않겠습니까? 전하의 명이 내려지면 5부는 곧 움직일 것입니다. 하물며 왕준은 어린애에 불과하고, 동영공은 황통에서 먼 종족일 뿐입니다. 이 두 사람이 어찌 전하와 다툴 수 있겠습니까? 전하는 절대 업성을 떠나서는 안 됩니다. 병마가 한번 움직이면 이는 사람들에게 약함을 보이는 것이고, 또 어찌 능히 낙양에 무사히 이를 수 있겠습니까? 설령 낙양에 이를지라도 위세와 권력은 전하의 수중에 있지 않을 것입니다. 선비와 오환이 비록 날쌔고 사납다고는 하나 흉노 5부에 비할 바가 못 됩니다. 바라건대 전하가 장병을 위무해 안정시키면 제가 5부의 군사를 데리고 돌아온 후 2부의 병사로 동영공 사마등을 치고, 나머지 3부의 병사로 왕준을 영격토록 할 것입니다. 이같이 하면 두 사람의 수급이 곧 업성에 도착할 것입니다."

사마영이 크게 기뻐하며 유연을 북선우北單于, 참승상군사參丞相軍事에 임명했다. 유연이 좌국성左國城에 돌아왔을 때 유선 등 5부 귀족들이 곧 그에게 대선우의 존호를 올리고 이석離石에 도읍했다. 휘하 군사는 5만 명이었다.

하늘이 내린 제업

왕준이 이끄는 선비족 대군이 업성에 이르렀을 때 사마영은 유연의 말을 듣지 않고 영격에 나섰다가 크게 패했다. 그는 황급히 황제 사마충을 호위해 낙양으로 도주했다. 대선우 유연은 이 소식을 듣고 탄식하며 그를 욕했다.

"사마영이 내 말을 듣지 않고는 단 한 번의 싸움에서 궤멸됐다. 참으로 용렬한 자이다. 그와 약속한 바가 있으니 돕지 않을 수 없다."

휘하의 2만여 기를 보내 선비족을 치려고 하자 유선 등이 만류했다.

"진나라는 무도합니다. 줄곧 노예를 부리듯이 우리 흉노 5부를 부려 왔습니다. 지금 사마씨 형제가 서로 싸우고 있으니 이는 하늘이 우리에게 대업을 이루라고 내린 기회입니다. 천명을 거역하는 것은 상서롭지 못하고 민심을 거스르면 구할 길이 없는 법입니다. 하늘이 기회를 내리는데도 받지 않으면 오히려 그 허물을 입게 되니 대선우는 재삼 생각하기 바랍니다."

총명한 유연은 이 말을 듣자 곧바로 말에서 내려와 이같이 찬탄했다.

"그대의 말이 참으로 옳소. 제왕의 대업이 어찌 정해질 리 있겠소. 우왕은 서융, 주문왕은 동이에서 나와 천명을 받은 덕인이었소. 지금 우리는 강병 10만 명이 있으니 모두 일당십의 용사들이오. 북을 울리며 진나라를 멸합시다. 잘되면 한고조의 대업을 이루는 것이고, 그렇지 못할지라도 조조의 패업을 이룰 수 있을 것이오."

이어 흉노 5부의 추장들에게 이같이 자문자답식으로 말했다.

"우리가 흉노의 대업을 이룬다고 내세우면 진나라 백성들이 우리에게 호응하지 않을 것이오. 한나라는 오랫동안 천하를 다스리면서 은덕을 베풀었소. 당초 촉한의 소열황제 유비는 협소한 촉 땅으로 들어갔는데도 능히 천하를 다투었소. 명분으로 말하면 나는 한실의 생질에 해당하오. 당초 한나라와 형제의 맹약을 맺었으니 형이 패망한 상황에서 동생이 뒤를 잇는 게 정리에 부합하는 일일 것이오."

이에 유연은 한왕을 칭했다. 진혜제 영흥 원년(304년) 좌국성에서 보위에 오르면서 연호를 원희元熙로 하고 한나라 제도를 좇아 백관의 제도를 정했다. 이는 이후에 등장하는 16개 왕조의 첫 번째 사례에 해당한다. 유연은 촉한의 후주 유선을 효회황제孝懷皇帝로 높이고, 한고조 유방 이하 3조 5종을 신주로 삼아 한나라의 후사를 자처했다.

유연이 건국한 지 얼마 안 돼 서진의 종실인 동영공 사마등이 장군 섭현聶玄을 보내 이들을 치게 했다. 양측이 대릉에서 격전을 벌였는데 결과는 흉노 5부족의 대승이었다. 사마등은 두려운 나머지 병주의 백성 2만 호를 이끌고 황급히 동쪽으로 달아났다. 유연은 기회를 놓치지 않고 족질 유요劉曜를 보내 태원과 둔류, 장자, 중도 등을 겁략케 했다.

이듬해에 유연은 사마등이 보낸 사마유司馬瑜 휘하의 서진 군사를 격파했다. 그러나 판교의 싸움에서 서진의 병주자사 유곤劉琨은 유연의 전군장군 유경劉景을 격파하고 진양을 점거했다. 유연이 계책을 세워 설욕할 생각으로 일단 철군하려고 하자 한족 출신 왕육王育 등이 만류했다.

"전하가 결단하여 군사를 사방으로 출격시켜 유곤의 머리를 베고, 하동을 평정한 뒤 황제를 칭하며 장안을 점령해 도읍으로 삼아야 합니다. 이후 관중의 백성을 동원해 낙양을 석권하는 것은 손바닥을 뒤집듯이 쉬운 일입니다."

유연이 크게 기뻐하며 말했다.

"이는 내가 생각한 것과 꼭 같소!"

이에 그는 하동에 머물며 포판과 평양 등지를 함몰시켰다. 상군에 있던 4부의 선비족도 투항했다. 전에 구곡에서 유연의 송별연을 받았던 왕미를 비롯해 갈족 두령 석륵石勒 등이 유연의 위명을 익히 들은지라 곧 유연의 깃발 아래 모였다. 유연은 이들에게 모두 관작을 내렸다.

진회제 영가 2년(308년) 유연이 황제를 칭하고 연호를 영봉永鳳으로 개원한 뒤 도읍을 평양(산서성 임분현)으로 옮겼다. 이 무렵 팔왕지란의 소용돌이 속에서 7명의 왕이 죽고, 진혜제도 동해왕 사마월에게 독살되면서 사마염의 25자인 진혜제의 동생 사마치가 진회제로 즉위했다.

유연은 제위에 오른 후 서진에 대대적인 공격을 가했다. 그는 아들 유총劉聰과 왕미에게 명해 낙양을 치도록 하면서 장군 유요를 시켜 군사를 이끌고 가 이들을 후원케 했다. 흉노 군사는 동해왕 사마월과 평창공 사마모가 파견한 서진의 군사를 대파했다. 연승을 거두자 유총은 교만한 마음에 서진의 홍농 태수 원연垣延의 거짓 항복을 그대로 믿었다가 기습 공격을 받고 패퇴했다. 대로한 유연이 유총과 왕미, 왕요, 유경 등에게 다시 정예 기병 5만 명을 이끌고 가 낙양을 공략케 하면서 호연익呼延翼에게 한족 보병을 이끌고 가 후위를 맡게 했다. 이들은 하남에서 서진의 군사를 대파하고 낙양성을 포위했다. 그러나 한족 군사를 이끌던 대장군 호연호呼延顥와 호연랑呼延朗이 잇달아 피살되면서 흉노군의 사기가 크게 꺾였다. 유연은 급히 하령해 평양성으로 환군토록 했다.

유연은 점을 잘 치는 대신 선우수鮮于修가 서진을 치지 말고 기다리면 2년 뒤인 신미년에 낙양을 점령할 수 있다는 참언을 맹신했다. 이에 곧 대사령을 내리고 여러 아들과 종친을 봉하고 처 선씨를 황후로 삼았다. 아들 유화劉和는 황태자가 되었다.

영가 4년(310년) 유연이 병사하자 아들 유화가 뒤를 이었다. 재위 6년 만이었다. 시호는 광문황제光文皇帝였다. 유연은 정치적인 머리가 뛰어난 인물이었다. 그는 장군 유경이 여양을 점령한 후 3만여 명의 한족 백성을 황하로 몰아넣어 익사시켰을 때 이 소식을 듣고는 크게 화를 내며 곧바로 유경의 직책을 강등시켰다. 그러나 그는 평양성에 오랫동안 머물면서 흉노 부족을 만족시키지도 못했고 한족 군사를 시켜 공략한 곳의 백성들이 사방으로 도주하는 것을 막지도 못했다. 재위 말기에는 민족 간 대립이 격화되고 있는데도 흉노의 옛 제도를 부활시켜 흉노와 한족을 나눠 다스리는 이른바 호한분치胡漢分治로 나아갔다. 이는 이후에 성립하는 열여섯 왕조의 대원칙이 되었다. 그 결과 왕조의 생명을 단축시키는 배경으로 작용했다.

유총의 활약

유연의 뒤를 이은 유화는 부친처럼 신장이 8척에 용자가 뛰어났다. 어렸을 때부터 시서를 읽고 호학하는 풍모를 갖추기도 했다. 그러나 내심 시기심이 많고 아랫사람을 부리면서 은혜를 베풀 줄 몰랐다. 보위에 오른 후 처남 호연유의 사주를 받은 유화는 대군을 이끌고 있는 네 번째 동생 초왕 유총을 비롯해 3명의 왕을 제거할 생각을 품었다.

그는 동생인 북해왕 유예劉乂를 죽이기 위해 파견한 전밀田密 등이 문지기를 죽이고 10만 대병을 이끌고 있는 유총에게 달려가 이를 통보할 줄은 생각지도 못했다. 혼란의 와중에 유화는 사람을 보내 안창왕 유성劉盛과 안읍왕 유흠劉欽, 영안왕 유안국劉安國, 제왕 유유劉裕, 노왕 유융劉隆 등을 죽였다. 그러나 유총은 대군을 이끌고 서명문을 통해 궁궐로 침입해 유화를 죽인 뒤 일거에 호연유 등의 목을 쳤다.

유총은 유화를 제거한 뒤 대권을 손에 넣었음에도 보위에 오르지 않았다. 당시 유연의 젊은 과부 선씨單氏가 황태후로 있었다. 그는 그녀 소생인 14세의 북해왕 유예를 옹립코자 했다. 유예와 공경들이 눈물을 흘리며 고사했다. 당시의 정황에 비춰 유총이 보위에 오르는 게 중망衆望에 부흥하는 길이었다.

유총은 한참 후에 이를 받아들였다. 그는 종친과 대신들에게 이같이 말했다.

"동생 유예를 비롯해 대신들이 사해가 아직 평정되지 않은 상황에서 나를 추대코자 하니 이는 내가 연장자인 까닭일 것이다. 국가 대사를 내가 감히 좇지 않을 수 없다. 유예가 성년이 될 때 보위를 넘겨주도록 하겠다."

유총은 보위에 오른 후 연호를 광흥光興으로 개원했다. 선씨를 황태후皇太

后, 생모 장씨張氏를 제태후帝太后로 높였다. 동생 유예를 황제로 삼고 영領대선우, 대사도에 임명했다. 부인 호연씨를 황후로 삼고, 아들 유찬劉粲을 하내왕에 봉하고 사지절무군대장군, 도독중외제군사를 대리하게 했다.

사서에 따르면 유총은 왼쪽 귀 사이에 흰 털이 있었는데 길이가 2척에 밝게 빛났다고 한다. 그 역시 어렸을 때부터 학문을 좋아했는데 이미 열네 살때 경사서와 제자백가서에 정통했다. 글씨와 문장도 뛰어났다. 병서를 열심히 읽었고 시 백여 편을 짓기도 했다. 궁술에 뛰어나 3백 근이나 되는 활을 사용할 만큼 부친의 일족인 흉노의 피를 이어받아 무예에 뛰어났고, 모친인 한족의 피를 이어받아 시문에 능했다. 약관의 나이에 낙양에 유학을 하며 명사들과 교유했는데 당시의 대신 낙광樂廣, 장화張華 모두 찬탄을 금치 못했다. 부친 유연이 성도왕 사마영을 위해 일할 때 적노장군으로 있으면서 늘 선봉에 서서 적진을 함몰시킴으로써 부친이 공을 세우는 데 큰 도움을 주었다.

그는 즉위하자마자 유찬과 왕미, 유요 등에게 4만 명의 정병을 이끌고 가사방을 경략케 했다. 동시에 호연안呼延晏에게 명해 금군 2만7천 명을 이끌고 의양에서 낙천으로 들어가 왕미와 유요, 석륵 등이 이끄는 대군과 호응케 했다. 이들은 하남에서 치러진 접전에서 모두 열두 번 승리를 거둬 서진의 군사 3만 명을 베고 마침내 낙양을 포위했다.

서진의 유곤은 선비족 추장 탁발의려拓跋猗廬와 연합한 뒤 유총과 결맹한 흉노의 지파 유호劉虎와 선비족 백부白部의 군사를 대파했다. 그는 승리를 거둔 후 곧바로 실권을 장악한 동해왕 사마월에게 상서해 속히 유총과 석륵을 토벌하기 위한 증원군을 청했다. 사마월은 정적인 구희 등이 기회를 노려 권력을 빼앗을까 우려해 낙양에 기황饑荒이 들었다는 이유 등을 들어 이를 거절했다. 유곤은 어쩔 수 없이 탁발의려에게 후하게 사례한 뒤 형북 5개 현의 백성을 형남으로 옮기고 이 땅을 선비족에게 넘겨줄 것을 약속했다.

진회제의 피랍

당시 낙양은 기근이 극심했다. 태부로 있던 동해왕 사마월은 각지에 우격 羽檄(깃털을 꽂은 나무판자 격문)을 보내 병사들을 징발해 낙양을 보위케 했다. 그러나 이에 응하는 자가 거의 없었다. 매번 사자들이 떠날 때마다 진회제는 가련한 어조로 당부했다.

"나를 위해 모든 진鎭에 알려 주기 바라오. 지금이야말로 구원에 나서야 하니 그리하지 않으면 나중에 아무 소용이 없다고 말이오!"

결국 정남장군 산간山簡과 형주자사 왕징王澄이 병사들을 보냈으나 도중에 흉노 군사의 요격을 받고 이내 패주했다. 구원군이 오지 않자 민심이 크게 동요했다. 낙양을 보호하기가 어렵다고 판단한 사마월은 곧 석륵 토벌을 명분으로 진회제를 만나 병사들을 이끌고 낙양을 떠날 뜻을 밝혔다. 진회제가 크게 놀라 애걸조로 말했다.

"지금 호로胡虜들이 낙양 근교까지 다가왔는데 모두 지킬 뜻이 없소. 조정은 모두 그대만을 믿고 있는데 어찌 지금 군사를 이끌고 멀리 출정하겠다는 것이오? 낙양을 포기하려는 것이오?"

사마월이 대답했다.

"신이 출병하면 요행히 적을 깨뜨려 국위를 회복할 수 있을지 모릅니다. 앉은 채 곤궁한 처지에 빠져 있는 것은 목숨을 걸고 한번 싸우느니만 못합니다."

말을 끝낸 후 진회제의 만류도 뿌리친 채 4만 명의 정병을 이끌고 낙양을 떠났다. 태위 왕연도 군사軍司가 되어 이들을 따라갔다. 사마월은 떠나면서 세자 사마비司馬毗와 몇몇 장수에게 낙양 수비를 맡겼다. 명목은 수위守衛이나 사실은 진회제와 신료들을 감시하는 것이었다. 이에 궁궐을 지키는 사람은 없고 기근은 날로 심해졌다. 궐내에 죽은 사람이 넘쳐 나고 도적이 공공연히 날뛰었으나 관서는 참호를 파 스스로를 보호하기에 바빴다. 사마월이 남겨 둔 장령들은 성을 수비하지 않았을 뿐 아니라 공경의 가속을 약탈하고 심지어 공주를 능욕하기도 했다.

진회제는 사마월의 전횡에 분노한 나머지 대신 구희에게 사마월 토벌을 명하는 밀조를 내렸다. 낙양을 떠난 사마월은 안팎으로 곤경에 처한 상황에서 밀조 소식을 듣고는 걱정과 분노로 병이 나 이내 항성에서 병사했다. 얼마 후 유총의 대장 석륵이 고현高縣 영평성에서 수만 명의 서진 군사를 몰살시켰다. 태위 왕연을 비롯해 여러 명의 황실 종친들이 죽임을 당했다. 이 소식을 듣고 황급히 도주하던 사마월의 세자 사마비도 도중에서 피살됐다. 48명에 달하는 사마씨 왕들 모두 석륵의 군사에 의해 목이 잘렸다.

진회제는 원래 구희의 의견을 좇아 창원倉垣으로 도읍을 옮길 생각이었다. 그러나 공경들은 낙양의 가재 등에 미련이 남아 유예하며 실행에 옮기지 않았다. 이렇게 며칠이 지난 후 양식이 모두 떨어지자 성안에서는 사람을 잡아먹는 참상이 빚어졌다. 진회제 사마치도 달리 도리가 없어 수십 명의 신하와 함께 달아나기로 결정했다. 그러나 거마를 시위할 사람을 찾을 길이 없었다. 황제 일행은 궁 밖으로 나가 동타가銅駝街까지 나갔다가 난민으로 구성된 거대한 도적 집단을 보고는 다시 궁으로 돌아갈 수밖에 없었다.

유총의 대장 호연안이 이끄는 군사들이 동양문을 통해 쳐들어온 뒤 진회제의 마지막 희망인 낙수 가의 배를 불태워 버렸다. 유총의 족제인 시안왕始安王 유요도 서명문을 통해 들어왔다. 한족 장군 왕미는 선양문으로 들어왔다. 각 영의 장병들은 황궁의 보물과 궁녀를 모두 약탈했다. 진회제는 화림원의 문을 통해 밖으로 빠져나와 장안으로 도주하고자 했으나 얼마 못 가 붙잡혀 단문端門 위에 갇히게 되었다. 유요는 병사들을 풀어 샅샅이 뒤지게 했다. 그 결과 태자 사마전司馬詮, 오왕 사마안司馬晏, 우복야 조복曹馥 등 왕공과 사민 3만여 명이 죽었다. 곧이어 병사들을 시켜 황가의 능묘를 발굴하고 낙양성에 불을 놓아 재로 만들었다.

태자 사마전의 동생 예장왕 사마단은 창원으로 도주했다. 대신 구희 등이 그를 황태자로 삼았다. 하지만 얼마 후 구희와 사마단 모두 석륵에 의해 포로로 잡힌 뒤 이내 죽임을 당했다. 오왕 사마안의 아들 진왕 사마업司馬鄴은 열두 살이었는데 밀주密州까지 도주했다가 순번荀藩 등에 의해 황태자의 자리에 올랐다.

중원 일대가 대란의 소용돌이에 휩싸인 이때 낭야왕 사마예司馬睿가 다스리는 강동 일대는 의외로 조용했다. 사마예는 진동사마鎭東司馬 왕도王導의 권유를 받아들여 인재를 불러 보좌토록 하는 등 서진에서 보기 드물게 안전지대를 구축하고 있었다.

진나라의 전국 옥새는 평양으로 옮겨졌다. 진회제 사마치와 황후 양씨도 포로가 되어 내궁에 감금됐다. 유총이 크게 기뻐하며 양황후를 낙양 함락의 대공을 세운 유요에게 하사했다. 이어 대사령을 내리고 연호를 가평嘉平으로 바꿨다.

보위에 오른 지 불과 1년도 안 돼 유총은 안팎으로 완전히 다른 사람이 되어 버렸다. 보위를 황태제 유예에게 전할 생각이 없는 것은 물론 자신보다 나이가 약간 많은 유공劉恭을 시기한 나머지 사람을 시켜 심야에 담을 뚫고 들어가 척살케 했다. 황궁에 들어간 이후 선태후의 미모를 보고는 증음蒸淫하기도 했다. 증음은 아랫사람이 윗사람을 간음하는 것을 말한다. 반대의 경우는 보음報淫이라고 한다. 이 소식을 들은 황태제 유예는 부끄럽고 분격한 마음에 곧바로 입궁해 간곡한 간언으로 선태후를 자진하게 만들었다. 유총은 선씨를 생각해 특별한 조치를 취하지 않았다. 유예의 처남 선충郛沖이 유예에게 황태제의 자리를 유총의 아들 유찬에게 양위할 것을 울면서 간했으나 유예는 듣지 않았다.

"천하는 고조高祖(유연을 지칭)의 천하다. 형이 죽으면 동생이 잇는 것이 어찌 불가하단 말인가?"

선씨가 죽은 지 얼마 안 돼 유총의 황후 호연씨도 병사했다. 유총은 태보 유은劉殷의 두 딸을 좌우 귀빈으로 맞아들였다. 유씨 여인들이 뛰어난 것을 알고는 곧 유은의 네 손녀 모두 입궁시켜 귀인으로 삼았다. 일시에 6명의 유씨 여인으로 후궁을 채운 셈이다.

하루는 유총이 크게 연회를 베풀고는 포로로 잡힌 진회제 사마치를 인견했다. 사마치는 평양으로 끌려온 후 회계군공會稽郡公으로 봉해졌다. 술이 세 순배 돈 후 유총이 옆에 앉아 전전긍긍하고 있는 사마치에게 물었다.

"경이 예장왕으로 있을 때 짐 역시 낙양에 있었다. 일찍이 왕제와 함께 왕부王府를 예방한 적이 있다. 왕제가 짐을 경에게 소개했을 때 경은 자신이 지은 악부가사를 보여 주며 말하기를, '그대가 사부辭賦를 잘 짓는다고 하니 좀 고쳐 주기 바라오'라고 했다. 짐이 왕제와 함께 각각 한 편의 성덕부盛德賦를 지어 바치자 경은 찬탄을 금치 못했다. 얼마 후 경은 짐과 왕제를 데리고 활을 쏘러 갔다. 왕제와 경은 모두 아홉 발을 맞췄으나 짐은 열두 발을 맞췄다. 경이 크게 기뻐하며 짐에게 산뽕나무로 만든 활과 은으로 만든 벼루를 주었다. 경은 아직 이를 기억하는가?"

사서에는 기록이 없으나 대략 당시 인질로 잡혀 온 흉노 부락 우두머리의 아들 유총은 무릎을 꿇고 하사품을 받으며 감격에 겨워 눈물을 흘렸을 것이다. 이제 세월이 지나 그 위치가 정반대가 되었다. 두 사람은 밤이 다 되도록 옛날 낙양성의 경치와 문무 기예에 관한 얘기로 시간이 가는 줄 모르고 얘기를 나눴다. 헤어질 때 유총은 크게 흥이 나 6명의 유씨 후궁 중 한 명의 귀인을 진회제에게 하사하며 이같이 당부했다.

"이 사람은 명가의 숙녀요. 지금 특별히 경에게 하사하니 잘 대해 주기 바라오."

진회제는 받지 않을 수 없어 거듭 절하며 사례했다.

잔혹한 황제

유총은 낙양을 함락시켜 진회제를 포로로 잡은 이후 날로 포학해졌다. 생선과 게를 수라에 올리지 않았다는 등의 사소한 이유로 대신들을 주살했다. 사냥도 절제가 없어 아침에 나가면 저녁에 돌아왔다. 분수 가에 수십 리에 걸쳐 등촉을 대낮처럼 환하게 밝혀 놓고 수많은 후궁과 함께 밤새도록 질탕하게 노닐며 궁으로 돌아갈 생각을 하지 않았다.

유요 등은 밤낮으로 장안성을 포위한 채 연일 패하고 있었다. 패퇴하면서 이들은 10여만 명의 한족 사녀士女를 이끌고 평양성으로 돌아왔다. 이들은 흉노 5부에 분배돼 노예로 일했다.

장안성을 함락시키지 못하자 유총은 유요와 유찬 등을 다시 보내 진양성을 지키는 서진의 장수 유곤을 치게 했다. 서진의 군사 내부에서 소란이 인 틈을 이용해 유요 등이 수를 쓰자 유곤은 부모가 피살되는 와중에 겨우 10여 기를 이끌고 탈출했다. 진양성이 곧바로 유요의 손에 떨어졌다. 유곤은 선비족 두목 탁발의려에게 구원을 청했다. 유곤과 탁발의려의 관계는 매우 좋았다. 두 사람은 일찍이 의형제를 맺은 적도 있었다. 유곤이 구원을 청하자 탁발의려는 아들 일리손日利孫과 빈륙수賓六須 두 사람에게 6만 명의 선비족 정병을 이끌고 가 돕게 했다. 선비족은 흉노보다 더 막강했다. 분수 동쪽의 접전에서 유요의 군사가 대패한 이유다. 혼전의 와중에 유요는 몸에 6개의 화살을 맞고 진중에서 거의 죽을 뻔했다. 그는 밤을 달려 진양성으로 도주한 후 성을 지키고 있던 유찬과 함께 성안의 백성을 노략한 후 몽산蒙山을 넘어 달아났다. 탁발의려가 친히 기병을 이끌고 이들을 추격해 남곡藍谷에서 유찬의 군사를 대파했다. 겨우 한숨을 내쉬게 된 유곤은 패잔병을 수습해 양곡陽谷에 주둔했다.

가평 3년(313년) 춘절, 유총이 광극전에서 군신들과 만났다. 포로가 된 진

「쇄간도鎖諫圖」. 진원달이 쇠사슬로 자신의 몸을 나무와 묶은 뒤 큰 소리로 유충에게 바른 정치를 행할 것을 간하는 장면이다.

회제를 온화하게 대했던 것과 달리 진회제에게 노예 복장인 푸른 옷을 입힌 뒤 좌석의 흉노 귀족들에게 술병을 들고 술을 따르게 했다. 진회제와 함께 포로가 됐던 유민庾珉과 왕준王俊 등의 옛 신하들이 비통함을 참지 못해 통곡하자 유충이 대로했다. 근래 군사들이 연패한 데다 진회제의 조카인 오왕 사마안의 아들 사마업이 장안에서 황태자에 옹립됐다는 소식에 화가 더 난 상황이었다.

이 와중에 좌우에서 어떤 사람이 유민 등이 은밀히 유곤 등과 접선해 평양성에서 내응키로 했다는 이야기를 했다. 화를 참지 못한 유충은 좌우에 명해 연회에 참석한 유민 등 10여 명을 끌고 나가 목을 치게 했다. 다시 사람을 시켜 독주를 들고 가 진회제 사마치를 짐살시켰다. 이때 사마치의 나이 30세였다. 전에 하사했던 유씨 귀인은 다시 후궁으로 불러들였다. 진회제가 횡사한 소식이 장안에 전해지자 황태자 사마업이 보위에 오른 뒤 연호를 건흥建興으로 바꿨다. 그가 진민제晉愍帝이다.

이해 3월 유충이 귀빈 유아劉娥를 황후에 봉하면서 좌우에 명해 황의전을 화려하게 수리하도록 했다. 정위 진원달陳元達이 간절히 부당함을 간하자 유충은 대로해 욕을 했다.

"짐이 천자로서 궁 하나를 세우는 데 네놈들이 끼어드는 것인가? 네놈들을 죽이지 않으면 궁전이 조영되지 않을 것이다."

이어 좌우에 이같이 명했다.

"끌고 나가 목을 베고 처자식과 함께 효수토록 하고 쥐새끼들이 있는 동굴에 처박도록 하라."

전각에 들어서기 전에 진원달은 쇠사슬을 허리에 찼다. 유총이 꾸짖는 소리를 듣자 그는 몸을 옆에 있는 나무와 묶은 뒤 큰 소리로 말했다.

"신은 사직을 위해 충언을 했는데 폐하는 신을 죽이려 합니다. 한나라 원제 때 충신 주운朱雲은 말하기를, '신은 관용봉關龍逄(하나라 걸에게 죽은 전설적인 충신), 비간比干(은나라 폭군 주에게 죽은 전설적인 충신)과 저승에서 함께 놀게 됐으니 이는 바라던 바입니다'라고 했습니다."

전각에는 위사들이 많았으나 어찌할 바를 몰랐다. 반나절이 되도록 쇠사슬을 풀 수 없었다. 전각에 있던 대사도 임개任凱 등이 피가 나도록 머리를 조아리며 진원달을 위해 간했다. 유총은 묵연히 아무 말도 하지 않았다. 후궁에 있던 황후도 이 소식을 듣고는 급히 좌우에 명해 형을 정지시킨 뒤 직접 상소했다.

"지금 천하가 아직 통일되지 않았습니다. 의당 민력을 아껴야 합니다. 저들의 말은 사직의 복입니다. 폐하는 그에게 봉상村賞을 더해 주어야 하는데도 벌을 내린다면 사해의 백성이 폐하를 뭐라고 말하겠습니까? 폐하가 첩을 위해 전각을 짓고 충신을 주살하면 천하의 죄가 모두 첩에게 떨어질 터이니 첩이 이를 어찌 감당하겠습니까? 첩이 자고이래自古以來 나라가 패망한 것을 보건대 여인의 질투로 인하지 않은 게 없습니다. 오늘 첩이 원치 않는 일을 하면 이는 후세인들로 하여금 첩이 옛사람을 보듯이 첩을 보도록 하는 것입니다. 첩은 실로 엎드려 폐하를 모실 면목이 없습니다. 원컨대 첩을 사사하여 폐하의 허물을 막을 수 있게 해 주십시오."

유총이 유황후의 상소문을 보고는 안색을 바꿨다. 황후 유아는 자매 및 조카딸 4명과 함께 유총을 모셨다. 그의 부친 유은은 유연과 함께 한화된 흉노인이었다. 유은은 늘 겸양한 태도로 유총을 크게 보필했다. 황제의 면전에서 황실의 잘못을 지적한 적이 한 번도 없었다. 늘 군신들이 나간 후 유총에게 간곡히 권했다. 부전여전이었다.

유총이 말했다.

"짐이 근일 이래 풍질을 앓아 희로喜怒가 지나쳐 자제를 못하고 있다. 진원달은 충신이다. 짐은 심히 부끄럽다. 이를 어찌 감히 잊을 수 있겠는가?"

곧 좌우에 명해 진원달을 전각에 들게 해 상석에 앉게 했다. 이어 유황후의 상서를 보여 주면서 이같이 말했다.

"밖으로 공처럼 보필하고, 안으로 황후처럼 보필하면 짐이 과연 무엇을 걱정하겠는가?"

이어 머리를 쥐어짜며 진원달에게 말했다.

"경은 응당 짐을 두려워해야 하는데 오히려 짐이 경을 두려워하게 만들었소."

유씨의 나라가 그나마 일시 지속된 것은 진원달과 같은 인물이 있었기에 가능했다고 해도 과언이 아니다.

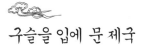

구슬을 입에 문 제국

진민제 사마업이 장안에서 보위에 올랐을 때 유총은 사람을 유요에게 보내 대대적인 공격을 가하게 했다. 그 결과 위양의 싸움에서 대도독 국윤麴允이 이끄는 서진의 군사가 대패했다. 유요 휘하의 날쌘 장수 조염趙染이 밤에 장안 외성에 잠입해 용미龍尾를 비롯한 군영을 불태우고 1천여 명을 죽이거나 약탈했다. 크게 놀란 진민제는 사안루射雁樓의 작은 방으로 몸을 피했다. 위급한 상황임에도 국윤은 군마를 정비해 유요의 군사를 쳤다. 서진의 풍익 태수 색침索綝 등도 군사를 이끌고 왔다. 흉노 군사는 곧 평양성으로 철군했다.

그러나 어느 정도 휴식이 끝나자 유총의 장수들이 분분히 출병했다. 유요는 위예, 조염은 신풍에 주둔했다. 서진의 장수 색침은 조염이 교만한 것을 알고 허술한 곳을 쳐 장안성 서쪽에서 대승을 거뒀다. 이에 유요는 회성을 수비하는 서진의 군사를 쳤다. 유총은 사신을 보내 병력을 집중시켜 장안을 치게했다. 장안성 밖에서 유요는 서진의 군사와 여러 차례 싸웠으나 번번이 패했다. 이에 그는 군사를 돌려 상당을 쳐서 유곤을 깨뜨린 후 양곡으로 진공할채비를 갖췄다. 유총이 이 얘기를 듣고는 곧바로 다시 사람을 보내 속히 장안으로 회군할 것을 재촉했다.

진민제는 병사가 적어 대도독 국윤과 상서복야 색침 두 사람에 의지할 수밖에 없었다. 국윤은 본래 진민제를 이끌고 남양왕 사마보司馬保가 있는 곳으로 가고자 했다. 그러나 색침과 사마보는 사이가 좋지 않았다. 색침은 이렇게 중얼거렸다.

"사마보는 천자가 될 생각으로 반드시 그 사욕을 드러낼 것이다."

결국 이는 없던 일이 되었다. 이처럼 진나라 조정은 안팎이 불화했다. 장안성 밖에서 유입되던 양초糧草가 점차 끊어지자 백관들은 배를 곯기 시작했다. 분분히 밖으로 나가 들풀을 뜯어 먹으며 간신히 허기를 채웠다.

진민제가 보위를 이었을 당시 흉노 유씨를 멸하고 진회제의 재궁梓宮(제왕의관)을 봉환하기 위해 왕준과 유곤에게 평양성을 치게 했다. 이어 남양왕 사마보에게는 장안성을 보위하고, 낭야왕 사마예에게는 낙양성을 취하게 했다. 그러나 왕준은 자립할 생각이었고, 유곤 휘하의 군사 중에는 선비족으로 이뤄진병사만 가히 쓸 만했다. 감숙 일대의 사마보는 원래 대군을 출병시킬 능력이없었다. 강동의 사마예도 한 지역만 보전하겠다는 생각뿐이었다. 단 한 사람오직 조적祖逖만이 2천 명을 모집했다. 그는 죽음을 무릅쓰고 북진해 석륵을견제했다. 충신 조적으로 인해 서진의 멸망 시기가 다소 연장되었다. 건흥 4년(316년) 12월, 기아와 갈증으로 인해 진민제가 국윤을 향해 울면서 호소했다.

"궁액窮厄(재앙으로 입은 불운)이 이와 같으니, 지금처럼 외부로부터 아무런지원도 없으면 치욕을 참고 출성해 사민들을 살려야 하는 게 아니오!"

진민제는 시중 종창宗敞을 내보내 유요에게 항서를 전하고자 했으나 종창은 도중에 색침에게 억류됐다. 그는 대신 자신의 아들을 유요에게 사자로 보내 이같이 말했다.

"지금 장안성 안에는 1년을 버틸 수 있는 식량이 있소. 결코 쉽게 공략하지 못할 것이오. 만일 색침을 만호군공으로 삼는 것으로 응답하면 장안성을 들어 투항토록 하겠소."

이 말을 들은 유요는 칼을 뽑아 색침의 아들 목을 베어 버렸다. 이어 수행한 사람에게 이같이 전하게 했다.

"제왕의 스승은 의로써 행해야 한다. 나는 15년 동안 병사들을 지휘했지만 궤계로 싸운 적이 없다. 반드시 병세兵勢를 다한 연후에 승리를 거뒀다. 지금 색침이 말하는 것처럼 하면 천하의 선악이 뒤섞여 사람들이 서로 살육하게 된다. 그래서 그 자식의 목을 벤 것이다. 만일 군량이 남아돈다면 응당 고수하는 데 힘써야 하고, 양식이 다하고 병사들의 힘이 미약해졌다면 응당 천명을 깨달아야 한다."

진민제는 천지를 향해 호소했으나 아무런 응답이 없었다. 오직 항복하는 수밖에 없었다. 양이 끄는 수레를 타고, 육단肉袒·함벽銜璧·여재輿梓하여 동문을 빠져나가 항복했다. 육단은 왼쪽 어깨를 드러내는 것이고, 함벽은 입속에 구슬을 무는 것이고, 여재는 수레 위에 관목을 싣고 가는 것을 말한다. 모두 목숨을 상대방에게 맡긴 죽은 목숨을 상징했다.

당시 포로가 되어 평양성으로 보내진 진민제는 광극전에서 무릎을 꿇고 머리를 조아리며 회안후懷安侯에 봉해졌다. 국윤은 자살했다. 유총은 그를 충신으로 여겨 후하게 장례를 치러 주고 거기장군에 추서하면서 시호를 절민후節愍侯라고 했다. 색침은 불충하다고 하여 목을 베어 저자에 내걸었다. 당초 진민제를 옹립할 당시 장안성 내 사민은 2천 명이 채 안 되었다. 거가車駕는 겨우 4~5승밖에 없었다. 그럼에도 3년여를 버틴 것이다. 이는 강동의 사마예에게 휴식할 기회를 제공했다. 진민제는 투항 직전 울면서 이같이 말했다.

"국윤과 색침이 짐을 오도했다."

이는 밖으로 나가 서진의 장령이 있는 곳으로 가는 것을 막았다는 뜻이다. 황제가 빠져나갔다면 부흥의 희망이 있었다. 색침은 사관들로부터 마지막 순간에 매국적인 행보를 보여 만세의 수치를 남겼다는 비난을 받았다. 색침의 부친은 원래 서법으로 유명한 색정素靖으로 선견지명이 있어 멀리 내다봤다. 천하대란이 일어날 것을 알고 낙양 궁문의 동타銅駝를 가리키며 이같이 탄식한 바 있었다.

"너를 형극 속에서 보게 될 것이다."

그는 『색자素子』와 『진시晉詩』, 『초서장草書狀』 등을 저술했다. 팔왕의 난 당시 색정은 의병을 이끌고 도적과 싸우다가 중상을 입고 죽었다. 이로 인해 사공으로 추증되었고 시호는 장莊이었다. 색침은 젊었을 때 형의 원수를 갚기 위해 일시에 37명을 죽인 적이 있었다. 그런 사람이 마지막에 가서 결국 매국적인 모습을 보인 것이다.

『진서』의 사신은 서진의 패망 원인을 이같이 지적했다.

"풍속이 음란하고 괴이했다. 학자들은 『노자』와 『장자』를 위주로 삼고 유가의 경전을 배척했다. 담론하는 자들은 허랑방탕한 말을 뛰어난 변론으로 생각하며 이름을 바르게 하는 것을 천하게 여기고, 몸을 닦는 사람은 멋대로 탁한 모습을 보이는 것을 절조 있는 것으로 여기며 절조 있고 신용 있는 것을 속 좁은 것으로 여기고, 관직으로 진출코자 하는 자는 구차하게 얻는 것을 귀하게 여기면서 바르게 사는 것을 비루하게 보고, 관직에 있는 자는 망공忘空(마음을 더 비우고자 함)을 높이 평가하면서 근면하고 삼가는 것을 비웃었다."

당시 연이어 두 명의 진나라 황제를 포로로 잡은 유총은 교만한 마음이 생겨 다른 사람의 말을 듣지 않았다. 수렵을 하며 술을 마시는 것 외에 그가 즐긴 것은 각 대신들의 집을 차례로 돌며 미인을 감상하는 것이었다. 그는 중호군 근준靳準의 집에서 그의 두 딸 근월광靳月光과 근월화靳月華 모두 미모가 뛰어난 것을 보고 곧바로 귀빈으로 삼았다. 그리고 몇 달 후 근월광을 황후로 세웠다.

올빼미 목소리와 승냥이 모습

황태제 유예는 비록 동궁에 살기는 했으나 권세는 날로 시들어갔다. 사서의 기록에 따르면 이때 붉은색 비가 내렸다. 그가 머무는 연명전 주변은 하늘에서 붉은 피가 쏟아져 내린 것 같았다. 그는 동궁의 속관인 노지盧志와 최위崔緯, 허하許遐 등을 입궐시켜 대책을 물었다. 노지 등이 이같이 권했다.

"당초 황제가 전하를 황태제로 삼았던 것은 사람들을 안정시키기 위한 부득이한 거동이었습니다. 그가 진정 생각한 것은 아들 진왕晉王 유찬에게 보위를 넘기는 것입니다. 최근 진왕은 상국이 되었습니다. 위무제 조조 이래 이 자리에 오른 사람은 없습니다. 이는 그를 태자로 삼아 보위를 전하겠다는 명백한 뜻을 드러낸 것입니다. 조정의 대사 가운데 그의 결재를 거치지 않는 것이 없습니다. 전하는 보위를 이을 가능성이 전혀 없을 뿐 아니라 목숨조차 부지하기 어려운 실정입니다. 미리 대처하지 않으면 안 됩니다. 만일 능히 결심할 수 있다면 동궁을 보위하고 있는 정병이 2만 명이고, 경성 내에서 각 군영을 통령하고 있는 왕들이 모두 어리니 그들을 제거해 병권을 빼앗을 수 있을 것입니다. 상국 유찬은 경박한 까닭에 자객을 보내 제거하면 됩니다. 대장군 유기劉驥는 매년 정벌을 위해 밖에 나가 있으니 우리에게 대적할 장수가 없습니다. 전하가 거병하여 북을 울리며 운룡문을 향해 나아가면 숙위 장사들이 창을 돌려세워 전하를 맞이할 것입니다. 이리하면 능히 성공할 수 있습니다."

노지 등이 건의한 계책은 정세를 정확히 분석한 것이어서 구구절절이 옳았다. 그러나 황태제 유예는 나이가 어리고 정치 경험이 없어 용기를 내지 못했다. 이는 결국 모의하는 것으로 그쳤다.

며칠 지나지 않아 유예 수하의 동궁사인 구유苟裕가 유총에게 노지 등이 유예에게 모반을 권했다는 사실을 고했다. 대로한 유총은 노지 등 여러 명의 한족 관원들을 투옥시킨 뒤 살해했다. 성도왕 사마영의 책사 노지의 운명은 여기서 끝을 맺었다. 유총은 조명을 내려 관위장군 복추^{卜抽}에게 동궁을 감시케 했다.

유예는 두려운 나머지 상표해 일반 백성으로 살 수 있도록 허락해 달라고 청했다. 동시에 자신의 두 아들에게 내린 왕호를 거두고 후사의 자리를 유찬에게 넘기겠다고 말했다. 그러나 복추는 유예의 상표를 받아 곧바로 불 속에 집어 던졌다.

당시 유총은 주색을 밝혔을 뿐만 아니라 중상시 왕침^{王沈}과 곽의^{郭猗} 등을 크게 총애했다. 유총은 후궁에서 연회를 즐기느라 석 달 동안 한 번도 조회에 나오지 않은 적도 있었다. 국가 대사는 왕침 등에 의해 처리됐다. 이들 무리는 붕당을 결성해 관작과 상벌을 멋대로 행했다. 근황후의 부친 근준은 아첨을 일삼았다. 태감과 외척이 국권을 농단하며 참언을 하자 유총은 이들의 말을 듣고 평소 엄당^{嚴黨}이 꺼린 10명의 조정 대신을 죽여 버렸다. 종실의 태재로 있던 유역^{劉易}과 어사대부 진원달 등이 입궐해 간곡히 간했다.

유총이 대로해 친히 유역의 상소문을 찢고는 왕침 등을 극찬했다.

"마음이 오직 황실을 향하고 있으니 충청^{忠淸}(충성과 청렴)은 결코 둘이 아니다."

태재 유역은 이내 병을 얻어 얼마 후 병사했다. 어사대부 진원달 역시 비통해하다가 이내 자진했다. 그러는 동안 중궁복야로 있던 태감 곽의는 일찍이 황태제 유예를 만나러 갔다가 접견하지 못한 적이 있었다. 그는 틈을 보아 유예를 제거하고자 했다. 그는 연회 도중 상국 유찬에게 이같이 말한 적이 있었다.

"황제가 살아 있는데도 황태제가 찬위하려 했습니다. 그의 자리를 박탈하지 않으면 유사시 어떤 일이 빚어질지 모릅니다. 상국은 고조의 손자로, 지금 황상의 적통입니다. 어찌하여 후사의 자리를 차지하지 못하는 것입니까? 듣건대 황태제와 대장군 유기가 은밀히 모의하고 있다고 합니다. 이들이 찬위에 성공하면 상국과 황상은 반드시 화난을 면치 못할 것입니다. 소신의 말을 믿지 못하면 상국이 직접 대장군 수하에 있는 종사중랑 왕피^{王皮}와 위군사마유돈劉惇에게 물어보도록 하십시오."

상국 유찬이 이 말을 듣고 반신반의했다. 곽의는 곧바로 밖으로 나가 왕피와 유돈을 은밀히 불렀다. 곽의가 오랫동안 아무 말도 하지 않은 채 걱정스런 표정으로 두 사람을 쳐다보았다. 두 사람은 마음이 불안해 결국 참지 못하고 물었다.

"대인이 저희 두 사람을 부른 이유가 무엇입니까?"

곽의가 낮은 목소리로 물었다.

"황태제 유예와 대장군 유기가 모반을 꾸민다고 하는데 황상과 상국은 현재 이 사실을 모두 알고 있소. 두 사람도 황태제 등과 같은 무리요?"

두 사람은 크게 놀라 황급히 변명했다.

"그런 일 없습니다. 황태제와 대장군은 저희들을 불러 그런 모반을 말한 적이 없습니다."

곽의가 탄식조로 말했다.

"황태제가 모반을 꾀한 일은 이미 분명히 드러났소. 내가 두 사람과 늘 사이좋게 지낸 까닭에 이를 말해 주는 것이기는 하나 일이 드러나면 두 사람의 일족이 주륙을 면치 못할 것이오."

두 사람이 머리를 조아리며 살려 달라고 애걸하자 곽의가 말했다.

"두 사람을 구할 한 가지 계책이 있기는 하오. 내 말을 듣겠소?"

두 사람이 울며 말했다.

"대인이 가르침을 내리면 목숨을 바쳐 따르겠습니다."

곽의가 말했다.

"황태제가 모반을 꾀한 일에 대해 상국이 은밀히 당신 두 사람을 불러 물을 것이오. 당신들은 반드시 이 일을 안다고 대답해야 하오. 그러면 상국이 왜 고발하지 않았느냐고 물을 것이오. 황상이 관인하고 자애롭고, 상국 또한 골육의 정을 애석하게 여기는 것을 알아 감히 고발하지 못했다고 말해야 하오."

왕피와 유돈은 쉴 새 없이 머리를 땅에 박으며 사의를 표했다. 과연 얼마 후 상국이 두 사람을 불러 이를 물었다. 두 사람은 이구동성으로 황태제 유예가 모반을 획책했다고 말했다. 유찬은 평소 자신의 앞길을 가로막고 있는 황태제 유예에게 불만을 품고 있다가 이 얘기를 듣자 곧 그를 제거할 생각을 품게 됐다.

당시 곽의뿐만 아니라 국구國舅로 있는 근준 역시 유예에게 원한을 품고 있었다. 딸을 입궁시키기 전에 근준은 황실과 인연을 맺어 출세할 생각으로 사촌 여동생을 황태제 유예의 시첩으로 들여보냈다. 매우 음란했던 그녀는 황태제가 없는 사이 후원에서 근위병과 일을 벌였다. 도중에 들통이 나 끌려오자 화가 난 유예가 칼을 뽑아 두 남녀를 즉석에서 처결해 버렸다. 이후 황태제는 매번 근준을 볼 때마다 조롱조로 이 얘기를 했다. 그러다 보니 근준은 수치스런 나머지 이내 원한을 품게 된 것이다.

한번은 상국부를 방문한 근준이 문을 열어 멀리 산을 바라보며 말했다.

"제가 밖에서 들으니 황태제가 찬위할 것이라는 얘기가 분분했습니다. 전하는 미리 대비하기 바랍니다."

유찬은 내심 크게 기뻤으나 이를 전혀 드러내지 않은 채 물었다.

"그렇다면 어찌해야 하오?"

근준이 대답했다.

"황상의 황태제에 대한 총애가 작지 않으니 문득 모반에 관한 얘기를 하면 황상이 이를 믿지 않을 것입니다. 겉으로는 동궁의 경계를 풀어 주어 빈객들이 왕부의 저택에 드나드는 것을 막지 않는 게 좋을 것입니다. 유예는 재물을 가벼이 여기며 선비를 좋아하니 경계가 풀리면 적잖은 사람들이 드나들 것입니다. 때가 되면 제가 상표하여 그 죄악을 폭로할 터이니 전하는 유예와 내왕한 자들을 일망타진하십시오. 엄히 심문하면 그 죄를 찾아낼 수 있을 것입니다. 그리하지 않으면 조정의 신망이 황태제에게 쏠릴 것입니다. 황상이 붕어하면 전하가 어찌 보위를 이을 수 있겠습니까?"

유찬이 머리를 끄덕였다. 그는 곧 복추에게 명해 동궁을 포위한 군대를 풀

것을 명했다. 중무장한 병사들에 의해 연금돼 있던 유예는 병사들이 물러나자 황제 유총이 마음을 돌린 줄 알고 안심했다. 며칠 지나지 않아 상국 유찬 휘하의 장군 왕평王平이 황급히 뛰어 들어와 말했다.

"황상의 성지를 받들고 왔습니다. 경성에 어떤 자가 모반을 꾀하고 있는 까닭에 모든 왕과 종친은 병마를 정돈해 만일을 대비해야 한다는 내용입니다."

유예는 감히 태만할 수 없어 곧 동궁부의 위사에게 명해 모두 무장하여 병기를 들고 집결하도록 했다. 명을 기다렸다가 황제를 위해 목숨을 내걸고 싸울 생각이었다. 유찬은 곧 황궁으로 들어가 당직을 서고 있는 근준과 태감 왕침, 곽의 등에게 말했다.

"장군 왕평의 말에 따르면 황태제가 동궁에서 갑사를 모아 입궁하여 찬역할 준비를 하고 있다고 하오. 이를 어찌해야 좋소?"

근준과 왕침, 곽의 등은 일이 계책대로 진행되자 쾌재를 부르며 곧 내전으로 들어가 유총에게 말했다.

"황태제가 모반을 꾸미고 있습니다."

유총이 크게 놀랐다.

"어찌 이런 일이 있을 수 있는가?"

왕침 등이 입을 모아 말했다.

"신 등은 오래전부터 황태제가 모반을 꾸미고 있다는 얘기를 들었으나 폐하가 믿지 않을까 우려해 진언하지 못했습니다."

유총이 황급히 유찬에게 명해 경성의 중병을 이끌고 가 동궁을 포위하게 했다. 과연 가서 보니 황태제 동궁의 위사들이 중무장을 한 채 출병하려는 모습이었다. 이들 모두 변명할 틈도 없이 유찬의 병사들에게 공격을 받았다.

당시 황태제 유예는 대선우의 직함도 갖고 있었다. 도성 안의 저족과 강족 귀족은 모두 그의 소관이었다. 근준은 경사에 머물고 있는 저족과 강족 귀족 자제 10여 명을 체포했다. 이들에게 거꾸로 매달아 인두로 지지는 등의 혹형을 가해 황태제와 밀모했다는 거짓 자백을 얻어냈다. 유총은 이들을 심문한 조서를 보고는 곁에 있던 왕침의 어깨를 두드리며 말했다.

"이제 경들이 얼마나 충성스러웠는지 알게 되었소. 짐이 전에 경들의 말을 듣지 않은 것을 너무 괘념치 마시오."

유총은 곧바로 유예를 죽일 생각이 없어 일단 황태제의 자리에서 폐한 뒤 북부왕에 봉했다. 유예는 경성을 나가 봉지로 가던 중에 근준 등이 보낸 자객에 의해 무참히 살해됐다.

평양성에게 유예를 모시던 인질들이 무고히 살해되자 저족과 강족의 수십만 무리가 연이어 반기를 들었다. 유총은 근준을 거기대장군으로 삼아 이들을 진압했다. 이때 근준은 유찬의 명을 받아 유예의 두 아들도 겸해서 제거해 버렸다.

유총은 유찬을 황태자로 봉하고 상국, 대선우를 겸하면서 조정 대사를 총괄하게 했다. 대선우는 흉노의 부왕副王에 해당한다. 국내의 정병을 비롯해 저족과 갈족, 선비족, 강족 등 모든 족속의 병사를 관할했다. 이처럼 심복의 질환을 제거한 후 유총은 크게 기뻐한 나머지 다시 수만 명의 우림군羽林軍을 이끌고 상림원으로 사냥을 나갔다. 이때 널리 위엄을 보이기 위해 포로가 된 진민제를 거기장군으로 삼고는 군복을 입고 큰 창을 든 채 앞장서 길을 열게 했다. 그가 출행하는 모습을 보기 위해 운집한 백성들은 앞에서 길을 여는 진민제를 가리키며 "전에 장안에 있던 천자였다네"라며 수군댔다. 일부 백성은 통곡을 하며 눈물을 훔쳤다. 이 모습을 본 황태자 유찬은 크게 화가 나 부황 유총에게 이같이 말했다.

"지금 거병하여 대적하고 있는 진나라 군사는 모두 사마업의 존재를 명분으로 내세우고 있습니다. 미리 없애 인망을 끊느니만 못합니다."

유총도 그리 생각했다.

"전에 유민과 사마치 등을 없앤 바 있다. 지금 민심이 여전히 진나라를 향하고 있으니 한족을 다스리기가 쉽지 않을 듯하다. 일단 시간을 가진 뒤 다시 말하기로 하자."

인가麟嘉 3년(318년) 1월 유총이 군신들을 광극전에 모아 놓고 연회를 베풀며 광대들의 연회를 관람했다. 이때 진민제에게 이전처럼 술병을 들고 다니며 술잔을 따르게 했다. 몇 순배가 돈 뒤 유총이 측간으로 가 소변을 보고 와서는 진민제에게 자신의 뒤로 가 의장용 부채를 들고 서 있게 했다. 이 모습을 보고는 진나라 신하들이 모두 통곡했다. 상서랑 신빈辛賓은 슬픔을 이기지 못해 달려 나가 어린 진민제를 껴안고는 통곡하다 목이 잠기고 말았다. 이 모습을 본 유총은 대로한 나머지 좌우에 명해 신빈을 끌고 나가 목을 치게 했다. 이날 밤 유총은 사람을 보내 진민제를 죽였다. 그의 나이 18세였다.

사실 이전 왕조의 마지막 황제에게 이처럼 모욕을 주고 죽이는 경우는 거의 없었다. 원나라 초기 남송의 소황제가 포로가 되어 원나라 조정에 끌려왔을 때도 황후 홍기라씨弘吉剌氏는 쿠빌라이 앞에서 이같이 호소한 바 있다.

"자고로 언젠가 망하지 않는 나라는 없습니다. 이전 왕조의 마지막 황제에게 어찌 모욕을 가할 수 있겠습니까? 우리 원나라의 자손이 다행히 망국 황제의 수모를 면할 수 있다면 큰 다행일 것입니다."

원나라가 패망한 후 명나라를 세운 포학한 주원장도 원나라 황족을 몰살하는 일은 하지 않았다. 결국 하늘이 노한 것인지 이 일이 있은 지 석 달 후 평양성 궁전에 화재가 나 유총의 아들 회계왕 유강劉康 등 20명이 불에 타 죽었다. 이 얘기를 전해 들은 유총은 상 위에 몸을 던지며 애통해하다가 기절했다.

하지만 그 후로도 유총이 색을 밝히자 태감들은 앞다투어 양녀를 길러 유총에게 헌납했다. 유총이 크게 기뻐하며 태감 왕침의 양녀를 좌황후, 태감 선회宣懷의 양녀를 중황후로 삼았다. 상서령 왕감王鑑, 중서감 최의지崔懿之, 중서령 조순曹恂 등은 분분히 상서해 황후는 덕망이 있는 집안의 여인을 뽑아야 한다고 말했다. 화가 난 유총은 태감 선회를 보내 황태자 유찬에게 이같이 전했다.

"왕감 등이 멋대로 주상을 모욕하고 있다. 함부로 말을 하니 군신 간의 예의가 없다. 즉시 체포해 조사토록 하라."

유찬이 곧 사람을 보내 왕감 등 3인을 체포해 곧바로 처형했다. 당시 화가 난 태감 왕침은 족쇄를 찬 채 땅에 꿇어앉아 있는 왕감을 큰 몽둥이로 마구 때리며 이같이 말했다.

"네가 감히 다시 내 일에 끼어들 수 있겠는가? 내 딸이 황후가 되는 일은 네가 관여할 바가 아니다."

왕감이 눈을 부릅뜨고 욕했다.

"나라를 망칠 놈아! 쥐새끼 같은 너희들 때문에 내가 죽어서 귀신이 되어 너희들을 반드시 지옥으로 잡아가고 말 것이다."

최의지도 형 집행을 감독하러 나온 근준을 향해 준엄하게 꾸짖었다.

"근준처럼 올빼미 목소리와 승냥이 모습을 한 자는 반드시 나라의 우환을 초래할 것이다. 네가 사람을 잡아먹으니 사람들이 반드시 너를 잡아먹을 것이다!"

유총이 비록 진나라 황제 두 명을 잡아 죽이고 표면상 중원의 주인 노릇을 했으나 그 세력은 극히 제한돼 있었다. 실제로 관할 지역은 산서의 일부 지역과 유요가 진수하고 있는 관중 지역에 지나지 않았다. 동쪽으로 태항산太行山, 남쪽으로 숭산崇山과 낙수洛水, 서쪽으로 농지隴坻, 북으로 분수汾水를 넘지 못했다. 도성인 평양성은 기황으로 인해 아사자가 수만 명에 달했다. 게다가 해마다 전쟁이 그치지 않아 백성들이 도주하고 민심이 이반해 극히 위험한 상황이었다.

인가 3년(318년) 7월 극도로 주색을 밝히던 유총이 중병을 앓다가 사망했다. 그는 죽기 직전 대사마 유요를 승상, 상락왕 유경劉景을 태사, 제남왕 유기를 대사도, 창국공 유의를 대사마, 호연안을 태보로 삼아 후사를 당부했다. 유찬이 뒤를 이어 즉위했다. 유총의 재위 기간은 9년으로 시호는 소무황제, 묘호는 열종烈宗이었다.

황족 피살 사건

유찬은 자가 사광士光으로 어린 시절부터 준걸의 기상이 있는 문무겸전의 인물이었다. 그러나 숙부 유예를 무함해 죽인 후에는 권력을 독점하면서 각박하게 굴고 궁실을 크게 짓는 등 폭군의 모습을 보이기 시작했다. 보위를 이은 후 그는 유총의 여러 황후를 명의상으로만 황태후로 높이고 사실은 20세도 되지 않은 이들 태후들과 통간했다.

근준은 이때 유찬의 신임을 배경으로 대권을 손에 넣고 전횡했다. 딸 하나는 유총의 황후, 다른 딸은 유총의 귀빈, 또 다른 딸은 유찬의 황후가 되었다. 한 집에서 황후가 2명, 빈이 1명 나왔으니 권세를 비교할 자가 없었다. 사서는 그가 내심 유찬이 어리석은 군주라는 것을 읽고 찬역의 마음을 품었다고 기록해 놓았다. 당시 그는 장애물을 제거하기 위해 유찬에게 이같이 권했다.

"듣건대 여러 대신들이 이윤과 곽광의 고사를 염두에 두고 황상을 폐한 후 대사도 유기를 세우려 한다고 합니다. 미리 손을 쓰지 않으면 이내 화가 닥칠까 두렵습니다."

당시 유찬은 처음에는 이 말을 믿지 않았다. 그러자 근준은 두려운 마음이 들어 궁에 들어가 황태후 및 황후가 된 두 딸을 만나 이같이 말했다.

"대신들이 지금 밀모하여 황상을 폐하고 제남왕 유기를 황제로 내세우려 한다. 그리되면 우리 근씨 일족은 도륙을 면치 못할 것이다. 너희들이 틈을 보아 황제를 설득해 먼저 손을 쓰도록 해야 한다."

두 사람이 울며 부추기자 유찬은 마침내 태감에게 명해 군사를 이끌고 가 상락왕 유경과 제남왕 유기, 제왕 유려, 창국공 유의, 오왕 유령 등을 주살케 했다. 하루아침에 형제 왕들을 모조리 죽여 버린 것이다.

유찬은 곧 상림원에서 열병식을 가졌다. 줄곧 불온한 모습을 보여 온 석륵을 토벌하기 위한 것이었다. 그러나 주색에 빠진 그는 이내 후궁으로 돌아가 종일 연회를 베풀며 향락을 즐겼다. 근준을 대장군, 녹상서사에 임명해 군국 대사를 전담케 했다. 근준은 조명을 멋대로 고쳐 사촌 동생 근명斷明을 거기장군, 근강斷康을 위장군에 임명해 황궁의 금군을 완전히 손에 넣었다.

보위에 올라 연호를 한창漢昌으로 개원한 지 두 달 뒤인 한창 원년(318년) 9월, 유찬이 벌거벗고 후궁들과 동시에 교접을 하던 중 근준이 이끄는 친위병들의 칼에 맞아 즉사했다. 유찬은 평소 아첨하며 자신의 장인이기도 한 근준이 신하로서는 최고의 자리에 올랐는데도 왜 이런 일을 꾀했는지 상상도 하지 못했다. 근준은 유찬을 제거하자마자 이같이 하령했다.

"유씨 남녀는 노소를 막론하고 모두 동시東市로 끌고 가 참수토록 하라."

이 일로 평양성 내에 있던 유씨 성의 종친이 모두 도륙됐다. 근준은 이어 좌우에 명해 유연과 유총의 능묘를 발굴토록 하고, 유총의 시신을 꺼내 땅에 부복케 만든 뒤 큰 칼로 목을 치게 했다. 이어 유씨의 종묘를 불태웠다. 당시는 물론 후대 사가들도 그 이유를 알 수 없어 매우 기괴하게 생각했다. 유씨는 결코 근준에게 박하게 대하거나 원한을 살 만한 일을 한 적이 없기 때문이다. 그는 왜 이런 일을 벌인 것일까? 사서의 기록에 단서가 나온다.

당시 근준은 스스로 대장군 한천왕漢天王을 칭했다. 그가 유총이 진나라에서 노획한 옥새를 꺼내 한족인 호숭胡嵩에게 이같이 말한 데서 그 해답을 찾을 수 있다.

"예로부터 오랑캐가 천자가 된 적은 없다. 지금 이 전국 옥새를 너에게 주니 다시 진나라로 돌아가도록 하라."

호숭은 근준이 자신을 시험하는 것으로 생각해 감히 받으려고 하지 않았다. 대로한 근준이 칼을 뽑아 호숭을 찔러 죽였다. 그는 곧 사자를 진나라 사주자사 이구李矩에게 보내 이같이 말했다.

"유연은 도각 부락의 추물에 지나지 않는다. 진나라의 혼란을 틈타 천명을 멋대로 들먹이며 두 황제를 유폐해 죽였다. 나는 두 황제의 재궁을 반환할 생각이다. 이를 받아 주기 바란다."

강동에서 황제를 칭하고 있던 동진의 원제 사마예는 이 소식을 듣고는 황급히 태상 한윤^{韓胤} 등을 보내 회제와 민제의 영구를 모셔오게 한 뒤 장사를 지냈다.

한편 흉노족 태반이 피살돼 천하가 시끄럽게 되자 줄곧 자립을 꾀할 시기를 노리던 갈족 출신 대장군 석륵이 곧바로 정병 5만 명을 동원해 유씨의 한실 부흥을 기치로 내걸고 근준 토벌에 나섰다. 장안을 지키고 있던 상국 유요도 거병했다.

전조^{前趙}와 후조^{後趙}

유요는 자가 영명^{永明}이다. 유연의 족질이다. 부친이 일찍 죽어 유연의 손에서 컸다. 어렸을 때부터 총명하고 기발한 면이 있었는데, 한번은 그가 여덟 살 무렵 유연을 좇아 산서 일대로 사냥을 나간 적이 있었다. 도중에 큰비가 내리자 모두 큰 나무 밑으로 갔다. 돌연 번개가 나무를 때리자 사람들이 모두 크게 놀라 사방으로 달아났다. 유독 어린 유요만이 태연자약했다. 유연이 이를 보고 찬탄했다.

"이 아이는 장차 우리 집안의 천리구^{千里駒}(천리마 혈통)가 될 것이다."

장성한 유요는 키가 9척3촌이나 되었고, 팔을 뻗으면 무릎 아래로 내려왔다. 태어날 때부터 눈썹이 하얗고, 눈에서는 붉은빛이 났다. 그는 사람들과 어울리지 않고 공부에 열중했다. 사서의 기록이다.

"독서를 하면서 장구^{章句}에 얽매이지 않았다. 글을 잘 지었고, 무예 또한 활을 쏘아 1촌 두께의 철판을 뚫을 정도로 뛰어났다. 이에 '신사^{神射}'로 불렸다."

유연이 한을 건립한 후 유요는 사방으로 정벌에 나서 혁혁한 전공을 올렸다. 진회제와 진민제를 포로로 잡은 것은 전적으로 유요의 공이었다. 근준이 유찬을 살해한 후 유요는 친히 정병을 이끌고 장안에서 평양으로 갔다. 줄곧 반독립 상태에 있던 석륵도 군사를 이끌고 매우 빠른 속도로 양릉현 북쪽 언덕에 이르렀다. 근준은 속전속결로 권위를 세울 생각이었다. 여러 차례 군사를 파견해 석륵에 도전한 이유다. 노회한 석륵은 성문을 굳게 잠그고 싸우지 않는 방법으로 근준이 보낸 군사의 예기를 꺾었다.

유찬이 죽은 지 두 달 뒤인 서기 318년 11월, 유요가 대군을 이끌고 적수천 赤水川에 이르렀다. 태보 호연안 등이 평양성에서 빠져나와 태부 주기朱紀 등과 함께 유요에게 칭제를 권했다. 당시 흉노 유씨 중 살아남은 사람은 유요를 비롯한 그의 일족밖에 없었다. 유요는 전공 또한 혁혁했다.

유요가 마침내 이를 받아들여 황제를 칭하면서 연호를 홍초熙初로 바꿨다. 이때는 동진 원제 태흥太興 원년 11월에 해당한다. 유요는 대사령을 내리면서도 근준 일족에 대해서는 예외로 했다. 주기를 사도, 호연안을 사공으로 삼았고, 석륵을 대사마 겸 대장군에 임명하면서 조공趙公으로 봉했다.

석륵은 시기가 무르익었다고 보고 곧 대군을 이끌고 가 평양성을 지키고 있는 근준을 쳤다. 도성 주변의 파족巴族과 저족, 갈족 등 10여만 부락이 풍문을 듣고 항복했다. 이에 근준은 시중 복태卜泰에게 명해 황제의 곤룡포를 입고 어가를 탄 채 출성해 석륵과 강화 회담을 하면서 석륵을 봉대할 뜻을 전하게 했다. 석륵은 여러 상황을 감안해 이를 받아들이지 않고 곧 복태를 결박해 유요에게 보냈다.

유요는 평양성이 견고해 함락시키기가 쉽지 않다는 것을 잘 알고 있었다. 그는 먼저 공심계攻心計를 구사했다. 복태의 여동생은 유요의 전처였다. 복태를 풀어 준 뒤 좋은 말로 타일렀다.

"선제 유찬은 말년에 증음烝淫하는 등 인륜을 크게 해쳤다. 근준 장군이 이윤과 곽광의 권한을 행사해 짐이 보위에 오르는 기회를 만들어 주었으니 그 공로가 크다. 속히 문을 열고 어가를 맞이하면 죽음을 면하는 것은 물론 짐은 그와 함께 조정 대사를 의논할 것이다. 그대는 평양성으로 돌아가서 사람들에게 짐의 뜻을 전하도록 하라."

복태가 평양성으로 돌아와 이를 전했다. 근준은 비록 멋대로 난폭한 짓을 저지르기는 했으나 평양성에 있는 유씨 일족을 자기 손으로 모조리 죽인 사실을 익히 알고 있었다. 그는 이를 좇지 않았다.

근준이 유예하며 시간을 끌자 그의 사촌 동생인 근강과 근명 등이 더 이상 참지 못했다. 성 밖에서는 석륵이 대군을 이끌고 공격할 태세였다. 근씨 형제는 요행을 바라고 몇 명의 금군과 밀모해 근준이 방심하는 틈을 타 그의 머리를 베었다. 사람들이 근명을 주인으로 삼은 뒤 복태에게 전국 옥새를 갖고 유요를 찾아가 투항토록 했다.

석륵은 근명 등이 가까이 있는 자신을 버리고 멀리 있는 유요를 찾아가 항복한 사실에 대로했다. 곧바로 대군을 지휘해 평양성을 쳤다. 근명이 출성해 싸웠다가 패하자 이내 성안으로 들어가 굳게 걸어 잠근 뒤 유요에게 구원을 청했다. 그러자 유요가 유아劉雅에게 명해 군사를 이끌고 가 돕게 했다. 근명은 유아의 엄호 하에 평양성의 사녀 1만5천 명을 데리고 성을 나왔다. 근명은 공을 세웠다고 생각했으나 곧바로 유요 휘하의 칼에 맞아 목이 떨어져 나갔다. 근씨는 남녀노소를 막론하고 모두 목이 잘렸다. 호랑이 입을 빠져나와 여우굴로 들어간 꼴이었다.

석륵은 대로했지만 곧바로 유요와 싸우는 것이 내키지 않아 대신 평양성을 불태워 버렸다. 유요도 석륵의 세력이 이미 커진 점을 감안해 이를 탓하지 않고 곧 사람을 보내 석륵을 태재에 임명하고, 조왕趙王으로 봉했다. 이내 장안으로 돌아와 전에 낙양에서 약탈해 온 진혜제의 황후 양씨羊氏를 황후로 삼았다. 양씨는 중국의 전 역사를 통틀어 유일무이하게 왕후의 자리에서 여섯 번 쫓겨났다가 일곱 번에 걸쳐 다시 복위한 이른바 6폐7립六廢七立의 주인공이기도 하다. 그러나 그동안 그녀가 모신 황제는 진혜제 사마충과 전조의 말제 유요 두 명밖에 없다. 당초 그녀가 황후에 책봉된 것은 외조부 손기孫旂가 조왕 사마륜의 책사 손수孫秀와 족보를 합친 결과였다.

그녀는 태안太安 원년(302년) 12월 황후에 책봉됐다. 입궁할 때 양씨의 옷에 불이 붙자 당시 사람들은 이를 상서롭지 못한 조짐으로 생각했다. 양황후는 성도왕 사마영이 장사왕 사마예를 토벌할 때 폐위됐다가 사마영이 패한 후 다시 복위됐다. 그러나 하간왕 사마옹의 휘하 장수 장방張方이 낙양에 입성하면서 다시 폐해졌다. 사마옹이 권력을 잡았을 때는 여러 차례 간신배에 의해 황후의 자리에 세워졌다는 이유로 거의 죽을 뻔했다. 진혜제가 낙양으로 돌아오면서 겨우 다시 복위될 수 있었다.

진혜제가 사마월에게 독살된 후 궁중에서 홀로 살던 양황후는 황태제 사마치가 부담스러웠다. 시동생과 형수의 관계가 되는 까닭에 스스로 태후를 칭할 수 없었다. 이에 은밀히 사람을 보내 이전의 태자 사마담을 입궁시켜 그를 옹립할 생각이었으나 성사되지 못했다. 사마치는 진회제로 즉위한 후 그녀를 홍훈궁에 살게 했다. 이후 그녀는 서진의 군사가 대패하면서 전리품이 되어 유요의 군중에 보내지게 되었다.

양황후는 비록 30세 안팎이기는 했으나 어느 모로 보나 일반 여인과 비교할 수 없었다. 유요가 양황후에게 물었다.

"나와 사마씨와 비교하면 과연 어떻소?"

양황후가 대답했다.

"어찌 비교할 수 있겠습니까? 장군은 개국의 성주聖主이고, 그는 망국의 암주闇主입니다. 신첩은 포로가 되어 낙양을 떠날 때 다시 살아남으리라고는 생각하지 못했습니다. 신첩은 명문가에 태어나 세상의 남자는 모두 비슷하리라고 생각했습니다만 장군을 모신 이후 천하에 위장부偉丈夫가 있다는 사실을 비로소 알게 되었습니다."

이는 상당 부분 진실을 담은 얘기였다. 유요는 문무를 겸전한 데다 진혜제 사마충과는 여러모로 비교할 수 없었다. 이후 유요는 양씨를 밤낮으로 신변에 두고 총애하다가 마침내 보위에 오르면서 황후로 책봉한 것이다. 양황후는 이후 3명의 아들을 낳았으나 세 번째 아이를 낳은 후 풍증에 걸려 사망했다. 시호는 헌문獻文이었다.

광초光初 2년(319년) 여름, 유요가 장안에 종묘와 사직을 세운 후 이런 조서를 내렸다.

"나의 선조는 북방에서 일어났다. 광문제光文帝(유연)가 한나라 종묘를 세워 백성의 뜻을 좇았다. 지금 의당 국호를 바꾸고 선우를 선조로 삼아야 할 것이다."

군신들이 의논을 거친 후 상주했다.

"광문제는 일찍이 노노백盧奴伯, 폐하는 중산왕中山王에 봉해진 바 있습니다. 중산은 옛날 조나라 땅이었습니다. 국호를 '조'로 삼기 바랍니다."

유요가 이를 좇았다. 모돈 선우를 하늘로 삼고, 유연을 상제로 삼았다. 사가들은 이를 전조前趙라고 한다. 이해 겨울 석륵도 스스로 조왕을 칭하면서 춘추 시대 열국의 예를 좇아 건국 원년으로 삼았다. 유요가 세운 전조와 구분하기 위해 이를 후조後趙라고 한다.

유요는 건국 초기에 매우 진취적이었다. 연이어 출병해 진창, 초벽, 안정, 농성 등을 함몰시켰다. 대신 유자원游子遠의 도움 하에 관중의 파족과 저족, 강족, 갈족 등을 평정했다. 동시에 장안에 태학과 소학을 세운 후 5백 명의 청소년을 선발해 뛰어난 학자들 밑에서 수업을 받게 했다. 대신들이 궁실을 크게 짓는데 따른 폐해를 규간하자 이를 흔쾌히 받아들이며 크게 칭송하기도 했다.

얼마 후 장안 부근의 종남산 일부가 무너지고 어떤 사람이 거기서 백옥을 주웠다. 거기에 '황망皇亡, 황망皇亡, 패敗, 조창趙昌'의 글씨가 새겨져 있었다. 황실이 망조가 들어 패하니 조나라가 창성한다는 뜻이었다. 그러나 군신들은 '패, 조창'의 구두점을 달리 찍어 '패조敗趙, 창昌'으로 읽었다. 석륵이 세운 조나라를 깨뜨리니 마침내 창성한다는 뜻이 된다. 이들이 유요에게 축하의 뜻을 전하자 중서감 유균劉均이 이같이 말했다.

"산이 무너지고 돌이 깨지는 것은 나라가 기울어지고 사람이 어지러워지는 것을 상징합니다. '황망, 황망, 패, 조창'은 황실이 장차 석륵의 조나라에 패하고, 석륵의 조나라는 이로 인해 창성한다는 뜻입니다. 실제로 우리는 지금 장안에 도읍을 정해 놓고 있으나 석륵은 전래의 조 땅을 거의 모두 차지하고 있습니다. '조창'은 석륵을 말하는 것으로, 우리를 말하는 게 아닙니다."

유요는 기분이 언짢았으나 겉으로 드러내지는 않았다. 그가 말했다.

"이는 하늘이 우리에게 경계를 보낸 것이다."

유요는 친정을 멈추지 않았다. 관중에서 연이어 승리를 거두고, 서진의 남양왕 사마보의 대장 진안陳安의 목을 베었다. 저족과 강족이 크게 놀라 분분히 인질을 장안에 보냈다. 당시 유요 휘하에는 날랜 용사가 28만5천 명이 있었다. 진나라의 양주자사 장무張茂와 대치했을 때 전조의 군사가 세운 영채가 1백여 리에 달했다. 사서의 기록이다.

"종과 북을 울리는 소리가 강물을 끊게 하고 땅을 흔들었다. 자고로 군사의 성대함이 이와 같은 적이 없었다."

얼마 후 장무가 두려운 나머지 항복의 표시로 사자를 보냈다. 장무가 바친 좋은 말과 소, 양, 황금, 미녀가 영채 안에 가득했다. 이를 보고 유요는 크게 기뻐했다. 하지만 유요는 이를 휘하의 문무 대신에게 상으로 내릴 생각을 하지 않고 장안 부근에 세우는 황후릉의 높이를 90척 높이로 증축하는 데 썼다.

당초 근준은 평양성에서 난을 일으켰을 때 흉노 유씨를 모두 도륙했다. 유요의 세자 유윤劉胤은 어지러운 틈을 타 같은 흉노족인 울국부鬱鞠部에 몸을 숨겼다. 유요가 하서에서 대승을 거뒀다는 소식이 전해지자 유윤은 다시는 생명의 위험이 없을 것으로 생각해 울국鬱鞠의 영채를 찾아가 자신의 신분을 밝혔다. 울국은 크게 놀라 그에게 옷과 말을 주어 유요에게 보내 주었다.

유윤은 자가 의손義孫으로 용자가 뛰어나고 임기응변에 능했다. 10세 때 모습이 우아해 눈썹과 수염이 마치 그림 같았다. 유총이 이를 보고 기이하게 생각해 곧 유요에게 권해 유윤을 세자로 삼게 했다. 당시 유요는 이미 장자 유검劉儉을 세자로 세워 놓은 까닭에 이같이 말했다.

"신은 번신藩臣으로서 자손은 능히 제사를 지키는 것만으로 족합니다. 어찌 장유의 순서를 어지럽힐 수 있겠습니까?"

유총이 말했다.

"이 아이는 생김새가 뛰어나다. 어찌 유검과 비교할 수 있겠는가? 경은 그 훈격이 높아 이미 1백여 성을 거느리고 정복 사업에 임하고 있으니 어찌 일반 번국에 비하겠는가? 짐이 유검에게는 따로 나라를 떼어 봉할 터이니 유윤을 세자로 삼도록 하라."

이에 유윤은 유요의 세자가 되었다. 이후 평양성에 머물다가 근준의 난이 일어나자 모두 그가 죽었으리라고 생각했다. 그러던 유윤이 4년 뒤 홀연히 돌아온 것이다. 유요와 유윤 부자는 서로 껴안고 통곡했다. 유요는 울국을 충의대장군, 좌현왕에 봉했다.

이때 유요의 장자 유검은 이미 사망해 양황후 소생의 아들 유희劉熙가 황태자로 있었다. 유윤은 돌아온 후 극히 겸손한 모습을 보였다. 유요는 유희를 폐하고 유윤을 후사로 삼을 생각이었다. 그러고는 군신들 앞에서 자신의 생각을 밝혔다.

"유윤은 한겨울의 매서움을 견딘 기인이다. 유희가 비록 먼저 황태자에 세워졌으나 나이가 아직 어리고 성격이 여려 어지러운 시기에 황통을 잇기 어렵다. 유윤은 나이도 있고 명석하며 덕이 있는 데다 전에 세자로 세워졌으니 짐은 그를 후사로 삼고자 한다."

태부 호연안을 비롯한 대신들이 크게 반겼으나 광록대부 복태와 태자태보 한광韓廣 등이 이의를 제기했다.

"폐하가 내심 정한 바가 있으면 그리하면 되고 신하들에게 물을 것이 없습니다. 만일 의심하는 바가 있다면 신들의 생각 또한 각기 다를 수 있습니다. 유윤은 확실히 문무의 재략을 지닌 일세의 준걸이라고 할 수 있으나 태자 유희 또한 효성과 우애가 뛰어나고 인자합니다. 뜻 또한 고상하니 승평의 세상에서 현명한 군주가 될 만합니다. 태자가 아무 과실이 없으니 가벼이 바꿔서는 안 될 것입니다."

복태는 유윤의 외숙인데도 이처럼 간한 것이다. 공평한 충성심을 드러낸 셈이다. 유요는 아무 말도 하지 않았다. 유윤은 조신들 사이에 있으면서 이 얘기를 모두 들었다. 그는 부황이 어떤 생각을 하는지 알 길이 없었다. 이때 그가 앞으로 나가 울며 말했다.

"자식에 대한 부친의 사랑은 똑같을 것입니다. 만일 유희를 폐하고 신을 세운다면 제가 어찌 감히 편할 수 있겠습니까? 만일 폐하가 신을 쓸 만하다고 생각한다면 신이 어찌 동생을 도와 국가의 기업을 튼튼히 하는 일에 나서지 않을 리 있겠습니까? 만일 폐하가 저를 끝내 후사로 삼고자 한다면 신은 바로 이 앞에서 죽음으로써 감히 명을 받들 수 없다는 뜻을 내보일 것입니다."

유요는 유윤의 생모 복씨^{卜氏}를 원도황후로 추증하고, 복태를 태자태부에 임명해 그의 충성을 기렸다. 유윤은 영안왕에 봉해 궁궐의 금군을 총괄케 하고, 녹상서사에 임명했다. 이어 황태자 유희에게는 궁중에서 유윤에게 형제의 예를 갖추게 했다. 공식적인 자리에서는 유윤이 하배^{下拜}할지라도 궁중 내에서는 유희가 유윤에게 형장에 대한 예를 갖추게 한 것이다.

유요의 최후

당시 유요는 후사 문제를 정리한 뒤 병사한 양씨의 뒤를 이어 유씨^{劉氏}를 황후로 봉했다. 얼마 뒤인 광초 8년(325년) 4월, 조왕 석륵이 휘하 장수 석타^{石他}에게 명해 안문을 빠져나가 상군을 치게 했다. 석타는 전조에 예속된 북강왕 분구제^{盆句除}를 기습해 3천여 명을 포로로 잡고 소와 양 등 가축 2만여 두를 노획해 개선했다.

소식을 들은 유요는 크게 노해 소매를 떨치고 일어났다. 당일 장안성에서 출병해 하빈에서 접전을 벌여 후조의 군사를 대파하고 석타와 갑사 1천5백여 명의 수급을 얻었다. 이때 5천여 명의 후조 군사들이 황하에 빠져 죽었다.

유요가 유악劉岳에게 명해 여세를 몰아 낙양을 지키고 있는 후조 대장군 석생石生을 치게 했다. 석륵의 조카 석호가 보기 4만 명을 이끌고 성고의 관문 안으로 들어가 낙수의 서쪽에서 접전했다. 유악이 대패해 낙수의 북안인 석량으로 퇴각했다. 석호는 여세를 몰아 전조의 장수 호연모呼延謨를 대파하고 목을 베었다.

유요가 이 소식을 듣고는 곧 친히 대군을 이끌고 유악의 구원에 나섰다. 석호도 3만 대군을 이끌고 나와 싸웠다. 유요는 작은 전투에서 먼저 승리했다. 깊은 산곡 부근에서 석호의 휘하 장수 석총石聰을 격파했다. 밤에 유요의 대군이 산속에 영채를 차렸다. 이때 아무 이유 없이 문득 군중이 크게 놀라 사방으로 궤산했다. 어떤 적도 쳐들어온 적이 없는데 대군이 밤을 새워 사방으로 궤산하는 바람에 유요도 할 수 없이 장안까지 퇴각했다.

유악의 군사는 구원을 받을 길이 없게 되자 이내 궤멸되고 말았다. 유악을 포함해 전조의 장령 80여 명이 포로로 잡혀 양국(하북성 형대)으로 압송됐다. 1만5천여 병사는 모두 산 채로 땅속에 파묻혔다. 유요는 분노를 이기지 못해 이내 병이 났다. 설상가상으로 그가 장안으로 퇴각한 직후 황후 유씨가 병사했다. 유황후가 죽기 전에 유요는 병상으로 다가가 유언으로 남길 말이 무엇인지 물었다. 회광반조回光返照의 사이 유황후가 말했다.

"신첩의 숙부 유창劉昶에게 아들이 없습니다. 신첩은 어렸을 때 그의 손에 양육되었습니다. 보답할 길이 없으니 폐하가 저의 숙부를 돌봐 주시기 바랍니다. 또 다른 저의 숙부 유애劉皑에게 현숙한 딸이 있으니 원컨대 그녀를 맞아 황후로 삼기 바랍니다."

유요는 곧 조명을 내려 유창을 대사도 및 녹상서사에 임명하고, 유애의 딸을 황후로 삼았다. 이어 유황후 일족을 모두 발탁해 고관직에 임명했다. 상서 학달郝達 등이 간했으나 유요는 오히려 크게 화를 내며 사람을 보내 학달을 짐살시켰다.

광초 11년(328년) 6월 후조의 석륵이 조카 중산공 석호에게 명해 4만 명의 대군을 이끌고 지관(하남성 제원현)의 서쪽으로 들어간 뒤 전조의 하동 지역을 경략케 했다. 일시에 50여 현이 분분히 이에 호응하자 후조의 군사가 파죽지세로 포판蒲坂을 덮쳤다. 강적이 내습하자 유요는 부득불 다시 친정에 나서지 않을 수 없었다. 안팎의 모든 정병이 포판을 구하기 위해 동원됐다. 유요는 아들 유윤에게 장안성을 지키게 한 뒤 하간왕 유술劉述에게 저족과 강족의 병사를 동원해 하서를 지키게 했다.

후조의 중산공 석호는 비록 효장이기는 했으나 유요가 직접 10만 대군을 이끌고 출병하자 크게 두려워했다. 유요의 군사가 위관衛關 북쪽에서 황하를 건너자 석호는 적군의 기세가 등등한 것을 보고 급히 군사를 이끌고 후퇴했다. 유요는 전장에서 세월을 보낸 탓에 이를 놓치지 않고 군사를 몰아 추격했다. 이해 9월 유요의 군사가 고후(산서성 문희현)에서 석호의 군사를 따라잡고 접전을 벌였다. 황제가 군중에 있는 데다 군사까지 압도적으로 많아 전조 군사의 사기는 하늘을 찌를 듯했다. 결국 석호의 군사가 대패했다. 대장 석첨石瞻이 피살되고, 시체가 2백여 리에 걸쳐 쌓였다. 노획한 무기가 수를 헤아릴 수 없을 정도로 많았다. 석호는 패잔병을 이끌고 조가朝歌 쪽으로 철수했다. 유요는 여세를 몰아 대양관(산서성 평륙현)에서 황하를 넘어 낙양의 금용성을 지키던 후조 대장 석생을 쳤다. 강물을 끌어들여 성안의 군사를 공격한 유요는 승세를 이어가기 위해 군사를 나눠 후조의 급군과 하내 등지를 치게 했다. 후조의 형양 태수 윤구尹矩와 야왕 태수 장진張進이 분분히 출성해 항복했다. 일시에 형세가 유요에게 유리해졌다. 그러나 그는 이때 최대의 치명적인 실수를 범했다. 여세를 몰아 후조의 수도인 양국을 치지 않은 게 그렇다. 하늘이 내린 절호의 기회를 잃은 셈이다.

기주의 양국성 내에서 석륵은 급한 나머지 곧장 군사를 이끌고 낙양을 구하러 가고자 했다. 조신들이 간곡히 만류하자 석륵이 말했다.

"유요가 한번 이긴 승세에 올라타 낙양을 포위했다. 용렬한 자들은 그의 예봉을 꺾을 수 없다고 여긴다. 그러나 그는 10만 대군을 이끌고도 백 일이 넘도록 이를 함락시키지 못하고 있다. 내가 정병을 이끌고 가 단번에 그를 사로잡아 올 것이다."

이어 이같이 말했다.

"만일 낙양이 적의 손에 떨어지면 유요는 승승장구하여 기주를 치려 할 것이다. 그가 황하를 넘어 북상하면 모든 것이 끝나고 말 것이다."

석륵의 모신 서광徐光이 동조했다.

"유요는 양국성으로 진공하지 않고 금용성을 지키려 하고 있습니다. 이는 그의 무능함을 보여 주는 것입니다. 대왕의 뛰어난 무략으로 친히 대군을 이끌고 가면 그는 틀림없이 멀리서 깃발만 보고도 달아날 것입니다. 천하 평정이 이번 거사에 달려 있습니다."

석륵이 친히 보기 4만 명을 이끌고 낙양성을 향해 진공했다.

광초 12년(329년) 1월, 후조의 모든 군사가 성고(하남성 형양)에 집결했다. 보병 6만 명에 기병 2만7천 명이었다. 그는 성고의 관문 밖에 전조의 군사가 하나도 없는 것을 보고 크게 기뻐했다. 곧 갑옷을 말고 행군하는 군졸들의 입에 나무 막대기를 물린 다음 급히 달려갔다.

당시 유요는 잇단 승리에 교만해져 있었다. 그는 공수의 전략을 짤 생각을 하지 않았다. 매일 가까운 총신들과 어울려 대영 안에서 술을 마시며 도박을 했다. 군사들은 들판에 있는데도 사졸을 긍휼히 여기지 않은 것이다. 좌우의 신하들이 간하면 유요는 요언을 떠든다고 화를 내며 목을 베게 했다.

석륵이 병사를 이끌고 황하를 건넜다는 소식이 전해지자 유요는 비로소 장수들과 형양성의 방비를 강화하는 방안을 상의했다. 얼마 후 후조의 선봉부대가 낙수까지 쇄도했다. 쌍방이 접전하는 와중에 전조의 병사가 후조의 갈족 병사를 생포했다. 유요가 친히 심문했다.

"대호大胡(석륵을 지칭)가 직접 군사를 지휘하는가? 얼마나 많은 군사가 동원됐는가?"

"조왕이 직접 이끌고 왔습니다. 군세가 매우 성합니다."

유요는 이 말을 듣고 안색이 변했다. 곧바로 금용성에서 철군한 뒤 낙양 서쪽에 포진토록 했다. 낙양을 포위한 측이 오히려 포위된 꼴이 된 것이다. 석륵은 작은 언덕에 올라가 전조의 군사가 10여 리에 걸쳐 진을 펼친 것을 보고는 크게 기뻐하며 좌우에 말했다.

"너희들은 나에게 축하의 말을 해도 좋을 것이다!"

석륵은 유요와 교전하지 않은 채 4만 명의 보기를 이끌고 몇 달째 포위된 낙양성 안으로 들어갔다. 유요가 머뭇거리는 사이 홀연 석호가 이끄는 3만 명의 보병이 낙양성 북쪽에서 나와 서쪽으로 향했다. 석감과 석총 두 사람은 각기 정예 기병 8천 명을 이끌고 성의 서쪽에서 북쪽으로 질주해 합세한 뒤 유요의 선봉군을 쳤다. 쌍방은 서양문에서 접전했다. 석륵 본인은 친히 갑옷을 입고 낙양의 창려문을 빠져나와 협격에 나섰다.

젊었을 때부터 술을 좋아했던 유요는 칭제한 후 술버릇이 더 심해졌다. 큰 싸움이 벌어졌는데도 그는 여전히 술을 몇 말이나 마셨다. 그럼에도 바로 갑옷을 입고 말에 올랐다. 평소에는 단번에 적색 준마에 올랐으나 무슨 이유인지 말이 앞발을 땅에 꿇고는 일어나지 못했다. 일이 급해 달리 좋은 말을 구하기도 어려웠다. 유요는 임시로 짐을 끄는 말을 타고 영문을 나서면서 다시 술 한 말을 마셨다. 서양문에 이르러 유요는 휘하를 지휘하며 전투 준비에 나섰다. 석감은 유요가 나온 것을 알고 곧바로 정예 기병을 이끌고 유요가 있는 쪽으로 달려갔다. 전조의 군사가 크게 흩어졌다.

유요는 대취한 와중에 패병 속에 섞여 뒤로 급히 물러났다. 그가 탄 말은 속도가 느렸다. 앞발이 걸려 넘어지자 유요는 얼음 위에 고꾸라졌다. 이를 본 후조의 병사들이 활을 쏘고 창으로 찔렀다. 유요는 십여 군데 창상을 입었는데 그중 세 곳은 관통상이었다. 석감이 그를 사로잡아 석륵의 대영으로 압송했다. 후조의 군사는 5만여 명에 이르는 전조 군사의 목을 베었다.

온몸이 피로 범벅이 된 유요는 이내 석륵 앞에 끌려 나왔다. 유총 때 유요와 석륵은 여러 차례 함께 작전을 펼친 적이 있었다. 환난을 같이한 전우라고 할 만했다. 유요가 석륵에게 인사했다.

"석왕, 일찍이 중문重門에서 맺은 맹서를 기억하고 있는가?"

이는 진회제 영가 4년(310년)에 함께 하내에서 서진의 군사를 공격할 때의 옛일을 말한 것이다. 석륵이 거만한 모습으로 높은 자리에 앉아 한참 동안 말이 없다가 곁에 있는 책사 서광을 시켜 이같이 전하게 했다.

"오늘의 일은 하늘이 시킨 것이다. 다른 얘기를 해 봐야 무슨 소용이 있는가?"

석륵은 의원을 보내 유요의 상처를 치료한 뒤 손자 석수石邃를 시켜 양국까지 압송케 했다. 박양 북원에 이르렀을 때 손기孫機라는 노인이 유요를 한번 보고자 했다. 석륵이 이를 허락하자 손기가 백발이 성성한 모습으로 술병을 들고 가 들것 위에 누워 있는 유요에게 이같이 중얼거렸다.

"왕으로 있다가 관우(감숙성 일대)에서 황제를 칭했으면 몸을 보중하며 강토를 보호했어야 했는데도 가벼이 용병해 낙양에서 패했소. 명이 궁하여 패망한 것이오. 일이 이리되었으니 술이나 한잔 받으시오."

유요가 몸을 일으켜 술잔을 받으며 말했다.

"노인장의 말씀이 일리 있소. 노인장을 위해 이 잔을 통음痛飲하도록 하겠소."

석륵이 이 말을 듣고는 처연한 생각이 들어 이같이 말했다.

"나라를 망쳤으니 노인에게 꾸지람을 들을 만하다!"

양국에 도착한 후 유요는 영풍의 작은 성에 연금됐다. 석륵은 당초 이 옛 전우에게 기첩妓妾을 넣어 주는 등 잘 대우하면서도 엄히 감시했다. 이전에 석륵에게 포로가 된 유악 등이 깨끗한 옷으로 갈아입고 준마를 타고 가 그를 만났다. 유요가 중산왕 유악을 보고 경악했다.

"나는 경이 죽은 줄 알았소. 석왕이 인후하여 지금까지 모두 살아 있었구려. 그런데도 나는 석왕의 대장 석타의 목을 베었으니 참으로 부끄럽소. 오늘의 화는 내가 자초한 것이오."

어제의 군신이 종일토록 함께 마신 뒤 눈물을 흘리며 헤어졌다.

유요의 상처가 나아지는 기미를 보이자 석륵은 사람을 시켜 유요에게 장안성에 있는 황태자 유희에게 투항을 권하는 서신을 보내게 했다. 비록 포로의 몸이기는 했으나 그는 오직 몇 글자만 써서 보냈다.

"여러 대신과 함께 사직을 바로 세워라. 나로 인해 뜻을 바꿔서는 안 된다."

이를 안 석륵은 화를 냈다. 그는 유요가 더 이상 이용 가치가 없다고 판단하고, 곧 사람을 보내 그의 목을 치게 했다. 유요가 죽었다는 소식이 장안에 전해지자 태자 유희와 남양왕 유윤 등이 크게 두려워했다. 이들은 상의한 후 장안에서 철수해 진주(감숙성 동부)로 물러나 지키기로 했다. 그러자 상서 호훈(胡勛)이 간했다.

"지금 비록 군주를 잃었으나 강토는 아직 온전합니다. 장병들이 배반하지 않는 한 힘을 다해 저항할 수 있습니다. 힘이 부칠 때 퇴각할지라도 늦지 않을 것입니다."

이 말을 들은 남양왕 유윤은 크게 화를 내며 사람들의 마음을 혼란케 만들었다는 이유로 끌고 나가 그의 목을 치게 했다. 이어 급히 백관을 이끌고 상규(감숙성 천수)로 달아났다. 유윤은 재주와 무예를 겸비했지만 부황이 포로가 됐다가 살해됐다는 소식에 간담이 서늘해진 것이다. 어린 동생 유희는 겁이 많고 나약했다. 견고한 장안성을 이처럼 쉽게 포기하고 도주했으니 천명이 이미 다한 것이나 다름없었다.

태자와 남양왕이 도주하자 장안의 종실과 장령이 모두 그 뒤를 좇느라 관중이 일시에 혼란스러워졌다. 전조의 장군 장영(蔣英)과 신서(辛恕) 등은 장안에서 백성 수십만 명을 이끌면서 사자를 보내 석륵에게 투항했다. 석륵의 조명을 받은 석생이 군사를 이끌고 장안으로 가 칼에 피 한 방울 묻히지 않은 채 십여만 명의 병사를 동원해도 쉽게 공략할 수 없는 장안성을 접수했다.

유요가 죽은 지 한 달 뒤인 후조 태화 2년(329년) 9월, 상규에서 한숨을 돌린 전조의 남양왕 유윤은 장안을 포기한 것을 크게 후회했다. 이내 병사 수만 명을 이끌고 장안을 공격했다. 농동과 무도, 안정, 신평, 북지, 부풍, 시평 등지가 이에 호응했다. 유윤은 장안 밖에서 중교仲橋를 포위한 뒤 영채를 세웠다. 장안성 안의 석생은 문을 걸어 잠그고 성을 굳게 지켰다.

유윤 등이 쳐들어왔다는 소식을 들은 석륵은 중산공 석호에게 명해 정예 기병 2만 명을 이끌고 장안으로 속히 달려가도록 했다. 이해 10월, 쌍방이 의거에서 대접전을 벌였다. 유윤이 대패해 상규로 물러났다. 석호가 그 뒤를 급히 쫓아가자 시체가 천 리에 걸쳐 쌓였다. 상규의 병사는 모두 유윤을 좇아갔다가 궤멸한 셈이다. 유윤이 성안으로 들어가 미처 성문을 닫기도 전에 석호의 기병들이 재빨리 안으로 뛰어 들어가 전조의 왕후장상을 일망타진했다. 태자 유희와 남양왕 유윤을 비롯해 포로가 된 왕공과 장령이 모두 3천여 명이나 되었다.

석호는 이들을 모두 도륙했다. 이어 5개 군에 거주하는 흉노 도각 부락의 각 귀족과 전에 포로가 된 전조의 왕공 5천여 명을 낙양으로 압송해 산 채로 땅에 묻었다. 유연으로부터 시작한 한과 전조는 모두 3명의 황제가 재위한 끝에 27년 만에 완전히 멸망했다. 중원에 거주했던 흉노 도각 부락 사람들 역시 석륵의 명에 의해 모두 도살됐다.

제5장

북벌에 나선
유곤과
조적

호협 유곤

유곤은 자가 월석越石으로 중산의 위창(하북성 무극현) 사람이다. 전한 제국 중산정왕 유승劉勝의 후예다. 유승은 지난 1968년 하북성 만성능묘에서 금루옥의金縷玉衣를 입은 채 발굴된 황음무도한 왕으로 그의 아들은 모두 1백여 명에 이른다. 삼국 시대 유비도 그 후예를 칭했다. 유곤의 청년 시절은 완전히 여느 귀족 자제들처럼 취생몽사의 삶이었다. 호사스럽기 그지없었다. 유곤의 조부 유납劉納은 일찍이 상국참군으로 있었고, 부친 유번劉蕃은 광록대부 자리까지 올랐다. 26세 때 유곤은 이미 사례종사가 되었다. 그는 평소 진무제 사마염의 처남 왕개와 함께 부를 다투었던 석숭이 금곡원 별장에서 연회를 베풀 때 상객으로 참석하기도 했다.

그는 술과 시, 가무에 능했고 생각나는 대로 산수를 찾아다니며 밤낮으로 연회를 즐겼다. 황후 가남풍의 권세가 하늘을 찌를 때 비서감으로 있던 가밀 역시 문묵文墨을 좋아해 유곤 등과 어울렸다. 유곤과 석숭, 좌사, 반악, 육기, 육운, 구양건 등 이른바 '문장 24우'가 그들이다.

조왕 사마륜이 황후 가남풍을 제거했을 때 유곤은 가남풍 일당과 가까웠

육기의 『평복첩平復帖』. 육기는 글이 뛰어나 이른바 '문장 24우' 중 한 사람이었다. 그들 중에는 사치와 부로 명성을 떨친 석숭도 포함되어 있었다.

으나 사마륜의 아들 사마과司馬䔲가 유곤의 매형인 데다 유씨 형제의 명성이 높아 죽음을 면한 것은 물론 기사독記事督에 제수되었다. 기사독은 주요한 기밀을 다루는 비서 주임을 말한다. 성도왕 사마영과 제왕 사마경 등이 사마륜을 토벌할 때 유곤은 사마륜에 의해 관군장군에 임명돼 손수의 아들 손회와 함께 3만 명의 금군을 이끌고 출전했다.

황교의 싸움에서 유곤은 대패한 후 황하의 다리를 불태우고는 황급히 도주해 목숨을 구했다. 제왕 사마경 등은 조왕 사마륜을 죽일 때 일찍이 삼왕의 군사를 이끌고 저항한 유곤을 잡아 죽이려고 했다. 그러나 그의 부형 등이 모두 중망을 받고 있던 까닭에 이내 사면했다. 곧이어 유곤의 형 유여를 중서랑에 임명하고, 유곤을 상서좌승에 제수했다가 다시 사도좌장사에 임명했다. 이처럼 명망 있는 인사를 존중하는 사회 풍조 덕에 유곤은 중요한 고비마다 죽음을 면하고 오히려 계속 승진했다. 여기에는 유곤이 금곡원에서 왕족 및 귀척들과 교유하면서 문학 등에서 뛰어난 재주를 보여 이들 사마씨 왕들에게 깊은 인상을 남긴 게 크게 작용했다.

제왕 사마경이 집정한 지 얼마 안 돼 장사왕 사마예에게 잡혀 죽었을 때 유곤은 형 유여와 함께 허창을 수비하는 범양왕 사마효司馬虓가 있는 곳으로 도주했다. 여기서 다시 그는 군중사마軍中司馬에 제수됐다. 동해왕 사마월이 집권했을 때는 사마효와 환난을 같이하며 범양왕이 기주를 점거하는 데 크게 기여했다. 그는 군사를 이끌고 가 적진에 있는 부모를 성공적으로 구출하고, 여러 군마를 통솔해 진혜제 사마충을 장안으로 봉영하는 데 공을 세웠다. 동해왕 사마월은 유곤이 자신을 위해 목숨을 내놓고 활약한 사실에 크게 고무돼 그를 광무후廣武侯에 봉하고 식읍 2천 호를 내렸다.

진회제 영가 원년(307년), 동해왕 사마월이 유곤을 병주 자사에 임명하고 진위장군, 흉노중랑장을 겸하게 했다. 이는 유연 등 반기를 든 흉노 5부의 침공을 저지하기 위해 자기 사람을 심은 것이었다. 유곤이 사마월로부터 이런 중임을 맡게 된 데에는 그의 친형 유여의 도움이 컸다. 유여는 자가 경손慶孫으로 젊었을 때 동생 유곤과 함께 명성이 자자했다. 낙양 사람들은 이같이 말할 정도였다.

"낙양에서 크고 아름다운 것으로는 경손과 월석이 있다."

두 사람은 귀족 자제로서 여러 차례 한문寒門 출신인 손수에게 모욕을 주었다. 반악을 죽인 손수는 권력을 잡은 후 유씨 형제를 제거하려 했다. 그러나 유씨 형제는 사마륜과 인척 관계에 있어 어쩌지 못하고 때가 오기를 기다리며 이를 갈았다. 이후 조왕 사마륜과 제왕 사마경 등을 거치면서 이들 형제는 모두 현직顯職에 올라 목숨을 보전할 수 있었다.

범양왕 사마효 역시 자신의 군사가 패주할 때 유씨 형제가 계속 자신을 수행한 공을 높이 사 업성에서 자리를 잡은 후 동해왕 사마월에게 극력으로 이들 형제를 천거했다. 이에 유여는 정로장군, 위군 태수에 임명되었다. 이후 범양왕 사마효가 병사하자 유여는 조명을 고쳐 업성에 포로로 잡혀 온 성도왕 사마영을 사사했다. 이는 동해왕 사마월을 위해 후환을 미리 없앤 것이었다. 원래 사마월은 그를 경성으로 불러 곁에 둘 생각이었으나 어떤 사람이 유여의 재주를 시기해 이같이 헐뜯었다.

"유여는 오장에 붙어 있는 고깃덩이와 같습니다. 그와 접근한 사람 모두 제명에 살지 못했습니다."

사마월은 전에 직접 유여와 교유한 적이 없었던 까닭에 이 말을 들은 후 크게 꺼렸다. 이에 사마월은 그를 경성으로 부른 후 의심을 품고 중용하지 않았다.

당시에는 내우외환으로 인해 여러 복잡한 일이 많았다. 사마월이 매번 군신 회의를 소집할 때마다 휘하 문신과 무장 모두 유유낙낙할 뿐 대처 방법을 잘 몰랐다. 유독 유여만이 강직하면서도 조리 있게 산천과 수로, 전술, 전략 등 모든 사안에 대해 거침없이 대책을 내놓았다. 그러다 보니 사마월은 이내 유여를 가까이하며 수시로 자문을 구했다.

유여는 사람들과 함께 음주를 하며 즐기면서도 남는 시간을 이용해 수많은 서류를 피곤한 줄도 모르고 때론 밤늦도록 물 흐르듯 처리했다. 이를 보고 모든 사람이 그의 재능에 탄복했다. 사마월은 유여를 가장 가까운 심복으로 생각하면서 그 재주를 유곤보다 더 높이 평가했다. 유여는 흉노 대군이 낙양을 포위했을 때 손가락이 감염돼 패혈증으로 사망했다. 당시 47세로 사후 표기장군에 추증되었다. 시호는 정定이었다.

호가 5롱

유곤은 당초 사마륜의 휘하에 있을 때 크게 패하면서 복인지 화인지 적잖은 전투 경험을 쌓게 되었다. 그는 조정에 올리는 표문에서 병주 일대에 오랑캐 무리가 창궐하고 백성들이 무수히 죽어 나가는 참상을 이같이 보고했다.

"노약자를 이끌고 사방으로 흩어지는 백성들이 길에 가득 찼습니다. 그들은 처자를 팔아 목숨을 이어갈 정도로 생사가 위급하니 백골이 들판을 가득 채우고 있습니다. 오랑캐 군사 수만 명이 사방의 산을 둘러싸고 발길이 닿는 대로 노략질을 일삼고 있습니다."

유곤은 천신만고 끝에 가까스로 모은 1천 명의 병사를 이끌고 진양성晉陽城

으로 갔다. 당시 진양은 흉노 군사의 노략으로 인해 관부가 모두 불타고 시체가 사방에 널려 있었다. 요행히 목숨을 구한 백성도 기아로 인해 산송장이나 다름없었다. 인육을 먹는 모습도 사방에서 보였다. 그는 도착하자마자 이같이 말했다.

"가시덤불을 제거하고, 시체를 모아 장사 지낸다. 관부와 저자를 다시 조성한다."

진양성을 거의 중건할 즈음 흉노 군사와 도적 떼 무리가 연이어 쳐들어왔다. 유곤은 병사들을 이끌고 늘 성문에서 싸움을 벌여 승리를 거뒀다. 이로써 진양성은 안정을 되찾았다.

흉노 군사가 진양성을 다시 포위하자 유곤은 흰 옷을 입고 망루에 올라 한바탕 슬픈 음조의 노래를 불렀다. 적들은 이를 듣고 모두 처연히 장탄식을 했다. 이는 위진 시대에 명사들이 통상 하던 거동이기도 했다. 훗날 민국 시대의 루쉰魯迅은 이를 휘파람 소리로 해석했으나 낮은 비탄조의 노래로 보는 게 옳다. 깊은 밤이 되자 그는 또 호가胡笳(피리)를 연주했다. 그 소리가 매우 처량해 적들이 모두 눈물을 흘리며 탄식했다. 아침이 될 때까지 연주가 계속되자 적들은 결국 포위를 풀고 물러났다.

유혈전이 난무하는 난세에는 음악이 이처럼 커다란 마력을 지니고 있다. 호가퇴병胡笳退兵의 고사가 나온 배경이다. 유곤이 만든 「등롱登隴」과 「망진望秦」, 「죽음풍竹吟風」, 「애송로哀松露」, 「비한월悲漢月」 등의 5수의 곡은 이른바 '호가 5롱胡笳五弄'이라고 하여 당나라 때까지 보존됐다.

당시 흉노 유연은 이미 한왕을 칭하고 있었다. 도읍으로 정한 이석離石은 진양에서 겨우 3백여 리밖에 떨어져 있지 않았다. 흉노의 기마병이 하루 만에 내달을 수 있는 거리였다. 하지만 문무를 겸비한 유곤은 이간책을 구사해 흉노의 일부 부족 1만여 명을 투항시켰다. 유연이 두려운 나머지 이석을 떠나 포자蒲子에 성을 견고히 쌓고 유곤이 내습할까 우려할 정도였다.

간난의 세월

당시 백성들이 안전한 곳을 찾아 몰려들면서 생활, 생산, 전투의 세 가지가 어느 정도 규모를 갖추게 되었다. 유곤의 부모도 이때 낙양에서 아들을 찾아와 합류했다. 원근의 사민들도 다투어 유곤에게 의부했다. 유곤은 다독이는 데 능했으나 제어하는 데는 약했다. 하루에 수천 명이 왔음에도 떠나는 사람 역시 줄을 이었다. 유곤은 평소 성색聲色을 밝혔다. 잠시 스스로 노력하는 모습을 보였으나 이내 방종한 모습으로 돌아갔다. 당시 진양은 북쪽으로 선비, 남쪽으로 흉노, 동쪽으로 왕준이 호시탐탐 노리고 있었다. 모두 유곤을 눈엣가시로 여겼다.

진회제 영가 2년(308년) 10월, 유연이 포자에서 칭제했다. 그사이 석륵은 거록(하북성 영진), 상산(하북성 정정), 기주(하북성 기현) 등을 함락시켜 1백여 곳의 보루를 지키던 군사가 투항했다. 얼마 후 유연의 아들 유총과 왕미가 석륵과 합세해 호관으로 진공했다. 유곤이 보낸 진나라 장수는 연이어 피살되고 서진의 상당 태수가 투항했다. 이처럼 곳곳에서 패했다는 소식이 들어오는 상황에서 원래 진나라에 귀부했던 흉노 우현왕 유호와 백부 선비도 담장의 풀이 바람에 넘어가듯 분분히 유연에게 투항했다. 진양성이 고립되는 상황이 빚어지자 유곤은 사람을 시켜 많은 예물을 갖고 선비족 탁발부 추장 탁발의려를 찾아가 도움을 청했다. 탁발의려는 조카 탁발울률拓跋鬱律을 시켜 기병 1만 명을 이끌고 가 이들을 돕게 했다. 유연의 흉노족은 싸움에 능했지만 선비족의 용맹을 크게 두려워했다. 이들은 모두 유곤과 선비족 연합군에게 대패했다. 흉노족 유호의 군사뿐만 아니라 백부 선비도 커다란 손실을 입었다.

승리를 거둔 후 유곤과 탁발의려는 함께 술을 마시면서 의형제를 맺었다. 유곤이 조정에 상주해 탁발의려를 대선우에 임명하고 대군代郡을 봉지로 내려 대공代公에 봉할 것을 요청했다. 당시 대군은 역심을 품고 있는 삭녕장군 왕준王浚이 다스리는 유주 관할이었다. 왕준이 군사를 보내 탁발의려를 급습했으나 오히려 패주했다. 이에 유곤과 왕준의 갈등이 표면화됐다. 탁발의려는 기회를 틈타 중원으로 들어와 세력을 키우고자 했다. 그는 곧 부락민 1만여 명을 이끌고 운중에서 안산으로 들어온 뒤 유곤에게 형북(형양 북쪽) 땅을 요구했다. 유곤은 이들을 제압하기도 어렵고 장차 이들의 원조를 얻을 생각으로 누번과 마읍, 음관, 번치, 곽 등 지금의 산서성 대현 이북에 있는 5개 현의 백성을 모두 남쪽으로 옮긴 뒤 이를 탁발의려에게 주었다.

영가 5년(311년) 말 유곤이 왕준과 백성들 문제로 충돌했다. 왕준은 자가 팽조彭祖로 산서 박릉군공 왕침王沈의 아들이었다. 당초 위나라 황제 조모가 병사를 이끌고 사마소를 칠 때 먼저 왕침과 왕업王業을 불러 상의했다. 두 사람은 곧 사마소에게 이를 일렀다. 조모가 피살되는 원인을 제공한 셈이다. 이후 왕준은 부친의 작위를 이어받아 진혜제 때 허창을 진수했다. 민회태자 사마휼이 가남풍에 의해 연금됐을 때 왕준은 태감와 함께 태자를 모살하고, 영북장군에 제수됐다가 곧 영삭장군에 임명돼 유주의 군사를 총괄하게 됐다. 당시의 어지러운 상황을 계산에 넣은 왕준은 천하 대세를 읽고 스스로 안전을 꾀하기 위해 주변의 소수 민족 수령들과 좋은 관계를 맺었다. 딸 하나를 선비 추장 무물진務勿塵에게 보내고, 다른 딸 하나는 호인 추장 소노연蘇怒延에게 보냈다. 조왕 사마륜이 찬위로 사마씨 세 왕이 기병하자 왕준은 수서양단首鼠兩端의 모습을 보이며 관망했다.

성도왕 사마영은 그를 토벌하려 했으나 내전이 급한 까닭에 어쩌지 못했다. 그는 곧 우사마 화연和演을 유주자사로 삼은 뒤 은밀히 왕준을 제거해 그의 병마를 접수하게 했다. 화연은 성도왕의 밀조를 손에 쥐고 오환의 선우 심등審登을 만나 지지 약속을 얻어 냈다. 화연은 왕준과 계성薊城의 남쪽 청천수에서 함께 환영 연회에 참석해 술을 마셨다. 계성 내에는 두 개의 치도馳道가 있었다. 화연과 왕준은 각각 한쪽 길로 왔다. 화연은 서로 읍례를 나눌 때 기회를 틈타 왕준을 칠 생각이었다. 그러나 마침 폭우가 내려 병기가 모두 젖어 결국 왕준에 대한 모살은 실패로 돌아갔다.

당시 오환족의 선우 심등은 미신을 믿었다. 그는 부족 사람들 앞에서 이같이 중얼거렸다.

"화연이 왕준을 죽이려고 할 때 홀연히 폭우가 내렸다. 이는 하늘이 왕준을 도운 것이다. 하늘을 어기는 것은 상서롭지 못하다."

선우 심등이 곧 왕준에게 전후 사정을 은밀히 고했다. 크게 놀란 왕준은 곧 병사들을 소집해 심등과 함께 화연을 죽였다. 왕준은 선비족 사위 무물진을 부른 후 선비족과 연합한 군대 2만 명과 함께 사마영을 공격했다. 이후 진회제가 즉위하자 왕준은 표기대장군, 사공에 임명되면서 오환교위를 겸직했다. 동시에 그의 사위 무물질은 대선우, 요서군공에 봉해졌다. 왕준은 하북에서 선비족 용병의 도움으로 유요의 대장 석륵과 대치했다.

한편 유곤은 일족인 유희劉希를 중산의 각지에 보내 활동케 했다. 대군과 상곡, 광녕의 3개 군이 모두 유곤에게 귀속했다. 왕준은 유곤의 영역이 자신의 영역과 겹치게 되자 석륵과 대치하던 군사를 돌려 유곤과 접전했다. 그 결과 왕준의 선비족이 유희를 벤 뒤 3개 군의 사민들을 이끌고 개선했다. 유곤은 다시는 그와 다툴 수 없었다. 유곤과 왕준이 싸우는 동안 정작 득을 본 것은 흉노 유씨였다.

영가 5년(311년) 석륵이 사마월의 10만 대군을 섬멸한 뒤 유총의 군사가 낙양을 함락시키고 진회제를 포로로 잡았다. 이때 탁발의려가 아들 탁발육수拓跋六修를 보내 유곤을 도우면서 신흥新興을 지키게 했다. 탁발육수와 함께 신흥을 지키던 유곤의 장수 형연邢延이 좋은 옥석을 몇 개 얻어 유곤에게 바쳤다. 유곤은 이를 탁발육수에게 보내면서 형연에게 더 많은 옥석을 찾아보도록 했다. 형연이 손에 넣은 옥석을 모두 진헌했다고 밝혔으나 탁발육수는 이를 믿지 않고 형연의 처자를 가둔 뒤 옥석의 소재를 다그쳤다. 대로한 형연은 휘하 병사를 이끌고 가 탁발육수를 친 뒤 신흥성을 들어 흉노 유씨에게 투항했다. 사태가 급하게 돌아가고 있는데도 유곤은 태연자약할 뿐이었다.

영가 6년(312년), 유곤은 관할 주군에 격문을 보냈다. 이해 11월 평양에서 군사를 모아 흉노 유씨를 칠 뜻을 밝히면서 크게 잔치를 베풀었다. 이때 유곤은 하남 사람으로 음악을 잘하는 서윤이란 자를 불러 함께 노닐며 크게 총애했다. 그러다가 결국 그를 진양성을 다스리는 진양령으로 삼았다. 진양령이 된 서윤은 교만하고 방자한 데다 재물을 밝혀 멋대로 일을 처리했다. 유곤의 호군장군 영호성令狐盛이 여러 차례 서윤을 제거할 것을 간했으나 유곤은 듣지 않았다. 이 사실을 안 서윤은 영호성에게 원한을 품었다. 한번은 유곤이 음주하며 즐길 때 홀연 영호성이 무력을 동원해 유곤을 황제로 옹립하려 한다는 고발이 들어왔다. 스스로 서진의 충신이라고 자부하고 있던 유곤은 대로한 나머지 자세히 알아볼 생각도 하지 않은 채 곧바로 좌우에 명해 그의 목을 치게 했다. 현명했던 유곤의 모친은 이 얘기를 듣고는 엄히 문책했다.

"너는 큰 뜻을 펼 수 없을 것이다. 자신보다 강한 자를 제거해 안전하고자 하니 어찌 대업을 이룰 수 있겠는가? 이같이 하면 화가 미구에 닥칠 것이다."

부친 살해 소식을 들은 영호성의 아들 영호니令狐泥는 황급히 유총이 있는 곳으로 도주해 유곤의 허실을 모두 고해 바쳤다. 유총은 대장 유찬과 유요에게 명해 영호니를 향도로 세운 뒤 정예 기병을 이끌고 가 병주를 치게 했다. 유곤은 이 소식을 듣고 곧바로 방어에 들어갔다. 유찬은 영호니와 함께 진양성을 급습해 유곤의 부모와 일족을 몰살했다. 진양성이 함몰돼 부모가 살해됐다는 소식을 들은 유곤은 피눈물을 흘렸다. 그는 곧 10여 명의 기병을 이끌고 상산 쪽으로 달려갔다. 탁발의려가 곧바로 지원에 나섰다.

진민제 건흥 원년(313년) 11월, 탁발의려는 아들 탁발육수에게 명해 수만 명의 군사를 이끌고 가 진양성을 공격하게 했다. 그는 20만 대군을 이끌었다. 유곤은 가까스로 모집한 한족 병사 수천 명을 이끌고 향도 역할을 했다. 중산왕 유요는 군사를 동원해 분수 동쪽 가에서 탁발육수와 대치했다. 접전을 벌인 끝에 흉노 군사는 대패하고, 유요 본인은 일곱 군데나 상처를 입고 하마터면 진몰할 뻔했다. 그는 진양성으로 들어간 뒤 밤늦도록 유찬 등과 함께 진양 백성들을 약탈한 뒤 몽산蒙山을 넘어 귀성하려 했다. 이 소식을 들은 탁발의려가 대군을 이끌고 추격했다. 그는 몽산 서남쪽 남곡藍谷에서 다시 흉노 군사를 대파했다. 사서는 '시체가 수백 리에 걸쳐 널려 있었다'고 기록했으나 사실 백 리라고 보아야 한다. 이들 대부분이 진나라 백성이었을 것이다.

당시 유곤이 배사하며 진군할 것을 거듭 청했으나 탁발의려는 완곡하게 거절했다.

"지금 경은 이미 땅을 회복했고, 우리는 멀리서 오느라 병사와 말이 모두 피폐해 있소. 다음에 연회를 거행토록 합시다."

그러고는 유곤에게 병거 1백 승, 말, 소, 양 각 1천여 두를 주어 군자로 쓰게 했다. 겨우 되찾은 진양이지만 유곤이 몇 년 동안 다스리는 동안 금세 다시 폐허가 되었다. 마구 건물을 지은 탓이다. 결국 유곤은 양곡(태원 이북)으로 군사를 옮겼다.

진민제 건흥 2년(314년), 석륵이 홀연 유곤에게 서신을 보내 강화를 청하면서 장차 군사를 이끌고 가 왕준을 토벌할 뜻을 내비치자 유곤이 크게 기뻐했다. 석륵은 왕준 토벌에 모든 힘을 집중시키기 위해 겸손한 말로 유곤을 안심시켜 배후를 치지 못하게 하려는 속셈이었다. 이때는 왕준의 세력이 크게 성할 때였다. 왕준의 부친 왕침은 자가 처도處道로 삼국 시대 당시 원술처럼 '당도고當途高'가 왕씨를 가리키는 것으로 생각해 왕을 칭하며 제왕의 명을 발했다. 삼국 시대 당시 낙양에는 이런 참언이 나돈 바 있다.

"한나라를 대신할 자는 당도고이다."

당시 남양에 있던 원술은 이 참언이 자신의 이름과 부합한다고 생각했다. 원술은 자신의 이름과 자인 '술術'과 '공로公路'를 풀어서 해석하면 '출朮'자와 '로躇'자가 합쳐져 길을 뜻하는 '도途' 자가 되니 이는 참언의 내용과 일치한다고 제멋대로 생각했던 것이다. 그는 또 원씨는 춘추 시대의 진국陳國에서 나왔으니 순임금의 후대이고 이는 '토덕土德'이므로 자신이 제위에 올라야만 오행상의 이치에도 부합한다고 여긴 것이다. 원술은 원래부터 원씨 가문의 적통만이 새 시대의 황제가 될 수 있다는 자대(自大) 의식에 빠져 있었던 상황에서 이런 요참이 나돌자 반역 음모를 구체화하기 시작했다. 왕침도 유사한 경우에 속한다.

왕준의 좌우는 그 허황됨을 간했다가 멀리 쫓겨나거나 죽임을 당했다. 왕준은 또 소인배를 총애하며 정사를 돌보지 않고 백성을 마구 부렸다. 이에 백성들이 인근의 선비족인 모용(慕容) 선비 부락으로 도주했다. 이미 왕준은 팔왕의 난이 일어나는 동안 그 실력을 충분히 보여 준 바 있었다. 하지만 이는 전적으로 휘하의 선비족과 오환족 용병 덕분이었다. 이때 이들이 분분히 왕준 곁을 떠나면서 그의 세력은 날로 약해졌다.

석륵은 왕준을 제거하기에 앞서 그 허실을 알기 위해 먼저 사자를 왕준에게 보내 정황을 살피게 했다. 이는 석륵의 참모들이 석륵에게 과거 진나라의 양호(羊祜) 및 오나라의 육항(陸抗)이 서로 예를 갖춰 인사했듯이 왕준에게 사자를 보낼 것을 건의한 결과였다. 석륵의 책사인 장빈(張賓)이 이같이 건의했다.

"왕준은 진나라 신하이나 내심 자립을 꾀하고 있습니다. 다만 사해의 영웅들이 좇지 않을 것을 우려해 대왕의 지지를 갈망하고 있습니다. 천하를 뒤흔드는 명성을 지닌 대왕이 겸손한 말과 두터운 예를 보여야만 그가 대왕을 신뢰토록 만들 수 있을 것입니다."

석륵이 곧 사자에게 명해 많은 보물을 갖고 가 왕준에게 바치며 이같이 말하게 했다.

"석륵은 본래 작은 오랑캐에 지나지 않습니다. 난세를 만나 이웃한 기주의 한쪽으로 숨어 들어가 생명을 구했습니다. 지금 진나라의 천명이 끝나 사해에 주인이 없으니 제왕의 자리에 오를 사람으로 공이 아니면 그 누가 있겠습니까? 엎드려 바라건대 전하가 천명과 인심을 좇아 속히 보위에 올라야 합니다. 저는 전하를 하늘과 땅의 부모처럼 봉대하고자 합니다. 저의 마음을 헤아려 부디 자식처럼 대해 주시기를 바랍니다."

왕준도 바보는 아니었다. 그는 석륵의 사자에게 물었다.

"석공은 당대의 호걸로 옛날 조와 위 땅을 차지하고 있소. 왜 나의 울타리를 자처한 것이오?"

사자는 이미 준비한 말이 있었다.

"전하는 중원의 중망을 한 몸에 받고 있고, 그 위엄은 중원과 주변에 널리 행해지고 있습니다. 자고로 호인胡人 중에 제왕이 된 자는 없습니다. 석 장군은 제왕이란 천명이 있어야 한다고 생각하고 있습니다. 항우가 비록 강했으나 천하는 결국 유방의 것이 되었습니다. 석 장군은 역사 거울에 비춰 전하에게 귀의코자 한 것입니다. 용과 봉황에 올라타는 반룡부봉攀龍附鳳으로 제왕을 보필하는 명신으로 남고자 한 것입니다."

왕준은 이 모든 것을 단박에 믿지는 않았다. 그는 석륵이 보낸 두 명의 사신을 모두 열후에 봉하고 석륵에게 큰 예로 보답했다. 석륵은 왕준에게 반기를 들었다가 도주해 온 자의 목을 베면서 왕준의 신임을 얻게 되었다. 결국 왕준은 석륵이 자신의 충실한 심복이 되었다고 생각했다.

왕준의 사자가 석륵의 근거지인 양국에 도착하자 석륵은 정예 병사들을 숨긴 채 파리한 군사들을 내보이면서 북면하여 사자를 맞았다. 석륵은 왕준이 하사한 주미麈尾를 벽에 내걸고 조석으로 꿇어 엎드려 절을 하면서 사자에게 이같이 말했다.

"나는 왕공을 보지 못해 하사품을 마치 왕공을 보는 듯이 대하는 것이오."

그러고는 쉬지 않고 왕준에게 진귀한 보물을 보내면서 4월 중순경에 친히 유주로 가 왕준을 배견하고 황제로 봉대하겠다고 말했다. 왕준은 이를 그대로 믿고 아무 방비도 하지 않았다.

석륵은 왕준의 사자를 전송하면서 자신의 사자를 딸려 보내 왕준의 허실을 살피게 했다. 사자가 돌아와 보고했다.

"유주는 작년에 홍수가 나 인민들이 먹을 것이 없는 상황입니다. 왕준은 곡식을 백만 석이나 쌓아 놓고 이들을 구휼하지 않고 있습니다. 형벌은 더욱 가혹하고 부역은 더욱 번잡해 안팎으로 우환이 겹쳐 있습니다. 사람들 모두 망할 날이 멀지 않다고 생각하고 있으나 그는 조금도 경계하는 마음이 없습니다. 오히려 전각을 크게 수리하면서 자신의 재주가 한고조 유방과 위무제 조조를 뛰어넘는다고 말합니다."

사서는 석륵이 대소하며 왕준이 낭중지물囊中之物(주머니 속의 물건)에 지나지 않음을 깨달았다고 기록해 놓았다.

진민제 건흥 2년(314년) 4월, 석륵이 대군을 이끌고 역수에 이르렀다. 왕준의 휘하 장수 손위孫緯가 이를 급히 보고했다. 왕준의 좌우가 분분히 영격할 것을 진언했으나 그는 오히려 화를 내며 큰 소리로 제장들을 꾸짖었다.

"석공이 오는 것은 나를 황제로 봉대하기 위한 것이다. 두 번 다시 석 장군을 영격하자고 말하는 자가 있다면 목을 벨 것이다!"

제장들이 다시는 얘기하지 못했다. 대군이 계성에 이르자 석륵은 큰 소리로 문을 열게 했다. 왕준의 명을 받은 군사들은 황망히 성문을 열었다. 왕준은 조금도 경계심을 갖지 않았으나 석륵은 오히려 복병이 있을까 우려해 병사들에게 수천 마리의 소와 양을 따라 들어가게 했다. 이처럼 많은 양의 소와 양이 길을 막으면 군사를 동원할 수 없게 된다.

왕준은 이때야 비로소 의심하기 시작했다. 그가 안절부절못하는 사이 석륵의 군사가 입성해 멋대로 약탈하기 시작했다. 왕준의 수하가 출병하여 저항할 것을 간청했으나 그는 계속 응답하지 않았다. 만일 이때 출병했다면 설령 석륵을 격파하지는 못할지언정 왕준 휘하의 제장들이 도주할 기회는 있었다. 사령관이 위급한 상황에서조차 아무런 명을 내리지 않자 제장들이 일시에 사방으로 흩어졌다.

왕준은 반나절이 지나도록 석륵이 자신을 배견하러 오길 기다렸다. 오히려 병사들이 황급히 달려와 석륵이 관서의 높은 자리에 올라가 명령을 내리고 있다고 보고했다. 왕준은 비로소 자신이 속았다는 것을 깨닫고 황급히 달아났다. 주변에 그를 호위하는 사람도 없었다. 그는 곧바로 병사들에게 붙잡혀 석륵이 있는 곳으로 끌려갔다. 왕준은 석륵을 보고 크게 욕했다.

"호래자식, 나를 속이다니, 흉악무도한 놈이로다!"

석륵이 대답했다.

"당신이야말로 나라가 뒤집히길 기다리며 천자가 되고자 했으니 흉역한 자가 아닌가? 당신은 간신들을 총애하고 백성들을 해쳤으니 그 죄가 실로 적지 않다!"

이어 정예 기병 5백 명을 시켜 왕준을 양국으로 압송시키고 왕준 휘하의 정병과 맹장 1만여 명의 목을 베었다. 왕준은 양국의 저자에서 목이 달아났다. 유곤은 왕준이 석륵에게 패망할 당시 아무런 조치도 취하지 않았다. 석륵은 곧 유곤을 치기 위한 준비에 들어갔다.

진민제 건흥 3년(315년), 유곤은 사공에 제수되어 병주와 기주, 유주의 군사를 총감독하게 되었다. 그러나 주변 형세는 이미 우려할 만한 수준에 이르러 있었다. 이듬해인 건흥 4년(316년), 유곤을 줄곧 지원해 오던 선비족 추장 탁발의려가 피살됐다. 탁발의려는 이미 건흥 3년에 서진의 대왕代王으로 봉해진 바 있었다. 막내 자식을 총애하는 선비족의 관습대로 대왕 탁발의려는 막내아들 탁발비연拓跋比延을 후사로 삼고자 했다. 이에 장자인 탁발육수를 신평성으로 보내고 그의 생모를 폐출해 냉궁에 연금했다. 탁발육수에게는 하루에 5백 리를 내달리는 준마가 있었다. 탁발의려는 이 또한 빼앗아 막내아들에게 주었다.

탁발육수는 화가 나 아무 말도 하지 않고 떠났다. 대로한 탁발의려는 군사를 이끌고 가 탁발육수를 쳤으나 오히려 아들에게 패하고 말았다. 그는 낡은 옷으로 갈아입고 전장을 빠져나왔으나 도중에 시골 여인이 그의 신분을 알아채고 탁발육수에게 이를 알렸다. 탁발육수는 급히 말을 타고 달려와 부친을 단칼에 베어 버렸다.

탁발육수는 스스로 대왕의 자리에 올랐으나 얼마 후 사촌 형 탁발보근拓跋普根에게 피살되었다. 이후 대란이 일어나 서로 죽고 죽이는 혼란이 지속됐다. 이 와중에 선비족에 귀부했던 진나라 장령 위웅衛雄과 기담箕澹이 진나라 병사와 오환의 병사 등 3만여 호와 함께 마소와 양 등 10만 두를 이끌고 인질로 온 유준劉遵을 옹대하며 유곤에게 귀부했다. 이로 인해 유곤의 세력이 일시 크게 떨쳤으나 과거처럼 탁발 선비가 이끄는 정병의 후원은 기대할 수 없게 되었다.

이해 말에 진민제는 장안에서 유총의 흉노 군사에게 포로로 잡혔다. 이때 석륵은 대군을 이끌고 진나라 한거韓據가 지키는 악평樂平을 공격했다. 유곤이 친히 휘하의 정병을 이끌고 가 이들을 구원하려 했다. 그러자 귀부한 진나라 장령 위웅과 기담이 간했다.

"저희들이 데리고 온 병사들은 아직 명공의 은혜를 입지 못해 제어하기가 쉽지 않습니다. 지금은 우선 문을 걸어 닫고 양생에 힘쓰고 병사들이 진나라 제도를 익히고 감화를 받은 연후 출병하는 게 옳을 것입니다."

유곤은 승리를 거둘 욕심으로 이들의 말을 듣지 않았다. 그는 두 장수를 선봉에 내세워 2만 명을 이끌고 진격하도록 하면서 자신은 휘하 군사를 이끌고 그 뒤를 따랐다. 석륵이 이 소식을 듣고는 산에 군사를 매복시킨 뒤 짐짓 패해 달아나는 척하다가 적들이 사정권에 들어오자 곧바로 사방에서 협공을 가했다. 위웅과 기담은 1천여 명의 패잔병을 이끌고 간신히 포위를 뚫고 도주했다. 진나라 장수 한거도 이 소식을 듣자 성을 버리고 황급히 달아났다.

유곤의 최후

유곤이 대패했을 당시 다행히 진나라 유주자사 단필제段匹磾가 사람을 보내 유곤 일행을 맞았다. 유곤은 달리 방법이 없어 계성으로 가 단필제에게 몸을 맡겼다. 단필제는 평소 유곤을 숭배했다. 두 사람은 서로 진나라를 일으키기로 굳게 약속하며 의형제를 맺었다. 이에 건강에 도읍을 정한 사마예에게 상표하여 그를 황제로 옹대했다.

단필제는 동부 선비족으로 무물진의 아들이었다. 왕준의 사위인 무물진이 진나라의 대선우에 봉해졌을 때 단필제도 좌현왕으로 봉해져 부중을 이끌고 가 진나라를 위해 흉노 유씨를 쳤다. 무물진이 병사한 후 단필제의 형 질륙권疾陸眷이 숙부인 섭복진涉復辰의 후원 하에 대선우의 봉호를 이어받았다.

유요가 낙양을 공략했을 때 왕준은 질륙권을 시켜 진나라 군사와 함께 양국의 석륵을 치게 했다. 이때 단필제의 사촌 동생 단말배段末杯가 석륵을 추격하다가 포로로 잡혔다. 석륵은 그를 죽이지 않고 질륙권에게 보냈다. 이에 질륙권이 이끄는 동부 선비와 석륵이 이끄는 갈족이 서로 결맹했다. 쌍방이 다시 싸우지 않게 되자 진나라 장수도 이를 막을 길이 없었다.

단필제는 줄곧 형인 질륙권이 석륵과 휴전하는 것을 반대해 왔다. 그는 유곤을 대도독으로 삼고 군사를 보내 석륵을 칠 준비를 했다. 석륵은 사람을 시켜 많은 예물을 갖고 가 단필제의 사촌 동생 단말배를 설득케 했다. 단말배는 자신을 죽이지 않고 생환시킨 석륵에게 보답하기 위해 질륙권과 섭복진 두 사람에게 단필제의 말을 좇지 말라고 진언했다. 설령 석륵을 토벌할지라도 모든 공이 단필제 한 사람에게 돌아가 질륙권에게 하나도 좋을 일이 없을 것이라고 설득하자 이게 그대로 먹혀들었다. 이에 동부 선우는 이내 군사들을 이끌고 철군했다.

얼마 후 질륙권이 병사하자 단필제가 이 소식을 듣고는 군사들을 이끌고 돌아와 분상奔喪했다. 단말배는 그가 돌아와 찬위할 것이라고 말하면서 매복을 깔았다. 단필제가 패주하자 단말배는 기회를 보아 당숙 섭복진과 그 자제 2백여 명을 살육하고 자립해 선우가 되었다.

당초 단필제가 분상할 당시 유곤의 아들 유군劉群도 그와 함께 갔다. 단말배가 단필제를 대파했을 때 유군은 포로가 됐다. 단말배는 유군을 포로로 잡은 후 후하게 대우하면서 유곤을 유주자사로 천거해 함께 단필제를 치기 위해 결맹할 생각이라고 꾀었다.

유군은 나이가 어려 아무것도 몰랐다. 그는 부친에게 편지를 써 사자에게 들려 보냈다. 그런데 단말배가 유군의 편지를 보내기 위해 파견한 사자가 도중에 단필제의 수하에게 붙잡혀 밀신이 드러나고 말았다. 당시 유곤은 아무것도 몰랐다. 그는 문득 단필제가 만나고 싶어 한다는 요청을 받고는 흔연히 갔다. 두 사람이 좌정했을 때 단필제가 유군의 밀신을 꺼내 보이며 말했다.

"나는 그대가 이 일에 가담했으리라고는 의심하지 않는다. 그래서 이를 그대에게 알리는 것이다."

유곤은 편지를 다 본 후 한참 있다가 말했다.

"나는 그대와 결맹했다. 함께 진나라를 회복하고 나라가 패망한 치욕을 설욕코자 한 것이다. 설령 내 자식의 편지가 내게 왔을지라도 어린 자식의 일로 인해 그대를 배신할 수는 없는 일이다."

단필제가 고개를 끄덕였다. 그동안 단필제의 동생 단숙군段叔軍이 형을 밖으로 불러내 말했다.

"우리는 원래 진나라 사람들이 두려워하는 이민족입니다. 지금 우리 가족 내에 골육상잔이 일어난 것은 모두 진나라 사람이 획책한 것입니다. 만일 유곤을 내세워 거사하면 우리 가족 모두 도륙을 면치 못할까 걱정입니다."

단필제가 듣고 보니 일리가 있었다. 이에 그는 유곤을 연금에 처했다. 이 소식을 들은 유곤의 장자 유준은 살해당할 것을 우려해 유곤의 속료들과 함께 문을 굳게 닫고 지켰다. 그러나 병력이 얼마 안 돼 이내 단필제의 군사에 의해 성이 함몰하면서 모두 포로가 되었다.

유곤의 연금이 오래되자 원근의 사람들이 모두 분하게 생각했다. 단필제가 임명한 대군 태수와 유곤이 임명한 안문 태수가 단필제를 기습하는 방안을 밀모해 마침내 유곤을 구해 내고자 했다. 그러나 얼마 후 기밀이 누설돼 두 태수 모두 피살당했다.

당시 유곤은 구금돼 있는데도 태연했다. 그는 오언시를 지어 별가로 있는 노심盧諶에게 전해 주었다. 이른바 『중증노심重贈盧諶』이 그것이다.

공업을 아직 다 이루지도 못했는데 功業未及建

석양은 홀연히 서쪽으로 떨어지네 夕陽忽西流

아, 때는 나에게 불리하게 돌아가니 時哉不我與

기회가 가는 게 마치 구름 가듯하네 去乎若雲浮

당시 동진의 권신 왕돈은 사람을 단필제에게 보내 유곤 제거를 은밀히 부추겼다. 단필제는 안팎으로 압력이 들어오자 황명을 내세워 유곤을 주살하기로 마음먹었다. 유곤은 왕돈의 사자가 왔다는 소식에 이미 자신의 운명이 다한 것을 알고 장자 유준에게 이같이 말했다.

"처중處仲(왕돈의 자)의 사자가 와서는 나에게 고하지 않으니 이는 나를 죽이려는 것이다. 살고 죽는 것은 다 명운이나 다만 치욕을 씻지 못한 게 한이다!"

그러고는 눈물을 비 오듯 흘렸다. 단필제가 보낸 병사들이 뛰어들어 유곤의 목을 매어 죽였다. 그의 나이 48세였다. 유곤의 아들과 조카 등 4명도 해를 입었다. 당시 진나라 조정은 단필제에 의지해 석륵을 저지하고 있었던 까닭에 곧바로 발상하지 못했다. 2년 뒤에야 그를 시중, 태위로 추중하고 시호를 '민愍'이라고 했다.

단필제가 유곤을 죽이자 유곤 휘하의 한족과 호인들이 모두 사방으로 도주했다. 얼마 후 단필제는 진나라 신하 소속邵續과 합세해 단말배를 쳤다. 석호는 단씨 형제가 서로 싸우는 틈을 이용해 단필제를 계성에서 포위했다. 단필제는 홀로 포위를 뚫고 나갈 생각이었으나 주변에서 만류했다. 결국 구원이 무망해지자 그는 진나라 조복을 입은 후 사람들을 이끌고 밖으로 나가 포위 공격을 가하고 있는 석호에게 정색을 하고 말했다.

"나는 국은을 입어 너를 멸하고자 했다. 불행히 부족 내에 자중지란이 일어나 이 지경에 이르게 됐다. 기왕에 죽지도 못했지만 너를 주인으로 섬길 수도 없다!"

석호와 단씨 선비는 전에 서로 교호하면서 형제의 맹약을 한 바 있었다. 석호는 단필제를 크게 존경했다. 단필제가 양국으로 압송되자 석륵이 그를 연금하고 투항을 권유했지만 그는 진나라 조복을 입은 채 뜻을 굽히지 않았다. 석륵은 1년여를 기다렸으나 더 이상 희망이 없어 보이자 이내 그를 죽였다.

닭 울음소리와 함께 일어나다

중국인에게 '문계기무闅鶏起舞'와 '중류격즙中流擊楫'은 매우 귀에 익숙한 성어이다. 그러나 이 성어의 주인공인 조적에 대해 아는 사람은 거의 없다. 문계기무는 조적이 젊은 시절 외적의 침입에 시달리는 나라의 장래를 걱정하며 한밤중에 닭 울음소리를 듣고 친구 유곤을 깨워 함께 검술을 연마한 데서 나온 말이다. 중류격즙은 실지 회복에 나선 조적이 강의 한가운데 이르렀을 때 칼을 뽑아 뱃전을 두드리며 중원을 회복하지 못하면 결코 돌아오지 않을 것이라고 소리친 데서 나온 말이다.

조적은 자가 사치士稚로 범양의 주遒(하북성 내수) 땅 출신이다. 조상은 누대에 걸친 호족으로 2천 석의 벼슬을 지냈다. 조적은 어려서 부친을 잃었는데 여섯 형제가 모두 함께 가업을 이어 나갔다. 14세가 되도록 책을 보지 못했으나 재물을 가볍게 보며 협기를 좋아했다고 한다. 이후 여러 책을 보며 고금의 사적을 두루 섭렵했다. 그가 경사로 올라가자 그를 만나 본 사람들이 모두 찬세지재贊世之才(세상을 도울 재주)라고 칭송했다.

진무제 태강 연간은 서기 290년 전후다. 이때 조적은 유곤과 함께 사주의 주부主簿로 있었다. 뜻이 맞은 두 사람은 함께 시를 논하고 술을 마시며 협기를 나눴다. 함께 잠을 자다가 한밤중에 닭이 울면 조적은 곧 유곤을 깨웠다.

"이는 악성惡聲(듣기 싫은 소리)이 아니다."

그러고는 같이 무술을 연마했다. 두 사람은 늘 한밤중에 깨어나 세상사를 논하면서 이같이 말했다.

"만일 사해가 들끓고 호걸이 일시에 일어나면 나와 그대는 서로 중원 안에서 피할 뿐이다."

그가 일찍이 중원에 병란이 일어날 것을 예견한 사실을 알 수 있다.

팔왕의 난 직후인 진회제 영가 5년(311년) 낙양이 함락됐다. 조적은 친족과 향당 수백 호를 이끌고 회사淮泗(강소성 서주와 회수 일대)로 피난을 갔다. 도중에 그는 자신의 수레와 말을 노약자에게 양보하고 걸어갔다. 의복과 양식은 위급한 사람에게 베풀었다. 그동안 도적들을 만나는 등 여러 우여곡절이 있었으나 그는 강력한 조직을 구성해 보호함으로써 행주行主에 추대됐다. 행주는 산림 지역 등에 세운 성채의 우두머리로 오주塢主로도 불렸다. 남북조 당시에는 세상이 극도로 혼란한 까닭에 이런 성채가 극히 많았다. 규모는 매우 다양해 작게는 수백 호에서 많게는 수천 호에 달했다. 대개 향리에서 명망이 높은 대호족이 우두머리를 맡았다.

서사徐泗(서주 시)에 도착했을 때 낭야왕 사마예가 그를 서주자사에 임명했다. 얼마 후 그는 군사좌주에 임명돼 경구京口(강소성 진강)에 주둔하게 되었다. 진민제 사마업이 보위를 이은 후 강동의 사마예에게 조명을 내려 속히 군사를 이끌고 낙양으로 와 근왕하게 했다. 사마예는 당시 강남 일대를 잃지 않기 위해 북벌에 나설 뜻이 없었다. 조적이 강개한 언사로 상서하자 사마예는 여론을 감안해 그를 예주자사에 봉했다. 이는 실질적인 임지가 없는 허봉虛封에 지나지 않았다.

사마예는 조적이 병사를 모집할 수 있도록 1천 명분의 식량과 3천 필의 포백을 하사해 군비로 쓰게 했다. 조적은 종족과 부곡 1백여 호에서 차출한 병사를 이끌고 경구 북쪽에서 장강을 건넜다. 도강하던 중 중류에 이르러 그는 문득 칼을 뽑아 뱃전을 치면서 말했다.

"내가 중원을 평정하지 않으면 다시는 이 강을 건너지 않을 것이다!"

도강 후 그는 강음에 진을 친 뒤 병기를 손질하고 병사들을 모았다. 대략

2천여 명이 되자 북진을 개시했다. 당시 장강 이북은 대란이 일어난 후라 각지의 유민과 해당 지역의 주민이 분분히 몰려들어 각자 오보^{塢堡}(작은 성채)를 세워 무장하고 있었다. 이들은 서로 자사와 태수를 칭하며 힘이 센 쪽에 귀부했다.

조적은 종횡으로 활약하며 오주로 있던 장평^{張平}과 번치^{樊雉} 등을 굴복시켰다. 태구의 싸움에서 승리한 후 조적은 초성을 함락시켰다. 그러나 봉피의 오주 진천^{陳川}은 이내 배신한 뒤 석륵에게 귀부했다. 석호가 5만 명의 갈족 정병을 이끌고 오자 조적이 출전해 서로 대치했다.

동진 원제 태흥 2년(319년), 조적과 후조의 병사들이 준의^{浚儀}에서 대치했다. 진나라 병사는 동대^{東臺}, 후조의 병사는 서대^{西臺}에 진을 쳤다. 쌍방은 40일 동안 대치했다. 양초^{糧草}가 거의 다 떨어져 갈 즈음 조적이 사람을 시켜 포대에 모래를 가득 채워 오게 했다. 식량으로 가장한 것이다. 그는 1천여 명을 보내 이것을 동대로 운반했다. 이어 다시 몇 사람을 보내 진짜 곡식을 옮기게 했다. 서대의 후조 군사가 멀리서 이를 보고는 곧바로 정병을 내보내 기습 공격을 했다. 조적의 병사들은 짐짓 곡식을 내려놓고 도주하는 척했다. 후조의 군사들은 포대 속에 곡식이 가득 들어 있는 것을 보고는 진나라 군사의 식량이 충분한 것으로 생각했다.

석륵은 준의의 서대에 주둔하고 있는 후조의 군사에게 양식을 지원하기 위해 휘하 장수에게 명해 노새 1천 마리를 이용해 식량을 운반시켰다. 조적은 변수^{汴水}에 매복하고 있다가 그 곡식을 모두 빼앗았다. 식량이 떨어진 후조의 군사는 퇴각하지 않을 수 없었다. 조적의 군사가 봉구^{封丘}와 옹구^{雍丘} 등을 점거한 채 여러 차례에 걸쳐 출병하여 공격을 가하자 석륵의 군사는 하남 일대에서 급속히 위축될 수밖에 없었다.

하남 일대의 오주들은 겉으로는 후조에 충성하는 모습을 보이면서 조적에게 후조 군사의 움직임을 은밀히 보고했다. 부로들은 노래를 지어 조적의 덕정을 칭송했다. 동진의 조정은 그를 진서장군에 봉했다. 석륵은 조적으로 인해 감히 하남을 다시는 침범하지 못했다. 이에 사람을 성고현으로 보내 조적의 모친 묘를 파게 했다. 석륵은 직접 붓을 들어 조적에게 사자를 교환하고 물건을 교환하는 호시^{互市}를 개설할 것을 요구했다. 조적은 답신을 보내지는 않았으나 군민이 하북의 갈족과 서로 필요로 하는 물건을 교환하는 것을 허용했다. 교역에 부과하는 세금으로 병마를 증강하고자 한 것이다.

그동안 동진 조정에서는 시기하는 자들이 그를 헐뜯기 시작했다. 이들은 강남 사족 출신인 문인 대연^{戴淵}을 도독으로 삼아 합비에 주둔시켜 조적을 견제했다. 당시 조정의 왕돈과 유외^{劉隗}는 서로 사이가 나빴다. 그 결과 북벌은 더욱 멀어지게 됐고, 조적은 울분으로 인해 병이 나고 말았다. 결국 마지막 순간이 오고야 말았다. 동진 원제 대흥^{大興} 4년(321년) 10월, 요성^{妖星}이 예주 분야에 보였다. 병이 위중해진 조적은 천문을 보고 탄식했다.

"내가 본래 진군하여 하북을 평정코자 했으나 하늘이 나를 죽이는구나. 이는 국가에 불리한 징조다."

며칠 후 그는 56세의 나이로 병사했다. 훗날 마오쩌둥은 「칠률^{七律}·홍도^{洪都}」에서 그를 기리며 이같이 읊었다.

홍도에 이른 후 다시 1년이 지났다네 ^{到得洪都又一年}
조적의 격즙 전설 지금까지 전해 오네 ^{祖生擊楫至今傳}
닭 소리 듣자니 남쪽에서 빗소리 들리네 ^{聞鷄久聽南天雨}
말 타고 채찍 들어 북벌 지휘하려 했다네 ^{立馬曾揮北地鞭}

조적의 사후 동진 조정의 권신이었던 왕돈은 크게 기뻐했다. 그는 줄곧 조적으로 인해 다른 생각을 감히 품지 못했다. 조정은 조적의 동생 조약^{祖約}에게 명해 형을 대신해 병사들을 지휘하게 했다. 그러나 조적이 수복한 하남의 땅은 끝내 후조에게 함락되고 말았다.

제6장

후조의
한족 탄압과
반동

> 석민은 갈족을 포함한 호인들이 자신에게 별 소용이
> 없다고 판단해 이내 그 유명한 살호령殺胡令을 내렸다.
> 며칠 사이 수만 명에 달하는 갈족의 머리가
> 업성 봉양문 광장에 쌓였다.

전마의 소리를 듣는 소년

석륵은 자가 세룡世龍으로 원래 이름은 복륵匐勒이었다. 상당 무향 출신의 갈족으로 석륵의 조부는 『진서』에 따르면 이름이 야혁어耶弈於이고, 석륵의 부친과 함께 부락의 소두령으로 있었다. 야혁어는 페르시아어 '일하니eelkhany' 에서 나온 것이다. 유목 부족의 수령이라는 뜻이다. 그들 집안은 서역의 호인 으로 지금의 타슈켄트 지역인 강거光渠에 살았을 공산이 크다. 언어는 이란 어에 속한다. 변경으로 들어온 흉노 열아홉 종족 중 하나였을 것이다. 그들의 모습은 지금의 유럽인들처럼 코가 높고, 눈이 깊고, 수염이 많은 게 특징이다. 이주한 지 시간이 오래 지나 이들은 한족 지주 밑에서 고용인으로 있었다.

7~8세 때부터 석륵은 종일 저녁 늦게까지 밭에서 힘들게 일했다. 당시만 해도 그의 얼굴 모습을 빼고는 특이한 것이 없었다. 그는 피곤에 지쳐 집으로 돌아가 밥을 먹을 때면 모친에게 멀리서 전마戰馬의 소리가 들린다고 투덜댔 다. 모친이 말했다.

"네가 너무 피곤해서 귀에 헛소리가 들리는 것이다. 무슨 상서롭지 못한 소 리는 아니다."

당시 향촌의 일부 사람이 석륵의 얼굴이 범속하지 않다고 얘기하면 사람들은 콧방귀를 꿰었다. 오직 같은 마을에 사는 곽경郭敬과 양곡현의 영구寧驅만이 석륵이 비상한 인물이라는 것을 알았다. 재산이 많았던 두 사람은 석륵에 대해 깊은 관심을 기울였다. 석륵은 열네 살이 되자 기골이 장건해졌다. 사람들은 그를 짐꾼으로 썼다. 그는 물건을 낙양성 내의 상동문까지 운반하는 일을 했다. 대개 며칠이 걸렸다. 배가 부르면 흥분되어 크게 소리를 지르곤 했다. 동진의 귀족 왕연王衍은 가마를 타고 가다가 모습이 괴이하게 생긴 거한이 마구 소리를 지르는 것을 보고는 주위에 물었다.

"방금 저 호족 소년은 생김새와 목소리가 매우 괴이하다. 장차 천하동란의 해를 끼칠까 우려된다."

이에 그는 속히 돌아가 석륵을 잡으려 했다. 그러나 시장에 왕래하는 사람이 많고 석륵도 이름을 알 수 없는 곳으로 가 쉬고 있었던 까닭에 무사할 수 있었다.

진혜제 태안 연간인 서기 302~303년 어간에 병주에서 기근이 발생했다. 그러자 석륵을 포함해 고용된 호인들이 분분히 도주했다. 석륵은 안문에서 양곡까지 가는 도중 낙오된 까닭에 이전의 고용주였던 영구에게 몸을 맡겼다. 당시 각지의 병사들은 이리저리 떠도는 호인들을 묶어 돈 몇 푼을 받고 외지에 팔아넘기곤 했다. 북택도위가 한번은 수백 명의 사람을 잡고는 영구의 장원까지 들어갔다. 영구는 석륵을 뒤주에 숨겼다. 붙잡힐 경우 그는 기골이 건장해 다른 사람보다 배의 값을 받을 수 있었다.

영구도 그를 한 번은 숨겨 줄 수 있었으나 두 번 보호하기는 쉽지 않았다. 석륵은 곧 도위 이천李川에게 자수해 군대에 복무할 뜻을 밝혔다. 창칼을 쥐고 사람을 잡는 일을 하면 노예로 잡혀 팔릴 일은 없을 것이라고 생각한 것이다. 그러나 길을 걷는 도중 허기와 갈증으로 인해 낭패스런 상황에 몰렸다. 숨을 돌리고 있는 사이 전에 고용돼 일한 적이 있는 곽경을 만났다. 석륵이 우는 모습으로 절하며 굶주림을 호소하자 곽경은 그를 좋은 값에 팔 생각으로 먹을 것과 옷을 사 주었다. 석륵이 곽경에게 말했다.

"지금 병주의 기황이 매우 심해 자칫 아사할 지경입니다. 주위의 호인들 모두 먹을 것이 없습니다. 그들을 기주로 데리고 가 먹을 것을 찾을 생각입니다. 기회를 잡아 그들을 팔면 돈도 벌고 그들 또한 활로를 찾는 게 될 것입니다."

곽경이 그럴듯하게 생각했다. 석륵의 웅심은 여기에서 드러났다. 그는 곽경과 헤어진 뒤 이천의 군중軍中으로 가 이 계책을 헌상할 생각이었다. 몇 리를 가니 진나라 병주자사 동영공 사마등의 군사가 사방으로 다니며 떠돌이 호인들을 수색하고 있었다. 이들을 팔아넘겨 군자를 대려는 속셈이었다. 이들은 멀리서 석륵이 오는 것을 보고 그를 둘러쌌다. 결국 다른 사람을 팔아넘기기 전에 자신이 먼저 팔려 나가게 되었다.

사마등은 휘하 장수 곽양郭陽과 장륭張隆에게 명해 사방에서 잡아온 호인들을 모두 기주로 끌고 가 팔아넘기게 했다. 목에 판자를 쓴 이들 호인들은 짐승처럼 채찍을 맞으며 시장으로 압송됐다. 병주에서 기주로 가는 길은 매우 험했다. 절반이 길에서 병사했다. 곽양은 곽경의 족형이었다. 그는 이미 돈을 받은 까닭에 도중에 석륵에게 신경을 써서 음식을 주었다. 덕분에 그는 무사히 기주에 도착할 수 있었다.

석륵은 임평 사람 사환師歡에게 팔렸다. 사환은 힘이 좋은 석륵을 신임했다. 석륵은 사환의 밭 부근이 모두 정부의 양마장인 것을 보고 말을 감정하는 일로 이름을 알려 이내 마장을 지키는 위군魏郡의 말 관리관인 급상汲桑과 함께 말을 공동 관리하는 기회를 잡았다. 두 사람은 함께 술을 나누는 친구가 되었다. 그동안 사환은 석륵을 무안武安의 지주에게 임대했다. 운이 나쁘게도 그는 도중에 인신매매를 하는 군사에게 붙잡힌 뒤 시장으로 끌려가 다시 팔려 나갔다. 마침 황야에는 사슴들이 내달리고 있었다. 병사들이 사슴고기를 구워 먹을 생각으로 말을 타고 마구 사슴 무리를 쫓아다녔다. 이 틈에 석륵은 밧줄을 풀고 요행히 도주할 수 있었다.

이때 석륵은 사람들에게 말과 소처럼 부림을 당하느니 차라리 스스로 무장하는 것이 낫다고 생각했다. 이에 그는 필마를 훔친 뒤 평소 함께 알고 지내던 왕양王陽과 도표桃豹 등 8명을 모았다. 농기구를 뾰족하게 갈아 무기로 삼고 사방에서 약탈하는 생활을 시작했다. 얼마 후 곽오郭敖와 호연막呼延莫, 지굴륙支屈六 등 8명이 더 가담했다. 사람들은 이들을 일컬어 '비천 18기飛天十八騎'라고 했다. 적룡赤龍 등 황실의 양마장에 뛰어들어 최상의 준마를 얻은 뒤 사방으로 약탈하며 큰 부호가 되었다.

당시 세상이 어지러워 관부는 스스로를 보호하기에도 바빴다. 석륵은 물고기가 물을 만난 듯 사방을 약탈하면서 빼앗은 보물 가운데 일부를 급상에게 보냈다. 해당 지역 세력과 결합해 기반을 다지려는 속셈이었다. 석륵이 황가 마장의 준마까지 가져다주자 급상은 크게 기뻐한 나머지 석륵에게 이름과 자를 지어 주었다.

급상은 난세의 흐름을 살펴보고는 석륵과 함께 성도왕 사마영의 휘하 장수인 양평 출신 공손번公孫藩 아래로 들어갔다. 당시 공손번은 스스로 장군을 칭하면서 조趙와 위魏 땅에서 수만 명의 군사를 거느리고 있었다. 두 사람은 황실에서 기르던 준마 수백 필을 이끌고 가 공손번과 만났다. 공손번은 크게 기뻐하며 석륵을 전대독前隊督으로 삼고 업성의 평창공 사마모를 치게 했다. 그러나 공손번은 얼마 후 대패해 피살됐고, 급상과 석륵은 보물을 손에 넣고 혼란 중에 도주했다. 이들은 전에 황실 마장에서 훔친 물건 등을 이용해 사방에서 사람들을 모아 군현의 죄수들을 겁략해 적잖은 무장 세력을 형성했다. 급상은 대장군을 칭하며 성도왕 사마영을 대신해 동해왕 사마월을 토벌한다는 구실로 석륵을 소로장군에 임명하고 충명정후忠明亭侯에 봉했다.

급상의 지휘 하에 석륵은 군사를 이끌고 가 업성을 쳤다. 그는 전에 자신을 기주에 팔아먹은 동영공 사마등을 포함해 1만여 명을 죽이고 부녀자와 보물을 약탈했다. 연이어 연진에서 황하를 넘어가 연주兗州로 진공했다.

성도왕 사마영은 곧 연주자사 구희에게 명해 군사를 이끌고 가 이들을 치게 했다. 몇 달 사이 양평과 평원 사이에서 쌍방은 대소 30여 차례 접전했다.

그사이 급상과 석륵의 군사가 1만여 명이나 죽었다. 두 사람은 황급히 흉노 유연에게 달아나다가 도중에 진나라 기주자사 정소丁紹의 습격을 받았다. 석륵은 악평까지 도주했으나 급상은 도중에 진나라 군사에게 잡혀 평원에서 참수됐다.

당시 석륵은 상당으로 가서 사람들을 설복해 군사 수천 명을 이끌고 있는 두 부족의 호인들과 함께 유연을 찾아가 배견했다. 유연은 크게 기뻐하며 그를 보한장군 겸 평진왕에 임명했다. 이에 고무된 석륵은 곧 계책을 써 2천여 명의 군사를 거느리고 있는 오환족 장복리도張伏利度를 위협한 뒤 이들을 이끌고 유연에게 갔다. 유연이 그를 독산동정토제군사督山東征討諸軍事에 임명했다. 석륵이 1년 사이 땅을 가는 노비의 신세에서 일약 유연 휘하의 존귀한 왕이 되어 수천 명의 군사를 지닌 무장 세력의 우두머리가 된 배경이다. 난세는 사람의 운명을 일거에 바꿔 놓는다. 시기時機에 재빨리 올라타는 자는 흥하고, 그렇지 못한 자는 패망한다. 석륵의 '인생 역전'이 이를 웅변한다.

영형아의 시대

진회제 영가 2년(308년) 유연이 칭제하면서 석륵을 지절, 평동대장군, 평진왕에 봉했다. 유총이 호관을 칠 때 석륵은 7천 명의 정예 기병을 이끌고 전봉도독이 되어 진나라 장수 황수黃秀의 목을 베었다. 이어 업성으로 쳐들어가 조군과 거록, 상산 등을 차례로 치면서 진나라 군사 1만 명을 죽였다. 이때 그는 자신과 함께 기병한 18명의 장수에게 명해 여러 갈래로 나눠 병주로 들어간 뒤 각 현을 접수하도록 했다. 수많은 호인 부락이 무장한 채 귀부했다.

석륵은 비록 유연을 위해 싸움에 나섰으나 나름 속셈이 있었다. 그는 주민들을 죽이는 일을 극도로 삼갔다. 위군을 함락시켰을 때 여러 오보에서 장정

5만 명을 군사로 선발한 뒤 노약자는 안심시키고 병사들이 사적으로 약탈하지 못하도록 한 게 그 실례이다. 기주를 함락한 뒤에는 각지의 독서인을 한 곳에 안치한 후 이를 '군자영君子營'으로 불렀다. 이는 그의 참모 본부나 다름없었다. 석륵의 수하 가운데 최고의 책사 역할을 한 사람으로 장빈張賓을 들 수 있는데 그 역시 이때 군자영의 명성을 듣고 귀순한 인물이다.

석륵이 싸움을 하는 동안 비교적 크게 패한 것은 비룡산 전투다. 당시 유주자사 왕준이 파견한 선비족 두령 무물진 등이 이끌고 온 선비족 병사는 진나라 군사와 연합해 석륵의 군사를 여양에서 대파했다. 당시 이들 연합군은 10만 명에 달했다. 그러나 사실 석륵은 크게 타격을 입지는 않았다. 그는 군사를 돌려 기주자사 왕빈王斌을 패사시킨 후 동쪽으로 진격해 견성을 공격해 연주자사 원부袁孚의 목을 얻었다. 여세를 몰아 광종과 청하, 평원, 양평 등의 현을 함몰시켜 9만여 명의 항복을 받아 냈다. 그는 진나라 관군장군 양거羊耳의 목을 치면서 저항한 항졸降卒 1만여 명을 갱살坑殺했다. 그러자 하북 일대가 진동했다. 많은 오보에서 그에게 인질을 보내며 투항했다.

유총은 보위를 계승한 뒤 그를 정동대장군, 병주자사 등에 임명했다. 석륵은 유총의 아들 유찬과 함께 낙양을 치면서 양양으로 진공해 강서의 오보 30여 개 소를 함락시켰다. 이는 장강과 한수 사이에 웅거하려는 취지에서 나온 것이었다. 그러나 장빈이 그에게 북으로 돌아갈 것을 권했다. 대승을 거둔 석륵은 이를 듣지 않았다. 얼마 후 낭야왕 사마예가 왕도王導에게 명해 대군을 이끌고 가 석륵을 치게 했다. 양초가 끊어진 데다가 전염병까지 나돌자 석륵은 병사의 절반을 잃는 큰 손상을 입고 장빈의 계책을 받아들여 북쪽으로 철군했다.

진회제 영가 5년(311년) 4월 도적 토벌을 명분으로 낙양을 탈출한 동해왕 사마월이 급사했다. 장병들이 그의 관을 싣고 동쪽으로 철군했다. 5월에 들어와 이 소식을 들은 석륵이 경기병을 친히 이끌고 밤낮으로 달려 운구 행렬을 추격해 고현 영평성에서 운구하는 대군을 포위하고 10여만 명을 몰살시

컸다. 이때 태위 왕연을 비롯해 양양왕 사마범 등 6명의 왕과 수십 명의 고관이 모두 포로가 되었다. 석륵은 술을 몇 잔 마신 후 장막 앞에 꿇어앉은 태위 왕연에게 진나라 쇠망의 원인을 묻자 왕연이 자세히 설명했다. 양양왕 사마범이 초원에 꿇어앉은 채 큰 소리로 꾸짖었다.

"오늘의 일을 두고 어찌 시끄럽게 떠드는 것인가!"

일이 이미 이렇게 되었으니 구차하게 말하지 말라는 것이었다.

왕연은 용자가 뛰어나 젊었을 때부터 미남자로 유명했다. 젊었을 때 그는 명사 산도山濤를 예방한 적이 있었는데 이때 산도가 오랫동안 탄식하더니 그가 떠나려고 하자 눈여겨보며 이같이 말했다.

"그 어떤 여편네가 영형아寧馨兒(이런 아이)를 낳았단 말인가! 그러나 천하의 창생을 오도하는 자가 이 사람이 아니라고는 말할 수 없다."

여기서 미남 미녀나 뛰어난 아이를 뜻하는 '영형아' 성어가 나왔다. 당시 왕연은 스스로를 공자의 제자 자공에 비유하며 여러 사람들이 모인 자리에서 노장 사상을 강연하곤 했다. 말할 때는 늘 옥으로 만든 주미麈尾를 흔들었는데 손잡이와 손이 구별이 되지 않았다. 그러나 그가 하는 말은 앞뒤가 맞지 않는 것이 많았다. 사람들이 그 점을 지적하며 의문을 제기해도 그는 이에 아랑곳하지 않고 되는 대로 말을 바꾸어 강연을 계속했다. 여기서 입에서 나오는 대로 함부로 지껄여 댄다는 뜻의 '신구자황信口雌黃' 성어가 나왔다. 자황은 누런 종이에 글을 쓰면서 잘못되었을 때 유황과 비소를 섞은 자황을 덧칠한 뒤 다시 글씨를 쓴 데서 나온 말로 임의로 첨삭한다는 뜻을 지니고 있다. 또한 그는 스스로 고아한 척한 까닭에 '돈'이라는 말 자체를 입에 올리지 않았다. 하루는 부인이 이를 시험하기 위해 밤에 돈 꾸러미를 그의 침상 앞에 놓았다. 왕연이 아침 일찍 일어나 이를 보고는 이같이 소리쳤다.

"아도물阿賭物(이 물건)을 갖다 치워라!"

그러나 그는 충정의 마음이 없었고 시류의 부침을 좇아 수시로 변신하며 보신에 몰두했다.

석록도 14세 때 낙양에서 왕연의 뛰어난 모습을 보고 거의 까무러칠 뻔했다. 막상 그의 모습을 다시 보니 석록은 자신도 모르게 탄복해 이같이 말했다.

"참으로 기쁘오! 다른 날 그대와 얘기를 나눕시다."

왕연은 석록이 좋은 말을 하자 더욱 그의 비위를 맞추기 위해 그에게 칭제할 것을 권했다. 그러자 돌연 안색이 변한 석록이 옷을 떨치고 일어나며 왕연을 책망했다.

"그대의 명성이 사해를 덮고 있고 몸은 중임을 맡고 있소. 젊었을 때 조정에 나아가 흰 머리가 되도록 오랫동안 일했으니 어찌 세상일을 내다보지 못한다고 하겠소. 천하가 이처럼 어지럽게 된 것은 바로 그대의 죄가 초래한 것이오!"

그러고는 좌우의 위사에게 명해 왕연을 밖으로 내보내게 했다. 왕연은 이제 죽게 된 것을 깨닫고는 주위 사람들을 향해 슬피 탄식하며 말했다.

"아, 슬프다! 우리들이 비록 옛사람만 못하다 할지라도 부허(허탄한 청담을 지칭)를 숭상하지 않고 온 힘을 다해 세상을 바로잡으려 했으면 이 지경에 이르지는 않았을 것이다."

당시 석록은 이들을 죽일 것인지 여부를 결심하지 못했다. 마침 장군 공장孔萇이 곁에 있었다. 석록이 물었다.

"내가 여러 해 동안 천하를 횡행했으나 이처럼 의관이 비범하고 언변이 뛰어난 인물은 본 적이 없소. 이들의 목숨을 살려야 되지 않겠소?"

공장이 대답했다.

"이들은 모두 진나라의 왕공 대관입니다. 우리에게 진심으로 굴복한 게 아닙니다. 남겨 둔들 무슨 소용이 있겠습니까? 없애도 상관없습니다."

석록이 고개를 끄덕이며 이같이 말했다.

"이들 기인은 그 시신을 온전히 보전해야 한다. 칼을 대서는 안 된다."

이에 그는 나머지 사람들을 일일이 참수시키면서도 왕연과 사마범 두 사람은 벽돌집에 가둔 뒤 밤에 사람을 시켜 벽을 무너뜨려 죽게 했다. 당시에는 시신을 온전하게 하는 것을 은혜로 생각했으나 사실 이는 단칼에 목을 날리는 것보다 더 고통을 주는 일이다. 훗날 고개지顧愷之는 무너진 벽돌 속에서 질식사한 왕연을 이같이 추모했다.

"왕연의 모습은 기암이 수려하게 솟아 있는 듯, 천 길 벼랑으로 서 있는 듯했다!"

석륵은 다시 유창有倉(하남성 언릉)에서 낙양을 빠져나온 진나라 군사를 대파하고, 동해왕의 세자 사마비 등 진나라의 48명에 달하는 왕을 죽였다. 이해 7월 석륵은 유요와 함께 낙양을 함락시키고 진회제 사마치를 포로로 잡았다.

대공을 세운 석륵은 허창에 머문 지 얼마 안 돼 진나라 대도독 구희가 몽성에서 진회제의 아들 예장왕 사마단을 황태자로 옹립했다는 얘기를 들었다. 그는 곧바로 군사를 이끌고 양하陽夏를 함락시킨 후 몽성을 급습해 구희를 포로로 잡았다. 한 달 후 더 이상 쓸모가 없다고 판단한 석륵은 구희를 죽였다.

진퇴를 자유자재로 하면서 싸울 때마다 승리를 거두는 석륵에게 장차 걸림돌이 될 만한 인물은 대장군 왕미王彌였다. 왕미는 동래東萊 사람으로 조부와 부친 모두 태수 급의 벼슬을 지녔고 대대로 청백리로 명성이 높았다. 그는 젊은 시절 박람강기博覽强記했다. 또한 유협을 좋아해 무술을 연마하는 등 교유하는 바가 심히 넓었다. 낙양의 은사 동중도童仲道는 관상을 잘 봤는데 일찍이 왕미에게 이같이 말했다.

"그대는 승냥이 목소리와 표범의 눈을 갖고 있소. 화란을 좋아하니 천하가 어지러워지면 사대부로 있지는 않을 것이오."

이는 그에게 모종의 심리적 암시로 작용했을 공산이 크다. 진혜제 말년 산동의 동래에서 종교를 구실로 내세운 백근栢根이 거병했다. 왕미는 결연히 가족을 버린 채 집안의 노복을 이끌고 이들을 좇았다. 백근이 피살된 후 왕미는 장광산長廣山에 들어가 도적이 되었다. 그는 좋은 교육을 받은 까닭에 계략과 임기응변에 밝아 약탈을 할지라도 그 성패를 미리 알았다. 궁마弓馬가 신속하기 짝이 없었고 힘이 뛰어나 '날으는 표범飛豹'이라는 별명을 얻게 되었다. 후에 왕미는 무리를 이끌고 태산과 영천, 여남, 양성 등의 군을 휩쓸었다. 이어 허창으로 들어가 무기고를 열고 많은 무기를 약탈했다. 그는 함몰시킨 지역에서 많은 수령을 죽였으나 무리의 숫자가 많아 조정에서는 이를 어찌하지 못했다.

팔왕의 난 때 사대부 출신 도적 두령인 왕미는 군사를 이끌고 낙양으로 진격했다. 사람들이 모두 놀라 대낮에도 궁성의 문을 굳게 닫았다. 당시만 해도 서진의 군사는 반격할 능력이 있었다. 사도 왕연이 진나라 장수를 보내 칠리간七里澗에서 이들을 요격해서 왕미를 대패시켰다. 왕미는 도주하는 와중에 전에 낙양에서 서로 잘 알고 지내던 흉노 5부의 두목 유연을 떠올렸다. 유연은 이미 한왕을 칭하고 있었다. 이에 수백 명의 패잔병을 이끌고 그를 찾아가 몸을 맡기자 유연이 크게 기뻐하며 교외까지 나와 그를 영접했다. 왕미는 유연에게 황제의 자리에 오를 것을 권했다. 유연은 왕미를 '과인의 제갈공명'이라고 극찬하며 물고기가 물을 만난 것처럼 곧 그를 사례교위에 임명한 뒤 시중과 특진의 벼슬을 더해 주었다.

왕미는 유연에게 몸을 맡긴 후 유요를 좇아 하내를 공격하면서 석륵과 합세해 임장을 쳤다. 영가 초년 왕미가 고도에서 서진의 군사를 대파하고 수만 명의 목을 베었다. 얼마 후 다시 유요 및 석륵과 함께 위군과 급군, 돈구 등지를 휩쓸며 50여 성채를 함락시켰다. 그는 석륵과 합세해 업성을 칠 당시 대공을 세웠다. 이어 석륵과 함께 진군을 공략하면서 동해왕 사마월의 진나라 군사를 대파했다.

당시 낙양은 대기근이 들어 사람이 서로 잡아먹는 지경에 이르러 있었다. 백성들이 사방으로 흩어지고 공경들도 하음으로 황급히 옮겼다. 왕미가 선봉에 서고, 유요가 그 뒤를 떠받치면서 마침내 낙양을 함몰시켰다. 왕미가 먼저 병사들을 풀어 대대적인 약탈을 시도했다. 뒤에 도착한 유요는 재보가 모두 왕미의 손에 들어갈 것을 우려해 약탈 금지령을 내렸다. 왕미가 이를 따르지 않자 유요는 거리에서 왕미의 아문장 왕연王延의 목을 베어 버렸다. 이를 안 왕미가 대로했으나 결국 서로 화해했다. 하지만 그동안 양측의 군사들이 충돌해 이미 1천여 명이 죽은 뒤였다.

유요는 왕미보다 한발 늦게 입성한 것을 크게 후회했다. 이에 그 역시 군사를 풀어 뒤늦게 약탈에 들어갔다. 뛰어난 미모를 자랑한 혜제의 양황후를 손에 넣은 뒤 진회제의 태자 사마전을 비롯해 3만여 명에 이르는 관원을 모조리 죽여 버렸다.

당시 왕미가 유요에게 말했다.

"낙양은 천하의 중심지로 산하가 사면으로 둘러싸인 천혜의 지역이니 현재의 궁실을 보전해 장차 도성을 평양에서 이곳으로 옮길 만하오."

유요가 이를 귓등으로 흘려들으며 장려한 낙양에 불을 질러 일거에 잿더미로 만들었다. 왕미가 크게 욕했다.

"도각 부락의 불한당 같은 놈, 어찌 제왕이 될 수 있겠는가! 이자는 천하 통일의 생각을 버리는 게 나을 것이다."

그러고는 병사를 이끌고 동쪽으로 가 항관項關에 주둔했다. 유요가 왕미와 결정적으로 갈라서게 된 배경이다. 당시 석륵도 줄곧 왕미의 효용驍勇을 꺼려 은밀히 유요와 결탁해 유사시를 대비했다. 왕미는 유요와 갈라선 후 곧 사람을 석륵에게 보내 많은 미녀와 보물을 바치면서 우호의 뜻을 내비쳤다. 석륵이 생포한 구회를 좌사마로 삼았다는 얘기를 듣고 축하의 뜻을 전했다.

"공이 구회를 사로잡아 왼팔로 쓴다고 하니 저는 공의 오른팔이 되고자 합니다. 그러면 가히 천하를 평정할 만합니다."

석륵은 비록 책을 읽지 않았으나 지략은 왕미와 비교해 조금도 뒤떨어지지 않았다. 그는 왕미의 서신을 갖고 핵심 참모인 장빈을 찾아가 이같이 말했다.

"왕미가 높은 자리에 있으면서 이처럼 겸허한 말을 쓰니 이는 필시 나를 도모하려는 뜻이다!"

왕미는 석륵이 이른바 '걸활군乞活軍' 수령 진오陳午와 봉관에서 맞서 싸울 때 지방의 소규모 군벌 유서劉瑞와 접전한 적이 있었다. 걸활군은 기황으로 인해 밖으로 나가 먹을 것을 구하는 군민 혼합의 군대를 말한다. 병주에서 사마등을 좇아 밖으로 나가 호인들을 적발하며 걸식한 데서 비롯됐다. 당시 왕미가 석륵에게 구원군을 청했으나 석륵은 곧바로 응답하지 않았다. 그러자 모사 장빈이 간했다.

"장군은 매번 왕미를 없앨 기회가 없다고 우려하고 있으나 지금이 바로 하늘이 내린 기회입니다. 진오는 소인배에 불과하니 우려할 바가 못 됩니다. 반면 왕미는 인걸이니 속히 제거해야 합니다."

석륵이 이를 좇았다. 그는 대군을 이끌고 가 왕미와 교전하는 유서를 급습해 그의 머리를 왕미에게 바쳤다. 왕미가 크게 기뻐하며 석륵이 자신을 친애한다며 다시는 의심하지 않았다.

진회제 영가 5년(311년) 말, 석륵이 왕미에게 사람을 보내 후한 예물을 전하면서 연회에 초청했다. 왕미의 수하들이 항우의 연회에 갔다가 유방이 간신히 살아 나온 홍문연鴻門宴을 언급하며 가벼이 움직이지 말 것을 간했다. 왕미는 석륵이 오랜 친구이고, 얼마 전에 자신의 적인 유서의 목을 바친 점 등을 감안해 이내 몇 명의 수행원을 이끌고 연회에 참석했다.

두 사람은 서로 손을 잡고 자리에 앉아 옛날의 전투 상황을 환담하며 우정을 나눴다. 술이 어느 정도 돌았을 때 석륵이 몸을 일으키자 왕미는 그가 또 자신에게 술을 따르려는 것으로 생각해 웃는 얼굴로 고개를 끄덕였다. 그 순간 석륵이 허리에서 칼을 뽑아 그의 목을 쳤다. 잠재적인 적을 일거에 제거한 석륵은 곧 유총에게 왕미가 반역을 꾀해 미리 목을 쳤다고 상서했다. 유총이 크게 화를 냈다.

"이자가 멋대로 행동하니 이는 군주를 우습게 여기는 짓이다!"

그러나 이는 어디까지나 분노에 그쳤다. 왕미는 이미 죽은 사람이었고 이후 석륵의 도움이 절실히 필요했기 때문이다. 유총은 석륵을 진동대장군에 임명하고 병주와 유주의 군사를 독찰하고, 병주자사를 겸하게 했다.

영웅이 나오는 곳

석륵은 예주의 여러 군을 약탈한 후 갈피^{葛陂}에 주둔했다. 곡창 지대인 강회 일대를 횡행한 덕분에 의식이 풍족했고 위세를 사방에 떨칠 수 있었다. 그는 장차 큰 배를 만들어 지금의 남경인 낭야왕 사마예의 근거지인 건업을 칠 것이라고 떠벌렸다. 그동안 산서에서 유총과 대치하고 있던 진나라의 유곤은 석륵과 오랫동안 헤어져 있던 그의 모친과 조카 석호를 손에 넣게 되었다. 그는 곧 사람을 시켜 석륵의 모친과 조카를 송환하면서 항복을 권하는 서신을 보냈다.

"장군은 하삭에서 떨쳐 일어나 예주와 연주를 석권한 뒤, 강회 일대를 횡행하고 한면(한수와 면수)을 위협하니 자고이래로 많은 명장이 있었으나 장군에 비할 수 없소. 그런데도 장군이 성을 공략했는데 그 백성을 얻지 못하고, 땅을 경략했는데도 이를 소유하지 못한 이유를 알고 있소? 이는 존망이 어떤 주인을 만나는지에 달려 있는데 반해 성패는 누구에게 귀부하는지에 달려 있기 때문이오. 주인을 만나는 것은 의병에 가담하는 데 있고, 귀부는 적도에게 몸을 맡기는 데 있소. 의병은 비록 일시 패할지라도 반드시 그 공업이 이뤄지고, 적도는 비록 일시 승리할지라도 반드시 진멸하게 되어 있소.

옛날 적미적과 황건적이 일시 천하를 횡행했으나 모두 패망한 것은 바로 명분 없이 거병하여 어지러워졌기 때문이오. 장군은 뛰어난 자질과 무위로 천하를 진동케 했으니 마땅히 덕을 받들어 여망에 부응해야 하오. 그러면 그 뜻이 당당하고 오랫동안 부귀를 누릴 수 있을 것이오. 유총을 배반하는 것은 화를 제거하는 것이고 진나라를 좇는 것은 복을 불러들이는 것이오. 지금 장군에게 시중, 지절, 거기대장군, 영호흉노중랑장, 양성군공의 직임을 맡겨 장군을 표창하고자 하니 이를 받아들여 원근의 여망에 부응하기 바라오.

자고로 융인^{戎人}으로 제왕의 자리에 오른 자는 없으나 명신이 되어 공업을 크게 세운 자는 매우 많소. 천하가 대란에 휩싸여 그 어느 때보다 영웅의 재목이 필요한 상황이오. 멀리서 장군의 명성을 듣고 있소. 비록 병서를 읽지 않았다고는 하나 그대의 무략은 손자와 오자를 방불하고 있소. 공자가 말했듯이 날 때부터 아는 사람이 가장 높고, 배워서 아는 사람이 그다음이라고 했으니 이는 장군을 말한 것인 듯하오. 재략이 뛰어난 장군이 정예 기병 5천 명으로 횡행할 경우 그 무엇인들 무너지지 않을 리 있겠소?"

석륵은 움직이지 않은 채 명마와 보물 등을 답례로 보내면서 이같이 답장했다.

"공업을 이루는 것은 썩은 유생이 감히 알 수 있는 바가 아니오! 당신은 진나라를 위해 충절을 다하고 있으니 이적 출신인 나로서는 이를 따르기가 어렵소."

석륵은 갈피에서 병마를 조련하면서 큰 배를 건조했다. 만일 석 달 동안 계속 폭우가 쏟아지지 않았다면 그는 강남의 낭야왕 사마예의 근거지로 큰 배를 몰고 가 가차 없이 쳤을 것이다.

석륵이 이끄는 군사는 대부분이 북방 출신이었다. 강남은 북방과 달리 물이 많아 전투력이 떨어질 수밖에 없었다. 연이어 큰비가 내리자 군중에 전염병이 나돌았다. 양식도 끊어지고 이질 등의 질병이 발생하고, 흡혈충에 의한 전염병과 기아 등으로 죽는 병사가 절반에 달했다. 사마예는 퇴로가 없는 까닭에 제장들에게 엄명해 수춘에 집결해 결사 저항하도록 했다.

석륵은 진퇴양난이었다. 진공을 하자니 병사들이 질병 등으로 인해 크게 피폐해져 애초부터 불가능했다. 후퇴하자니 수춘의 진나라 군사가 추격전에 나설 것이 우려됐다. 진나라 쪽에서 나온 격문과 항복 요구서를 수집한 후 제장들을 불러 대책을 논의했다. 우장사 조응己應이 먼저 입을 열었다.

"먼저 낭야왕에게 투항의 표문을 올려 진나라에 하삭 일대를 평정했다는 명분을 주고, 진나라 군사가 퇴각한 후 다시 헤어지는 방안을 강구해야 합니다."

석륵이 장탄식을 했다. 장군 기안夔安은 높은 곳으로 올라가 물을 피할 것을 권했다. 석륵이 말했다.

"장군은 어찌 이리 겁이 많은 것이오?"

손장孫長과 지웅支雄 등 30명의 장수는 오래전부터 석륵과 생사를 같이한 장수들이었다. 이들은 담력과 용기는 출중했지만 계책은 없는 자들이었다. 이들이 말했다.

"지금 진나라 군사는 완전히 모인 게 아닙니다. 우리가 각각 3백 명의 보졸을 이끌고 배에 올라 30여 갈래로 나아간 뒤 야음을 틈타 성에 올라 수문장의 목을 베고, 식량을 탈취하면 됩니다. 이리하면 올해 내에 단양을 깨뜨리고 강남을 평정할 수 있습니다."

석륵이 웃으며 말했다.

"확실히 용장의 계책이다!"

그러고는 이들에게 갑옷을 입힌 말 1필씩 내렸다. 석륵은 이들의 계책이 허풍이라는 사실을 익히 알고 있었다. 모사 장빈은 계속 입을 다물고 있었다. 석륵이 물었다.

"그대의 계책은 어떤 것이오?"

장빈이 자신의 계책을 자세히 설명했다.

"장군은 낙양을 함락시켜 천자를 포로로 잡았고, 왕공들을 죽였습니다. 장군의 죄를 다스릴 경우 그 수를 셀 수조차 없습니다. 그런데 어찌 진나라를 향해 칭신할 수 있겠습니까? 작년에 왕미를 제거한 후 원래 강남에 머물러서는 안 되었습니다. 지금 폭우로 인해 수백 리에 걸쳐 온통 물바다가 되어 있습니다. 이는 하늘이 경고한 것입니다. 장군은 이곳에 오래 머물러서는 안 됩니다. 업성은 험고한 데다 서쪽으로 평양과 접해 있으니 응당 회군하여 이 성을 점거해야 합니다. 저항하는 자를 치고 투항하는 자를 감싸 하삭 일대를 완전히 평정하면 누가 감히 장군과 다툴 수 있겠습니까?"

석륵이 찬동하는 뜻을 보이면서도 우려하는 기색을 드러냈다. 장빈이 이를 알아채고 이같이 말했다.

"진나라 군사는 수춘에 모여 있으나 장군이 대군을 이끌고 공격할까 두려워하고 있습니다. 우리들이 북쪽으로 철군한다는 소식을 들으면 그들은 기뻐한 나머지 기병騎兵으로 추격할 생각을 하지 못할 것입니다. 먼저 치중을 앞에 세워 철군하면서 주력 부대는 짐짓 수춘을 향해 출격할 듯 태세를 갖추면 적들이 쉽게 움직이지 못할 것입니다. 치중이 지나간 뒤 대군이 단계적으로 천천히 철수하면 진퇴 모두 근거가 있게 되어 가히 만전을 꾀할 수 있습니다."

석륵이 벌떡 일어나 수염을 매만지며 큰 소리로 웃었다.

"장빈의 계책이 실로 나의 뜻과 합치된다!"

이어 그는 조응을 질책했다.

"그대는 모신으로 활약하면서 응당 공업을 이룰 계책을 내야지 어찌하여 투항하라는 것인가? 응당 그대의 목을 베어야 하나 그대가 본래 겁이 많아 사적인 계책을 낸 것으로 생각해 너그러이 용서한다."

그러고는 조응의 직책을 깎아내린 뒤 장빈에게 우장사의 직책을 맡게 하면서 중루장군의 직책을 더해 주었다. 이어 그를 '우후右侯'로 불렀다.

석륵은 철수하면서 조카 석호에게 명해 정예 기병 2천 명을 이끌고 곧바로 수춘으로 달려가게 했다. 당시 석호는 전쟁 경험이 부족했다. 강변에 진나라 군사의 운량선이 새로 도착한 것을 보고 배 안의 군량을 빼앗을 생각으로 다투어 공격했다. 이미 이를 예상한 진나라 군사는 강변에 진을 치고 이들을 기다리고 있었다. 복병들이 여러 갈래로 일시에 뛰어나오자 석호의 군사는 거령구阹令口에서 대패했다. 물에 빠져 죽은 자가 5백여 명에 달했다. 나머지 병사들은 철군하는 군사가 있는 곳까지 1백여 리나 후퇴했다.

석륵의 군사들은 진나라 군사가 공격해 오는 것으로 생각해 크게 두려워했다. 오랫동안 전장에서 경험을 쌓은 석륵이 차분하게 병사들을 지휘해 진세를 형성했다. 진나라 군사들은 매복을 두려워한 나머지 곧바로 철군해 수춘을 굳게 지켰다. 석륵의 군사를 섬멸할 수 있는 절호의 기회를 놓친 것이다.

철군하는 도중 석륵의 군사는 진나라 군사들이 견벽청야堅壁淸野 전술을 구사하는 바람에 커다란 어려움을 겪어야만 했다. 식량이 떨어지자 병사들이 늙고 약하거나 병든 자들을 식량으로 삼는 처참한 모습으로 간신히 철군했다. 동연에 이르렀을 때 장빈의 계책을 좇아 석륵은 기병騎兵으로 진나라 장수 상빙向氷의 배를 탈취한 뒤 병사들을 조심스럽게 도하시켰다. 이어 전후로 협격을 가해 상빙을 대파하고 군량과 물자를 빼앗아 위기를 넘길 수 있었다.

군마의 정비를 끝낸 후 석륵은 곧바로 하령해 진나라 장수 유연劉演이 지키는 업성에 대대적인 공격을 가하게 했다. 유연은 유곤의 조카였다. 진나라 군사 수만 명을 죽였으나 업성은 험고한 까닭에 일시에 함락시킬 수 없었다. 제장들이 죽음을 무릅쓰고 돌격할 것을 건의하자 장빈이 계책을 냈다.

"업성은 쉽게 공략할 수 없는 만큼 잠시 그대로 놓아두느니만 못합니다. 스스로 무너지길 기다리면 됩니다. 지금 천하가 들끓고 있어 사람들은 어느 한 곳에 마음을 붙이지 못하고 있습니다. 한단과 양국은 조나라의 옛 수도로 산에 기대어 험고하니 가히 이들 두 곳 중에서 한 곳을 도읍으로 정할 만합니다. 연후에 사방으로 출격해 기이한 책략을 쓰면 가히 패업을 이룰 수 있습니다."

석륵이 이를 좇아 양국을 함락시켜 근거지를 확보했다. 이로써 석륵은 도적질을 하던 과거와 달리 장구한 계책을 세우기 시작했다. 이는 항복을 권하는 유곤의 서신이 석륵과 장빈 등의 경각심을 부추긴 결과로 볼 수 있다.

석륵은 양국에 근거지를 마련한 지 얼마 안 돼 유주자사 왕준이 보낸 진나라와 선비족 연합군의 공격을 받고 큰 위기에 처했다. 단부 선비족인 육질권을 위시해 그 동생 단필제와 사촌 동생 단말배 등이 5만여 명의 대군을 이끌고 와 양국을 쳤다. 당시 양국의 성곽이 아직 다 완성되지 않았던 까닭에 석륵의 군사는 임시로 방비 시설을 세워 이들을 막지 않으면 안 되었다.

선비족의 전투력은 놀랄 정도로 막강해서 여러 차례 석륵의 군사를 격파했다. 제장들이 크게 두려워하며 성을 고수할 것을 건의했다. 석륵은 이런 상황에서 시간을 지체하면 성안에서 앉아 죽을 수밖에 없다고 판단해 일전을 겨루고자 했다.

장빈이 찬동했다.

"적군은 멀리서 왔습니다. 우리가 숫자가 적다는 이유로 출전하지 않으면 반드시 태만하게 됩니다. 단씨 선비족은 사납고 용감합니다. 게다가 단말배의 군사는 최강입니다. 저들의 허를 노리는 수밖에 없습니다. 북쪽 누대에 돌문^{突門}(돌격용 문)을 20여 개 만든 뒤 신속히 출동해 단말배의 대영을 곧바로 쳐야 합니다. 이들 정예군을 깨뜨리면 나머지는 두려워할 바가 못 됩니다."

석륵이 이를 좇아 좌우에 명해 병사들을 이끌고 돌문을 통해 곧바로 출동하게 했다. 단말배를 생포한 뒤 여세를 몰아 추격전을 펼치자 선비족과 진나라 군사들의 시체가 30리에 걸쳐 널리게 되었고 갑옷으로 무장한 마필 5천 필도 노획할 수 있었다.

선비족 장령 육질권은 저양^{沮陽}에 주둔하며 한숨을 돌리는 동안 금은 등을 보내 강화코자 했다. 포로로 잡힌 단말배를 속히 데려오고자 한 것이다. 석륵의 제장들은 선비족에게 누차 패한 것에 원한을 품고 그를 속히 벨 것을 권했으나 석륵은 이를 좇지 않았다. 그가 말했다.

"요서 지역의 선비족은 우리와 평소 아무런 척을 진 적이 없다. 그들은 단지 왕준의 지시를 받고 우리를 친 것이다. 지금 한 사람을 죽여 저들과 원한을 맺는 것은 현명한 계책이 아니다. 그를 풀어 주어 저들을 기쁘게 만들면 이후 왕준이 저들을 동원하지 못할 것이다."

실로 심모원려의 전형에 해당했다. 덕분에 석호와 육질권이 형제의 맹약을 맺자 선비족 군사가 물러났다. 단말배는 석륵의 은혜에 감격해 돌아가는 도중 쉬지 않고 남쪽을 향해 석륵에게 절을 올렸다. 이후 단씨 선비족 대부분은 왕준의 동원에 응하지 않았다.

당시 석륵은 진나라의 청주자사로 있던 걸활군 두령 이운^{李惲}의 목을 벤 바 있었다. 또한 항졸들이 저항할 것을 두려워해 모두 갱살시키려고 했다. 이 와중에 석륵의 기마 부대가 사형에 처할 한족 대오를 이끌고 그의 앞을 지나갔다. 이때 우연히 전에 자신을 잘 대해 주었던 곽경을 보게 됐다. 석륵이 말에서 내려 곽경의 손을 잡고 물었다.

"혹여 곽씨가 아니오?"

곽경이 황망한 나머지 머리를 땅에 박으며 말했다.

"바로 그렇습니다!"

석륵이 눈물을 비 오듯 흘렸다. 그의 도움이 없었으면 그의 시체는 들에 버려져 들개의 먹이가 되었을 것이다.

"오늘 이렇게 만나니 이는 하늘의 뜻이오!"

곧바로 좌우에 명해 그에게 옷과 거마를 준 뒤 상장군으로 삼았다. 갱살하려던 천여 명의 한족도 목숨을 구하고 곽경의 지휘를 받게 되었다.

진민제 건흥 원년(313년) 석호가 대군을 이끌고 가 업성을 함락시켰다. 그러자 석륵은 수령을 파견해 건물을 새로 중건케 했다. 석륵은 업성을 하북의 근거지로 삼고 세력을 날로 확대시켰다. 얼마 후 그는 유곤과 왕준의 갈등을 이용해 왕준을 제거한 뒤 유주를 손에 넣었다. 이후 석륵의 군사는 진나라 장수 유연과 온교溫嶠 등을 잇달아 깨뜨리고 하간 등지에서 반기를 든 왕춘王春의 군사를 진압했다.

이어 걸활군인 왕평을 대파하고 유곤의 동생 유계劉啓를 사로잡았다. 이때 석륵은 전에 유곤이 자신의 모친과 조카를 생환해 준 것에 보답하기 위해 유계에게 전택을 내리고 유가 경전을 가르치게 했다.

진민제 건흥 4년(316년) 말, 석륵은 광목 부근에 군사를 매복시켜 유곤이 탁발선비 부족에서 선발해 온 진나라 군사 수만 명을 대파했다. 병주를 지키던 진나라 장령들이 투항하자 유곤은 부득불 단필제에게 몸을 맡겼다가 이내 피살됐다.

후조의 건국

유연이 세운 유한劉漢의 인가麟嘉 3년(318년) 6월, 유총이 병사했다. 태자 유찬이 보위를 이은 지 두 달 만인 이해 9월 권신 근준에게 살해됐다. 석륵은 근준 토벌을 구실로 정병 5만5천 명을 이끌고 북상해 양릉 북쪽 들판에 주둔했다. 이해 10월, 유요가 자립해 전조를 세우고 황제의 자리에 올랐다. 유요는 석륵의 비위를 맞추기 위해 그를 조공趙公, 대사마, 대장군에 임명하고 구석을 더해 주었다. 얼마 후 유한의 평양에서 내분이 일어나 근준이 사촌 동생 근명에게 살해당했다. 근명은 가까이 있는 석륵에게 전국새傳國璽를 보내지 않고 유요에게 보냈다. 대로한 석륵이 근명을 맹공하자 근명은 급히 사람을 유요에게 보내 구원을 청했다. 이 와중에 그는 일부 무리와 함께 포위를 뚫고 유요에게 달려가 몸을 의탁했다. 석륵은 평양을 점령한 후 궁실을 모두 불태웠다. 이로써 석륵과 유요는 공개적으로 결별하게 되었다.

유요는 얼마 후 국호를 '한'에서 '조'로 바꿨다. 사가들은 이를 전조前趙라고 한다. 당시 석륵이 왕수王修를 사자로 보내 이를 축하하자 유요는 석륵의 지지가 필요했던 까닭에 그를 태재太宰로 삼고, 조공에서 조왕趙王으로 작위를 높여 주었다. 전에 석륵의 휘하에 있다가 유요의 사람이 된 조평락曹平樂이 새 주인에게 잘 보이기 위해 이같이 말했다.

"석륵은 왕수를 사자로 보내 폐하의 즉위를 축하했으나 이는 표면상으로 존경을 표한 것이고 실은 간첩으로 보낸 것입니다. 왕수가 돌아가면 폐하의 허실을 보고한 뒤 이내 기회를 틈타 폐하를 습격할 것입니다."

이 말을 들은 유요가 대로해 석륵을 조왕으로 봉하기 위해 파견한 사자를 불러들이고, 사람을 보내 귀로 중인 석륵의 사자 왕수의 목을 베게 했다. 왕수의 종자가 황급히 도주해 전후 사정을 자세히 고했다. 석륵이 궤안几案을 밀치고 벌떡 일어나 군신들을 소집한 뒤 유요와 갈라설 것을 선언했다.

"나는 유씨를 봉대하며 신하의 도리를 다했다. 이번에 내가 낙양을 함몰시켜 근준을 제거하지 않았다면 그가 어찌 남면하여 칭제할 수 있었겠는가? 나라를 세우자마자 내가 먼 길을 마다하고 보낸 사자를 죽였으니 그 도가 참으로 지나쳤다. 제왕이 일어나는 것에 어찌 통상적인 이치가 없겠는가? 지금 나를 조왕이니 하는 것은 모두 자신의 기분을 만족시키기 위한 것이다. 명호의 대소를 막론하고 유요가 어찌 관작을 능히 내릴 수 있는 인물이겠는가?"

석륵의 휘하들이 모두 그의 심사를 달래기 위해 상서하여 왕호를 칭할 것을 건의했다. 석륵은 한 번 사양한 뒤 진원제 태흥 2년(319년) 조왕을 칭하면서 연호는 춘추 시대 열국의 사례를 좇아 조왕 원년으로 바꿨다.

석륵은 왕을 칭한 후 율령을 정비하고 백성들의 전조를 반으로 감했다. 또한 병사들이 사족들을 모욕하는 것을 엄히 금했다. 동시에 도성인 양국성 내에 소학 10여 곳을 세워 문교를 숭상하는 모습을 보이면서 독자적인 풍화전豊貨錢을 주조했다. 이와 함께 갈족 사람들이 국인國人이 되었는데 그것은 석륵이 갈족 출신이었기 때문이다. 이후 사람들이 갈족을 두고 '호胡'로 칭하는 것이 금지되었다. 이를 위반하는 자는 곧바로 목이 달아났다. 한번은 크게 취한 갈족이 말을 타고 왕궁으로 뛰어든 적이 있었다. 대로한 석륵이 금군 소대장으로 있는 한족 풍저馮翥를 책망했다.

"군왕이 천하에 위엄을 행하고 있는데 어떤 자가 감히 왕궁 내로 뛰어든단 말인가! 어찌하여 그를 막지 못한 것인가?"

풍저는 황망한 나머지 금기 사항을 깜박 잊었다.

"저 술 취한 갈호羯胡가 말을 타고 너무 빠른 속도로 들어온 데다 제가 하는 말을 알아듣지 못했습니다."

그는 말을 한 뒤 자신이 '갈호' 운운한 사실을 깨닫고는 머리를 땅에 부딪치며 용서를 구했다. 석륵이 웃으며 말했다.

"호인들은 확실히 저들과 말이 잘 통하지 않을 것이다."

한번은 한인 참군 번원樊垣이 청빈하고 절조가 있다는 얘기를 듣고는 장무

내사^{章武內史}로 삼은 뒤 외직을 주었다. 번원이 떠나기에 앞서 인사를 올릴 때 석륵은 그의 의관이 너무 낡은 것을 보고는 크게 놀라 물었다.

"번참군은 어찌하여 이처럼 곤궁한 것이오?"

번원은 성정이 순박해 있는 그대로 대답했다.

"전에 노상에서 갈적葛賊을 만나 집안의 전 재산이 모두 털렸습니다."

석륵이 대소했다.

"갈적이 어찌 이렇게 사람의 재물을 모두 턴 것인가? 내가 그들을 대신해 보상토록 하겠다."

번원은 문득 석륵도 본래 갈적이었던 사실을 깨닫고는 크게 두려운 나머지 눈물을 흘리며 사죄했다. 석륵이 말했다.

"과인의 법령은 속된 선비들을 방금防禁하자는 것이지 경과 같은 선비들과는 상관없는 일이오."

그러고는 번원에게 거마와 의복, 돈 3백만 전을 하사했다. 또 한 번은 조왕을 칭한 지 얼마 안 돼 석륵이 상당 무향 사람들을 양국으로 불러 연회를 베풀었다. 젊었을 때 삼밭에 물을 주기 위해 연못물을 놓고 자주 다투었던 이양李陽이 오지 않은 것을 알고 부로들에게 물었다.

"이양은 장사였소. 어찌하여 오지 않은 것이오? 과인은 지금 왕이 되었는데 어찌 과거의 작은 일에 연연하겠소!"

곧 사람을 시켜 이양을 불러오게 했다. 음식을 먹는 동안 이양의 어깨를 치며 말했다.

"과인이 전에 그대의 주먹을 많이 맞았소. 그대도 과인의 독한 손맛을 맛볼 준비가 돼 있소?"

이어 이양에게 좋은 집 한 채를 주고 참군도위에 임명했다.

석륵의 정사는 비교적 너그러웠다. 인민들이 어느 정도 휴식을 취할 수 있었던 이유다. 하남의 진나라 장수 조적도 화친의 서신을 보냄으로써 제법 오랫동안 전투가 벌어지지 않았다. 석륵은 문맹이었음에도 교육을 매우 중시했다. 친히 대학과 소학으로 가 시찰하면서 학생과 선생에게 옷 등을 상으로 내린 게 그렇다. 군중에 있을 때는 유생에게 사서를 강독케 하면서 왕왕 유생들을 뛰어넘는 의견과 판단을 내놓았다. 한번은 『한서』 강독 시간에 유방의 참모 역이기酈食其가 유방에게 6국의 후예를 찾아 왕으로 옹립하는 방안을 건의한 대목을 듣다가 크게 놀라 말했다.

"만일 그같이 하면 어찌 천하를 통일할 수 있단 말인가?"

강독을 하던 유생이 곧이어 장량이 간한 대목을 얘기하자 그가 크게 한숨을 내쉬며 말했다.

"다행히도 유후留侯(장량)가 잘 지적해 주었구나!"

동진 원제 태흥 4년(321년) 석륵의 군사가 유주자사 단필제를 공격해 단씨 형제를 포로로 잡고 유주를 평정했다. 이듬해 2월 석호가 사방의 정병을 모아 태산에서 모반을 꾀한 진나라 장수 서감徐龕을 죽이고 연주와 서주를 판도에 넣었다. 동진 명제 태녕太寧 원년(323년) 석륵의 군사가 동진에 투항한 청주자사 조의曹嶷를 사로잡아 목을 친 뒤 3만 명을 갱살했다. 이어 태녕 2년(324년) 석륵의 군사가 동진의 하비와 동해, 팽성 등지를 손에 넣었다. 태녕 3년(325년) 6월에는 석륵의 대장 석생이 낙양을 점거한 후 동진의 사주자사 이구를 쳤다. 이에 이구 등은 전조의 유요에게 투항했다. 유요가 중산왕 유악에게 1만 명의 정병을 이끌고 가 구원하게 했다. 맹진孟津과 석량石梁에서 후조의 군사를 대파하고 5천여 명을 포로로 잡거나 죽였다. 이로부터 전조와 후조는 완전히 원수가 되어 공개적으로 교전하기 시작했다.

석륵이 대로해 곧바로 중산공 석호에게 명해 4만 명의 보기를 이끌고 가성고의 관문으로 달려가게 했다. 석호는 전조의 중산왕 유악과 낙수에서 대접전을 벌였다. 이 싸움에서 대패한 유악은 석량으로 물러나 지켰다. 유요가 친히 대군을 이끌고 지원에 나섰다. 그러나 밤중에 아무 연고도 없이 군중에 소란이 일어나 장안으로 철수할 수밖에 없었다. 결국 석호는 석량을 함락시켜 유악 등 전조의 장령 80여 명을 포로로 잡고 병사 1만여 명을 갱살했다.

이때의 승리로 석륵의 세력은 회하 유역까지 확장되었다.

동진 성제 함화咸和 3년(328년) 석륵이 전조를 멸망시키기 위한 전쟁을 일으켰다. 유요는 작은 전투에서 거듭 승리를 거두다가 후 고후원高侯原에서 석호의 군사를 대파했다. 유요의 군사는 여세를 몰아 진격했으나 후조의 도성인 양국을 직접 치는 대신 낙양을 포위하는 쪽으로 나아갔다. 이해 말에 석륵은 친히 병사를 이끌고 낙양에서 일전을 겨뤘다. 대승을 거둔 석륵이 유요를 생포했다가 이내 목을 베었다. 이해에 처음으로 연호를 정해 태화太和라고 했다.

동진 성제 함화 5년(330년) 석륵이 '대조천왕大趙天王'을 자칭하며 황제 행세를 했다. 얼마 후 연호를 태화에서 건평建平으로 바꿨다. 이로써 북방의 모든 지역은 후조의 판도에 들어가게 되었다. 이후 석륵이 죽을 때까지 동진과 후조 사이에는 특별한 전쟁이 없었다. 쌍방은 회수를 경계로 삼아 잠시 휴식을 취하면서 각자 내부 정돈에 들어갔다. 전조를 멸망시킨 후 황제를 칭한 석륵의 후조는 이때가 전성기였다. 사방에서 내조했다. 한번은 고구려 사신을 영접하기 위해 연회를 베푸는 자리에서 석륵이 취흥에 겨워 옆에 있던 근신 서광에게 물었다.

"짐과 옛 군주를 비교하면 누구와 비교할 수 있겠소?"

서광이 대답했다.

"폐하의 신무神武와 책략은 한고조 유방보다 높습니다. 뛰어난 무예는 위무제 조조에 비할 만합니다. 유사 이래 헌원軒轅으로 불리는 황제가 제1이고, 폐하가 그다음입니다."

석륵이 대소했다.

"경의 말이 지나치오. 사람은 응당 자신을 잘 알아야 하오. 짐이 한고조와 같은 사람을 만났다면 응당 북면하여 섬길 것이오. 만약 광무제 유수를 만났다면 그와 더불어 중원을 달리며 축록逐鹿했을 것이오. 누가 득록得鹿할지는 알 수 없소. 대장부가 일을 할 때는 마음이 넓고 작은 일에 얽매이지 않아야 하오. 짐은 끝내 조조와 사마의 부자를 닮지 않으려고 하오. 고아와 과부를 기만하는 식의 간사한 수법으로 천하를 취했기 때문이오. 짐의 재능은 유방과 유수 사이에 있을 것이오. 어찌 헌원과 같이 논할 수 있겠소."

'축록'은 군웅이 천하를 놓고 다투는 것을 주인 없는 사슴을 쫓는 것에 비유한 말이다. 군신들이 모두 머리를 조아리며 만세를 불렀다. 마음으로도, 입으로도 복종하지 않을 수 없었다.

문맹이었던 위대한 제왕

당초 석륵이 조왕을 칭할 당시 그의 심복 책사 장빈이 세상을 떠났다. 석륵은 크게 애통해하며 이같이 말했다.

"하늘이 내가 대사를 이루는 것을 원치 않는 모양이다. 어떻게 나를 두고 이처럼 일찍 우후를 데려갈 수 있단 말인가?"

이후 그는 모사 서광, 정하(程遐) 등과 대사를 의논했다. 늘 우후와 비교될 수밖에 없었다.

"우후가 나를 버려 이런 자들과 일을 논하게 하니 참으로 가혹하지 않은가?"

한편 석륵의 태자 석홍(石弘)은 어려서부터 유가 경전을 배워 학식과 예절이 있었다. 석륵은 태자가 평소 문사들과 친근한 것을 보고 크게 우려해 서광에게 이같이 말했다.

"태자가 문약하니 장군 가문의 자제답지 않은 듯하오!"

서광이 대답했다.

"한고조는 말 위에서 천하를 취했고, 한문제는 현묵(玄黙)으로 천하를 지켰습니다. 성인의 후예가 이와 같은 것은 하늘의 도입니다."

석륵은 이 말을 듣고 크게 기뻐하며 일리가 있다고 생각했다. 서광이 덧붙였다.

"황태자가 인효하고 공근하나 중산왕中山王(석호)이 포학하고 꾀가 많습니다. 폐하가 일단 불휘不諱하면 사직이 위험해질 것입니다. 중산왕의 위세와 권력을 점차 빼앗고 태자가 조기에 정사에 참여할 수 있도록 해야 할 것입니다."

석륵이 고개를 끄덕였다. 황태자 석홍의 외숙이었던 우복야 서하徐遐 역시 나라의 앞날이 걱정돼 이같이 말했다.

"중산왕 석호는 무용과 지략이 뛰어나 군신들이 따라갈 수 없습니다. 본성 또한 잔인하고 교만 방자합니다. 게다가 그의 아들들이 병권까지 잡고 있습니다. 속히 제거해 천하를 평안히 하는 계책을 마련해야 합니다."

하지만 석륵은 이를 듣지 않았다.

"지금 천하가 아직 평정되지 않았고 태자는 어리다. 중산왕의 보좌가 절실히 필요하다."

석륵의 핵심 책사인 서광과 정하도 이 일을 밤낮으로 우려했다.

"중산왕 석호가 우리 두 사람을 매우 원망하고 있소. 주상이 세상을 떠나면 황태자가 그의 독수를 벗어날 수 없고, 우리 두 사람도 죽음을 면치 못할 것이오. 나라의 안녕을 위해 황상에게 중산왕 제거를 강력히 간해야 하겠소."

이에 기회를 보아 서광이 석륵에게 물었다.

"폐하는 천하를 평정했는데 어찌하여 우려하는 모습이 있는 것입니까?"

석륵이 대답했다.

"남쪽과 서쪽이 아직 평정되지 않았기 때문이오. 사마씨가 남쪽 강동에 웅거하고 있어 후세인이 나를 두고 천하 통일을 이루지 못한 제왕으로 비웃을까 걱정이오. 그래서 얼굴에 근심하는 기색이 있는 것이오."

서광이 진언했다.

"폐하는 중원을 평정해 낙양과 장안을 점령하고 있으니 당당한 중국의 제왕입니다. 천명이 정해졌는데 누가 불복하겠습니까? 사마씨의 강동은 팔다리의 작은 질병에 불과합니다. 중산왕 석호는 포학하고 간사한 자입니다. 근일 연회에서 황태자를 경시하는 모습을 보였습니다. 폐하가 그를 용인하고 있으니 신은 폐하의 만년지후萬年之後에 종묘에 형극荊棘이 돋아날까 걱정입니다. 이자는 폐하의 심복에 있는 큰 우환이니 응당 조기에 제거해야 할 것입니다."

석륵은 아무 말도 하지 않았다. 호걸이라도 늙으면 응당 결단해야 할 때 하지 못하는 법이다.

동진 성제 함화 7년(333년) 8월, 석륵이 중병에 걸렸다. 조명을 내리기도 전에 중산왕 석호가 병사들을 이끌고 입궁해 질병 시중을 들었다. 그러는 한편 군신들과 친척들은 모두 들어가지 못하게 했다. 병세를 외부에서는 알 길이 없었다.

석호는 석륵 사후 정예병을 이끌고 있는 종실들이 들고 일어날까 두려웠다. 이에 조서를 고쳐 진왕 석굉石宏, 팽성왕 석감石堪에게 속히 입궁해 병시중을 들게 했다. 잠시 정신이 든 석륵은 석굉이 병상 옆에서 울고 있는 것을 보고 크게 놀라 물었다.

"짐이 너에게 밖에서 강병을 이끌고 있도록 한 것은 짐이 사망한 후 만일의 사태를 대비하기 위한 것이다. 누가 너를 입경케 했는가? 만일 누가 입경토록 했다면 즉시 사람을 보내 그를 죽이도록 하라."

옆에 있던 석호가 크게 놀라 황망히 대답했다.

"진왕은 문병 차 잠시 입경한 것입니다. 그를 급히 봉지로 돌아가도록 하겠습니다."

그러고는 사람을 보내 석굉 등을 경성에 연금시켰다. 며칠 후 다시 정신이 돌아온 석륵이 석호에게 물었다.

"석굉이 봉지로 돌아갔는가?"

"곧바로 돌아갔으니 지금쯤 이미 도착했을 것입니다."

임종 때 석륵은 다음과 같은 유령遺令을 내렸다.

"3일장을 치른 후 통상복을 입도록 하라. 통상적인 수레를 사용하고 금은보화를 부장하지 마라. 태자가 유충하여 짐의 뜻을 능히 이을지 걱정이다.

태자와 형제들은 서로 협력해 사마씨의 경우를 거울로 삼도록 하라. 중산왕 석호는 재삼 옛날 주나라 건국 공신 주공이 성왕을 보좌한 공을 생각토록 하고 이를 구실로 삼지 말아야 한다."

석륵이 보위에 있었던 해는 모두 15년으로 당시 60세였다. 밤에 산곡에 묻은 까닭에 누구도 그가 묻힌 고평릉高平陵의 위치를 알지 못했다. 석륵은 18명의 기병으로 시작해 전성기 때 남쪽으로 회하, 동쪽으로 황해, 서쪽으로 하서, 북쪽으로 연燕과 대代 땅에 이르렀다. 그는 남북조의 혼란기에 매우 특기할 만한 제왕이었다. 비록 문맹으로 직접 사서를 읽은 적은 없으나 사서의 내용을 듣는 것을 좋아했다. 역사를 거울로 삼아 전한 시대의 통치를 모범으로 삼았다. 친히 사방으로 순행하고, 백성에게 농상農桑을 권장하고, 경내 인민들의 부담을 줄였다. 후조가 거둬들인 조세는 조조의 위나라 이래 가장 가벼웠다. 동시에 그는 인재 육성과 교육 제도 확립에 주의를 기울였다. 또한 그는 비록 갈족 출신이었으나 한족을 멸시하지 않았다. 오히려 휘하의 책사와 대신들은 한족이 담당했다. 노비 출신에서 일약 제왕의 자리에 오른 그는 남북조의 난세 속에서 일대 명주로 꼽을 만하다.

만세의 폭군, 석호

석호는 자가 계룡季龍이다. 『진서』는 그의 이름을 온통 '석계룡'으로 기록해 놓았다. 이는 당고조 이연의 부친 이름이 이호李虎인 데 따른 것으로 『진서』를 편찬한 당나라 신하들이 이호의 이름을 기휘忌諱했기 때문이다. 석호는 어렸을 때 석륵의 부친 손에서 컸다. 대다수 사서는 그를 석륵의 조카로 기록해 놓았다. 석륵의 사촌 동생으로 기록해 놓은 사서도 있다. 석륵의 조카일 공산이 크지만 어렸을 때 석륵의 부친 손에 양육될 당시 석륵보다 열 살 정도 어렸던 점에 비춰 보면 사촌 동생일 수도 있다.

석호의 어린 시절은 진나라가 팔왕의 난으로 극히 혼란스런 시기였다. 석륵이 노비가 되어 하북으로 팔려간 게 그 증거다. 석호는 이런 난세의 와중에 각지를 전전해야 했다. 후에 유곤이 석륵을 끌어들이기 위해 사람을 보내 석륵의 모친과 석호를 찾아낸 뒤 갈치에서 낭야왕 사마예의 근거지인 건업 진공을 준비하던 석륵에게 보내주었다. 석륵은 크게 감격했으나 투항을 권하는 유곤의 요청을 거절했다.

석호는 어렸을 때 개와 돼지의 음식을 먹고, 소와 말 같은 삶을 살았다고 전해진다. 이로 인한 원한도 깊어질 수밖에 없었다. 그가 유곤에 의해 석륵의 군영으로 보내졌을 때는 대략 17세 전후였다. 그는 늘 새총을 들고 다녔는데 말을 몰고 다니며 새총을 마구 쏘아 대는 바람에 상하의 원망이 높았다. 하루는 석륵이 대로해 모친 왕씨에게 이를 고한 뒤 그를 제거하려고 하자 모친이 간청했다.

"일을 잘하는 소도 송아지 때는 수레를 자주 망친다. 한번 참고 견디면 장성한 뒤 좋은 인물이 될 것이다."

1년 후 과연 석호는 제법 절도 있는 모습을 보였다. 신장은 7척5촌으로 궁마에 뛰어났다. 석륵은 그의 용맹을 높이 사 정로장군에 임명했다.

그는 장군 곽영郭榮의 여동생과 결혼한 후 배우 정앵도鄭櫻桃와 동성애를 즐기면서 처를 죽였다. 이후 청하淸河의 호족 최씨의 딸과 결혼했으나 정앵도의 참언을 곧이듣고 최씨 또한 죽여 버렸다. 게다가 성루를 공략하면 선악을 구별하지 않고 몰살하는 것이 명대 말기의 장헌충張獻忠과 닮아 있었다. 석륵이 누차 질책하고 달랬으나 아무 소용이 없었다. 그러나 석호가 적들을 제압하는 데 많은 공을 세운 것 또한 사실이다. 그는 지휘에 뛰어난 면이 있었다.

석륵의 치세 후기에 우복야 서하가 석호가 업성을 근거지로 삼아 세력을 키울까 우려해 자신의 생질인 황태자 석홍이 업성에 진수하는 방안을 건의했다. 석륵이 사람을 보내 업성의 궁전을 중수하고 태자에게 금군 1만 명을 배속시키고, 석호의 일족과 병사들을 다른 곳으로 옮기게 했다. 이에 석호는 수십 명의 무장을 시켜 밤에 서하의 집에 침입해 보물을 훔치고 처자들을 겁탈하게 했다. 서하는 태자의 외숙이었고, 그의 처와 딸은 태자의 지친인데도 석륵의 생전에 이런 일을 벌일 정도로 석호의 흉포함은 심각했다.

당초 석륵이 양국에서 칭제했을 때 석호는 스스로 대선우의 자리가 자신에게 왔다고 생각했다. 대선우는 부제副帝를 의미했다. 그러나 석륵은 대선우의 위호를 태자 석홍에게 내렸다. 대로한 석호는 분을 참지 못해 아들 석수石邃에게 이같이 말했다.

"주상은 양국을 도성으로 삼아 칭왕한 이래 오직 도성에 머물며 각 부서를 지휘했다. 정작 시석矢石을 무릅쓰고 전장에서 혈전을 벌인 사람은 나 한 사람이다. 20여 년 동안 동서남북으로 적들을 평정하고 13주를 판도에 넣었다. 조나라의 대업은 나 석호의 공로다. 나에게 대선우를 수여해 나의 대공을 현창하는 게 마땅하다. 주상이 혼매해져 젖비린내 나는 아들에게 주었으니 매번 이를 생각할 때마다 침식이 불편하다. 주상이 붕어하면 그 자손을 모두 없애 버리고 말 것이다."

석륵이 죽자마자 석호는 석홍을 꼭두각시로 만든 후 곧바로 하령해 보정 대신에 임명된 정하와 서광을 감옥에 쳐 넣게 했다. 석호의 아들 석수는 근위 군대를 이끌고 황궁에 뛰어들었다. 석홍이 크게 두려워 황급히 중산왕 석호에게 하배하면서 황위를 넘기고자 했다.

"황제가 붕어하면 태자가 뒤를 이어야 합니다. 신하로서 어찌 감히 법제를 어길 수 있겠습니까?"

석홍이 눈물을 흘리며 거듭 사양하자 석호가 화를 냈다.

"네가 뒤를 잇지 않으면 천하가 시끄럽게 된다. 하필 지금 이같이 하는 것인가?"

동진 성제 함화 8년(333년) 9월 석홍이 억지로 보위에 올라 연호를 연희延熙로 바꿨다. 석호는 석홍이 보위에 오른 당일 첫 번째 조령을 내려 정하와 서광 두 사람을 주살했다. 두 번째 조령은 석호를 승상, 위왕, 대선우에 임명하고 구석을 더하는 것이었다. 이어 석호의 자식이 각지의 대진大鎭에 임명돼 병권을 장악하고, 그의 이전 속료들이 모두 입경해 요직을 점거했다. 석호는 태자궁을 숭훈궁崇訓宮으로 개명한 뒤 석홍과 태후 유씨를 비롯해 석륵의 비빈 등을 모두 이곳으로 옮겨가 살게 했다. 이에 앞서 석호는 석륵의 후궁에 들어가 궁인과 거마 중 뛰어난 것은 모두 승상부로 옮기게 했다.

석륵의 황후 유씨는 담략이 있었다. 석륵이 생전에 그녀와 함께 조정 대사를 결단한 바 있을 정도로 한고조 유방의 부인 여후呂后의 풍모가 있었다. 유씨는 유폐의 상황을 견딜 수 없어 은밀히 팽성왕 석감과 만나 울면서 말했다.

"선제가 돌아가시자마자 승상이 이처럼 방자하니 황실의 명운이 곧 끝날 것이오. 이를 어찌해야 좋소?"

석감은 원래 성이 전씨田氏였으나 석륵의 양자가 되어 석씨를 하사받은 인물로 무용과 책략이 뛰어났다. 그가 말했다.

"선제의 구신들이 모두 폄척을 당한 데다 군사들이 이미 그의 손에 들어갔습니다. 궁내에 내응할 사람이 없으니 제가 틈을 보아 경성을 탈출해 연주로 돌아간 뒤 남양왕 석회石恢를 맹주로 삼고, 태후의 조령을 발포해 각 진에 석호 토벌을 명하도록 하겠습니다."

"형세가 급하니 즉시 행동에 옮기도록 하시오. 그리하지 않으면 야장몽다夜長夢多가 되오."

'야장몽다'는 밤이 길어 꿈을 많이 꾼다는 뜻으로 그사이에 숱한 변화가 일어날 수 있다는 뜻이다. 팽성왕 석감은 석호의 감시가 소홀한 틈을 노려 변장을 한 후 필마단기로 도주했다. 하지만 연주로 달아나는 과정에서 수색을 피해 도주하는 바람에 시간이 크게 지체되었다. 게다가 이 소식이 일찍 누설되어 남양왕 석회가 주둔하고 있는 늠구廩丘에 도착했을 때엔 성문이 굳게 잠겨 있었다. 남양왕 석회는 이미 경성으로 끌려간 뒤였다. 석감은 할 수 없이 남쪽 초성譙城으로 도주하다가 석호의 병사들에게 사로잡혀 양국으로 압송됐다. 석호는 20여 년 동안 함께 분전한 석감을 약한 숯불 위에 올려놓고 서서히 구워 죽였다. 이어 곧바로 사람을 보내 유태후를 단칼에 죽여 버렸다.

얼마 후 석륵의 종실 하동왕 석생이 관중에서 기병했다. 석랑仁郎도 낙양에서 일어났다. 석호는 친히 보기 7만 명을 이끌고 낙양으로 쳐들어가 석랑을 사로잡았다. 그는 먼저 석랑의 두 다리를 자른 뒤 한참 시간이 지나 죽여 없앴다.

장안 싸움에서는 석호가 대패했다. 그러나 석생과 동맹을 맺은 선비족 군사가 문득 반기를 들어 오히려 석생을 공격했다. 얼마 후 부하에 의해 잘린 석생의 목이 석호에게 전달됐다. 석호는 비록 잔인하고 포학했지만 제국의 대략大略을 잃지는 않았다. 그는 먼저 서북의 저족과 강족 부락을 항복시킨 뒤 여세를 몰아 관중을 평정해 확고한 권력을 구축했다.

석홍이 보위에 오른 지 한 달 뒤인 이해 10월 석홍은 황제의 새수璽綬 등을 갖추고 친히 승상부로 가 석호를 배견한 뒤 황위를 석호에게 넘기고자 했다. 석호는 계단 아래에서 애절하게 황위를 받을 것을 간청하는 석홍을 바라보며 거만하게 말했다.

"천하에 이로 인해 공론이 일어날 것이다!"

석홍이 환궁한 후 생모 정씨 앞에서 눈물을 흘리며 말했다.

"선제의 자손이 곧 몰살될 듯합니다."

한편 조나라의 상서는 석호에게 아부하기 위해 이처럼 상주했다.

"지금 의당 선양을 행하는 게 옳습니다."

석호는 상주문을 받아본 뒤 반나절 만에 이같이 말했다.

"석홍은 암우해서 거상居喪이 무례했다. 응당 폐해야 하니 선양의 절차는 필요없다."

이에 석호는 석홍을 폐한 뒤 해양왕海陽王에 봉했다. 며칠 후 석홍과 정씨를 비롯해 그의 형제 진왕 석굉과 남양왕 석회 등이 모두 석호가 보낸 자들에 의해 숭훈궁에서 몰살을 당했다. 석홍의 나이 22세였다. 군신들이 보위에 오를 것을 권하자 석호가 짐짓 겸양했다.

"황제는 성덕의 위호位號이다. 나는 감당할 수 없다. 잠시 조천왕趙天王으로 섭정코자 한다."

이어 연호를 건무建武로 바꿨다. 여러 군신들이 축하하는 가운데 유독 조나라의 서강 대도독 요익중姚弋仲은 병을 핑계로 하례하지 않았다. 그는 강족의 우두머리였다. 석호가 여러 차례 부르자 요익중이 이내 와서는 정색을 하고 이같이 말했다.

"나는 줄곧 대왕이 시세의 영웅인 줄 알았소. 어찌하여 선제로부터 큰 은혜를 입고 그 자식의 자리를 빼앗은 것이오?"

석호는 대단히 언짢았으나 강족의 세력이 만만치 않은 것을 알고 좋은 말로 다독이면서 이같이 부연했다.

"내가 황위를 탐낸 것으로 아시오? 단지 석홍의 나이가 어려 대임을 맡을 수 없을 것으로 생각해 그를 대신해 집안일을 돌보는 것일 뿐이오."

일찍이 천축국의 승려 불도징佛圖澄은 석륵이 살아 있을 때 여러 차례 성패를 예언해 존경을 받은 바 있었다. 석호는 보위를 이은 후 비단옷과 화려하게 장식된 가마 등을 보내 그를 대화상大和尙으로 정중히 모셨다. 이를 계기로 후조에서 출가하여 부처를 섬기는 열풍이 거세게 일었다. 후조는 석륵 이래 불교를 줄곧 숭상했다. 이는 갈족이 신을 숭배하는 풍조에서 비롯된 것이었다. 석호는 일찍이 이같이 말한 적이 있었다.

"짐은 변경 땅에서 태어났으나 운세를 만나 천하에 군림하게 됐다. 부처는 원래 우리 융인戎人들의 신이다. 응당 바로 받들어 모셔야 한다."

불도징 본인이 구자龜玆에서 온 호인이었다. 주문을 외워 치료하는 등의 방술은 석륵과 석호의 환심을 샀다. 『고승전』에 따르면 불도징은 왼쪽 젖꼭지 옆에 둘레 4~5촌 되는 구멍이 있어 이곳을 통해 뱃속을 들여다볼 수 있고, 물가에 가서 내장을 씻은 후 다시 뱃속에 집어넣었다는 등의 일화가 실려 있다. 항간에 나돌던 이런 식의 얘기가 석호의 환심을 샀을 것이다.

동진 성제 함강咸康 원년(335년) 석호는 국도를 양국에서 업성으로 옮겼다. 이듬해에 하령하여 낙양에 있던 서진의 상징인 동타銅駝와 옹중翁仲, 구룡九龍 등 거대한 청동 기물을 모두 업성으로 옮기게 했다. 석호는 업성으로 천도하는 동시에 양국에 태무전을 조영했다. 그 높이가 2장8척이고 지하에 위사 5백 명이 들어가 앉을 수 있을 정도의 큰 방을 만들었다. 동서로 75보, 남북으로 65보였다.

업성에서도 석호는 영봉대 등 9개의 전각을 조영하고 네 곳에 각지에서 약탈한 수만 명의 미녀를 채워 넣었다. 석호는 특별히 여자 의장대를 좋아했다. 1천 명의 미녀가 자색의 윤건을 쓰고 금은실로 짠 띠를 맸으며, 면직으로 된 채색 바지를 입었다. 중국에서 여인들이 바지를 입은 것이 여기에서 시작됐다고 한다. 멀리서 보면 오색이 현란했다.

무료할 때면 업성 남쪽에서 강물에 투석을 하기 위해 비교飛橋를 만들었다. 공사비로 수억 전을 들였으나 끝내 완공하지 못했다. 백성들의 요역이 번다하게 많고, 병사들도 쉬지 못하고, 곡식도 비싸 금 1근이 쌀 두 되에 해당했다. 그러다 보니 백성들이 살 길이 없다고 아우성치기 시작했다.

건무 3년(337년) 석호는 정식으로 석륵이 처음에 칭했던 것처럼 대조천왕을 칭했다. 이어 아버지와 할아버지를 추증하고 아들 석수를 황태자로 삼았다.

아들의 사형식을 구경하다

석호의 태자 석수는 어렸을 때부터 부친을 좇아 종군한 까닭에 부친의 총애를 받았다. 석호는 늘 군신들 앞에서 이같이 말했다.

"사마씨 부자 형제는 서로 다투며 죽였다. 그래서 짐이 지금 중원을 차지해 칭제하게 된 것이다. 자세히 보면 우리 부자는 감정이 매우 풍부하다. 내가 가히 아철阿鐵(석수의 아명)을 죽일 수 있겠는가?"

석수는 황태자에 책봉된 후 부친보다 더 잔학한 모습을 보였다. 그는 태자궁에 미모의 여인을 납치해 와 일을 벌인 뒤 돌연 산 채로 목을 베었다. 이어 피를 깨끗이 닦은 후 얼음을 채워 금 쟁반 위에 올려놓고는 좌우의 근신들을 불러 이를 감상케 했다. 또한 궁중에 미모의 비구니를 불러 음행을 한 뒤 부하들과 함께 죽이고 나서 시체를 토막 내 말과 양 등의 고기와 함께 큰 솥에 넣고 끓인 뒤 사람들을 불러 함께 먹으면서 누가 인육을 먹는지 알아맞히는 놀이를 하기도 했다.

석호는 석수를 황태자에 책봉한 뒤에도 하간공 석선石宣과 낙안공 석도石韜 등 두 아들을 총애했다. 석수는 이들 두 형제가 자신의 적수가 될 것을 알고 커다란 원한을 품었다. 석호의 희로는 무상했다. 석수가 조정 대사에 관한 건의를 올리면 대개 술을 마시거나 미녀를 껴안고 있던 석호는 크게 화를 내며 석수를 꾸짖었다.

"이런 작은 문제를 어찌하여 올리는 것인가?"

어떤 때는 며칠 동안 보고를 올리지 않자 크게 화를 냈다.

"조정 대사를 왜 나에게 알리지 않는 것인가?"

그는 직접 큰 몽둥이를 들고 석수를 때리곤 했다. 석수는 원한이 점점 깊어질 수밖에 없었다. 마침내 석수는 중서자 이안李顔 등과 함께 밀모했다.

"주상은 실로 문안하기 힘들다. 모돈 선우가 한 일을 할까 한다. 여러분이 나와 함께 일을 할 수 있겠는가?"

모돈 선우가 한 일이란 부친의 시해를 의미했다. 이들은 늘 석수와 함께 살인 놀이를 즐겼으나 대상이 황제인 까닭에 땅에 엎드려 감히 대답하지 못했다. 석수는 고민 끝에 병을 칭하고 다시는 정사를 처리하지 않았다. 하루는 석수가 태자궁을 지키는 5백여 명의 기병을 이끌고 이안의 별장으로 가 연회를 즐겼다. 대취한 그는 홀연 광기를 부리며 수하에게 크게 말했다.

"내가 지금 기주로 가 석선을 칠 것이다. 좇지 않는 자는 모두 참한다."

석수는 취한 채로 말에 올라 칼을 휘두르며 앞으로 나아갔다. 몇 리 지나자 그의 수하들이 점점 떨어져 나갔다. 마침내 이안이 말고삐를 잡고 간했다. 뒤를 돌아다보니 아무도 없었다. 결국 석수는 대취한 상태로 돌아와야 했다.

석수의 생모 정황후는 궁중에서 아들의 미친 행동에 관해 듣고는 크게 놀라 신변의 궁인을 석수에게 보내 엄하게 타일렀다. 석수는 검을 뽑아 궁인을 찔러 죽였다. 일이 이렇게 돌아가는데도 석호는 자세한 내막을 몰랐다. 그는 태자가 병이 나 정사를 돌보지 않는다는 얘기를 듣고는 궁내의 여관을 보내 이를 살피게 했다. 석수는 침상에 누워 있다가 석호가 보낸 여관을 가까이 부른 뒤 벌떡 일어나서는 칼을 뽑아 가슴을 찔렀다. 이를 보고 깜짝 놀란 종자들이 황급히 황궁으로 돌아갔다.

대로한 석호는 사람을 보내 석수의 수하인 이안 등을 체포해 엄히 고문했다. 이 일로 이안 등 30여 명이 모두 참수되고 석수는 동궁에 유폐됐다. 하지만 전에 부친을 위해 많은 전공을 세운 점을 감안해 결국 석호는 석수를 사면한 뒤 태무전의 동당에서 인견했다. 석수가 통곡하며 회개하는 모습을 보이자 석호도 그간의 일을 없었던 것으로 쳤다. 그래도 석수의 버릇은 고쳐지지 않았다. 조회에 참석했다가 문득 밖으로 나가기도 했다. 부친에게도 건성으로 인사를 올렸다. 석호는 치미는 화를 꾹 참았다. 하루는 궁인을 시켜 석수에게 이같이 전했다.

"태자는 응당 모후에게 문안해야 하는데도 어찌하여 이처럼 하는 것인가?"

석수가 듣지 않자 석호는 마침내 석수의 폐서인을 선언했다. 이날 밤 화를 참지 못한 석호는 병사들을 시켜 동궁으로 쳐들어가 석수와 태자의 비첩, 석수의 딸 등 26명을 죽인 뒤 이들 시체를 모두 커다란 관에 한꺼번에 집어넣어 더러운 땅에 묻게 했다. 또 동궁의 신료 2백여 명을 주살하고, 석수의 생모를 폐한 뒤 동해태비로 삼았다. 이어 석선을 천왕태자로 삼았다.

석호는 매일 음주와 음락, 수렵 등으로 보냈다. 그러나 정벌을 멀리하는 용군庸君은 결코 아니었다. 요서의 선비족 수령 단료段遼를 토벌하기 위해 석호는 왕화王華를 도료장군에 임명한 뒤 수군 10만 명을 이끌고 진공케 했다. 요익중 등이 관위장군이 되어 기병 10만 명을 이끌고 선봉에 섰다. 석호 자신은 대군을 이끌고 금대金臺에 주둔했다.

단료를 토벌한 후 석호는 모용황慕容皝이 핑계를 대고 응원군을 보내지 않은 것을 괘씸하게 여겨 대군을 이끌고 가 치려고 했다. 대화상 불도징을 비롯해 태사령 조람曹覽 등이 계속해서 용병하는 것을 극구 만류했지만 석호는 듣지 않았다. 그는 수십만 대군을 이끌고 가 극성棘城을 쳤다. 그러나 모용황의 아들 모용각慕容恪이 이끄는 기병들이 성문 밖에서 나뭇가지를 끌면서 먼지를 일으키는 것을 보고 대병이 있는 줄 알고 놀라 갑옷을 버린 채 황급히 양궁으로 달아났다. 철군하는 와중에 후조의 군사 3만여 명이 죽었다. 오직 석호의 한족 양손자 석민石閔이 이끄는 군사만이 일면 공격하고 일면 철수하는 식으로 나온 까닭에 아무런 손실도 입지 않고 철군할 수 있었다.

모용 선비에게 커다란 손실을 입었는데도 석호는 계속 대군을 일으켰다. 그는 창려昌黎를 공벌하려 했다. 곡식 30만 곡斛을 해도海島로 운반해 저장하고, 다시 3백만 곡을 고구려로 운반했다. 병사들을 해변에 소집시킨 뒤 해전을 대비해 청주에서 배 1천 척을 건조케 했다.

선비족에 대한 전쟁은 일승일패의 혼전 양상을 보였다. 황태자 석선은 삭방의 선비 곡마두斛摩頭를 쳐 4만 명의 수급을 얻는 등 대승을 거뒀다. 그러나 마추麻秋는 모용황을 쳤다가 대패했다. 참수당한 병사의 수가 2만여 명에 달했다. 얼마 후 모용 선비가 유주와 기주를 기습해 후조의 백성 3만여 명을 약탈해 갔다. 당시 석호는 남쪽 정벌도 멈추지 않았다. 석호의 양손자 석민은 형주와 양주 일대에서 진나라 병사 1만여 명을 죽이는 등 대승을 거뒀다. 호정邾亭의 싸움에서는 후조의 군사들이 진나라 백성 7만 호를 약탈해 개선했다.

이처럼 군사 동원이 끊이지 않는 사이 후조 내에서는 천재지변이 그치지 않았다. 기주의 8개 군에서 메뚜기 재해가 극심했다. 굶어 죽는 사람이 수만 명에 달했다. 게다가 가뭄까지 겹치자 1년 사이 곡물 소출이 크게 줄어들어 수만 명이 추위와 굶주림으로 목숨을 잃었다. 그럼에도 석호는 무거운 세금을 부과했다. 국내에 말이 많지 않은 까닭에 사적으로 말을 감추는 것을 엄벌에 처했다. 또한 백성들의 말 4만여 필을 모두 공물로 만들었다. 업성에 궁실을 크게 확장하면서 대관臺觀(대와 망루) 40여 개 소를 짓고, 낙양과 장안에도 궁실을 조영했다. 이 일로 무려 40여만 명이 동원됐다. 청주와 기주, 유주 등에서는 50만 명의 병사를 소집했다. 사서는 생업을 잃은 백성이 열 가구 중 일곱 가구에 달했고, 선부船夫 17만 명 중에서 물에 빠져 죽거나 맹수의 피해를 입은 사람이 3분의 1에 이르렀다고 기록해 놓았다. 그런데도 석호는 이같이 하령했다.

"병사 5인당 수레 1대, 소 2마리, 쌀 15곡, 견 10필을 거둔다. 조달하지 못하는 자는 모두 참한다!"

백성들은 이를 조달할 길이 없어 처자식을 팔아야 했다. 후조의 경내에는 자진한 사람의 시체가 길 양편에 널릴 지경이었다. 석호는 이 와중에도 자식들의 관작을 모두 높여 주었다. 천왕태자로 봉한 석선 이외에 다른 아들 석도를 태위로 삼았다. 석선은 자신의 권력이 약화될까 두려워 공후들의 병사를 줄이면서 동궁부의 군사를 5만 명으로 늘리기도 했다.

어떤 사람이 석호를 찾아와 이같이 축하했다.

"제남의 평릉성 북쪽에 거대한 호랑이 모습의 바위가 하룻밤 사이에 성의 동남쪽 구석으로 옮겨 왔고, 수많은 늑대와 여우가 이를 쫓아오면서 난 발자국이 길을 만들었습니다."

석호가 이 말을 듣고 크게 기뻐했다.

"돌짐승은 바로 짐을 말하는 것이다. 성의 북쪽에서 동남쪽으로 이동했으니 이는 짐이 강남을 평정한다는 뜻이다. 내년 봄에 군사를 대거 소집해 하늘의 뜻에 부응할 것이다."

군신들이 모두 진하進賀했다. 이들 중 107명은 「황덕송皇德頌」을 바치며 아부했다.

당시 석호는 태자 석수를 죽인 뒤에도 반성할 줄 몰랐다. 조명을 내려 석선과 석도에게 생살을 임의로 할 수 있는 권력을 부여했다. 위에 보고할 필요도 없었다. 후조의 사도 신종^{申鍾}이 상서하며 간했다.

"상과 벌은 매우 지중한 까닭에 폐하가 장악해야 합니다. 석수의 일을 거울로 삼을 필요가 있습니다. 석선과 석도가 정사를 나눠 행하면 장차 틈이 생겨 나라를 어지럽게 만들고 친족을 해칠 우려가 있습니다."

하지만 석호는 듣지 않았다. 당시 태자 석선은 미래의 황제가 될 꿈에 젖어 부친 석호처럼 음학^{淫虐}을 일삼았다. 한겨울에 사람을 보내 나무를 벌목했고, 장수^{漳水} 수변에 큰 전각을 세웠다. 이 때문에 동사하는 자가 수만 명에 달했는데도 태자 석선의 표정에는 아무 변화가 없었다. 한번은 태자첨사 손진^{孫珍}이 조회에 참석했다가 눈에 가려움증이 나 옆에 있던 시중 최약^{崔約}에게 물었다.

"눈병이 났는데 무슨 약이 좋소?"

최약이 웃으며 말했다.

"사람의 오줌이 좋다고 하오."

손진이 기이하게 생각해 다시 물었다.

"사람 오줌이 어떻게 눈병에 좋다는 것이오?"

"당신의 눈이 깊고 움푹 파였으니 가히 오줌을 담을 만하오."

이 일로 인해 손진은 원한을 품고는 조회가 끝난 뒤 이 일을 태자 석선에게 고했다. 석호의 아들 중 석선은 코가 높고 눈이 파인 전형적인 호인의 모습이었다. 지금은 뛰어난 모습으로 생각하지만 당시만 해도 호인의 얼굴은 세인들의 웃음거리였다. 하지만 최약은 무슨 악의로 그런 것이 아니었고 평소 농담을 하던 식으로 말했을 뿐이다.

석선은 이 말을 듣고 대로했다.

"최약 부자를 죽여라!"

이내 석선의 휘하들이 달려가 최약과 그 자식들을 죽였다. 최약은 농담 한

마디로 목숨까지 잃고 만 것이다.

석호는 칭제한 후 더욱 비대해져 말을 타고 달릴 수가 없을 지경이었지만 반대로 사냥에 대한 열의는 더욱 높아졌다. 수천 대의 엽거獵車를 만들었다. 끌채의 길이는 3장, 높이는 1장8척이었다. 짐승을 가두는 수레는 모두 40대였다. 이를 이용해 석호는 영창진에서 남쪽으로 형양, 동쪽으로 양도까지 사냥을 나갔다. 동서고금을 막론하고 석호처럼 1만 리에 달하는 수렵장을 가진 사람은 없었다. 미색을 밝히는 것도 여전해서 여관女官의 등급을 24등, 동궁의 여관은 12등으로 하고, 13세 이상 20세 이하의 여인은 모두 명부에 이름을 올려 간택을 기다리게 했다. 미모가 뛰어난 경우는 출가했을지라도 이내 선발돼 입궁했다. 각지에서 선발해 올린 여관의 수가 무려 4만여 명에 달했다. 이들 모두 업성의 황궁에서 생활했다. 석호는 12명의 여관을 천거한 관원을 열후에 봉하기도 했다.

또한 16만 명을 징발해 장안의 미앙궁을 중건하고, 다시 26만 명을 동원해 낙양의 궁전을 중수했으며, 백성이 경작용으로 사용하는 소 2만여 두를 강제로 징발해 삭주의 목장에서 방목했다.

후조의 신하들 대부분이 석호 부자에게 아첨을 하고 있을 때 상서 주궤朱軌가 간하자 노한 석호는 조정을 비방한다는 구실로 그를 죽였다. 멀리 변경의 저족 수령으로 있던 관위장군 포홍蒲洪이 상주했다.

"궁실을 중건하고, 수렵을 즐기고, 여색을 탐하는 것은 예로부터 반드시 패망하는 원인이 되었습니다. 엽거를 1천 대나 만들고, 1만 리에 걸쳐 짐승을 기르고, 사람들의 처자를 빼앗아 10만 명의 여인이 궁궐을 가득 채우고 있으니 장차 사가가 이를 어찌 기록하고, 사해의 민심 또한 어떠하겠습니까?"

석호는 포홍의 상주에 대로했으나 저족의 세력이 강대해 어찌하지 못했다.

석호를 비롯한 후조의 군왕은 재보를 모으는 데도 열심이었다. 이미 10개 주의 땅을 지니고 금은보석 등 수많은 보물을 갖고 있는데도 오히려 부족하다고 생각했다. 그래서 역대 제왕의 무덤을 도굴해 보화를 취했다.

예전에 오진吳進이라는 화상이 이런 주의를 준 적이 있었다.

"호인들의 운은 장차 쇠하고 진나라가 다시 부흥할 것이다. 응당 진나라 사람을 노역에 동원해 천운을 바꿔야 한다."

석호는 이 말을 믿고 업성 부근의 남녀 16만 명, 수레 10만 대를 동원해 주야로 토석을 날라다가 화림원華林園을 수축하고, 업성의 북쪽에 10리에 달하는 장성을 쌓았다. 천문을 관장한 예부의 관원들이 부당함을 간하자 석호가 대로했다.

"아침에 장성을 수비하다 저녁에 무너질지라도 나는 원망하지 않을 것이다."

밤에 불을 피워 가면서 장성 수축을 재촉했다. 폭풍우가 몰아치는 바람에 수만 명이 죽었다. 원림이 완성되자 기이한 나무들을 심고 진귀한 짐승들을 풀어 놓았다. 석호는 날마다 연못 위에 배를 띄워 놓고 연회를 즐겼다.

석호는 태자 석선을 시켜 산천에 복을 빌기도 했다. 석선은 이를 핑계 삼아 유렵遊獵에 나서면서 천자의 수레와 정기旌旗를 꽂고 16개 군단을 이끌고 나갔다. 정병이 18만 명에 달했고 깃발이 하늘을 가렸으며 금고金鼓 소리가 일제히 울렸다. 석호는 후궁에 세워진 수백 미터에 달하는 능소전의 보좌 위에 앉아 이를 지켜보며 대소했다.

"우리 부자의 위풍이 이와 같다! 하늘이 무너지고 땅이 꺼지지 않는 한 무엇을 우려할 것인가? 나는 궁궐 안에서 손자들이나 껴안고 즐기면 된다."

석선이 지나가는 도중 병사들에 대한 주식酒食은 모두 해당 지역민들의 몫이었다. 3주 15군을 거치는 동안 비축한 백성들의 포백布帛과 양식이 모두 바닥이 났다. 석선이 출행한 후 석호의 또 다른 아들 석도 역시 똑같이 움직였다. 10여만 명의 대군을 이끌고 병주에서 진秦(섬서성)과 진晉(산서성) 일대를 누비며 사냥을 즐겼다. 석선이 이 얘기를 듣고 더욱 질투했다. 궁내의 태감 조생趙生은 석선과 매우 가까웠는데 일찍이 작은 일로 인해 석도를 거슬렀다가 벌을 받은 적이 있었다. 그는 이 기회를 이용해 석선에게 석도를 제거할 것을 권했다.

후조 건무 14년(348년) 하루는 석호가 심사가 뒤틀린 나머지 작은 일로 인해 태자 석선이 자신의 뜻을 제대로 받들지 못했다며 화를 냈다.

"내가 석도를 태자로 세우지 않은 것이 후회스럽다."

좌우의 태감들이 이를 곧바로 석선과 석도에게 전했다. 석선은 크게 부끄러워하며 원망했고, 석도는 기쁨을 감추지 못했다. 석도는 사람을 시켜 자신의 태위부에 명당明堂을 조영한 뒤 이름을 선광전宣光殿이라고 지었다. 대들보의 길이만 9장에 달했다. 이는 법제를 위반한 것이었다.

석선이 이를 조사하기 위해 사람들을 데리고 안으로 쳐들어가 보니 선광전 세 자가 바로 눈에 띄었다. 그는 석도가 자신의 이름 '선'을 기휘하지 않은 것을 보고는 더욱 화가 났다. 몇 명의 장인들을 베고는 좌우에 명해 대들보를 잘라 버리게 했다. 석도가 도착해 보니 죽은 장인들의 시체가 즐비하고, 대들보도 이미 크게 깎여 나가 있었다. 화가 난 그는 다시 장인들을 불러 모아 대들보의 높이를 10장으로 늘렸다. 석선이 이 소문을 듣고 부하 양배楊杯와 모성牟成을 비롯해 태감 조생 등에게 말했다.

"어린놈이 감히 참으로 오만하고 되바라졌다. 너희들 중 누가 그를 없애 버릴 것인가? 내가 칭제한 후 응당 석도의 봉국을 넘겨주겠다. 석도가 죽으면 주상이 문상차 올 것이다. 우리가 때를 보아 대사를 행하면 성공하지 못할 리 없다."

양배 등이 입을 모아 호응했다.

이해 9월, 가을이 깊어 가면서 마침내 거사를 행하기로 한 날이 찾아왔다. 이때 동남쪽으로 누렇고 검은 구름이 일어나는 등 날씨가 이상했다. 석도는 천문을 약간 이해하고 있었다. 곧 좌우에 명했다.

"하늘에 대변이 일어났다! 자객이 경사에 나타날 것이다. 누가 그 대상인지는 모르겠다."

이날 밤 석도는 태위부의 속료들과 함께 동명관에서 술을 마셨다. 술기운이 돌아 음악을 즐기는 도중 석도는 뭔가 예감이 좋지 않았는지 슬픈 표정으로 길게 탄식했다.

"사람이 사는 게 무상하니 헤어지기는 쉬워도 만나기는 어렵다. 각자 한 잔씩 마시도록 하라. 나도 오늘 취하게 마실 것이다. 언제 다시 만날지 모르니 어찌 마시지 않겠는가!"

말을 마친 후 연이어 술을 들이켜고는 눈물을 뚝뚝 흘렸다. 이날 밤 그는 대취한 까닭에 불당의 정사에서 잤다. 그동안 석선의 지휘 하에 양배와 모성, 조생 등이 사다리를 놓고 동명관의 높은 담을 기어올라 내실로 뛰어들어 석도를 단칼에 베어 버렸다. 이들은 흉기를 버리고는 다시 사다리를 타고 내려와 도주했다. 다음 날 아침 석선은 동생 석도가 척살됐다는 소식을 듣고는 짐짓 아무것도 모르는 것처럼 황급히 사람을 시켜 황궁으로 달려가 이를 보고하게 했다. 석호가 이 소식을 듣고는 애통해한 나머지 기절했다가 한참 만에 깨어났다. 그는 곧바로 장례가 치러지는 곳으로 달려가고자 했다. 그러자 사공 이농李農이 만류했다.

"석도를 죽인 자는 궁내에 있으니 엄히 방비하지 않을 수 없습니다. 주상은 가벼이 움직이면 안 됩니다."

이 한마디가 석호의 목숨을 살렸다.

석호는 황궁 내의 태무전에 병사들을 포진시킨 뒤 석도의 시체를 이곳으로 옮겨오게 했다. 황궁 내에서 상례를 치를 심산이었다. 석선은 수종 1천여 명을 모두 무장시킨 뒤 백마를 타고 상례가 치러지는 곳으로 갔다. 그는 석도의 시체를 덮은 천을 열어젖히게 한 뒤 시체를 자세히 보고는 크게 웃으며 떠났다. 석선은 좌우에 명해 평소 불화했던 대장군 기실참군 정정鄭靖 등을 체포했다. 사실 석호는 석도가 죽었다는 소식을 들었을 때 이미 석선을 의심하고 있었다. 구족이 멸하는 것을 빤히 알고도 석호가 총애하는 석도를 죽일 사람은 석선밖에 없었기 때문이다. 석선이 석도의 시체를 보고 대소한 소문은 곧바로 석호의 귀에 들어갔다.

석호는 석선이 조명을 받고도 입조하지 않을 것을 우려해 사람을 보내 모후가 자식의 사망 소식을 듣고 통곡하다가 병이 나 위중한 상태에 있다는 식으로 전하게 했다. 석선은 부친 석호가 자신을 의심하고 있다는 사실을 눈치 채지 못하고 입궁했다가 곧바로 금군에 붙잡혀 연금됐다. 석호는 사람을 보내 양배와 모성, 조생 등을 잡아다가 일일이 고문했다. 양배와 모성 등은 무장 출신인 까닭에 야간에 형틀을 부수고 탈옥했으나 조생은 그러지 못하고 모든 것을 다 털어놓았다. 크게 비통해한 석호는 사람을 시켜 석선의 뺨을 뚫어 쇠고리를 끼우고 사지에 쇠고랑과 족쇄를 채우게 했다. 그러고는 나무 구유에 죽을 넣어 준 뒤 개돼지처럼 먹게 했다. 석호는 석도를 지나치게 총애한 나머지 석도의 선혈이 묻어 있는 칼을 쉬지 않고 핥으며 애통해했다. 그는 진세를 크게 벌린 뒤 석선의 처형을 공개적으로 거행했다. 후조의 관원들이 곧 업성의 북쪽에 있는 동작대 부근의 넓은 곳에 모두 모였다. 몇 장 높이의 장작더미 위에 특수 제작한 나무틀이 세워졌다. 틀에서 가로로 튀어나온 나무에는 도르래가 달려 있었다. 형벌 집행은 석도가 총애했던 태감 학치郝稚와 유패劉霸가 맡았다.

학치가 먼저 예리한 칼로 석선의 뺨에 구멍을 뚫고 새끼줄을 집어넣은 뒤 도르래를 이용해 석선을 장작더미 위에 올려놓았다. 그러자 유패가 장작더미 위에서 석선의 눈을 파냈다. 학치도 두 손을 이용해 생으로 석선의 머리털을 뽑았다. 머리털이 다 뽑히자 커다란 쇠갈고리를 이용해 석선의 혀를 잡아당긴 후 혀뿌리를 칼로 잘라냈다. 유패는 다시 예리한 칼로 천천히 석선의 팔과 다리를 썰었다. 연이어 석선의 복부를 갈라 내장을 뽑아 밖으로 내던졌다. 두 사람은 장작더미에서 내려와 병사들에게 명해 사방에서 불을 지르게 했다. 이어 장작더미 옆에 있던 석선의 처자식 등 모두 9명의 머리를 베어 불더미 속에 집어던졌다.

석호는 수천 명의 궁녀와 함께 동작대에서 연극을 관람하듯이 이 광경을 지켜봤다. 석호는 재가 된 석선의 골회를 성중의 십자로에 뿌려 사람들이 밟고 지나가게 했다. 당시 석선의 막내 아이는 대여섯 살로 귀엽고 영리해 석호의 총애를 받으며 궁중에서 컸다. 아이는 부모 형제가 잔혹하게 죽는 모습을 보고는 크게 놀라 석호에게 매달리며 살려 달라고 애원했다. 석호가 이 아이만은 살릴 생각을 했으나 석도의 태감이 아이를 빼앗아 단칼에 목을 베었다.

석호도 이 일로 인해 크게 놀라 이내 병이 났다. 그러나 석호의 노여움은 멈추지 않았다. 그는 곧바로 하령해 동궁의 태감 50명과 동궁의 관원 3백 명을 모두 거열형에 처한 뒤 조각난 시신들을 장수漳水에 내던져 고기밥으로 만들었다. 그러고는 동궁에 있던 위사 10만여 명을 모두 양주로 보내 수자리를 서게 했다. 석도와 석선의 생모인 두씨杜氏는 폐서인되었다. 이로 인해 후조에는 태자가 없게 되었다. 석호는 이내 대신들을 모두 불러 모아 태자 문제를 논의했다. 태위 장거張擧가 말했다.

"연공 석빈石斌, 팽성공 석준石遵 모두 무예와 문덕을 겸비하고 있습니다. 나이가 많은 이들 두 왕자 중에서 선택하시기 바랍니다."

이에 융소장군 장시張豺가 진언했다.

"이전의 석수와 석선 두 사람의 모친은 모두 천한 창기 출신입니다. 그래서 화란이 일어난 것입니다. 이번에는 응당 모친이 귀하고 자식이 효도하는 경우로 해야 합니다."

장시는 당초 군사를 이끌고 가 상규를 공략할 때 전조의 황제 유요의 딸을 노획한 적이 있었다. 당시 나이 열두 살이었다. 그는 석륵 휘하에 있던 중산공 석호에게 그녀를 헌납했다. 그때 헌납한 유씨의 아들 석세石世가 열 살이었다. 석세가 태자가 될 경우 석호 사후 유씨는 태후가 되고 장시는 보정대신이 되어 대권을 장악하게 된다. 석호는 장시의 속셈을 읽고 있었다.

"경은 더 말하지 말라. 내가 태자를 택하도록 하겠다."

다음 날 석호는 군신들을 다시 동당에 소집한 뒤 이같이 말했다.

"지금 석세의 나이 열 살이다. 그 아이가 스무 살이 될 때까지 나도 살 수 있을 것이다. 다시는 이 일을 거론하지 말라."

군신들은 감히 더 이상 말을 하지 못하고 태자 추천서를 돌려 서명 운동에 들어갔다. 유독 사농 이막李莫만은 서명하지 않았다. 석호가 그 원인을 묻자 이같이 대답했다.

"천하의 대업은 막중합니다. 어린 사람을 세워서는 안 됩니다. 그래서 서명하지 않은 것입니다."

석호가 탄식했다.

"그대는 충신이다. 그러나 짐의 마음을 이해하지 못하고 있다."

곧 조명을 내려 열 살의 석세를 태자, 생모 유씨를 황후로 삼았다. 태자를 정한 이후 석호의 병이 나아졌다. 줄곧 대조천왕을 자칭해 온 그는 동진 영화 4년(348년) 12월 황제의 자리에 올랐다. 연호를 이듬해부터 태녕太寧으로 바꾸기로 하고 모든 자식들의 작호를 '공'에서 '왕'으로 올렸다. 석호는 칭제한 후 대사령을 내렸으나 그때까지 노여움이 풀리지 않아 양주에서 수자리를 서고 있던 이전의 태자 석선의 위사들에 대해서는 사면하지 않았다. 당시 자사 장무張茂는 이들 군사의 마필을 모두 거둔 뒤 이들을 이용해 식량을 옹주를 거쳐 양주까지 운송했다. 이들을 감독하고 있던 양독梁犢이 거병하여 동쪽으로 돌아가자며 격동시켰다. 전에 호의호식하던 동궁의 위사들은 죄수가 되어 수자리를 서고 있다가 이 얘기를 듣자 모두 환호했다. 이에 양독은 스스로 진나라의 정동대장군을 자칭하며 거병했다. 이들은 비록 무기는 없었으나 일당십의 거한들이었다. 당초 석선은 위사들을 선발할 때 신장이 지금으로 치면 180센티미터 이상인 자만 뽑았다. 이로 인해 이들은 '고력高力'으로 불렸다. 무예 또한 출중했다. 이들이 백성들로부터 도끼 등을 약탈해 무장하자 거칠 것이 없어졌다. 각지의 수자리에 있던 병사들이 분분히 가담했다. 장안에 이르는 동안 그 숫자가 이미 10만 명을 넘어섰다.

장안을 수비하던 악평왕 석포石苞가 병사들을 이끌고 출격했으나 단 한 번의 싸움으로 궤멸했다. 그는 즉시 후퇴해 성을 굳건히 지켰다. 양독은 무리를 이끌고 동쪽 동관潼關을 거쳐 낙양으로 쳐들어갔다. 석호는 이농을 대도독으로 삼은 뒤 정로장군 석민石閔 등과 함께 10만 대군을 이끌고 가 이들의 동진을 저지케 했다. 하지만 이농은 신안新安의 싸움에 이어 낙양의 싸움에서도 연이어 패했다. 양독은 군사들을 풀어 형양과 진류 등지를 대거 약탈했다.

석호는 아들 연왕 석빈을 대도독으로 삼은 뒤 관위대장군 요익중姚弋仲과 거기장군 포홍 등과 함께 양독을 치게 했다. 요익중은 강족 출신 군사 8천 명을 이끌고 업성으로 와 석호에게 배견을 청했다. 석호는 병이 중한 까닭에 곧바로 소견할 수 없었다. 이에 어찬御饌을 요익중에게 내렸다. 요익중이 발을 구르며 대로했다.

"주상이 나를 불러 적을 치게 했으면 응당 얼굴을 맞대고 방략을 가르쳐 주어야 한다. 내가 어찌 밥을 얻어먹으러 왔겠는가? 주상이 얼굴을 보이지 않으니 내가 어찌 그가 죽었는지, 살았는지 알 수 있겠는가?"

석호가 할 수 없이 어탑에 간신히 기대 그를 만났다. 요익중이 말했다.

"자식이 죽은 일로 인해 병을 얻은 것입니까? 당신의 자식은 어릴 때부터 좋은 선생 밑에서 배우지 못해 커서도 패역을 일삼다가 죽은 것인데 뭐 그리 슬퍼하는 것입니까? 당신이 병상에 누워 있고 어린애를 태자로 세웠으니 병이 낫지 않으면 천하대란이 일어날 것입니다. 양독은 곤궁한 처지에 놓여 고향으로 돌아가고자 한 사람들을 데리고 난을 일으킨 것이니 명분이 없습니다. 내가 곧 당신을 위해 그들을 절멸토록 하겠습니다."

요익중은 본성이 강직해 석호에 대해서도 '폐하' 대신 '당신'으로 불렀다. 석호도 이를 탓하지 않았다. 그의 도움이 절실히 필요했기 때문이다. 석호가 요익중을 정서대장군에 임명한 뒤 좋은 무기와 준마를 하사했다. 요익중이 말위에 올라 큰 소리로 말했다.

"내가 적들을 깨뜨릴 때까지 기다리시오."

양독의 군세는 비록 성했으나 요익중이 이끄는 강족의 군사와 포홍이 이끄는 저족 병사들을 보고는 크게 겁을 먹었다. 이들은 형양 싸움에서 패했다. 양독을 포함해 수만 명의 군사가 목숨을 잃었다. 승리의 소식이 전해질 당시 석호는 이미 혼수 상태에 있었다. 그는 이에 앞서 팽성왕 석준을 대장군에 임명해 관우關右를 진수케 했다. 또 연왕 석빈을 승상으로 삼아 녹상서사를 겸하게 했다. 장시는 진위대장군, 영군장군, 이부상서에 임명했다.

석호는 석빈을 높이고자 했다면 장시에게 인사권을 쥐고 있는 이부상서와 위수 사령관 및 금군 대장에 해당하는 진위대장군 자리를 주지 말았어야 했다. 장시는 문무의 대권을 장악하게 되자 이내 유황후와 모의해 옛 수도인 양국에서 음주하며 수렵을 즐기는 석빈을 업성으로 불러와 충효지심이 없다는 이유로 연금해 버렸다. 팽성왕 석준은 업성의 조당에서 대장군의 직위를 제수받은 후 금군 3만 명을 이끌고 관우로 떠나야만 했다.

석호는 병중에도 문득 정신이 들 때마다 사람들의 부축을 받고 태무전 서각西閣으로 갔다. 이때 홀연 용등중랑龍騰中郎 2백여 명이 그의 앞에 배열했다. 용등중랑은 금군의 중급 장령을 말한다. 이들은 석호가 죽으면 피살될 것을 우려했다. 석호가 물었다.

"너희들은 무엇을 하려는 것인가?"

"주상의 성체가 불안하니 응당 연왕 석빈에게 명해 숙위하며 천하의 병마를 지휘케 해야 합니다."

개중에는 연왕 석빈을 황태자에 봉해야 한다고 주장하는 사람도 있었다. 석호는 석빈이 연금돼 있다는 사실도 몰랐다. 그가 물었다.

"연왕이 경성에 와 있는가? 속히 그를 불러들여라."

그러나 이미 석호의 좌우 태감과 궁녀 모두 유황후 쪽 사람들이었다. 이들이 속여서 말했다.

"연왕은 술을 너무 많이 마셔 지금은 올 수 없습니다."

석호가 분부했다.

"내 가마를 갖고 가 입궁시키도록 하라. 내가 친히 그에게 황제의 옥새를 넘겨줄 것이다."

당초 석호는 석세를 태자로 삼고자 했다. 이는 자신이 최소한 10년은 더 살 것을 전제로 한 것이었다. 그러나 반년도 못 돼 병이 깊어지면서 그는 비로소 자신의 사후를 걱정하기 시작한 것이다. 그는 당초의 생각을 바꿔 석빈을 후계자로 삼고자 했다. 하지만 석호가 여러 번 명했으나 아무도 이를 듣지 않았다. 석호는 당시 완전히 고립된 상태였다. 장시와 유황후의 사람들이 궁중에 널려 있었다. 아무도 연왕 석빈에게 가는 사람이 없었다. 장시가 곧 병사들을 이끌고 와 용등중랑들을 해산시켰다. 석호는 돌연 혼수 상태에 빠졌다. 이후 다시는 깨어나지 못한 채 몇 시간 후 숨을 거두었다. 태녕 원년(349년) 4월이 었다.

석호가 죽자 유황후는 곧바로 조명을 고쳐 장시를 태보, 도독중외제군사, 녹상서사에 임명했다. 전한 제국 당시의 곽광처럼 어린 황제를 도와 정사를 돌볼 것을 기대한 것이다. 이어 사람을 보내 위협이 되는 연왕 석빈을 죽이게 했다. 태자 석세가 보위를 이었으나 아직 어린 소년에 불과한 까닭에 유씨가 태후의 신분으로 섭정했다. 유씨 역시 20여 세에 불과해 정치 경험이 일천했다. 뒤를 돌봐줄 같은 성씨의 사람도 없었다. 석륵이 유요를 토벌할 때 유씨 일족을 완전히 도륙한 탓이다. 장시 역시 평범한 인물에 불과했다.

장시는 연왕 석빈을 제거한 후 태위 장거와 모의해 사공 이농을 제거하려고 했다. 장거는 평소 이농과 함께 술을 마시며 친하게 지내는 사이였다. 이를 이농에게 알리자 이농은 두려운 나머지 경성을 탈출해 걸활군의 근거지인 광종으로 간 후 상백에서 수만 명의 민병과 함께 굳게 지켰다. 이농은 원래 걸활군의 수령 출신이었던 덕분에 어느 곳이든 도주해 몸을 숨길 수 있었다.

유씨는 장거를 시켜 숙위군을 이끌고 가 이를 포위케 했다. 당시 그녀는 장거가 이농에게 비밀을 누설한 사실을 모르고 있었다. 이농이 황위를 위협하는 황실도 아닌데 그를 잡기 위해 숙위군을 모두 동원한 것은 업성을 텅 비운 것이나 다름없었다. 업성 내에 군도群盜가 일시에 일어나 노략했다.

팽성왕 석준이 3만 명의 금군을 이끌고 하내로 갔다가 부황 석호가 죽었다는 소식을 듣고는 진군을 멈췄다. 이때 양독의 무리를 격파하고 개선하는 요익중 및 포홍, 석민 등과 이성李城에서 회동했다. 석준은 석호가 죽인 태자 석수의 동복 동생이었다. 보위를 잇는 순서로 볼 때 나이와 지략 등에서 선순

위였다. 이에 사람들이 석준의 대영에 몰려와 이같이 권했다.

"전하는 장자이고 현명합니다. 선제도 전하를 후사로 생각했으나 만년에 장시 등의 꾐에 빠졌습니다. 지금 여주인이 조정에 임하고, 간신이 정사를 행하고 있습니다. 상백의 교전으로 인해 경성이 텅 비어 있습니다. 전하가 장시의 죄명을 열거한 뒤 북을 치며 진군하면 업성의 그 누가 창을 거꾸로 들고 문을 열어 영접하지 않겠습니까?"

석준이 크게 기뻐하며 이성에서 공개적으로 거병한 뒤 대군을 이끌고 곧바로 업성으로 쳐들어갔다. 도중에 낙양을 지키던 낙주자사 유국劉國 등이 대군을 이끌고 와 함께 진격했다. 장시는 석준의 격문을 보고는 크게 놀라 급히 상백을 포위 공격하고 있던 금군에게 사람을 보냈다. 그러나 길이 멀어 곧바로 회군하기가 힘들었다. 이때 석준의 대군은 이미 탕음에 군영을 차린 뒤였다. 정예군만 9만여 명에 달했다. 평로장군 석민이 선봉에 서자 장시는 성을 굳게 지키며 방어에 들어갔다. 그러나 성내의 갈족 장령들이 분분히 모여 이같이 말했다.

"천자의 아들이 분상하러 오는데 우리가 응당 문을 열고 맞아야 한다. 장시를 위해 성을 지킬 수는 없다."

이에 사람들이 성을 빠져나가 석준이 있는 곳으로 갔다. 장시는 수십 명의 목을 쳤으나 이를 막을 길이 없었다. 이때 그가 신임하는 장리張離조차 금군 최정예 부대인 용등군 2천 명을 이끌고 성 밖으로 나가 석준을 영접했다. 유씨가 장시를 불러 비통하게 울며 말했다.

"장차 이 재난을 어떻게 헤쳐 나갈 생각이오?"

장시는 무인인 까닭에 어찌 대답해야 좋을지 몰랐다. 유씨가 다시 물었다.

"석준을 고관에 봉하면 이 재난을 피해 나갈 수 있겠소?"

유씨는 곧 석준을 승상에 임명해 대사마와 도독중외군사, 녹상서사를 겸하게 하면서 황월黃鉞과 구석을 더해 주고, 봉지로 10개 군을 늘려 주었다.

장시는 성문을 열고 친히 성 밖 안양정으로 가 무릎을 꿇고 팽성왕 석준을 영접했다. 그가 입을 열기도 전에 석준이 손을 흔들자 여러 명의 병사들이 달려들어 그를 짓밟은 후 꽁꽁 묶었다. 석준이 수만 명의 군사를 이끌고 봉양문을 통해 입성한 뒤 태무전전太武前殿에 올라 석호의 영구 앞에서 절을 올렸다. 이어 동각으로 가 군무를 처리했다.

먼저 압송한 장시를 저자로 끌고 가 공개적으로 참수하고 일족 또한 모두 도륙케 했다. 이어 유씨 황태후의 조령을 거짓으로 빌려 이같이 선포했다.

"실로 황업은 지중한 데 석세는 나이가 유충하여 계승하기가 어려우니 팽성왕 석준이 황위를 잇도록 하라."

석준이 짐짓 겸양하자 군신들이 한목소리로 그를 추대했다. 석준은 즉위하여 천하에 대사령을 내렸다. 이어 상백에서 이농을 포위 공격하던 군대의 철군을 명했다. 그는 유씨를 태비, 석세를 초왕譙王을 삼은 뒤 채 하루가 가기 전에 사람을 보내 모두 죽여 버렸다. 석세가 보위에 있던 기간은 33일간이었다. 이로써 흉노 유씨가 남긴 최후의 혈육마저 세상에서 완전히 자취를 감추게 되었다. 태녕 원년(349년) 5월의 일이었다.

후조의 멸망

당시 석준은 칭제 후 생모 정씨를 황태후, 석민의 아들 석연石衍을 황태자로 삼았다. 정씨는 장남 석수가 태자에서 쫓겨날 때 폐출된 바 있어 고진감래의 경우에 속한다. 이어 석준은 석감石鑒을 시중, 석충石沖을 태보, 석포石苞를 대사마, 석곤石琨을 대장군에 임명했다. 공로가 가장 많은 석민은 도독중외제군사, 보국대장군, 녹상서사에 임명해 정사를 보필케 했다. 상백에서 장시의 군대와 대치했던 이농도 원래의 관직에 복귀시켰다.

석준이 보위에 오른 태녕 원년(349년) 5월부터 익월인 6월 사이 북중국에서는 천재지변이 잇따랐다. 초여름에 폭풍이 불어 수목이 뿌리 채 뽑히고 커다란 우박이 쏟아져 내렸다. 업성의 궁전도 벼락에 맞아 불탔다. 태무전전과 휘화전이 순식간에 재로 변했다. 화재는 1개월여 만에 겨우 그쳤다. 이 일로 후조의 수레와 가마, 의복 등이 절반가량 불에 타 없어졌다. 계성鄿城을 지키던 패왕 석충은 석호의 서자였는데 석준이 석세를 죽이고 보위에 올랐다는 얘기를 듣고는 커다란 불만을 품고는 좌우에 이같이 말했다.

"석세는 선제가 봉한 태자이다. 석준이 그를 죽였으니 그 죄가 하늘까지 넘쳐난다. 과인이 친히 군사를 이끌고 가 그를 토벌할 것이다."

그의 행동은 신속했다. 오전에 토벌의 취지를 밝히고 오후에 이미 5만 명의 정병을 이끌고 업성을 향해 진군했다. 사방으로 격문을 보내 석준 토벌에 동참할 것을 호소했다. 대군이 상산에 이르렀을 때 군사가 이미 10만 명을 넘어섰다.

원향에 영채를 차렸을 때 석충은 석준이 보낸 친서를 받았다. 형제의 우애를 역설하며 석충에게 중병을 거느리는 것을 승인한다는 내용이었다. 석충은 석준의 얘기가 일리가 있다고 생각해 주위에 이같이 말했다.

"모두 나의 동생들이다. 죽은 사람은 다시 살아날 수 없다. 골육상잔을 계속해 어찌할 것인가? 철군하기로 하자."

그의 말이 끝나기도 전에 대장군 진섬陳暹이 벌떡 일어나 큰 소리로 말했다.

"팽성왕이 찬시하여 천지가 용납하지 않고 있습니다. 대왕이 철군할지라도 신하된 자로서 저는 병사들을 이끌고 가 업성을 치고 석준을 사로잡을 것입니다. 연후에 대왕을 모시고 입경하도록 하겠습니다."

제장들이 이에 호응하자 석충도 이를 좇았다. 석준은 다시 대신 왕탁王擢을 시켜 친서를 갖고 가 석충을 설득케 했다. 석충의 진군은 이미 시위를 떠난 화살이나 다름없었다. 그는 왕탁의 말을 듣지 않았다. 어쩔 수 없게 된 석준은 석민에게 황월과 금으로 된 말등자 등을 하사하며 의형제를 맺은 이농과 함께 10만 명의 정병을 이끌고 가 석충을 영격케 했다. 평극의 싸움에서 후조의 정병들이 치열한 접전을 벌인 끝에 석충의 군사를 대파했다. 석중은 황급히 도주하다가 석민의 군사에 의해 원씨현에서 사로잡힌 뒤 곧바로 사사됐다. 석충이 이끈 3만 명의 병사는 모두 석섬 등에 의해 갱살됐다.

후조에 이처럼 내분이 일어나자 모용 선비가 20만 명의 대병을 동원해 그 경계를 침범했다. 동진의 환온桓溫 등도 수춘을 거점으로 삼아 한걸음씩 전진했다. 장안을 지키던 석포 역시 겉으로는 석준을 높이면서도 내심 야심을 품고 있었다. '네가 황상이 되면 나도 능히 될 수 있다!'는 생각이었다. 이에 그는 관중에서 거병할 준비를 했다. 휘하의 좌장사 석광石光 등이 간하자 석포가 대로해 석광을 비롯해 1백여 명을 죽였다. 사서는 당시 관중의 호족들이 그의 실패를 예견했다고 기록해 놓았다. 뜻만 크고 계략이 없는 것을 지적한 것이다.

이에 많은 사람들이 은밀히 동진의 양주자사 사마훈司馬勳과 연락해 동진에 투항하려 했다. 크게 기뻐한 사마훈은 황급히 진나라 군사를 이끌고 가 장안에서 2백여 리 떨어진 곳에 영채를 차린 뒤 후조의 경조 태수를 죽였다. 이 소식을 들은 관내의 지방 세력이 크게 동요하며 분분히 후조가 파견한 지방관을 살해했다. 30여 곳 5만여 명에 달하는 사람들이 멀리서 사마훈에 호응했다.

석포는 업성으로 진공하기도 전에 동진의 병마가 이미 코앞까지 다가온 것을 보고 장군 마추麻秋와 요국妖國 등에게 이들을 영격케 했다. 석준은 석포가 업성으로 진공하려 한다는 얘기를 듣고 동진의 사마훈을 토벌한다는 구실 아래 거기장군 왕랑王郞에게 명해 2만 명의 정예 기병을 이끌고 장안으로 가게 했다. 석포는 구원병이 오는 것을 보고 석준이 아직 자신의 계책을 모르는 것으로 생각해 황급히 성문을 열고 이들을 맞이했다. 왕랑은 곧바로 사람을 시켜 그를 체포해 업성으로 압송했다. 사마훈은 후조의 구원군이 온 것을 보고는 방향을 돌려 완성宛城을 치고 남양 태수를 죽인 뒤 양주로 철군했다.

석준은 석포가 이미 체포돼 경성으로 압송되고 사마훈이 철군했다는 소식을 접하고는 크게 한숨을 내쉬었다. 그러나 이는 시기상조였다. 당초 석준은 이성에서 거병해 업성으로 향할 당시 석민의 분전을 끌어내기 위해 이같이 허락한 바 있다.

"대사가 성공하면 당신을 응당 후사로 삼겠소."

석준은 보위에 오른 뒤 이를 까마득히 잊어버렸다. 석민은 크게 실망했다. 석준은 석민의 세력이 커지는 것을 우려해 곳곳에 견제 장치를 마련했다. 그러나 석민은 내외의 병권을 장악하고 있는 데다 금군을 포함해 동궁의 건장한 호위 무사 1만여 명을 지휘하고 있었다. 석민은 군심을 사기 위해 금군의 하급 군관을 전중원외장군殿中員外將軍에 임명하고, 관내후關內侯의 작위를 주었다. 동시에 궁중의 미녀를 상으로 내려 아내로 삼게 했다. 황궁을 수비하는 금군 장령 모두 석민의 행보에 감격해했다. 석준은 석민의 조정 정사를 견제하는데 바쁜 나머지 이런 사실을 몰랐다.

얼마 후 좌위장군 왕란王蘭 등이 석준에게 석민의 병권을 박탈할 것을 권했다. 석준은 석민을 주살할 생각으로 석씨 종실의 원훈들을 모두 입궁시켜 태후 정씨의 면전에서 이 문제를 논의케 했다. 석씨 형제 모두 이의가 없었다. 그러나 석민이 어릴 때부터 생장한 모습을 지켜 본 태후 정씨가 이같이 말했다.

"이성에서 거병했을 때 극노棘奴(석민의 아명)의 공이 컸다. 그가 없었다면 오늘도 없었을 것이다. 작은 일은 응당 참고 양보해야지 멋대로 죽여서는 안 된다."

이로 인해 석민의 일은 호지부지되고 말았다. 당시 사심을 품고 있던 석감은 출궁하자마자 궁내 태감을 시켜 석민에게 곧바로 달려가 누군가 석민을 죽이려 한다는 사실을 전하게 했다. 석민이 곧 사공 이농과 우장군 왕기王基를 강요해 함께 석준을 폐하기로 합의했다. 의론이 정해지자 금군 장령 소해蘇亥 등에게 계책을 일러주었다. 이들이 3천 명의 갑사를 이끌고 여의관如意觀으로 뛰어 들어가 비빈들과 바둑을 두며 즐기는 석준을 포위했다. 석준이 크게 놀라 멍청한 표정으로 물었다.

"누가 모반한 것인가?"

장령들이 말했다.

"의양왕 석감이 응당 보위에 올라야 하오."

석준이 쓴웃음을 지으며 말했다.

"나를 이 지경에 이르게 해 놓고 너희들이 석감을 옹립할지라도 과연 얼마나 오래갈 수 있겠는가?"

병사들은 이미 명령을 받고 온 까닭에 지체 없이 석준을 곤화전으로 끌고 가 난도질했다. 이때 태후 정씨와 태자 석연을 비롯해 좌위장군 왕란 등도 모두 병사들에게 끌려가 참수됐다. 석준이 보위에 앉아 있었던 기간은 반년에 해당하는 183일이었다. 태녕 원년(349년) 11월에 벌어진 일이었다.

석감은 보위에 오른 후 석민을 대장군에 임명하고 무덕왕에 봉하는 한편 이농을 대사마, 녹상서사에 임명했다. 석감은 칭제한 지 며칠 안 돼 은밀히 전에 장안에서 거병하려다가 압송된 석포와 중서령 이송李松, 전중장군 장재張才 등을 시켜 석민과 이농을 죽이려 했다. 거사 당일 밤 석민과 이농은 궁내 곤화전에서 국사를 논하고 있었다. 이들 주변에 호위 군사가 매우 많은 데다 이송 등은 정식으로 황제의 조명이 없는 까닭에 석민과 이농을 죽이지도 못한 채 오히려 몇 사람이 몸에 상처를 입고 궁궐 안에 몸을 숨겼다.

석감은 석민이 자신의 계책을 눈치챌까 두려워 짐짓 크게 놀란 척하며 사람을 보내 석포와 이송 등을 죽임으로써 입을 막았다. 이때 후조의 옛 수도인 양국을 지키고 있던 석호의 또 다른 아들 신흥왕 석지石祗가 강족인 요익중, 저족인 포홍 등과 연합한 뒤 각지에 격문을 보내 석민과 이농을 토벌하기 위한 거병을 촉구했다. 석감은 여음왕 석곤을 대도독에 임명해 보기 7만 명을 이끌고 가 이들을 치게 했다. 이 와중에 업성의 석씨 종실인 석성石成과 석계石啓, 석휘石暉 등이 연합해 기회를 봐 석민과 이농을 제거코자 했다. 그러나 이들 어린 왕은 모두 재주도 없고 병사도 없는 까닭에 오히려 석민과 이농에 의해 목이 떨어지고 말았다.

한족 출신인 석민과 이농의 권세가 날로 커지자 갈족 출신 용양장군 손복도孫伏都 등이 은밀히 3천여 명의 갈족 병사와 결탁했다. 이들은 호천전胡天殿 부근에 매복해 있다가 석민과 이농이 입궁할 때 급습하려고 했다.

원래 호천전은 요교妖敎(배화교)의 신전으로 석호는 생전에 요교를 신봉했다. 당시 사람들은 이를 호천교라고 불렀다. 석륵의 경우는 호 자를 크게 꺼렸다. 호병胡餅을 단로搏爐, 호두胡豆를 국두國豆로 바꾼 게 그 실례다. 석호는 정반대로 호천전을 축조한 데서 알 수 있듯이 호 자를 전혀 개의치 않았다. 호천전은 바닥에서 10여 장 높이의 위쪽에 생화生火가 있는 커다란 제단을 만들어 놓았다. 안팎으로 3천 명의 병사가 매복한 데서 알 수 있듯이 그 규모가 매우 장려하면서도 컸다. 호천전 밖에는 정료庭燎가 있었다. 당시 손복도는 거사하면서 석감과 전혀 상의하지 않았다. 석민과 이농을 제거할 때 써먹은 뒤 적당한 시기에 석감까지 제거할 심산이었다. 이날 공교롭게도 석감이 몇 명의 궁인과 함께 황궁의 누대에 올라가 사방의 경치를 감상하다가 문득 손복도 휘하 갈족 병사들이 물건을 옮겨와 누각의 통로를 막고 있는 모습을 보게 되었다. 그가 크게 놀라 묻자 손복도가 대답했다.

"이농 등이 모반하여 동쪽 액문에서 진공하려고 해 신이 위사들을 데리고 엄히 방비코자 하는 것입니다."

석감이 내심 크게 기뻐하며 장계취계將計就計할 생각에 큰 소리로 말했다.

"경이 짐을 위해 애쓰니 참으로 공신이오. 짐은 여기에서 경이 공을 세우는 모습을 지켜본 후 크게 보답토록 하겠소."

이때 석민과 이농이 동쪽 액문을 통해 병사들을 이끌고 궁 안으로 쳐들어오고 있다는 보고가 들어왔다. 두 사람 모두 경계심을 늦추지 않고 있었다. 양측이 접전한지 얼마 안 돼 갈족 병사들이 패주했다. 봉황전과 곤화전 사이에 이들의 시신이 겹겹이 쌓였다. 석민과 이농은 3천 명의 갈족 병사를 도륙한 뒤에도 화가 풀리지 않자 안팎에 이같이 호령했다.

"호인으로서 감히 병기를 들고 있는 자는 모두 참한다!"

이어 석감을 황궁 깊은 곳에 있는 어룡관에 연금한 뒤 엄히 감시했다. 이후 문지기를 살해하거나 성벽을 넘는 식으로 탈주한 호인들이 매우 많았다. 석민은 민심을 알아보기 위해 업성 내에서 이같이 하령했다.

"근일 손복도 등이 모반을 꾀했으나 일당 모두 죄를 순순히 인정했다. 나머지 사람은 모두 불문에 붙이겠다. 오늘 이후 나와 같은 생각을 갖고 있는 사람은 성에 남고, 그렇지 않은 사람은 밖으로 나가도 좋다."

백 리 이내에 있는 한족은 입성하고, 갈족을 포함한 호인들은 성 밖으로 나가느라 문이 메어질 지경이었다. 석민은 갈족을 포함한 호인들이 자신에게 별 소용이 없다고 판단해 이내 그 유명한 살호령殺胡令을 내렸다. 한족이 호인 1명의 수급을 얻어 봉양문으로 보내면 문관은 3등급을 올려 주고 무관은 동문東門에 제수한다는 내용이었다. 며칠 사이 수만 명에 달하는 갈족의 머리가 업성 봉양문 광장에 쌓였다. 석민은 친히 한족 장병들을 이끌고 업성 안팎의 호인들을 소탕했다. 죽은 사람이 20여만 명에 달했다.

후조는 석륵이 중원을 점거한 이후 줄곧 이른바 호한분치 정책을 구사했다. 수십만 명의 갈족은 상등 민족이 되어 30년 동안 백주에 한족의 부녀와 재물을 약탈했다. 중산공 서하는 석륵의 태자 석홍의 외숙이었는데도 한족이었던 까닭에 석호에게 득죄한 후 밤에 갈족 도적에게 약탈을 당했다. 이들 도적은 서하의 부인과 딸까지 겁탈한 후 진보를 훔쳐 유유히 사라졌다. 이런 원한이 일거에 폭발한 것이다. 업성과 주변 지역에서 죽은 갈족 호인들의 숫자가 20여만 명인데 여기에 석민과 이농의 세력이 미치는 범위에서 빚어진 학살 숫자까지 합치면 그 규모를 짐작하기가 어려웠다.

살호령으로 인해 갈족을 포함해 갈족과 긴밀한 관계를 맺었던 한족 고급 관원들이 분분히 밖으로 도주했다. 각 지역의 지방 장관들은 성문을 걸어 잠근 후 굳게 지켰다. 이때 후조의 종실 여음왕 석곤이 태위 장거 및 왕랑 등과 함께 7만 명의 대군을 모은 뒤 곧바로 업성을 향해 쳐들어갔다. 석민이 1천여 명의 기병을 이끌고 업성의 북문에서 출병했다. 그는 손에 양날의 창을 들고 비호처럼 적진을 뚫고 들어가 단 한 번의 싸움으로 3천여 명의 목을 베었다. 사방으로 흩어진 나머지 군사는 황급히 기주로 철군했다. 석민과 이농은 여세를 몰아 3만 명의 군사를 이끌고 업성을 나와 석독으로 가 후조의 대장 장하도張賀度를 격파했다.

태녕 2년(350년) 윤2월, 연금 상태의 석감이 태감을 시켜 밀신을 보냈다. 업성이 비어 있는 틈을 노려 갈족 병사들이 진공하라는 내용이었다. 그러나 태감은 이 밀신을 석민과 이농에게 갖다 주었다. 두 사람은 황급히 업성으로 철군한 뒤 곧바로 황궁으로 들어가 석감을 토막 내 죽였다. 이어 업성에 남아 있던 석호의 손자 38명까지 모조리 제거했다. 석감이 보위에 있었던 기간은 모두 103일간이었다.

이로 인해 석륵이 칭제한 328년에서 석감이 피살되는 350년까지 23년 동안 크게 번성했던 후조 석씨는 씨가 완전히 말라 버리고 말았다. 석씨 왕조는 성립 때부터 이미 패망의 씨앗을 내포하고 있었다. 바로 호한분치 때문이다. 갈족이 중농경상重農輕商의 한족과는 정반대로 중상경농重商輕農의 문화를 갖고 있는 것도 한 이유로 들 수 있다. 이런 여러 점들이 복합적으로 작용해 갈족의 후조는 23년 만에 완전히 사라지고 말았다.

2년 2개월짜리 왕조

석민의 원래 성은 염冄으로 자는 영증永曾, 아명은 극노棘奴이다. 그의 부친은 염첨冄瞻이었다. 그는 한때 걸활군의 수령 진오陳午 휘하의 소년병이었다. 석륵이 진오를 깨뜨린 뒤 적잖은 걸활군 장령을 포로로 잡았을 때 12세의 염첨도 그 안에 포함돼 있었다. 석륵은 염첨의 뛰어난 모습을 보고 즉시 석호로 하여금 의붓아들로 삼도록 했다.

염첨은 어렸을 때 걸활군을 좇아 사방을 오가는 와중에 여러 차례 죽을 고비를 넘기면서 장수의 재목으로 성장했다. 석호 밑에서 혁혁한 전공을 세워 좌적사장군, 서화후에 봉해졌다. 이후 염첨이 군중에서 병사하자 석호는 염첨의 아들 염민을 양손자로 삼아 다른 손자와 똑같이 대우했다. 이때 그의 이름이 석민으로 바뀌었다.

석호는 석민이 어려서 부친을 잃은 점 등을 감안해 크게 총애했다. 석민은 성장하면서 키가 8척이나 돼 용력이 뛰어났고 계책에도 능했다. 그는 줄곧 석호 휘하의 용장으로 활약하면서 북중랑장, 유격장군 등을 역임했다. 석호가 모용 선비를 치는 와중에 20여만 명의 군사가 전원 붕괴했을 때도 유독 석민이 이끄는 군대만은 공격하는 대형으로 철군한 까닭에 온전할 수 있었다. 이로 인해 그는 일시에 명성을 크게 떨쳤다. 양독이 이끄는 동궁의 수자리 군사들이 반란을 일으켰을 때도 석민은 선봉이 되어 이들을 대파했다. 용력과 결단, 담력 등 여러 면에서 뛰어났다. 그의 이런 행보는 사람들을 경복하게 만들기에 충분했다.

당초 걸활군은 사마등을 좇아 호인들을 적발하며 걸활을 했다. 결국 각지 호인들의 반격으로 사지에 처하게 되었다. 진오는 죽음을 앞두고 제장들에게 호인을 섬겨서는 안 된다고 당부했다. 염첨은 포로가 되었을 때 이미 12세로 극히 조숙해 있었다. 일족의 숙부와 형들이 호인들의 손에 의해 무수히 죽어나가는 모습을 보면서 내심 커다란 원한을 품었을 공산이 크다. 석씨의 양자가 되기는 했으나 석씨 정권의 옛 걸활군과 일정한 관계를 유지했음에 틀림없다. 석민이 갈족을 대량 학살하게 된 배경이 결코 하루아침에 이뤄진 게 아니라는 주장이 설득력을 지니는 이유다.

당시 후조에서는 석감의 죽음으로 인해 나라에 주인이 없게 되자 사도 신종 등이 연명으로 상서해 석민에게 칭제할 것을 청했다. 석민이 거듭 이농에게 사양하자 이농도 석민에게 극구 사양했다. 석민이 얼마 후 이같이 말했다.

"우리는 모두 진나라 사람이다. 지금 진나라 황실이 아직 존재하니 우리는 제군들과 함께 각지를 나눠 목牧, 수守, 공公, 후侯 등을 칭하면서 진나라 천자를 낙양으로 봉환하는 게 타당할 것이다. 어찌 생각하는가?"

상서 호목胡睦이 말했다.

"폐하의 성덕이 하늘에 부응하고 있으니 응당 보위에 올라야 합니다. 진나라 황실은 이미 쇠미해져 멀리 강표江表(강동)로 쫓겨 가 있으니 어찌 군웅들을 제어해 사해를 하나로 통일할 수 있겠습니까?"

이 말은 사실이었다. 사마씨 황족은 나약하기 짝이 없어 설령 중원으로 복귀할지라도 북방 호인들이 30년 동안 경영한 광대한 영역을 다스릴 길이 없었다. 석민 역시 이를 받아들였다. 당초 석감은 태녕 원년(349년) 11월에 보위에 오르면서 다음 해를 청룡靑龍 원년으로 삼았다. 그가 청룡 원년(350년) 윤2월에 죽은 지 며칠 안 돼 석민이 보위에 오르면서 국호를 대위大魏로 정하고, 연호를 영흥永興으로 바꿨다. 아들 염지冉智를 황태자에 봉하고, 이농을 태재에 임명하면서 제왕齊王에 봉했다. 이때 자신의 성을 원래의 '염'으로 바꿨다.

염민이 대위를 세우자 각지의 군벌들이 준동했다. 동진은 중원에 대란이 일어났다는 소식에 크게 기뻐하며 수복을 위한 모의에 들어갔다. 염민이 대위를 세운 지 한 달 뒤인 청룡 원년 3월, 후조의 옛 수도인 양국을 지키고 있던 석호의 아들 신흥왕 석지石祗는 연호를 영녕永寧으로 바꾸고 석감의 뒤를 이어 보위에 올랐다. 승상에는 석감의 명을 좇아 석지의 토벌에 나섰다가 염민과 이농이 석감을 죽이자 곧바로 방향을 바꿔 이들을 친 바 있는 여음왕 석곤이 임명됐다. 주변의 호인들은 염민에 의해 대대적인 살육을 당한 까닭에 즉각 이를 인정하고 그의 봉호를 받았다.

당시 석지와 함께 염민과 이농 토벌을 위해 거병했던 강족 수령 요익중과 저족 수령 포홍 역시 관우를 기반으로 삼아 후일을 도모할 생각을 했다. 이에 요익중은 먼저 아들 요양姚襄에게 5만 명의 정병을 이끌고 가 포홍을 치게 했다. 즉각 영격에 나서 포홍은 요양이 이끄는 강족 군사를 대파하고 3만여 명의 수급을 얻은 뒤 이내 스스로 대선우, 삼진왕三秦王을 칭했다.

이때 모용 선비의 수령인 연왕 모용준燕容俊도 천하 대란을 틈타 자립을 꾀했다. 그는 대위를 탈취해 선비족의 나라를 세울 준비에 들어갔다. 결국 회수 이북의 북중국은 304년에 흉노 출신 유연이 유한劉漢을 세운 이후 그의 족질인 유요가 318년에 전조前趙를 세우고, 10년 뒤인 328년에 갈족인 석륵이 후조後趙를 세운데 이어 한족 출신 염민이 350년에 염위冉魏를 세우게 되자 마침내 군웅할거의 양상이 나타나게 되었다. 후대 사가들은 염민이 세운 '대위'를 흔히 '염위'라고 부른다.

이해 5월 염민은 이농과 그의 세 아들을 포함해 상서령 왕막王漠, 시중 왕연王衍, 중상시 엄진嚴震 및 조승趙升 등을 제거했다. 사서는 그 배경을 자세히 기록해 놓지 않았다. 걸활군 출신인 이농이 태재의 자리에 임명된 점 등에 비춰 그의 세력이 점차 커져 염민의 위기 의식을 자극했을 공산이 크다. 시중과 중상시 등이 연루된 점이 이를 뒷받침한다. 이는 안팎으로 호응해 모반을 꾀했을 가능성을 시사하고 있다. 이농의 죽음을 계기로 걸활군 세력도 지역별로 분산되었다.

당시 염위는 호인들에 의해 둘러싸인 형국이었다. 염민은 강남의 동진에 사자를 시켜 국서를 보냈다.

"오랑캐 역도들이 중원을 어지럽힌 까닭에 이미 그들을 주살했다. 함께 토벌할 생각이면 지금 가히 군사를 보낼 만하다."

동진의 조정은 염민이 황제를 칭한 데다 국서의 내용까지 거만한 까닭에 이를 거들떠도 보지 않았다.

그동안 갈족의 석지가 양국에서 칭제한 후 주변의 호인들이 대거 내부했다. 석지가 석감의 뒤를 이어 후조의 보위에 오른 지 다섯 달째 되는 영녕 원년(350년) 8월 석지는 상국 석곤과 진남대장군 유국에게 명해 10만 대군을 이끌고 가 염위의 수도 업성을 치게 했다. 쌍방은 한단에서 접전했다. 이 전투에서 석곤이 대패해 1만여 명의 병사가 목숨을 잃었다. 유국 등은 다시 창성昌城에서 후조의 장군 장하도 등과 업성에 대한 2차 공격을 준비했다.

염민은 장군 왕태王泰 등 3명의 대장에게 보기 12만 명을 이끌고 가 황성黃城에 진을 치게 한 뒤 본인이 직접 8만 명의 정예병을 이끌고 그 뒤를 따랐다. 양측은 창성에서 격돌했다. 후조의 장군 장하도는 비록 전장에서 잔뼈가 굵었으나 염민의 적수가 되지 못했다. 장수들은 쾌마를 타고 간신히 전장에서 빠져나왔으나 10여만 명의 군사 중 3만여 명이 목숨을 잃고, 나머지 군사 또한 포로로 잡히고 말았다. 염민은 위세를 크게 떨치며 개선했다. 그러나 식견이 있는 선비들은 염위가 오래가지 못할 것을 예견했다. 흉노 유씨와 갈족 석씨가 패망하는 전 과정을 목도한 농서의 명사 신밀辛謐이 염민에게 서신을 보냈다.

"모든 것이 극에 달하면 반드시 원래의 모습으로 돌아오기 마련이오. 군왕은 이미 대공을 세웠으니 의당 진나라에 귀의해야 하오. 허유許由와 백이伯夷의 염치를 본받아야만 가히 적송자赤松子와 왕자교王子喬처럼 천수를 누릴 수 있소."

승리에 도취한 염민은 이를 귓등으로 흘려들었다. 염위 영흥 원년 말 염민은 다시 보기 10만 명을 이끌고 석지가 이끄는 후조의 수도 양국을 쳤다. 이에 앞서 그는 아들 태원왕 염윤冉胤을 대선우, 표기대장군에 임명한 뒤 1천 명의 투항한 호인으로 구성된 친군親軍을 이끌게 했다. 광록대부 위소韋謏가 간곡히 권했다.

"호인과 갈족은 우리의 원수입니다. 지금 저들이 귀부한 것은 구차하게 목숨을 구하기 위한 것입니다. 만일 변이라도 일어난다면 후회해도 소용이 없을 것입니다. 응당 저들을 죽이고, 대선우의 명호를 버려야만 점차 커져 가는 우환을 미리 막을 수 있습니다."

염민은 호인들을 감싸 민심을 얻는 방안을 생각하고 있었던 까닭에 크게 화를 내며 위소와 그의 아들 위백양韋伯陽을 주살했다. 그러나 이미 호인들은 염민의 살호령으로 무참히 살육을 당한 까닭에 그에 대해 커다란 원한을 품고 있었으므로 진심으로 투항한 게 아니었다.

후조의 수도 양국은 해자를 깊게 파고 성벽을 튼튼히 한 까닭에 일시에 도모할 수 있는 곳이 아니었다. 3개월에 걸친 맹공으로 인해 오히려 염위의 병사가 무수히 죽어 나갔다. 석지는 위기에서 벗어나기 위해 스스로 황제의 칭호를 버리고 조왕을 칭하면서 태위 장거를 연나라의 모용준에게 보내 구원을 청했다. 전국새도 연나라에 넘겨주는 것을 허락했다. 동시에 그는 장군 장춘張春을 강족 수령 요익중에게 보내 원병을 요청했다.

요익중은 즉시 아들 요양에게 2만8천 명의 군사를 이끌고 가 돕게 했고, 모용준도 장군 열관悅綰에게 명해 3만 명의 군사를 이끌고 가게 했다. 염민은 연나라가 출병한다는 소식을 듣고 급히 대사마 종사중랑 상위常煒를 연나라로 보내 출병하지 말 것을 권했다. 모용준은 상위를 접견하는 자리에서 이같이 질책했다.

"염민은 석씨의 양자인데 배은망덕하게도 반역을 저질렀다. 어찌 감히 함부로 황제를 칭할 수 있단 말인가?"

상위가 정색을 하고 대답했다.

"은나라의 탕왕이 하나라 걸을 치고, 주나라 무왕이 은나라 주왕을 친 후 각각 은나라와 주나라의 기틀을 닦았습니다. 과거 조조는 환관 집안 출신이나 위나라 건립의 주춧돌을 놓았습니다. 천명이 없었다면 어찌 성공할 리 있었겠습니까? 이로써 말하면 하필 우리에게만 이같이 추궁하는 것입니까?"

모용준이 다시 물었다.

"들건대 염민이 칭제한 후 금을 녹여 자신의 모습을 주조하여 성패를 점치고자 했는데 아직 주조하지 못했다고 한다. 이게 사실인가?"

"그런 일은 없습니다."

"사람들이 모두 이같이 말하고 있는데 이를 숨기려는 것인가?"

"그것은 간신배들이 거짓 천명을 내세워 백성들을 미혹케 만들려고 지어낸 얘기에 불과합니다. 우리 대위는 옥새를 손에 넣고 중원을 장악한 까닭에 천명을 내세워 칭제한 것입니다. 어찌 그런 미련한 짓을 할 리 있겠습니까?"

모용준이 추궁했다.

"전국새는 지금 어디에 있소?"

"업성에 있습니다."

모용준이 의심이 들어 재차 물었다.

"석지가 장거를 사자로 보내 구원병을 애걸하면서 나에게 전국새를 보낼 의향을 내비쳤다. 전국새는 양국에 있는 게 맞다."

상위가 냉소를 지으며 오만한 자세로 말했다.

"호인들을 몰살하던 날, 업성 궁내의 호인은 단 한 사람도 살아남지 못했습니다. 설령 용케 빠져나간 자가 있었을지라도 아무도 모르는 구덩이나 동굴 속에 숨어 있었을 것입니다. 그러니 전국새가 어디에 떨어진지 그 누가 알리 있겠습니까? 장거가 구원병을 얻기 위해 대왕을 속인 것입니다."

모용준이 이를 믿지 않았다. 곧 사람을 시켜 상위의 주변에 장작을 쌓게 한 뒤 다시 사람을 보내 회유했다.

"진실을 말하지 않으면 이 장작더미 속에서 재가 될 수 있다."

상위가 전혀 두려워하지 않는 기색으로 말했다.

"포학한 석씨는 여러 차례 연나라를 침공했다. 우리 대위가 석씨를 주멸한 것은 비록 연나라를 위한 것은 아니었으나 결과적으로 모용 선비에게 도움이 됐다. 그렇다면 대위의 사자를 이같이 위협해서는 안 된다. 듣건대 사람이 죽으면 골육은 땅으로 돌아가고 영혼은 하늘로 올라간다고 한다. 군주의 은혜를 입어 속히 하늘의 천제를 찾아가 이 얘기를 전하고자 한다."

좌우에서 칼을 뽑아 그의 목을 치려고 하자 모용준이 이를 제지했다.

"이 사람은 그 주인을 위해 목숨을 버리려고 하니 참으로 충신이다. 염민에게 죄가 있을지언정 사신이야 무슨 죄가 있겠는가?"

밤에 모용준이 은밀히 상위의 고향 사람 조첨趙贍을 보내 그를 설득하게 했다.

"그대가 진실을 말하지 않아 연왕이 대로했다. 그대를 멀리 떨어진 요해遼海

의 추운 곳에 가둘 생각이다."

상위가 말했다.

"나는 일찍이 사람을 속여 본 적이 없다. 하물며 군왕의 경우야 말할 게 없다. 연왕이 나를 먼 곳에 보낼지라도 어쩔 수 없다."

모용준은 내심 염민의 사자가 사명使命을 욕되지 않게 하는 것을 보고 크게 감탄했다. 좌우에 명해 상위를 연금케 했다.

한편 양국에서 앞뒤로 적을 맞게 된 염민이 친히 출전하려고 했다. 그러자 위장군 왕태가 만류했다.

"지금 양국을 함락시키지 못했는데 밖으로 구원군이 모이고 있습니다. 우리가 출전하면 앞뒤로 협격을 당하게 됩니다. 보루를 높이 쌓고 굳게 지키면서 기회를 틈타 기병奇兵을 써야 합니다. 하물며 폐하가 친히 출전했다가 만일 실수라도 있게 되면 모든 일이 끝나게 됩니다."

염민이 고개를 끄덕였다. 이때 도사 법요法饒가 말했다.

"천문을 보니 폐하가 호왕胡王을 죽이게 되어 있습니다. 그런데 폐하는 양국을 오랫동안 포위했는데도 아무런 공도 세우지 못하고 있습니다. 지금 외적이 대거 몰려오고 있는데 이를 무서워해 출격하지 않으면 장차 백성들을 어떻게 심복하게 만들 것입니까?"

이 말을 듣자 염민이 궤안을 박차고 일어나 칼을 뽑은 뒤 이같이 하령했다.

"나의 전의는 이미 결정됐다. 감히 이를 막고자 간하는 자가 있으면 참할 것이다!"

마침내 출전하게 되었다. 이때 염위의 군사는 전의가 크게 떨어져 있었다. 게다가 앞뒤로 적군이 몰려오자 크게 겁을 먹었다. 결국 염위는 3면에서 협격을 받고 일패도지하고 말았다. 염민은 간신히 10여 기를 이끌고 황급히 업성으로 도주했다. 그의 아들 염윤이 이끄는 호인의 군사는 염윤과 염윤의 측근 좌복야 유기劉琦를 사로잡은 뒤 석지에게 투항했다. 두 사람은 큰 기둥에 묶여 호인들에 의해 온몸이 해체되는 학살을 당했다.

업성의 민심이 흉흉해지자 염민은 교외로 나가 제사를 지내는 식으로 이를 무마하고자 했다. 그는 자신에 의해 살해된 위소를 대사도로 추봉하고, 출전을 부추긴 도사 법요 부자를 찢어 죽이게 했다.

후조의 황제 석지는 숨을 돌리자마자 곧 대장 유현劉顯에게 명해 군사 7만 명을 이끌고 가 업성을 치게 했다. 유현은 업성에서 20여 리 떨어진 명광궁에 영채를 차렸다. 염민은 대책을 상의하기 위해 급히 위장군 왕태를 입궁케 했다. 왕태는 염민이 자신의 계책을 좇지 않은 것에 커다란 불만을 품은 나머지 패퇴하는 도중에 화살에 맞은 상처가 위중하다는 핑계로 입궁하지 않았다. 염민이 직접 찾아가 탐문했으나 왕태는 거듭 병을 핑계 삼아 제대로 응대하지 않았다. 염민은 대로한 나머지 환궁하는 도중 좌우에 이같이 명했다.

"왕태, 이자는 파노巴奴(서쪽의 파족 출신)이다. 짐이 어찌 그에게 기댈 것인가? 오랑캐들을 모두 참한 뒤 이자의 목을 벨 것이다."

염민이 대군을 이끌고 출전하자 유현 등이 크게 놀랐다. 염위가 얼마 전에 대패한 까닭에 크게 위축돼 성안에 웅크리고 앉아 있을 것이라 생각했던 것이다. 그 결과 유현은 대패하고 염민의 군사는 3만여 명의 수급을 얻었다. 염민이 양평에 이를 때까지 추격전을 펼치자 유현은 크게 두려운 나머지 은밀히 사람을 보내 양국으로 돌아가면 석지의 목을 베어 바치겠다며 항복을 청했다. 염민이 이를 받아들여 추격을 멈추고 업성으로 돌아온 뒤 왕태와 일족을 도륙했다.

유현은 군사를 이끌고 양국으로 돌아온 뒤 전황을 보고하는 틈을 이용해 석지와 종실, 고관 등 10여 명의 목을 베고 그 수급을 업성으로 보냈다. 염민은 석지의 수급을 거리에서 불태우게 한 뒤 유현을 상대장군, 대선우에 봉했다. 이로써 후조는 완전히 패망하고 말았다. 석지가 보위에 오른 지 1년이 되는 후조의 영녕 2년(351년) 4월의 일이었다.

당시 석지를 도와 염민을 쳤던 연나라 장수는 회군한 뒤 모용준에게 실정을 보고했다. 연나라의 군신은 석지에게 전국새가 없다는 사실을 비로소 알게 되었다. 화가 난 모용준은 석지의 사자 장거를 죽이고, 염민의 사자 상위를 석방했다. 이어 중산 땅에 살고 있는 상위의 4남 2녀를 찾아내 함께 살도록 배려했다.

석지를 살해한 후 유현은 염민의 위협은 멀리 떨어져 있고 자신은 양국에서 군림하고 있는 정황을 이용해 이내 자립하여 왕이 되고자 했다. 그는 왕을 칭한 즉시 군사들을 이끌고 가 염위의 영토인 상산을 쳤다.

염민은 곧 대장군 장간蔣幹에게 명해 태자 염지를 보좌하며 업성을 지키도록 조치한 뒤 친히 8천 명의 정예병을 이끌고 가 상산을 구원했다. 염군의 군사가 밀려오자 유현의 대사마 왕녕王寧이 곧바로 휘하 군사를 이끌고 가 투항했다. 염민이 여세를 몰아 양국까지 추격하자 유현은 성안으로 들어가 굳게 지키려고 했다. 그러나 대장군 조복구曹伏駒가 곧바로 성문을 열고 염민에게 투항했다. 염민은 유현을 비롯해 공경 1백여 명을 도륙했다. 이어 석륵이 몇 년 동안 수도로 삼았던 양국의 궁실을 모두 불태운 뒤 백성들을 업성으로 이주시켰다.

사서는 이때 염민이 양국을 함락시킨 뒤 상산과 중산 등지를 돌며 유식游食했다고 기록해 놓았다. 이는 군량이 부족해 여러 곳을 돌아다니며 이를 보충했음을 암시한다. 당초 그는 칭제한 직후 민심을 얻기 위해 후조의 석씨 정권이 각지에 축적했던 곡식을 모두 풀어 백성들에게 나눠 주도록 조치한 바 있다. 게다가 강족과 저족의 군사들이 합세해 공격하는 바람에 식량이 급속히 바닥이 나 버렸다.

양국이 초토화된 지 1년 뒤인 염위의 영흥 3년(352년) 4월, 연왕 모용준이 모용각과 모용패慕容覇 등에게 명해 대군을 이끌고 가 염위를 비롯해 후조의 잔존 세력을 소탕케 했다. 모용 선비의 연나라는 이미 후조가 멸망하는 혼란스런 시기를 틈타 유주와 계주를 손에 넣은 바 있었다. 모용준은 여세를 몰아 업성이 있는 기주로 진격할 것을 명한 것이다.

염민이 직접 군사를 이끌고 영격에 나서려고 하자 전장에서 잔뼈가 굵은 대장군 동윤董閏과 거기장군 장온張溫이 간했다.

"선비 군사들의 예기가 매우 성한 데다 병력도 우리보다 많습니다. 일단 싸움을 피해 적들이 교만해지기를 기다린 후 군사를 증원해 반격하는 것이 옳습니다."

그러나 잇단 승리에 도취된 염민은 대로했다.

"진나라 조정은 우리가 유주를 평정하고, 모용준의 목을 벨 것을 바라고 있다. 지금 모용각과 접전하는 것을 피하면 사람들이 우리를 보고 뭐라고 하겠는가?"

성격이 까다롭고 고집이 센 까닭에 스스로 모든 일을 해치우려는 이른바 강퍅자용剛愎自用은 바로 이를 두고 하는 말이다.

당시 염민은 군사를 이끌고 나가 안희安喜에 주둔했다. 연나라 병사가 다가오자 군사를 이끌고 상산 방향으로 이동했다. 모용각이 군사들을 이끌고 진격했다. 쌍방은 이내 염대廉臺에서 대치했다. 열 번의 교전 끝에 연나라 병사가 대패했다. 병력도 많은 데다 기병으로 구성된 연나라 군사가 병력도 적고 보병으로 구성된 염민의 군사에게 패한 것이다. 전투가 기병에게 유리한 평지에서 이뤄지지 않은 데다 퇴로가 없는 염민의 군사가 결사적으로 대항한 결과였다. 염민의 뛰어난 무용도 크게 작용했다. 왼손에 양날의 창, 오른손에 갈고리 창을 들고 늘 선봉에 나선 염민은 '주룡朱龍'이라는 준마를 타고 바람처럼 적의 군진으로 뛰어들어 단번에 적의 기세를 꺾었다.

모용각은 선비 군사 내에서 지략과 무용을 겸비한 몇 안 되는 인물 중 한 사람이었다. 그가 마침내 하나의 계책을 생각해 냈다. 염민의 보병을 평지로 끌어내 결전하는 이른바 연환마連環馬가 그것이다. 그가 곧 이같이 하령했다.

"염민의 군사는 가볍고 재빠르다. 게다가 병력이 적은 까닭에 결사적으로 대항하고 있다. 내가 중군을 이끌고 저들과 대적하는 사이 경들은 옆에서 기다리고 있다가 협격을 가하도록 하라. 그러면 필히 승리를 거둘 수 있을 것이다."

염민은 멀리서 연나라 군사의 대기가 휘날리는 것을 보고는 모용각이 이

<u>그</u>는 중군의 깃발인 것을 알고 곧바로 준마를 휘몰아 적진을 향해 바람처럼 진격해 들어갔다. 모용각이 깃발을 흔드는 것을 신호로 연나라 군사가 양쪽에서 협공을 가하며 포위망을 좁혀 들어갔다. 시간이 갈수록 죽은 인마가 겹겹이 쌓이면서 염민의 군사가 자연스레 포위되는 양상이 빚어졌다. 평소 군사들을 이끌고 혈로를 뚫고 나아가는 방식이 통하지 않게 된 것이다.

반나절의 시간이 지나자 중과부적이었던 염민의 군사는 힘이 다해 거의 몰살을 당했다. 염민은 이 와중에도 몇 겹의 포위망을 뚫고 사지를 빠져나가 동쪽으로 급히 20여 리를 정신없이 달려갔다. 주변에는 아무도 없었다. 이때 그가 타고 있던 주룡이 돌연 땅에 쓰러져 숨을 거뒀다. 그의 뒤를 쫓아온 선비족 기병들이 땅에 고꾸라진 그를 생포했다.

염민이 계성으로 압송되자 모용준은 그를 대전 앞에 꿇어앉힌 뒤 이같이 질책했다.

"너는 하재下才에 불과한 주제에 어찌 감히 망령되게 황제를 칭한 것인가?"

염민이 대꾸했다.

"천하 대란이 일어나자 너희들 오랑캐야말로 인면수심으로 찬역을 꾀했다. 나는 중원의 영웅인데 어찌하여 제왕을 칭할 수 없다는 말인가?"

대로한 모용준이 좌우에 명해 그를 성 밖으로 끌고 나가 목을 치게 했다. 염민은 당시 27세 안팎이었다. 이때 연나라에 큰 가뭄과 메뚜기 재해가 일어났다. 미신을 믿는 선비족은 염민이 죽은 뒤 조화를 부린 것으로 생각했다. 모용준이 곧 그를 도무천왕悼武天王으로 추시하고 제사를 올려 주었다.

모용 선비가 승승장구로 업성을 포위하자 대장군 장간은 곧 무승繆嵩과 유의劉猗를 동진으로 보내 귀순의 뜻을 전했다. 동진의 복양 태수 대시戴施는 창원에서 극진 쪽으로 진주해 두 사람의 발길을 막은 뒤 전국새를 요구했다.

무승이 다시 업성으로 돌아가 대시의 뜻을 전하자 장간이 이를 허락했다. 대시가 장사 3백 명을 이끌고 업성으로 들어와 수비를 도우면서 장간에게 이같이 말했다.

"속히 전국새를 내놓아라. 내가 보관할 것이다. 황상은 내가 옥새를 보관하고 있다는 얘기를 들으면 틀림없이 너의 투항을 진심으로 받아들여 구원군과 양식을 보낼 것이다."

장간이 곧 전국새를 내놓았다. 대시는 도호 하융(何融)에게 양초를 가져오게 한다는 구실로 은밀히 그를 밖으로 내보낸 뒤 전국새를 동진의 수도인 건강으로 가져가게 했다. 당시 낭야왕 사마예는 동진을 세운 뒤 건업의 명칭을 건강으로 바꿨다. 선비의 군사가 급하게 공격하자 장간은 정예 병사 5천 명과 수백 명의 진나라 병사를 이끌고 나가 싸웠다. 그러나 이내 중과부적으로 대패하고 말았다. 얼마 후 성안의 군사들이 성문을 열고 투항하자 장간과 대시 등이 황급히 창원으로 도주했다.

염민의 황후 동씨와 태자 염지 모두 포로가 돼 계성으로 압송됐다. 이로써 염위는 염민이 석감을 죽이고 황제를 칭한 지 2년 2개월 만인 영흥 3년(352년) 4월에 역사의 뒤안길로 사라지고 말았다. 염위는 남북조 때 난립한 수많은 왕조 중 수명이 가장 짧은 왕조에 속한다.

모용준은 염민의 황후 동씨가 전국새를 바쳤다고 선전하면서 동씨를 봉새군(奉璽君)에 임명했다. 염위가 사라진 지 7개월 뒤인 이해 11월 모용준은 황제를 칭하면서 연호를 원새(元璽)로 바꿨다. 당시 염위가 멸망하자 온갖 기아와 병란 등에도 불구하고 살아남았던 20여만 명의 한족은 호인들의 살육을 우려해 황하를 건넌 후 동진에 투항하려 했다. 그러나 동진의 정북대도독 저부(褚裒)는 이들을 두고 그냥 회군했다. 결국 이들은 모두 살육당하고 말았다.

제7장

동진 원제
사마예의
창업

> 백성들 사이에 이런 말이 나돌았다.
> '왕王(왕씨)과 말馬(사마씨)이 천하를 함께 다스린다.'
> 동진 초기에는 왕씨와 사씨 등의 대족들이
> 나라의 기틀을 다지는 데 결정적인 공헌을 했다.

사마예, 동진을 건국하다

동진의 건립자 낭야왕 사마예司馬睿는 사마의의 증손으로 자는 경문景文이다. 진무제 사마염의 계통으로 치면 황통에서는 거리가 멀다. 팔왕의 난이 일어나지 않았거나 석륵이 영평성에서 54명의 사마씨 황족을 도살하지 않았다면 보위에 오르지 못했을 것이다. 진혜제 재위 초기에 천하가 시끄러워 나라에 온갖 일이 빚어졌을 때 사마예는 매사에 겸손하고 사양하는 모습으로 화를 면했다. 당시 혜강의 아들인 시중 혜소嵇紹는 일찍이 사람들에게 이같이 말했다.

"낭야왕은 모골骨이 비상하다. 신하로 있을 상이 아니다."

그러나 혜소는 이를 크게 떠벌리지 않았음에 틀림없다. 만일 그랬다면 당시의 험악한 상황에서 사마예는 목숨을 부지하기가 쉽지 않았을 것이다.

진혜제 영흥 원년(304년), 탕음의 싸움 직후 성도왕 사마영은 진혜제를 강압해 업성으로 갔다. 사마예의 숙부인 동안왕 사마요司馬繇는 일찍이 성도왕에게 진혜제를 향해 신하로서의 예를 다할 것을 충고했다. 성도왕은 이에 원한을 품고 있다가 동해왕 사마월과 함께 권력을 잡자 구실을 붙여 사마요를

恭儉有餘明斷不足
禍亂內興大業未復

東晉元帝

동진의 원제 사마예는 혼란한 시기에 강동 지방을 안정시켜 서진의 명맥을 잇게 된다. 그는 동진을 세우면서 왕씨 일족의 도움을 많이 받았다. 이후 백성들 사이에서는 "왕王(왕씨)과 말馬(사마씨)이 천하를 함께 다스린다"는 말이 나돌았다.

제거했다.

숙부가 살해되자 사마예는 크게 놀라 밤새 쉬지 않고 도주했다. 이날 달이 매우 밝아 대낮과 같았다. 성도왕 사마영의 휘하 군사들이 사방으로 그를 찾았다. 이때 홀연 폭우가 쏟아지면서 사마예는 간신히 업성을 빠져나갈 수 있었다. 그러나 성도왕은 이미 각지에 하령하여 사마씨 황족과 대신들이 관문을 출입하는 것을 엄히 단속했다. 사마예가 황하 강변에 도착했을 때 강변을 순시하는 병사가 그를 막았다. 다행히 이때 그의 수종인 송전宋典이 뒤에서 질주해 달려오며 말채찍으로 사마예가 타고 있던 말의 엉덩이를 후려치며 전전긍긍하고 있는 사마예에게 짐짓 이같이 말했다.

"사장舍長, 관부에서 귀인의 출입을 금지하고 있는데 어찌해서 당신 같은 사람도 이처럼 붙잡혀 있는 것이오?"

송전이 태연히 말채찍을 치며 천천히 가자 강변을 관할하는 병사가 이 말을 들었다. 말을 타고 있는 사람이 보통 사람 복장인 것을 보고 사마예가 특별한 사람이 아니라고 확신한 병사는 곧 손짓을 하며 가던 길을 가게 했다.

영흥 2년(305년) 동해왕 사마월이 낭야왕 사마예에게 하비를 지키게 하면서 휘하의 참군 왕도王導를 보내 그를 돕게 했다. 사마월은 진회제를 옹립한 후 영가 원년(307년) 사마예를 보내 건업建業을 지키게 했다. 왕도는 이때 함께 강동으로 갔다. 사마예가 처음으로 강동에 도착했을 때 삼국 시대 당시 동오 정권 하에서 강력한 영향력을 행사했던 호족들과 맞닥뜨렸다. 사마예는 당근과 채찍으로 어르고 때리는 식으로 고영顧榮과 하순賀循 등 명망 있는 명사들을 불러들였다. 동시에 손필孫弼과 두선杜宣의 반란을 제압함으로써 차분히 뿌리를 내릴 수 있었다. 사마소의 동생으로 사마예의 조부인 옛 낭야왕 사마주司馬伷도 서진 초기에 오나라를 평정하는 데 커다란 공을 세웠다. 당시 동오의 폭군 손호는 새수를 사마주에게 바치며 항복했다. 사마주가 낭야왕에 제수된 것은 바로 이 때문이었다. 그런 점에서 사마예와 강동은 깊은 인연이 있었던 셈이다.

영가 5년(311년) 흉노의 군사가 낙양을 함몰시키자 수많은 중원의 사족들이 분분히 남쪽으로 내려갔다. 임기臨沂 왕씨, 태원太原 왕씨, 영천潁川 유씨, 고평高平 치씨, 진군陳郡 사씨, 초국譙國 환씨 등이 그들이다. 사마예는 왕도의 보필 속에서 현능한 자들을 뽑아 정사를 돕게 했다.

진민제 사마업은 보위를 이은 후 멀리 있는 강동의 사마예를 좌승상으로 삼았다. 건업은 사마업의 '업'을 피하기 위해 명칭을 '건강建康'으로 바꿨다. 장안이 함락되기 전 17세의 사마업은 장차 화란을 면하기 어렵다는 사실을 알고 평동장군 송철宋哲을 시켜 친서를 사마예에게 전하게 했다.

"짐은 지금 궁지에 몰려 성에 유폐돼 온갖 걱정이 든다. 만일 하루아침에 붕괴되는 날이면 승상이 가히 만기를 통섭해 낙양을 되찾고 종묘를 수복함으로써 이 치욕을 설욕하기 바란다."

진민제 사마업이 흉노 장수 유요에게 포로가 되자 주위에서 사마예에게 보위에 오를 것을 권했으나 그는 사마업이 살아 있다는 이유로 이를 거절하고 진민제 건흥 5년(317년) 3월을 건무建武 원년 3월로 바꿨다. 이로부터 1년 뒤인 건무 2년(318년) 3월 진민제의 사망 사실이 확인되자 유곤과 단필제, 단진, 소속 등이 분분히 상표해 사마예에게 보위에 오를 것을 강력히 권했다. 이에 사마예가 마침내 보위에 올라 개원했다. 이로써 건무 2년 3월은 태흥太興 원년 3월이 되었다. 그가 동진의 창업주인 진원제晉元帝이다.

왕과 말의 천하 공유

강동은 사마예가 오기 전에 이미 오래전부터 세가 대족들의 영향력이 막강한 곳이었다. 진혜제와 진민제 때 진민陳敏과 전회錢璯 등이 연이어 반란을 일으키자 강동의 대성大姓인 주기周玘는 호족들의 재력과 인력을 동원해 이들 반란을 잇달아 평정했다. 당시 이를 두고 '삼정강남三定江南'이라고 했다. 주기 등이 일족의 이익을 지키기 위해 그런 것이기는 하나 이는 결과적으로 동진이 훗날 강동에서 비교적 안정된 정치를 할 수 있는 기반이 되었다.

당초 동해왕 사마월과 태위 왕연이 권력을 장악했을 당시 왕씨 가문은 이미 사람을 강남으로 보내 여러 중요한 직책을 맡고 있었다. 왕징王澄은 태위 왕연의 동생이고, 왕돈은 왕연의 족제였다. 진회제 영가 원년(307년) 왕징이 형주도독으로 파견되었고, 영가 3년(309년)에는 왕돈이 양주자사에 임명됐다. 이를 통해 왕연을 우두머리로 하는 왕씨는 이미 오래전부터 남행 준비를 차분히 진행시키고 있었음을 알 수 있다. 사마월이 병사한 후 왕연은 비록 석륵에게 피살되었으나 왕씨 일족은 강동에서 이미 확고한 실권과 병력을 장악하고 있었다.

왕씨 일족에서 가장 중요한 인물은 왕도였다. 왕도 역시 태위 왕연의 족제로 왕돈의 사촌 동생이었다. 사마예가 처음 강도에 도착했을 때 현지의 호족들은 이들을 달갑게 여기지 않으며 냉정히 대했다. 이때 왕도가 하나의 계책을 냈다. 그는 가을철에 부정을 씻기 위해 푸닥거리를 행하는 계제일禊祭日을 맞아 호족들을 모았다.

사마예가 견여肩輿의 위에 앉고, 왕도와 왕돈 등 북방에서 내려온 대족들이 말을 타고 수종하고, 위의를 엄숙하게 하여 강남 사족들 면전에서 당당히 행진했다. 기첨紀瞻을 비롯해 고영顧榮 등 강남의 호족들이 이를 바라보며 크게 놀라 이내 서로 손을 잡고 길 옆으로 나와 절을 올렸다. 왕도가 주관한 이

호화 연출 직후 호족 대표에게 높은 관작을 부여하자 백성들이 대거 사마예를 추종하게 되었다. 사마예는 강남에서 입지를 굳히는 과정에서 왕도와 왕돈 등 왕씨에게 크게 기댔다.

낙양이 함락된 후에는 중원에서 난민이 일시에 몰려왔다. 왕도는 사마예에게 인심을 대거 수용하는 방안을 건의했다. 현인군자를 발탁해 임용하는 게 그것이었다. 이에 형주와 양주 일대가 일시에 융성해졌다. 사마예는 왕씨에 대한 신임이 더욱 깊어지자 '중부仲父(작은아버지)'로 호칭하면서 한고조 유방의 건국 공신 소하蕭何에 비유했다.

왕도 본인 역시 충량한 모습을 보였다. 사마예에게 충언을 아끼지 않으면서 강남의 호족을 예로써 우대하고 백성들을 널리 감싸는 모습으로 다독였다. 사마예가 즉위식을 올리던 날 백관들이 배열한 가운데 주악이 울려 퍼지면서 장엄한 의식이 거행됐다. 사마예는 아직 황제의 감각이 없었던지라 진심으로 감격한 나머지 왕도에게 손짓하며 위로 올라와 함께 앉을 것을 권했다. 왕도가 고사했다. 사마예가 거듭 권하자 왕도가 이같이 말했다.

"만일 태양이 만물과 같은 위치로 내려앉으면, 창생은 고루 내려쬐는 햇볕의 덕을 어찌 바랄 수 있겠습니까?"

사마예는 즉위 초 왕돈을 형주목에 임명했다. 치소는 형주의 상류 지역이었다. 강병을 이끌고 군정의 실권을 장악하게 한 것이다. 그러나 사람들은 왕씨의 막강한 위세를 잘 알고 있었다. 백성들 사이에 이런 말이 나돌았다.

"왕王(왕씨)과 말馬(사마씨)이 천하를 함께 다스린다."

동진 초기에는 왕씨와 사씨 등의 대족들이 나라의 기틀을 다지는 데 결정적인 공헌을 했다. 남북조 때 남조 정권이 몇몇 가문에 의해 움직이는 귀족정권의 모습을 보인 이유가 여기에 있다. 사마예는 강동의 대족인 하순 등에게 태상과 시중 등의 고관직을 부여했으나 사실 이는 아무런 실권도 없는 허함虛銜에 지나지 않았다. 사마예가 기댄 것은 왕도와 같이 북쪽에서 내려온 세족들이었다. 이들이 실권을 장악한 이유다.

이들 북방에서 내려온 세력은 정치적인 우위를 이용해 경제적인 이익도 추구했다. 좋은 밭과 저택은 최소한의 목표였다. 그러나 누대에 걸쳐 기반을 쌓아온 강남의 호족들이 좋은 밭 등을 쉽게 허락할 리 없었다. 이로 인해 갈등이 점차 깊어졌다.

사마예는 강동을 안정시킨 뒤 의흥 출신 주기를 의심하며 꺼렸다. '삼정강남'의 과정에서 대공을 세운 주기는 뜻대로 일이 이뤄지지 못하자 커다란 불만을 품었다. 그가 모반을 획책하는 와중에 비밀이 누설돼 그와 공모한 자들이 피살됐다. 서진 초기라면 주기와 그의 일족도 주살을 면치 못했을 것이다. 그러나 사마예는 그 파장을 우려한 나머지 주기를 달래기 위해 건무장군, 남군사마에 임명했다. 주기는 자신의 모획이 누설된 데다 외직으로 나오게 된 것에 화를 참지 못해 이내 병사했다. 임종 때 그는 아들 주협周勰에게 이같이 당부했다.

"나를 죽인 자는 모두 창자傖子(천한 무리)다. 나를 위해 복수할 수 있어야만 나의 아들이다."

당시 강남 사람들은 북쪽에서 내려온 사람들을 모두 '창자' 또는 '창부傖父'로 불렀다. 주협은 부친의 유지를 잊지 않았다. 그는 은밀히 족인 및 세족들과 연락해 병마를 모았다. 이미 거병한 오흥 사람 서복徐馥 및 삼국 시대 동오의 마지막 황제인 손오의 일족인 손필孫弼에 내응하기 위한 것이었다. 주협의 족형 주속周續이 왕도와 조협刁協을 토벌한다는 명분을 내걸고 먼저 거병했다.

주협의 숙부 주례周禮는 이 소식을 듣고 성공할 가능성이 전혀 없다고 판단해 의흥 태수 공간孔侃에게 이를 고변했다. 주협은 이 소식을 듣고 감히 움직이지 않았다. 이에 서복과 손필, 주속이 주살됐다. 당시 사마예는 더 이상 이 문제를 추궁하지 않았다.

주협은 집으로 돌아온 뒤 방탕한 생활을 하면서 매번 이같이 말했다.

"인생을 살면 얼마나 살 것인가? 뜻을 호쾌히 하는 것밖에 더 있겠는가!"

북쪽에서 내려온 세족들은 방향을 돌려 가문과 부곡 등을 동원해 땅을 개간하는 방식을 통해 온주溫州와 태주台州 등의 광대한 지역으로 그 소유 영역을 넓혀 갔다. 이로써 강남의 토착 호족 세력을 극도로 자극시킨 양측 간의 긴장이 점차 축소됐다. 덕분에 동진 정권의 내부 투쟁도 점차 냉각됐다.

강호의 물고기는 서로를 잊는다

왕돈은 자가 처중處仲으로 왕도의 본가 사촌 형이었다. 어렸을 때부터 명성이 자자했던 데다가 출신 가문 또한 명족이었던 까닭에 진무제 사마염의 딸 양성공주를 부인으로 맞고 황실의 부마가 됐다. 사서를 비롯해 『세설신어』에는 그와 관련된 일화가 매우 많이 실려 있다. 대부분 그의 호방한 성격과 거리낌 없는 행보에 관한 것이다.

당초 왕돈은 진혜제 때 태자사인에 임명돼 관직에 발을 들여놓았다. 진혜제의 태자 사마휼이 폐위되면서 가남풍이 좌우를 시켜 태자를 허창으로 압송케 했다. 왕돈은 죽음을 무릅쓰고 태자세마 강통 등과 함께 길가에서 꿇어앉아 눈물로 전송했다. 이처럼 의리를 중시한 사람이 『세설신어』의 일화에 나오듯이 자신으로 인해 미녀가 연이어 죽어 나가는데도 꿈적도 하지 않는 냉혈한의 모습을 보일 리 없다. 설령 그런 일이 있었을지라도 태산이 무너져도 까닥하지 않는 것을 높이 산 당시의 풍조를 감안할 필요가 있다. 미녀가 죽어 나간 것도 그의 책임이 아니라 부귀와 사치를 자랑한 석숭의 잘못이다. 이제는 난신亂臣의 오명을 벗겨 주어야 한다는 얘기가 나오는 이유다.

조왕 사마륜이 찬위했을 때 왕돈은 연주자사로 있던 숙부 왕언王彦에게 거병을 권유해 대공을 세웠다. 진혜제가 복위된 후 좌위장군, 시중에 임명돼 청주자사로 나간 배경이다. 진회제가 즉위했을 때는 중서감이 되었다. 천하 대란이 일어났을 때 왕돈은 집 안에 있던 양성공주의 시녀 1백여 명을 휘하의 장령들에게 시집보내고, 금은 보물을 백성들에게 나눠 준 뒤 단거^{單車}로 낙양에 들어갔다.

동해왕 사마월은 권력을 잡았을 때 왕돈을 자기 사람으로 간주해 양주자사에 임명했다. 그러자 사마월 휘하의 모사가 간했다.

"왕돈을 양주로 내보내면 장차 그의 호강한 마음을 부추겨 후환을 만들까 두렵습니다."

하지만 사마월은 이 간언을 듣지 않았다.

사마예가 보위에 오른 후에는 다시 왕돈을 양주자사로 내보내면서 좌장군, 도독정토제군사의 직책을 겸하게 했다. 사마예가 강동에서 자리를 잡게 된 데에는 왕돈과 왕도의 공이 가장 컸다. 이들 역시 충심을 다해 사마예를 보필했다.

왕돈은 양주자사로 있을 때 운주유악^{運籌帷幄}으로 강주자사 화질^{華軼}의 반란을 평정했다. 촉 땅에서 두도^{杜弢}가 난을 일으켰을 때 그는 예장^{豫章}에 앉아 군사를 지휘하며 도간^{陶侃} 등을 천거해 마음껏 재능을 펼치게 도움으로써 두도를 격멸했다. 덕분에 그는 한안후^{漢安侯}에 봉해져 강주와 양주, 형주, 상주, 교주, 광주 등 6개 주의 군사권을 총지휘하는 자리를 겸함으로써 동진 최고의 군구사령관이 되었다.

만일 마지막 대목에서 승리를 거뒀다면 그가 두도의 항장 두홍^{杜弘}을 탁용하고, 험고한 지형에 버티고 있는 하흠^{何欽} 등에게 4품의 장군직을 수여한 것도 전장에서는 군명을 따르지 않는다는 병서의 가르침을 좇은 미담으로 회자되었을 것이다. 그러나 그러지 못했던 까닭에 그는 사가들에 의해 멋대로 대권을 행사한 난신으로 매도되고 말았다.

왕돈과 진원제 사마예 사이에 빚어진 혐극은 왕돈의 불순한 행보에서 비롯된 것이 아니라 그의 사촌 동생 왕도가 조정에서 몰락한 데 따른 것이었다. 당시 사마예는 왕씨의 세력이 점차 커지는 것을 우려한 나머지 이를 견제하려 했다. 특히 사마예가 낭야왕으로 있을 때부터 수종한 유외^{劉隗}와 조협^刁

協은 황권 강화를 구실로 왕씨 등의 대호족에 대한 제압의 필요성을 역설했다. 유외가 정무를 주도하면서 왕도는 점차 권력 핵심에서 멀어질 수밖에 없었다. 진원제 사마예 역시 후덕한 인물은 못 되었다. 왕도는 성정이 담담하고 겸양의 도를 익히 체득하고 있었던 까닭에 묵연히 자신의 위치를 지켰다.

왕돈은 중병을 이끌고 적들과 맞서 대공을 세웠음에도 왕씨 일족이 배척을 받고 있다는 소문을 듣고는 내심 분한 마음을 품을 수밖에 없었다. 그가 왕도를 위해 조정에 상서한 이유다. 당시 건강에 있던 왕도는 이를 먼저 받아 보고는 사단이 일어날 것을 우려해 왕돈에게 상서를 돌려 보냈다. 왕돈은 뜻을 꺾지 않고 직접 사자를 시켜 사마예에게 이를 전달했다. 왕돈은 상주문에서 누누이 사적인 이유가 아니라 우국충정의 차원에서 상서한 것이라고 변명했으나 사마예는 불쾌하게 생각했다. 이에 종실인 초왕 사마승을 불러 상주문을 보여 주며 이같이 말했다.

"왕돈이 비록 전에 공을 세웠으나 지금의 관직으로 충분히 보상했소. 그가 부단히 과도한 요구를 하며 조정의 정사를 비평하니 짐은 과연 그를 어찌해야 좋겠소?"

초왕 사마승이 탄식하며 호응했다.

"폐하가 속히 손을 쓰지 않으면 왕돈은 필시 후환이 될 것입니다."

진원제 대흥 3년(320년) 상주자사 자리가 비자 왕돈이 다시 표문을 올려 자신과 가까운 강남의 대호족 심충沈充을 천거했다. 유외가 이를 읽고는 황급히 사마예에게 응답하지 말 것을 권했다. 사마예가 다시 초왕 사마승을 불러 말했다.

"왕돈의 간사한 속셈이 점차 분명해지고 있소. 그는 나를 진혜제와 같은 인물로 간주하는 게 틀림없소. 상주는 형주와 연주, 광주를 제압하는 위치에 있어 숙부가 가는 게 좋을 듯한데 어찌 생각하오?"

사마승이 대답했다.

"폐하가 명하면 신이 어찌 감히 사양하겠습니까? 다만 상주는 이미 두도가 이끄는 도적들이 유린한 까닭에 민력과 관력이 모두 피폐해 있습니다. 3년 이상 공을 들여야 대략 출병이 가능할 듯합니다. 만일 그동안 뜻하지 않는 변고라도 있으면 신이 분골쇄신하려 해도 이를 구하기가 어려울 듯싶습니다.”

사마승은 상주자사에 임명돼 임지로 가는 도중 무창에 들러 왕돈과 만났다. 왕돈이 그를 환대하며 이같이 말했다.

“대왕은 문아한 군자이기는 하나 장수의 재능을 발휘할 수 있을까 걱정입니다.”

사마승은 후한 제국 때 반초班超의 호언을 인용해 이같이 반박했다.

“왕공은 나를 제대로 이해하지 못한 듯하오. 아무리 납으로 만든 연도鉛刀라도 어찌 단 한 번 베는 데조차 사용하지 못할 리 있겠소?”

왕돈이 자신의 부서로 돌아와 측근인 전봉錢鳳에게 말했다.

“사마승은 두려움도 없이 옛사람의 호언만 알고 있으니 족히 군사에 대해 무지하다는 것을 알 수 있다. 그는 무능한 자이다.”

그러고는 초왕 사마승이 상주자사로 가는 것을 막지 않았다.

진원제 대흥 4년(321년) 가을, 사마예가 상서복야 대연戴淵을 정서장군에 임명한 뒤 합비에 주둔하며 사주와 연주, 예주, 병주, 옹주, 기주 등 6개 주의 군사를 총괄케 했다. 또한 유외를 진북장군에 임명한 뒤 회음에 주둔하며 청주와 서주, 유주, 평주 등 4개 주의 군사를 맡게 했다. 명목상으로는 후조의 석륵을 서쪽과 북쪽에서 막는다는 취지이나 사실은 왕돈을 미리 방비하려한 것이다.

유외는 비록 외직으로 나갔으나 사마예가 늘 그와 국가 대사를 논의한 까닭에 매일 황제와 밀서를 주고받았다. 왕돈이 유외에게 서신을 보냈다.

“성상이 각하를 크게 신임하고 있소. 지금 도적들의 발호로 중원이 들끓고 있으니 각하와 함께 온 힘을 다해 황실에 보답하고 해내를 조용히 만들고자 하오. 만일 모든 사람이 힘을 합치면 제업이 흥륭하게 될 것이나 그렇지 못하면 천하는 계속 소란스러울 수밖에 없소.”

유외는 교만한 소인이었다. 그는 불손하게 회신했다.

"물고기는 강호江湖에 있을 때 서로 잊고, 사람은 도술道術(전략 전술 또는 치도와 치술)을 사용할 때 서로 잊는 법이오."

진원제는 조정에서 표면상 왕도를 승진시켜 시중, 사공에 임명하면서 중서감을 겸직하게 했다. 그러나 사실 이는 이름뿐인 관직에 지나지 않았다. 어사중승 주숭周嵩이 상소했다.

"왕도는 모든 정성을 다해 대업을 돕고 있습니다. 편벽된 자의 의심스런 말을 듣지 말아야 합니다. 과거의 은공을 이지러뜨리면 미래의 화난이 닥치는 법입니다."

진원제 사마예도 느끼는 바가 있었다. 덕분에 왕도는 더 이상 참언의 피해를 입지 않았다.

동진의 내홍

진원제 영창永昌 원년(322년), 왕돈이 병사를 이끌고 유외를 주살한다는 명목으로 건강을 향해 진군했다. 왕돈의 심복 심충은 오 땅에서 기병해 이에 호응했다. 왕돈은 무호蕪湖에 이르렀을 때 다시 상서해 사마예의 또 다른 심복인 조협을 성토했다. 대로한 사마예는 대세를 장악하고 있다고 판단한 나머지 이같이 명을 내렸다.

"왕돈은 짐의 총애를 믿고 감히 광패한 반역을 꾀했다. 상주문이 무례하기 그지없으니 이는 짐을 유폐하려는 뜻이다. 짐이 친히 6군을 이끌고 가 그의 대역을 주벌할 것이다!"

왕돈은 상주자사 사마승이 뒤를 위협할까 우려해 미리 사람을 보내 설복시키려 했다. 진원제에 대한 충성심이 뛰어난 사마승이 이같이 탄식했다.

"세가 고립돼 있고 원병이 끊어졌으니 장차 무엇으로 구원할 것인가? 그러나 죽을지언정 충의를 다해야 하니 다시 무엇을 구할 것인가!"

그런 다음 일언지하에 왕돈의 제의를 거절했다. 왕돈이 외사촌 동생 남만교위 위의魏乂를 시켜 2만 명의 정병을 이끌고 장사로 진군케 하자 사마예가 급히 정서장군 대연과 진북장군 유외에게 명해 회군하여 건강을 지키게 했다. 유외는 왕돈이 거병했다는 소식을 듣고 내심 크게 기뻐하며 문무백관 앞에서 의기양양한 어조로 단번에 왕돈을 궤멸시키겠다고 호언했다. 그는 조협과 함께 사마예를 배견하는 자리에서 속히 왕씨 일족을 모두 주살할 것을 권했다. 그러나 사마예가 불허하자 유외는 두려운 기색을 나타냈다.

왕도는 사촌 형 왕돈이 거병했다는 소식을 듣고는 매일 왕수王邃와 왕빈王彬, 왕간王侃 등 조정에서 일하는 왕씨 일족 20여 명을 이끌고 궁문 밖에서 소복을 입은 모습으로 대죄했다. 한쪽에서는 거병하고, 한쪽에서는 대죄하자 사마예는 어찌 대처해야 할지 난감해졌다. 이때 상서좌복야 주의周顗가 입궁하려고 하자 궁문 밖에서 대죄하고 있던 왕도가 큰 소리로 애절하게 간청했다.

"백인伯仁(주의의 자), 내가 가문을 대표해 그대에게 부탁을 하네!"

주의는 아무 대답도 하지 않고 곧바로 입궁했다. 그는 사마예에게 왕도의 충성을 칭송하면서 적극 옹호했다. 술을 좋아하는 그는 사마예와 정사를 논의한 후 궁중에서 통음하며 대취한 뒤에야 출궁했다. 왕도 일행은 아직도 궁문 밖에 꿇어앉아 있었다. 왕도는 주의가 출궁하는 모습을 보고는 무릎으로 기어가 큰 소리로 구해 줄 것을 청했다. 주의는 이에 응답하지 않은 채 취한 모습으로 좌우의 시종들에게 이같이 말했다.

"올해 내가 여러 도적들을 죽이고 한 말이나 되는 금인金印을 팔뚝에 걸고 있는 모습을 보도록 해라!"

집으로 돌아간 뒤 술이 어느 정도 깨자 곧 사마예에게 상서했다.

"왕도에게 죄가 없는 것은 명백하니 그의 말이 심히 간절했습니다."

왕도는 이를 전혀 알지 못한 채 주의가 자신을 구해 주지 않은 것으로 오해해 크게 원망했다. 주의 등의 노력으로 사마예는 사람을 왕도에게 보내 속히 조복으로 갈아입은 뒤 입궁케 했다. 궁중에서 소견하게 되자 왕도가 땅에 엎드려 머리를 조아리며 말했다.

"역신적자逆臣賊子가 뜻하지 않게 나타났으니 신의 일족을 모두 내쫓아 주십시오!"

사마예는 이 말을 듣고는 맨발로 달려 나가 왕도를 일으켜 세우며 그의 충성에 대한 절대적인 신임을 표시했다.

영창 원년(322년) 4월 사마예가 왕도를 전봉대도독, 대연을 거기장군으로 삼은 뒤 서로 협조해 왕돈을 토벌하게 했다. 동시에 정로장군 주례에게 명해 건강의 석두성을 지키게 한 뒤 유외에게는 금성을 수비하게 했다. 사마예 자신도 갑옷으로 무장한 채 친히 출성하여 순시하며 강력한 토벌 의지를 보여 주었다.

왕돈이 이끄는 대군은 무호에서 강을 따라 내려와 매우 빠른 속도로 석두성에 다가섰다. 왕돈은 유외에 대한 원한이 깊은 까닭에 먼저 금성부터 칠 생각이었다. 왕돈으로부터 깊은 은혜를 입은 두도의 항장 두홍이 간했다.

"유외의 수하에 결사대가 매우 많은 까닭에 단번에 공략하기가 쉽지 않습니다. 먼저 석두성을 치느니만 못합니다. 주례는 각박한 데다 군사를 잘 모릅니다. 주례가 패하면 유외 역시 대문을 잃은 꼴이 되어 이내 달아날 것입니다."

왕돈이 이를 좇았다. 그는 선봉이 되어 석두성에 맹공을 가했다. 강남의 호족 출신으로 사마예에게 원한을 품고 병사한 주기의 동생 주례는 별다른 저항 없이 성문을 열고 두홍의 군사를 맞아들였다. 이 소식을 들은 사마예는 크게 놀라 황급히 조예와 유외, 대연 등에게 속히 합세해 석두성을 탈환케 했다. 이어 왕도와 주의, 곽일郭逸 등에게도 세 갈래 방향에서 속히 달려와 이들을 돕게 했다. 그러나 이들 대부분이 문신이었던 탓에 왕돈의 적수가 될 수 없었다. 이들 모두 크게 패해 사방으로 황급히 도주했다. 유외와 조협이 입궁해 사마예 앞에 꿇어 엎드려 대죄했다. 사마예가 목을 놓아 울며 속히 어디

로든 달아나 화를 피할 것을 권하자 두 사람이 말했다.

"신들은 응당 죽음으로 지킬 것입니다. 감히 두 마음을 품을 수 없습니다."

사마예가 두 사람에게 말을 내주며 속히 출궁하게 했다. 조협은 나이가 많은 데다 평소 덕을 베풀지 않은 까닭에 출궁하자마자 종자들이 사방으로 달아났다. 그는 곧바로 목이 잘려 왕돈이 있는 곳으로 보내졌다. 유외는 밤낮으로 달려 석륵이 있는 후조로 망명했다.

왕돈은 병사들이 약탈하는 것을 방관했다. 사마예 곁에는 오직 근면한 안동장군 유초劉超와 두 명의 태감밖에 없었다. 왕돈이 병사를 이끌고 오는 것을 앉아서 기다리는 수밖에 없었다. 사마예는 융복을 벗고 조복으로 갈아입은 후 사람을 시켜 왕돈에게 이같이 전했다.

"공이 진나라를 잊지 않았다면 천하는 아직 평안할 가능성이 있소. 그렇지 않다면 짐은 응당 낭야로 돌아가는 게 현명할 듯하오."

왕돈은 대답하지 않았다. 당초 그는 사촌 동생 왕도와 함께 사마예를 옹립하는 데 정성을 다했다. 지금 그가 마음먹기에 따라서는 사마예를 얼마든지 폐위할 수 있었다. 그러나 그는 그리하지 않았다. 사마예는 왕돈이 대답하지 않자 공경 백관을 시켜 석두성으로 가 배견하게 했다. 왕돈은 중신들과 상견례를 나눈 후 상좌에 앉아 패장 대연에게 물었다.

"지난번 싸움에 여력이 있었소?"

대연이 거침없이 대답했다.

"어찌 감히 여유가 있었겠습니까? 역부족이었을 뿐입니다."

왕돈이 다시 물었다.

"오늘 이 거사를 천하인은 어떻게 생각할 듯하오?"

"겉만 보면 역逆이나 내막을 보면 충忠입니다."

왕돈이 크게 웃으며 말했다.

"경은 과연 언변이 뛰어난 사람이오."

대연은 강남의 세족으로 어려서부터 유협의 기질이 있어 작은 일에 얽매이지 않았다. 한번은 육기가 배에 물건을 싣고 낙양으로 떠날 즈음 대연은 물건을 보고 욕심이 나 무리를 이끌고 가 이를 빼앗았다. 육기는 멀리 배 위에서 대연이 강 언덕에 호상胡床을 깔고 앉아 지휘하는 모습이 매우 절도가 있는 것을 보고는 그가 비상한 인물인 것을 알고 큰 소리로 이같이 말했다.

"그대의 재주와 그릇이 이처럼 대단한 데 어찌하여 이런 도적질을 하는 것이오?"

대연이 느끼는 바가 있어 곧 검을 버리고 일어나 육기와 친교를 맺었다. 사마예가 강동에 온 후 줄곧 신임을 받았다. 당시 왕돈은 이어 상서좌복야 주의를 향해서는 이번 일로 인해 원한을 품고 있었던 까닭에 이같이 질책했다.

"백인伯仁, 경은 나를 저버렸소!"

주의는 전혀 표정이 변하지 않은 채 이같이 대꾸했다.

"공이 무력을 동원해 순리를 범한 까닭에 부득불 내가 직접 6군을 끌고 나가 패하게 되었으니 이것이 어찌 공을 저버린 것이라 할 수 있소!"

주의는 어렸을 때부터 머리가 명석하고 재치가 있어 명성을 떨쳤다. 그러나 그는 술을 좋아했다. 서진 때는 하루에 한 말은 마셨다. 강남으로 내려온 후에는 술이 더욱 늘어 날마다 취해 있었다. 사람들은 그를 '삼일복야三日僕射'로 칭했다. 한번 취하면 사흘은 간다는 뜻이다. 한번은 북쪽에서 내려온 옛 친구를 만나 함께 두 말의 술을 마셨다. 결국 상대방은 술을 마시다 숨을 거뒀다. 호방한 대연도 그와 자리를 함께하면 한마디도 제대로 하지 못했다. 시원한 성격의 왕돈은 매번 술에 취한 주의가 얼굴과 귓불이 온통 빨간 모습으로 한겨울의 추운 날씨에도 연신 부채질을 해 대는 모습을 보고 놀랄 수밖에 없었다.

도강할 당시 왕도는 일찍이 주의와 함께 술을 마신 적이 있었다. 그는 크게 취해 주의의 넓적다리를 베개로 삼은 뒤 그의 배를 가리키며 물었다.

"이 안에 무엇이 있는가?"

주의가 대답했다.

"이 안은 텅 비어 있어 아무것도 없소. 그러나 경과 같은 사람은 수백 명을 수용할 수 있소."

표면상 이 사건은 여기서 일단락됐다. 사마예는 대사령을 내린 뒤 왕돈을 승상, 도독중외군사, 녹상서사로 삼았다. 그러나 왕돈은 황제의 체면을 살려 주지 않았다. 이를 사양하며 받지 않은 것이다. 그러자 사마예는 불안한 나머지 주의를 불러 물었다.

"큰일이 대략 끝나 2궁__(황제와 황태자)에게 탈이 없고 모든 사람이 평안하오. 대략 보건대 대장군 왕돈은 아직 소망을 이루지 못한 게 아니겠소?"

주의가 대답했다.

"황상과 황태자가 스스로 만전하다고 하나 신 등은 아직 모르겠습니다."

어떤 사람이 주의에게 기회를 보아 밖으로 달아날 것을 권했으나 이내 거절당했다.

"나는 대신의 자리에 있소. 조정이 지금 어려운 상황에 처해 있는데 어찌 초야로 들어가 구차하게 목숨을 구하거나 호인들에게 몸을 맡길 수 있겠소!"

일찍이 대연의 휘하에서 일한 적이 있는 왕돈 휘하의 참군 여의呂猗가 간했다.

"주의와 대연은 모두 명망이 높아 사람들을 감복시킬 만합니다. 전에 명공이 두 사람에게 질문했을 때 두 사람은 조금도 부끄러워하는 기색이 없었습니다. 미리 제거하지 않으면 후환이 있을 것입니다."

왕돈은 여의의 말에 일리가 있다고 생각했다. 그러나 두 사람의 명망이 높아 쉽게 결심하지 못했다. 이에 시험 삼아 사촌 동생 왕도에게 의견을 물었다.

"주의와 대연은 남북을 막론하고 명성이 높으니 삼공으로 삼을지라도 아무 문제가 없겠지?"

왕도가 대답하지 않자 다시 물었다.

"상서령이나 복야 등은 어떻겠는가?"

왕도가 계속 입을 다물었다. 궁문 앞에 꿇어앉아 대죄할 때 주의가 아무 반응을 보이지 않은 것에 원한을 품은 것이다.

"그렇다면 두 사람을 없애야 한다는 뜻인가?"

왕도는 이번에도 대답하지 않았다. 왕돈은 좌우에 명해 주의와 대연을 체포한 후 죄명을 날조해 석두성에서 처결했다. 당시 석두성으로 압송되던 주의는 태묘를 지날 때 대성통곡했다.

"천지신명이여, 적신 왕돈이 사직을 뒤엎어 충량한 신하를 죽이려 하고 있습니다. 하늘에 선제의 신령이 있다면 속히 왕돈을 죽여 주십시오!"

얼마 후 왕도는 중서성에서 주의가 자신을 구명하기 위해 올린 상소문을 보게 되었다. 왕도는 자신이 소인이라는 것을 비로소 깨닫고는 눈물을 흘리며 자식들에게 이같이 말했다.

"내가 비록 백인伯仁을 죽인 것은 아니나 결국 백인은 나로 인해 죽게 됐다."

여기서 '오수불살백인吾雖不殺伯仁'이라는 성어가 나왔다. 원하지 않았지만 결국 그리되었다는 뜻이다. 그러나 객관적으로 볼 때 왕돈으로 인한 동란은 사실 사마예가 조협과 유외 등의 말을 듣고 왕씨를 배척한 데서 비롯된 것이다. 왕돈은 대권을 장악한 후 왕도를 상서령, 왕서를 형주자사, 왕빈을 강주자사, 왕수를 서주자사에 임명했다. 이들 모두 그의 사촌 동생이었다. 이어 친형인 왕함을 위장군, 도독양주강서제군사에 임명했다. 조정 백관과 군진軍鎭에 대한 대대적인 인사를 단행해 쫓겨난 자가 백여 명에 달했다. 당시 초왕 사마승은 왕돈의 휘하 장수 위의에게 패한 뒤 생포돼 무창으로 압송됐다. 그러나 압송 도중 왕돈이 보낸 사람에 의해 목숨을 잃었다.

당시 왕돈으로부터 가장 돈독한 신임을 받은 사람은 강남의 호족 출신인 심충과 왕돈의 고향 출신 전봉錢鳳이었다. 두 사람으로부터 미움을 받은 사람은 죽음을 면치 못했다. 토호 출신인 두 사람은 다른 사람의 전택을 빼앗고 무덤을 도굴하는 등 못된 짓을 일삼았다.

영창 원년(322년) 말 왕돈은 대군을 이끌고 무창으로 돌아간 뒤 멀리서 조정을 통제했다. 이듬해인 영창 2년(323년) 2월 허수아비 황제 사마예는 이내 울분을 참지 못해 중병에 걸려 병사하고 말았다. 당시 나이 47세였다. 보위에 오른 지 6년, 칭제한 시점을 기준으로 하면 만 5년 동안 재위한 셈이다. 그가 죽을 때도 왕돈은 조문을 가지 않았다. 사마예의 죽음과 관련해 독살, 척살, 교살, 암살 등 여러 주장이 나왔으나 병사한 게 확실하다. 『진서』와 『자치통 감』 등의 사서에는 사마예를 이같이 평해 놓았다.

"공검恭儉의 덕은 비록 충만했으나 웅무雄武의 기량은 부족했다."

사마예가 죽은 후 왕도가 유조를 받들어 섭정에 나서는 한편 황태자 사마 소司馬紹가 보위에 올라 연호를 태녕太寧으로 개원했다. 그가 동진의 명제明帝 이다.

왕돈의 비참한 최후

명제 사마소가 보위에 오른 지 석 달이 약간 지났을 때 몸이 허약한 데다 병이 많은 왕돈은 시간이 많이 남지 않은 것을 느끼고 찬위 준비에 들어갔 다. 그렇다고 명분도 없이 병사들을 이끌고 건강으로 들어갈 수는 없는 노릇 이어서 사마소에게 자신을 부르도록 은근히 암시했다. 사마소는 비록 나이 는 어렸으나 총명했다. 그는 친필로 왕돈의 입경을 요하는 조서를 썼다. 결과 적으로 이는 왕돈으로 하여금 진퇴양난의 상황에 빠지게 했다.

당초 왕돈은 모반을 생각했으나 일족 중에 동조하는 자가 없었다. 왕도는 줄곧 왕씨 일족의 안전을 최고의 가치로 삼은 까닭에 동조하지 않은 것은 말 할 것도 없다. 왕돈의 사촌 동생 왕릉王棱은 사람을 보내 암살하는 방안을 누 차 권했다. 또 다른 사촌동생 왕빈은 충직하게 간했다가 거의 죽을 뻔했다. 형주자사 왕서 역시 왕도와 같은 입장이었다.

왕돈은 먼저 병력을 고숙姑孰으로 옮겼다. 그런 다음 건강으로 입조하기 전에 책사 전봉의 말을 듣고 강남 최대의 문벌인 주씨 집안을 도륙했다. 당시 주씨 집안의 우두머리인 주례는 회계내사로 있었다. 5명의 제후가 나와 강남에서 그의 가문과 비교할 자가 없었다. 전봉은 심충의 오랜 친구였다. 그는 심충을 위해 왕돈에게 이같이 말했다.

"강동의 호족들 중 심씨와 주씨보다 강한 자가 없습니다."

주씨가 멸족하면 심씨가 자연스레 강동을 주름잡게 되리라는 속셈에서 나온 방안이었다. 왕돈은 전봉의 계책을 좇아 주씨가 불궤를 꾀하고 있다는 핑계로 심충 등에게 명해 병사들을 이끌고 가 도륙케 했다. 그러나 결과적으로 심씨 일족 역시 왕돈이 실패한 후 패망하고 말았다. 이로써 나중에 강남의 대족은 사라지게 된다.

주례의 부친 주처周處는 경극 '제삼해除三害'의 주인공으로 나온다. 주처는 어렸을 때 수렵을 즐기는 등 방탕한 생활을 해 마을 사람들을 크게 괴롭혔다. 마을 사람들은 남산의 맹호, 장교의 이무기와 합쳐 '삼해'라고 했다. 이후 주처는 육기와 육운 형제의 권유를 받아들여 독서에 전념하는 등 완전히 새로운 사람이 되었다. 장수가 된 그는 전장에서 용감히 싸우다 죽었다. 서진의 조정은 그를 평서장군에 추증했다. 주처는 『묵어』 30편을 비롯해 『풍토기』와 『오서』 등을 지은 문무겸전의 인재였다.

당시 대사가 임박한 시점에 왕돈의 병세가 더욱 악화됐다. 그는 아들이 없어 친형 왕함의 아들 왕응王應을 양자로 삼은 뒤 무위장군에 임명했다.

전봉이 초조해진 나머지 왕돈에게 물었다.

"병이 더욱 깊어질 경우 왕응이 능히 대사를 이룰 수 있겠습니까?"

왕돈이 말했다.

"비상한 일은 비상한 사람만이 능히 할 수 있다. 왕응은 나이가 어리니 어찌 대사를 감당할 수 있겠는가? 내가 죽으면 병사를 해산시켜 가문을 보전하는 게 상책이다. 무창으로 퇴각해 지키면서 조정에 머리를 조아리는 게 중책이다. 내가 살아 있는 상황에서 거사해 요행을 바라는 것은 하책이다."

전봉은 식견이 짧아 왕돈이 말한 하책을 상책으로 간주했다. 이에 심충 등과 모의해 왕돈이 죽으면 곧바로 거병하기로 했다.

동진의 명제 사마소는 문무를 겸비한 인물로 사마예와는 달랐다. 이것은 그의 생모 순씨荀氏가 선비족 출신인 사실과 무관치 않을 듯싶다. 그는 모든 상황을 종합적으로 고려한 뒤 마침내 선제공격을 하기로 결단했다. 이에 사도 왕도를 대도독으로 삼고, 대신 온교溫嶠와 치감郗鑒 등에게 명해 각기 군사를 이끌고 가 왕돈을 치게 했다.

왕도는 심모원려 끝에 먼저 일족의 자제들을 이끌고 가 왕돈을 위해 발상했다. 사람들로 하여금 왕돈의 죽음을 믿게 만들려고 이미 왕돈이 죽은 것으로 가장한 것이다. 왕돈의 몸이 성했으면 사마소와 왕도를 비롯해 그 누구라도 그를 당해 내지 못했을 것이다. 왕돈은 조서를 보고 대로한 나머지 병이 더욱 깊어졌다. 당시 사람들은 복서卜筮를 크게 믿었다. 왕돈이 기실참군 곽박郭璞에게 점을 치게 했다. 곽박은 원래 왕돈의 거병을 반대했던 사람이다. 그는 이렇게 대답했다.

"성공할 수 없습니다."

왕돈은 곽박이 줄곧 조정의 온교 등과 긴밀한 관계를 맺어온 것을 의심했다. 흉괘가 나왔다는 소식을 듣고는 이런 생각을 더욱 굳혔다. 그가 노기를 띠고 곽박에게 물었다.

"내가 얼마나 오래 살 수 있는지 점을 쳐 보도록 하라."

곽박이 생각 끝에 이같이 대답했다.

"방금 전의 괘상을 생각해 보니 명공이 일을 일으키면 그 화가 이내 명공에게 끼칠 것입니다. 다만 무창에 머물면 예측하기가 어렵습니다."

왕돈이 대로했다.

"경의 나이가 지금 몇인가?"

곽박은 자신이 화를 면하지 못할 것을 알고 대답했다.

"저의 명은 오늘 중으로 끝납니다."

왕돈이 곧 주위에 명해 곽박의 목을 치게 했다. 곽박은 자가 경순景純으로 하동 문희현 출신이다. 점복과 풍수, 시문 등에 밝았다. 그의 「유선시游仙詩」는 중국 산수시의 효시로 간주되고 있다. 당시 곽박은 온교 및 유량庾亮 등과 친밀히 지냈다. 왕돈이 두 마음을 가진 것으로 생각한 것도 무리가 아니었다. 『진서』는 연금술에 능한 곽박을 『포박자抱朴子』를 지은 갈홍葛洪과 같은 열전에 기록해 놓았다. 그만큼 정복에 밝았다.

태녕 2년(324년) 8월 왕돈이 온교를 주살한다는 명분을 내세워 친형 왕함 등으로 하여금 5만 명의 수군과 육군 정병을 이끌고 곧바로 건강을 향해 진격하게 했다. 만일 사마소가 잔약한 인물이었다면 이 거사는 성공했을 것이다. 그러나 사마소는 그렇지 않았다. 그는 대전이 벌어지기 전에 미복으로 갈아입은 후 몇 명의 수종을 대동한 채 말을 타고 고숙까지 가서는 왕돈의 병력 상황 등을 정찰했다.

사마소는 상모가 비범했다. 그의 생모 순씨荀氏 일족은 연나라와 대 땅 일대의 사람으로 선비족 혈통이었다. 누런 수염과 흰 얼굴이 그 증거다. 당시 병상에 있던 왕돈은 영채 주변에 노란 수염을 한 4명의 사람이 돌아다닌다는 얘기를 듣고 크게 놀라 외쳤다.

"이는 필시 선비족 병사들이 온 것이다."

그러고는 급히 기병을 보내 이들을 잡도록 했다. 사마소도 황급히 말을 타고 돌아왔다. 그는 매번 도중에 쉬며 종자들로 하여금 냉수를 떠다가 말똥 위에 붓게 했다. 추격하는 기병들이 말똥이 이미 식은 것을 보고 추격을 멈추게 할 요량이었다. 이로 인해 그는 포획을 면했다.

왕함은 왕돈의 친형이나 동생 왕돈과는 천양지차였다. 월성越城에서의 싸움 당시 선비족 단필제의 동생으로 사마소의 휘하 장군으로 있던 단수段秀가 왕함을 대파하고 선봉장 하강何康의 목을 베었다. 왕돈은 왕함이 출병 즉시 대패했다는 얘기를 듣고 대로했다.

"나의 형은 늙은 할망구에 지나지 않는다! 집안이 쇠락하고 대세 또한 기울어지고 말았다."

그는 병든 몸을 이끌고라도 친히 앞장서서 지휘하려고 했다. 그러나 병이 고황으로 스며든 상황에서 도리가 없었다. 얼마 후 왕돈은 진중에서 병사하고 말았다. 당시 그의 나이 59세였다. 『진서』「왕돈전」에 따르면 왕돈은 죽기 전에 왕응을 보위에 앉힐 생각으로 문무백관을 세운 연후 자신을 위해 발상케 했다고 한다. 자신이 죽으면 왕응의 칭제로 인해 멸족을 면하지 못할 것이라는 사실을 왕돈이 알고 있었을 것을 가정하면 이는 이해할 수 없는 일이다. 당시 사마소는 심정沈楨을 보내 사공의 관직을 미끼로 왕돈의 측근 심충을 유인하려 했지만 심충은 이 제의를 거절했다.

"사공은 명망이 뛰어난 인물이 맡아야 한다. 어찌 나 같은 사람이 맡을 수 있단 말인가? 하물며 대장부라면 일을 함께한 바에는 끝까지 같이 가야 한다. 어찌 도중에 달리 갈 수 있단 말인가? 실로 그리하면 세인들이 나의 반복무상한 모습을 용납하겠는가?"

말을 마친 뒤 심충은 1만여 명의 병사를 이끌고 건강으로 달려가 왕함이 이끄는 군사와 합류했다. 심충은 비록 협기가 있기는 했으나 군사는 그의 장기가 아니었다. 어떤 사람이 도랑을 파 현무 호수의 물을 건강의 성안으로 흘려보낸 뒤 배를 타고 진공하는 방안을 제시했으나 심충은 의심하며 좇지 않았다.

서로 대치하는 사이 각지에서 근왕병이 속속 몰려들었다. 이들 중 임회내사臨淮內史가 이끄는 군사가 가장 강력했다. 심충과 전봉은 소준蘇峻 등이 멀리서 와 병사들이 크게 피로해 있을 것으로 생각해 먼저 군사를 합쳐 건강성을 치기로 했다. 양측이 교전하면서 심충 등이 기선을 잡은 까닭에 동진의 군사를 격파하고 선양문까지 쇄도했다. 이제 막 공성 작전을 펼치려는 순간 피곤에 지쳐 출전이 불가능할 것으로 보이던 소준의 군사가 돌연 이들을 향해 돌진해 왔다. 심충 등은 대패하고 말았다. 강물에 빠져 죽은 병사가 3천여 명이나 되었다. 숨 돌릴 사이도 없이 유하劉遐가 이끄는 동진의 군사가 청계에서 심충의 군사를 대파했다.

당시 왕함은 수하에 수만 명의 군사를 거느리고 있는데도 심충이 건강성으로 진공할 때 곁에서 이를 지켜보며 주춤주춤 물러서기만 했다. 심충이 패했다는 소식이 전해져 오자 영채를 태운 뒤 야음을 틈타 황급히 달아났다. 왕함은 아들을 데리고 형주 방향으로 도주하면서 사촌 동생 왕서에게 몸을 맡길 생각이었다. 그러나 왕서는 이들을 곧바로 쇠사슬로 묶은 뒤 한수에 빠뜨려 죽였다.

전봉은 합려주로 도주했으나 같은 진영에 있었던 심양 태수 주광周光에 의해 목이 떨어져 나갔다. 그의 목은 곧바로 건강으로 보내졌다. 심충은 전에 거느리던 오유吳儒의 집으로 피난했다. 옛말에 "급해도 친구에게 기대지 말라"는 말이 있다. 오유는 심충을 좁은 벽 속으로 유인한 뒤 커다란 돌로 출입구를 막고는 높은 곳으로 올라가 미친 듯이 웃으며 심충을 향해 이같이 소리쳤다.

"나는 이제 3천 호의 제후가 됐다."

당시 동진의 조정은 전봉의 목에 5천 호, 심충의 목에 3천 호의 제후 자리를 내걸었다. 심충은 오유를 쳐다보며 말했다.

"제후의 자리는 탐할 만한 게 못 된다. 네가 대의로써 나를 살려 주면 우리 가문이 너에게 크게 보답할 것이다. 만일 나를 죽이면 너의 가문은 도륙을 면치 못할 것이다."

오유는 냉소를 보내며 노복들과 함께 좁은 벽 속에 있는 심충을 창끝으로 찔러 죽인 뒤 그 머리를 갖고 가 제후의 자리를 상으로 받았다. 심충은 강동의 호족으로 그의 일족이 무수히 많았다. 그가 마지막으로 한 말은 허언이 아니었다. 다만 복수의 장본인은 그의 친족이 아니라 그의 장자인 심경沈勁이었다.

왕돈의 난이 평정된 후 전봉과 심충의 삼족은 주살됐다. 심충의 자식 심경은 고향 사람들의 비호로 목숨을 구했다. 얼마 후 황제의 생일과 혼인, 황자 탄생 등의 경사일에 대사령이 내려지면서 심경도 거리를 나다닐 수 있게 되였다. 그는 사람들을 이끌고 가 오유 일족을 모조리 도륙했다. 심경은 부친의 원수를 갚았을 뿐 아니라 의협의 대명사가 되어 그 명성을 크게 떨쳤다. 이후 심경은 공훈을 세워 모반의 치욕을 씻을 생각으로 여러 차례 군사를 이끌고 강을 건너가 연나라 군사와 싸웠다. 동진 애제 흥녕 3년(365년) 심경은 5백 명의 결사대를 이끌고 허창을 굳게 지키며 모용각과 대치했다. 얼마 후 성이 무너지자 그는 굴하지 않고 끝까지 싸우다 죽었다. 조정은 그를 동양 태수에 추증했다.

왕돈은 사후에 관에서 꺼내져 꿇어앉은 모습으로 목이 잘렸다. 그의 친형 왕함과 양자 왕응도 피살됐다. 다만 낭야 왕씨는 이에 연루되지 않고 오히려 토벌에 나선 공을 인정받아 관작이 더 높아졌다. 사도로 있던 왕도는 태보, 왕서는 상주자사, 왕도의 사촌 동생 왕빈은 탁지상서가 되었다.

황궁의 담이 낮아지다

왕돈의 난이 평정된 지 1년여 뒤인 태녕 3년(325년) 정월 동진의 명제 사마소가 병사했다. 그의 나이 27세였다. 재위 기간은 채 3년을 채우지 못했다. 사가들은 그를 매우 높이 평가하고 있다. 『진서』「명제기」의 사평이다.

"총명한 데다 중요한 기회에 결단할 줄 알았다. 또한 사물의 이치에 밝았다. 왕돈이 신기神器(왕조)를 옮기려고 할 때 말을 타고 다니며 병사들을 고취하고, 은밀히 계책을 내 홀로 결단해 강한 적을 제압했다. 발란반정撥亂反正하여 왕조의 근본을 튼튼히 했다. 비록 재위 기간은 짧았으나 그 규모는 원대했다."

그의 뒤를 이어 태자 사마연司馬衍이 즉위했다. 나이는 겨우 다섯 살이었다. 그가 동진의 성제成帝이다. 명제 사마소의 황후 유씨庾氏가 태후가 되어 임조칭제臨朝稱制했다. 사마소는 비록 죽기 전에 태보 왕도를 녹상서사에 임명해 중서령 유량庾亮과 함께 정사를 보필케 했으나 사실 권력은 태후의 남동생인 유량 한 사람의 손에 집중되었다.

유량은 자가 원규元規로 누대의 세족 출신으로 용자가 뛰어나고 담론을 좋아했다. 장자와 노자 등을 좋아하는 등 당시의 현학玄學에 밝았다. 『세설신어』에 그에 관한 많은 일화가 나온다. 다만 정치적으로는 강퍅자용하고 도량이 작은 필부에 지나지 않았다.

명제 사마소가 중병에 걸렸을 때 그의 외숙 우윤虞胤은 우위장군이 되어 좌위장군인 남돈왕 사마종司馬宗과 함께 금위군을 장악하고 있었다. 두 사람의 관계가 매우 좋아 유량의 시기심을 부추겼다. 왕도는 일찍이 객관적인 입장에서 유량과 함께 사마소에게 이같이 상주한 적이 있었다.

"좌위장군 사마종이 주상이 붕어한 후 우위장군과 합세해 자신의 형인 서양왕 사마양司馬羕을 내세울까 우려됩니다."

사마소는 이를 믿지 않은 것은 물론 오히려 사마종과 우윤을 더욱 신임했다. 사마종과 사마양은 여남왕 사마량의 아들이다. 사마량은 팔왕의 난 때 가장 먼저 피살된 인물이다. 황실의 서열로 볼 때 사마종과 사마양은 명제 사마소의 숙부 항렬에 해당한다. 나이도 50세 전후인 데다 사마소와는 혈통이 멀어 찬위를 꾀할 입장이 아니었다. 유량은 사마소 사후 황제의 외숙이 되어 권력을 휘두를 생각으로 이같이 참소한 것이다.

한번은 유량이 늦은 밤에 병상에 누워 있는 사마소를 배견하려 하자 남돈왕 사마종이 크게 화를 냈다.

"황궁의 대문이 당신 집 대문인가? 들어오고 싶을 때 멋대로 들어오려 하니 말이야."

이로 인해 유량은 사마종에게 원한을 품게 되었다.

사마소가 아직 숨이 붙어 있을 때 유량은 눈물을 뚝뚝 흘리며 사마종과 사마양이 우윤과 함께 역모를 꾸미고 있으니 곧바로 이들을 제거해야 한다고 말했다. 그러나 사마소는 오히려 유량을 포함해 태재 사마양, 태보 왕도, 상서령 변호^{卞壼}, 거기장군 치감, 단양윤 온개 등을 모두 보정대신에 임명하는 유조를 남겼다. 사마소 사후 유태후가 섭정하면서 대권은 자연스럽게 유량 한 사람의 수중에 놓이게 됐다. 유량은 법을 멋대로 가혹하게 적용해 인심을 잃었다. 그는 각지에서 군사를 지휘하고 있는 도간^{陶侃}과 조약^{祖約}, 소준^{蘇峻} 등을 시기한 나머지 종일토록 이들을 제거하기 위한 방안을 짜내는 데 골몰했다.

당시 도간은 형주자사로 있으면서 형주와 상주, 옹주, 양주 등 4개 주를 다스리고 있었다. 조약은 예주자사로 있으면서 그의 친형 조적이 북벌로 점거한 커다란 영역을 총괄하고 있었다. 두 사람은 명제의 유조에 자신들의 이름이 승진한 대신의 명단에서 누락된 것을 보고 유량이 장난을 쳐 이름을 뺀 것이 아닌지 의심했다. 이밖에도 역양내사^{歷陽內史} 소준은 심충과 전봉을 토벌할 때 대공을 세운 데다 수중에 강병을 보유하고 있는 것에 고무된 나머지 교만한 생각을 품고 있었다.

유량은 동진을 지키고 있는 이들 3명의 외신을 방비하기 위해 자신과 가까운 온교를 강주자사에 임명해 무창을 지키게 하고, 왕서를 회계내사에 임명해 온교를 돕도록 했다. 동시에 사람들을 보내 석두성을 대대적으로 수리해 만일의 사태에 대비했다.

성제 함화^{咸和} 원년(326년) 11월, 유량은 사마종이 모반을 꾀한다는 이유로 금군을 보내 체포했다. 고집이 센 사마종은 이에 반항해 싸우다가 피살됐다. 그의 친형 서양왕 사마양도 현왕^{縣王}으로 위호가 깎였다. 대종정으로 있던 우윤도 계양 태수로 쫓겨났다. 사마종과 사마양 형제는 평소 소준과 관계가 좋았다. 당시 사마종의 측근이 소준이 있는 곳으로 도주해 몸을 숨기자 유량이 사람을 보내 그를 나포하게 했다. 소준은 그를 깊숙이 숨긴 채 내놓지 않았다. 이러는 동안 여섯 살의 어린 황제 사마연은 무슨 일이 일어나고 있는지 전혀 알 길이 없었다. 하루는 공부를 끝낸 후 홀연히 무슨 생각이 들었는지 유량에게 물었다.

"전에 늘 보였던 백발이 성성한 할아버지는 지금 어디에 있어요?"

유량이 대답했다.

"그들은 모반을 꾀하다가 모두 피살됐습니다."

사마연이 이내 울음을 터뜨렸다. 그는 평소 사마종이 자신을 안고 궁중에서 놀아 준 까닭에 크게 따랐다. 사마연이 눈물을 훔치며 유량에게 물었다.

"외숙은 다른 사람이 모반을 해 죽였다고 했으니 만일 다른 사람이 외숙이 모반했다고 하면 어찌할 것이오?"

유량은 이 말을 듣고는 크게 놀라 어찌 대답해야 좋을지 몰라 당황했다. 옆에 있던 유태후는 화가 난 나머지 상아로 만든 자를 들어 사마연의 머리를 때리며 혼을 냈다.

"어린 자식이 어찌하여 그런 말을 하는 것인가?"

오라비가 어린 자식에게 당하는 것을 보고 크게 놀란 것이다.

소준이 기병하다

함화 원년 말, 북방의 후조 군사가 수춘의 조약에게 맹공을 퍼부었다. 조약은 여러 차례 상서해 구원병을 청했다. 그러나 조정은 아무 반응이 없었다. 수춘성은 견고해 쉽게 함락되지 않았다. 후조의 군사들이 방향을 돌려 회남의 여러 지역을 경략해 5천여 명을 죽이거나 납치해 갔다. 위협을 느낀 유량은 황급히 조명을 내려 왕도를 대사마에 임명해 강녕에 주둔하면서 이들의 남침을 막게 했다.

당시 소준은 대장 한황韓晃을 파견해 후조의 석총이 이끄는 갈족 군사를 치게 했다. 유량은 후조 군사의 재침을 막기 위해 강남의 방어선 내에 커다란 연못을 팠다. 기병들이 내달리지 못하게 한 것이다. 이는 나름 방비에 유리하기는 했으나 수춘성을 큰 연못 속에 가두는 꼴이 되었다. 조정에서 구원병을 보내지 않아 원한을 품고 있던 조약은 이 소식을 듣고는 더욱 화를 냈다. 이때 유량은 공을 세운 소준에게 상을 내리기는커녕 오히려 역양에 있는 소준을 소환해 그의 병권을 빼앗고자 했다. 왕도가 유량에게 말했다.

"소준은 사람이 시기심이 많고 험악해 틀림없이 조명을 받들지 않을 것이오. 잠시 그를 포용하느니만 못하오."

하지만 유량은 이를 듣지 않았다. 오히려 중신들이 모인 자리에서 이같이 호언했다.

"소준은 승냥이의 야심을 지니고 있어 끝내 반란을 일으킬 것이오. 오늘 바로 토벌하면 화난이 오히려 작을 것이나 만일 시간을 끌면 다시는 그를 제압할 길이 없게 되오."

왕도는 입을 다물고 중신들은 모두 고개를 끄덕이는 와중에 유독 광록대부 변호가 반대하고 나섰다.

"소준은 강병을 이끌고 하루 만에 경성에 이를 정도로 가까운 거리에 주둔하고 있소. 만일 변이 일어나면 화난이 가볍지 않을 것이오."

이번에도 유량은 듣지 않았다. 유량과 가까운 온개도 이 소식을 듣고 서신을 보내 여러 차례 만류를 권했으나 소용이 없었다.

소준은 자가 자고子高로 산동 내주 사람으로 나름 재주와 학문이 있어 젊었을 때 군의 주부로 있다가 18세 때 효렴에 천거됐다. 그러나 팔왕의 난에 뒤이어 흉노 등의 소수 민족이 중원을 침공하는 이른바 '영가지란永嘉之亂'으로 인해 이내 고향으로 내려가 보루를 쌓고 침공에 대비했다. 당시 수천 호가 그의 휘하로 들어오자 일시에 거대한 민병 세력으로 성장했다. 청주자사로 있던 조의曹嶷가 이를 크게 우려한 나머지 군사를 이끌고 가 치고자 했다. 자신이 조의의 적수가 될 수 없다는 사실을 알고 있던 소준은 이내 부중을 이끌고 바다를 통해 남쪽으로 내려가 광릉에 정착했다. 동진의 조정은 멀리서 귀부한 점을 높이 사 그를 응양장군에 임명했다.

당초 왕돈이 처음 기병했을 때 토벌의 명을 받은 소준이 점을 치자 불길하게 나왔다. 이에 군사를 이끌고 천천히 퇴각해 우이^{旴眙}를 지켰다. 왕돈이 두 번째 기병했을 때는 막강해진 전력을 배경으로 조명을 선뜻 받들어 건강으로 진군했다. 남당^{南塘}의 싸움에서 소준은 휘하 장수 한광과 분전해 최종 승리를 확정지었다. 난이 평정된 뒤 조정은 그를 관군장군, 역양내사에 임명하고 소릉공^{邵陵公}에 봉했다.

소준은 이처럼 위망이 높아지자 이내 방자한 모습을 보였다. 조정에서 보내는 군량이 조금이라도 늦어지면 마구 화를 내며 불손한 말을 쏟아 냈다. 그렇다고 그가 처음부터 모반할 뜻을 품었던 것은 아니다. 그는 조정에서 장차 자신을 불러들일 것이라는 얘기를 듣고는 크게 황당해했다. 고기가 물을 떠나 살 수 없듯이 장수 또한 군대와 떨어져 살 수는 없는 일이다. 그는 급히 휘하의 사마를 건강으로 보내 유량을 배견하면서 이같이 전하게 했다.

"적들을 토벌하기 위해 밖으로 나와 중임을 맡고 있으니 안으로 들어가 보필하는 것은 신이 감당할 수 있는 바가 아닙니다."

유량은 이를 허락하지 않으면서 동시에 군대를 파견해 소준의 군대 좌우에 주둔케 했다. 그는 소준을 유인하기 위해 성제 사마연 명의의 거짓 조서를 보냈다. 소준을 대사농에 임명하고 그 동생 소일^{蘇逸}에게 소준의 군사를 대신 맡게 한다는 내용이었다. 소준이 애걸조로 상표했다.

"전에 황제가 신의 손을 친히 잡고 북쪽으로 가 오랑캐의 침입을 막아 달라고 당부했습니다. 지금 중원이 아직 안정되지 않았는데 신이 어찌 감히 안전을 꾀하겠습니까? 청주처럼 황량한 곳일지라도 보내만 주시면 국방의 소임을 다하도록 하겠습니다."

군직을 박탈하지만 않는다면 어느 지역으로 보낼지라도 응하겠다는 뜻을 전한 셈이다. 유량은 이 또한 허락하지 않았다. 그러자 소준의 모사 임양^{任讓}이 권했다.

"청주와 같은 지역도 허락을 하지 않으니 활로가 없는 듯합니다. 병사들을 이끌고 스스로 지키느니만 못합니다."

소준도 그럴듯하게 생각해 조정의 명에 응하지 않았다. 유량은 더 이상 참지 못하고 사자를 보내 은근히 협박하며 속히 건강으로 올라올 것을 종용했다. 소준도 대로한 나머지 이같이 말했다.

"유량이 나에게 모반을 부추기고 있다. 내가 입경하면 그가 능히 살 수 있겠는가? 전에 내가 나서지 않았다면 누란의 위기를 구할 길이 없었다. 토사구팽_{兎死狗烹}이라고 하나 이에 앞서 이를 획책한 자부터 죽여야 한다!"

토사구팽은 교활한 토끼가 잡히고 나면 충실했던 사냥개도 쓸모가 없어져 잡아먹게 된다는 뜻으로, 춘추 시대 말기 월나라 재상 범리_{范蠡}가 한 말에서 유래된 유명한 성어다.

소준은 거사 전에 먼저 사람을 보내 조약과 연락했다. 조약은 줄곧 동진의 조정에 불만을 품어 왔던 까닭에 곧바로 조카 조환_{祖渙}과 사위 허류_{許柳}를 시켜 답신을 갖고 가 협력 방안을 논의하게 했다. 조약은 조적의 이복동생으로 인품과 재능 면에서 이복형 조적과 천양지차가 있었다.

당초 조약은 동진 원제 사마예의 휘하에서 관직 생활을 할 때 엄한 처로 인해 목숨을 잃을 뻔했다. 어느 날 저녁 소첩의 집에서 잠을 자다가 일어나 소변을 보던 중 칼을 맞은 것이다. 이는 엄처가 보낸 것이었다. 간신히 목숨을 구한 그는 원제에게 경관_{京官}의 자리를 내놓겠다고 상주했다. 원제가 허락하지 않자 그는 임의로 건강을 빠져나가 엄처의 독수를 피했다. 이후 이복형 조적이 강북에서 공을 세우자 조약 역시 직위가 높아졌다. 조적 사후 조정이 그를 평서장군, 예주자사에 임명하면서 조적의 역할을 대신하게 했다. 조적의 이복형 조납_{祖納}이 질투가 나 원제에게 은밀히 상주해 조약이 변란을 일으킬 소지가 크다는 식으로 무함했으나 원제가 듣지 않았다.

재주도 덕도 없는 조약이 부임하자 병사들이 따르려 하지 않았다. 게다가 후조 군사들의 압박이 극심했다. 조정도 더 이상 도와주지 않자 조약은 커다란 원망을 품었다. 이러는 와중에 마침 소준의 밀서가 오자 크게 기뻐하며 곧바로 영합하게 된 것이다.

소준을 방비하기 위해 유량에 의해 강주자사로 온 온교는 소준이 조명을 거부했다는 얘기를 듣고는 곧바로 군사를 이끌고 가 건강을 보위하고자 했다. 유량이 이를 거절하는 이른바 '보온교서報溫嶠書'의 회신을 보냈다.

"나는 역양의 소준보다 서쪽 형주의 도간이 더 걱정이오. 그대는 뇌지雷池에서 한 발짝도 움직여서는 안 되오."

뇌지는 호수의 이름으로 뇌수雷水라고도 한다. 지금의 안휘성 망강현 남쪽에 있었다. 소준이 도성으로 진군하려면 반드시 뇌지를 건너야 했으므로 군대를 움직이지 말고 임지인 강주를 잘 지키라는 취지로 이같이 말한 것이다. 여기서 '불월뇌지일보不越雷池一步'라는 말이 나왔다. 일정한 범위나 한계를 넘어서는 안 된다는 뜻으로 사용되는 말이다.

도간은 형주에 머물며 장강의 상류 일대를 차지하고 있었다. 유량이 그를 걱정한 것은 결코 공연한 것이 아니었다. 형주와 양주는 동진을 비롯한 남조 정권의 정치와 경제, 군사의 중심지에 해당한다. 형주는 지리적 위치의 특수성뿐만 아니라 물자 공급 면에서도 매우 중요했다. 군량의 중요 공급처였다. 춘추 시대 이래 형주의 풍속은 사납고 용맹해 많은 장수가 나왔다. 전투력도 뛰어났다. "강좌江左의 큰 진鎭으로 형주와 양주만 한 곳이 없다"는 얘기가 나온 이유다.

왕도의 사마로 있는 도회陶回는 원략이 있었다. 그가 볼 때 건강은 장강의 하류에 위치해 있는 까닭에 건강을 아무리 열심히 지키고자 할지라도 형주의 군사가 내려올 경우 건강은 이내 고립될 수밖에 없었다. 그가 왕도에게 권했다.

"소준의 군사가 아직 이르지 않았으니 우리는 응당 부릉阜陵으로 연결되는 길을 차단해 강서의 나루터를 견고히 수비해야 합니다. 저들은 숫자가 적고 우리는 많으니 단 한 번의 싸움으로 능히 이길 수 있습니다. 우리가 먼저 저들을 제압하지 못하면 소준은 틀림없이 부릉을 점거할 것이고, 그리되면 사람들이 크게 놀라 이내 저들과 다투기가 어렵게 됩니다."

왕도가 이를 유량에게 그대로 전했으나 유량은 듣지 않았다.

과연 소준의 군사가 먼저 치고 나왔다. 휘하 장수 한황과 장건張健은 단 한 번의 싸움으로 고숙姑孰을 차지했다. 이로 인해 동진의 군량미를 포함한 군수물자와 전선 등이 모두 소준의 손에 떨어졌다. 조정은 크게 놀라 유량에게 토벌군의 군사 지휘권을 수여하고, 좌위장군 조윤趙胤을 역양 태수에 임명했다. 이어 종실인 좌장군 사마류司馬流에게 명해 군사들을 이끌고 가 자호慈湖에 주둔하며 진공을 막게 했다. 함화 3년(328년) 정월 온교가 유량을 지원하기 위해 군사들을 이끌고 건강으로 진격해 심양尋陽에 주둔했다.

사마류는 계모가 없는 데다 겁이 많았다. 소준의 군사가 단 한 번의 싸움으로 승리를 거두고 그의 목을 베었다. 당시 소준은 조약이 파견한 조환 및 허류 두 사람과 함께 연합군 2만여 명을 이끌고 횡강橫江을 건너 능구陵口에 주둔했다. 그사이 동진의 군사가 여러 차례 공격해 왔지만 이내 패퇴했다. 소준과 조환 등이 이끄는 군사는 후조의 군사와 여러 차례 접전하면서 힘을 기른 까닭에 실전 경험이 매우 풍부했다.

함화 3년(328년) 3월, 소준의 군사가 건강성의 코앞에 있는 복주산覆舟山까지 육박해 들어왔다. 도회는 누차 유량에게 건의했다.

"소준은 중병이 석두성을 지키고 있는 것을 알고 감히 곧바로 공격하려 들지 않을 것입니다. 틀림없이 소단양小丹陽으로 가는 길을 통해 남쪽으로 가려 할 것입니다. 응당 도중에 군사를 매복시켜 급습을 가하면 틀림없이 성공할 수 있습니다."

그러나 유량은 이 또한 듣지 않았다. 과연 소준은 소단양에서 우회하는 길을 택했다. 그러다가 심야에 길을 잃고 크게 소란스러워졌다. 만일 이곳에 군사를 매복시켰다면 일망타진도 가능했다. 유량이 뒤늦게 후회했으나 이미 지난 일이었다. 유량은 대신 변호에게 명해 시중 종아鍾雅 등과 함께 군사를 이끌고 가 서릉西陵에서 소준의 군사를 저지케 했다. 이들은 소준의 적수가 될 수 없었다. 사상자만 수천 명을 냈다.

소준의 군사는 건강을 둘러싸고 있는 청계南溪의 목책에 맹공을 퍼부었다. 변호 등이 사력을 다해 막았으나 역부족이었다. 소준이 바람을 이용해 일제히 불을 지르자 중앙 관서와 모든 군영이 일거에 잿더미로 변하고 말았다.

변호는 자신의 두 아들과 함께 분전하다가 전사했다. 운룡문 부근에서는 단양윤 양만羊蔓 등이 전사했다. 유량은 부득불 직접 출전할 수밖에 없었다. 그는 제장들과 함께 병사들을 이끌고 선양문 앞에 군사들을 포진시켰다. 그러나 군진이 완성되기도 전에 병사들이 갑옷을 벗고 사방으로 도주했다. 그는 민심을 전혀 얻지 못하고 있었다.

유량은 할 수 없이 3명의 동생 및 조윤 등과 함께 배를 타고 온교가 주둔하고 있는 심양으로 도주했다. 소준의 군사가 건강의 대성臺城으로 돌진했다. 왕도는 4명의 대신과 함께 내궁으로 황급히 달아나 어린 황제를 안고 태극전전太極前殿으로 올라간 뒤 몸으로 둘러쌌다. 소준의 군사가 태극전전 앞으로 다가와 큰 소리로 태극전전의 대신들에게 속히 밖으로 나올 것을 요구했다.

시중 저익褚翼이 낭랑한 목소리로 꾸짖었다.

"소준 관군장군이 직접 황상을 배견토록 하라! 군인들이 어찌 감히 이리 핍박하는 것인가?"

당시 궁궐은 소준의 군사들이 안으로 들어와 사방으로 뛰어다니며 약탈한 까닭에 아수라장이 되어 있었다. 소준은 분노를 풀기 위해 이들의 약탈을 부추겼다. 관부 안에는 포 20만 필, 금은 5천 근, 전 1억 전, 비단 수만 필 등이 쌓여 있었으나 모두 약탈당했다. 광록훈 왕빈 등은 강제로 끌려가 흙을 나르는 노역에 종사하게 되었다.

소준은 건강을 완전히 장악한 후 조명을 빙자해 대사령을 내렸다. 다만 유량 형제만은 예외로 남겨 두었다. 왕도는 덕이 높은 까닭에 소준도 그에 대해서는 손 하나 까닥하지 않았다. 이전과 다름없이 원래의 관직대로 입조케 하고 자리도 자신보다 더 상위에 두었다.

소준은 자신을 표기장군, 녹상서사에 임명했다. 동맹군인 조약은 시중, 태위, 상서령으로 삼았다. 허류는 단양윤, 조환은 효기장군이 되었다. 유량에 의해 강직돼 집으로 쫓겨 간 익양왕 사마양은 소준을 자신의 사람으로 간주해 곧 소준을 배견했다. 소준은 크게 기뻐하며 그의 왕호를 되찾아 주면서 태재, 녹상서사에 임명했다.

당시 심양에 있던 온교는 유량 형제가 황급히 도주해 온 데 이어 건강의 대성이 무너져 황제가 소준의 손에 넘어간 것을 알고는 대성통곡했다. 반나절을 울고 난 후 그는 유량과 함께 소준을 토벌할 계책을 상의했다. 결국 사람을 도간에게 보내 구원을 청하기로 했다.

형주에 머물던 도간은 온교의 사자로 온 도호(都護) 왕건(王愆)에게 매몰차게 말했다.

"나는 강역을 지키는 장수다. 감히 나의 직임을 넘어설 수 없다!"

온교가 여러 차례 애걸하고 친히 형주로 가 도간에게 비는 상황까지 이르렀으나 도간은 전혀 움직일 생각을 하지 않았다. 결국 왕건과 함께한 자리에서 도간을 설복시킬 수 있었다. 왕건은 이같이 말했다.

"소준은 시랑(豺狼)입니다. 만일 그가 뜻을 얻게 되면 사해가 아무리 넓다 할지라도 과연 명공이 다리조차 뻗을 땅을 지닐 수 있겠습니까?"

이에 마침내 사방으로 격문을 보내 소준과 조약의 반역을 널리 알리면서 속히 거병해 토벌군에 합류할 것을 호소했다.

벽돌 1백 개를 나르는 이유

함화 3년(328년) 6월, 도간이 친히 군사를 이끌고 심양에 당도했다. 현지의 신하들과 장병들은 도간이 먼저 유량을 벨지 모른다고 떠들었다. 유량도 크게 우려한 나머지 거의 강을 넘어 도망갈 뻔했다. 다행히 온교의 만류로 도간의 장막으로 가 배견하며 사과했다.

도간은 황제의 외숙이 자신의 면전에서 무릎을 꿇고 사죄하자 크게 놀랐다.

"유원규(유元規)(원규는 유량의 자)가 나에게 절을 하는 것이오?"

유량이 스스로 자책하는 모습을 보이자 도간이 크게 웃으며 말했다.

"당신은 석두성을 수축해 나를 방비코자 하더니 오늘 오히려 나를 찾아와 도와달라고 하는구려!"

두 사람은 종일토록 연회를 즐기며 우의를 다졌다. 도간이 출병할 때 진군하는 모습이 장관이었다. 4만 명의 병사가 진군할 때 정기(旌旗)가 7백여 리에 달했고, 징과 북소리가 원근에 진동했다. 당시 소준은 도간이 유량과 화해할 것이라고는 상상도 못했다. 그는 황급히 고숙에서 회군해 석두성에 머물면서 장수들을 보내 이들을 저지케 했다.

도간은 자가 사행(士行)으로 파양 사람이다. 진민(陳敏)이 강남에서 난을 일으키자 강하 태수가 되어 이를 격파했다. 동진 원제 때 강남으로 와 왕충과 두도의 변란을 진압하는 데에도 적잖은 공을 세워 왕돈의 천거를 받았다. 왕돈이 난을 일으켰을 때 도간은 명제 사마소의 편에 섰고, 난이 끝난 후 형주자사, 정서대장군에 임명됐다. 그는 형주자사로 있을 때 영내에 아무 일이 없자 아침에 벽돌 1백 개를 재실(齋室) 밖으로 옮겼다가 저녁이면 다시 안으로 옮기는 일을 계속했다. 누가 그 이유를 묻자 이같이 대답했다.

"내가 바야흐로 중원으로 달려가 모든 노력을 기울여야 하는 상황에서 자칫 안일에 빠져 장차 일을 감당하지 못할까 우려하기 때문이오."

이처럼 도간은 본성이 총명하고 근면했다. 또한 공손하면서도 예를 잘 지켜 종일 무릎을 모으고 앉아 일을 처리했다. 그는 휘하 장령들이 도박과 음주하는 것을 극히 꺼려 이를 어기는 자는 가차 없이 채찍을 가했다. 하속이 그를 경애한 나머지 물건을 보내면 그는 반드시 어떻게 얻은 것인지를 물었다. 만일 힘들여 거둔 것이면 비록 미미한 물건일지라도 크게 기뻐하며 3배로 보답하고, 비리로 얻은 것이면 준엄하게 꾸짖어 배상케 했다. 공허한 청담이 횡

명대의 화가 왕중옥이 그린 「도연명상陶淵明像」. 도연명은 도간의 증손자였다. 부유했던 도간과 달리 도연명은 무척이나 빈곤했다고 전해진다.

행하던 당시 상황에서 그처럼 참되고 실속 있는 사람은 매우 드물었다.

상서 매도梅陶는 그를 두고 일찍이 이같이 찬탄한 바 있다.

"도간의 비상한 재치와 밝은 식견은 조조와 닮았고, 충실함과 온순함, 부지런함은 제갈량과 닮았다."

그러나 그는 이처럼 뛰어난 면모에도 불구하고 첩이 수십 명, 가동이 1천여 명에 달했으며 진기한 보물과 재화가 집 안에 가득했다. 그또한 부귀영화를 누리며 76세까지 살았다. 자식은 17명이나 되었다. 그의 증손자가 바로 그 유명한 도연명陶淵明이다. 도연명은 도간과 달리 빈곤했다. 부자로 3대는 가기 힘들다는 얘기가 실감나는 대목이다.

당시 소준은 싸워야 한다는 왕도의 말을 듣지 않고 어린 황제 사마연을 윽박질러 석두성으로 들어갔다. 어린 황제가 울면서 수레에 오르자 궁중 안이온통 울음바다가 되었다. 당시 사마연은 일곱 살밖에 되지 않았다. 석두성으로 온 뒤 소준은 비어 있는 창고를 사마연의 궁실로 사용했다. 이 와중에도 종아鍾雅, 유초劉超, 화항華恒 등은 매일 눈물을 훔치며 어린 황제에게 책을 읽고 글 쓰는 법을 가르쳤다. 이때 온교 휘하의 모보毛寶는 소준이 조약에게 보내는 1만 곡가량의 군량미를 빼앗고 근 1만 명의 수급을 얻었다. 조약의 군사는 굶주리게 되자 사기가 크게 꺾였다. 얼마 후 도간이 수군을 이끌고 채주蔡州에 도착해 석두성 서쪽의 사포에 영채를 차렸다. 온교는 사문포에 주둔했다. 소준은 봉화루에 올라 이들의 군세가 성한 것을 보고는 크게 겁을 먹었다. 유량은 속히 공을 세울 생각으로 휘하의 독호獨護 왕창王彰을 보내 소준을 치게 했다가 대패했다. 유량은 창피한 나머지 자신의 부절(군사 동원 신표)을 도간에게 보내 처분해 줄 것을 청했다. 도간은 사람을 시켜 이같이 전하게 했다.

"옛사람은 '3패三敗'를 말했으니 명공은 다시 두 번째 공격을 시작하시오. 지금 사태가 급해 명공의 잘못을 논할 때가 아니오."

석두성에 도착한 도간의 군사들은 모두 시급히 소준을 치고자 했다. 도간이 말했다.

"적들이 바야흐로 강성하니 싸우기가 어렵다. 시간을 갖고 계책을 내어 적들을 깨뜨려야 한다."

군사들은 이를 듣지 않았다. 그 결과 매번 아무런 공도 세우지 못했다. 소준의 군대는 강북에서 후조의 군사들과 접전을 벌이면서 단련해 온 반면 여타 진나라 군사는 오합지졸에 지나지 않았다. 그러나 조약의 조카 조환이 온교 휘하의 모보에게 대패한 데 이어 합비의 수비 지역 역시 동진의 군사에게 빼앗겼다. 얼마 후 조약의 장수들이 은밀히 후조의 군사와 통모했다. 그 결과 석총과 석감 등이 후조의 대군을 이끌고 회수를 건널 수 있었다. 안팎이 호응하자 오랫동안 인심을 잃은 조약은 근거지인 수춘성을 버리고 역양으로 도주했다.

조약이 패했다는 소식이 전해지자 소준의 심복 노영路永 등은 두 마음을 품기 시작했다. 왕도는 이 소식을 듣고 사람을 노영에게 보내 귀순할 것을 설득했다. 이해 10월 중에 왕도는 노영이 인도하는 길을 좇아 두 명의 아들과 함께 석두성을 빠져나와 유량이 주둔하고 있는 백석白石으로 달아났다.

당초 쌍방의 교전에서 동진의 군사가 매번 패했다. 석두성을 빠져나온 조신들이 모두 입을 모아 말했다.

"소준은 교활한 데다 담략도 있다. 병사들 또한 효용하니 상대할 적이 없다."

이 말을 들은 온교가 화를 내며 욕을 했다.

"당신들은 참으로 겁이 많다. 저따위 적도들이 어찌 영용하다는 것인가?"

그러나 몇 차례 교전 끝에 온교 역시 이를 인정할 수밖에 없었다. 그러는 동안 온교의 군량이 매우 빨리 떨어져 도간에게 빌리지 않을 수 없었다. 도간은 온교 등이 가벼이 출병한 것을 괘씸하게 여겨 응답하지 않았다. 이때 모보가 도간을 찾아가서는 소준이 구용句容 등지에서 가져온 군량을 탈취하겠다고 장담했다. 도간이 병력을 새로 배치한 뒤 군량 5만 석을 온교에게 건네주었다.

사기가 오른 소준의 군사들은 오히려 건강 주변에 세워진 영채를 공격했다. 동진의 군사가 백석의 영루에서 완강히 버티자 방향을 바꿔 대업大業의 영루에 맹공을 퍼부었다. 도간은 원래 구원병을 대업에 보낼 생각이었다. 그러자 휘하의 장사長史 은선殷羨이 권했다.

"우리 병사들은 보병전에 익숙하지 않습니다. 대업을 구하려다 이기지 못할 경우 전세가 뒤바뀔 수밖에 없습니다. 차라리 급히 석두성을 치느니만 못합니다. 그러면 대업의 포위는 저절로 풀릴 것입니다."

도간이 이를 좇았다. 당시 도간의 군사는 오현, 가흥, 해염 등지에서 잇달아 패한 까닭에 전황이 점차 불리해지고 있었다. 기발한 작전이 나오지 않을 경우 승리를 장담하기가 어려웠다. 쌍방 간의 교전이 지속되면 어느 날 문득 소준이 화가 치밀어 어린 황제를 살해할지도 모를 일이었다.

온교와 조윤, 도간 등이 석두성으로 진격했다. 이들은 각기 자신들의 보루에서 보병 1만여 명을 이끌고 남쪽에서 진을 펼쳤다. 높은 곳에서 반군을 향해 아래쪽으로 진격할 생각이었다. 소준은 조금도 두려워하지 않고 정예병 8천 명을 이끌고 영격에 나섰다. 소준의 아들 소석蘇碩과 반군의 용장 광효匡孝가 단지 수십 기의 인마를 끌고 조윤의 전군前軍을 향해 돌진했다. 동진의 군사가 대패하고 말았다. 수십 기의 병사가 1만여 명의 군사를 깨뜨리는 믿지 못할 일이 벌어진 것이다. 소준은 진중에서 말을 타고 이를 지켜보면서 크게 신이 나 연거푸 술잔을 들이켰다. 그는 대승을 거둔 기병들에게 많은 상을 내린 뒤 좌우에 이같이 말했다.

"광효도 능히 적을 깨뜨렸다. 내가 어찌 그만 못하겠는가?"

말을 마치자마자 홀로 말을 몰아 어정쩡하게 오락가락하는 온교의 소부대를 향해 돌진했다. 뒤에 친병 몇 기가 급히 그의 뒤를 따르자 휘하의 대군 역시 곧바로 이들의 뒤를 따랐다. 그러나 소진의 돌진은 미수에 그쳤다. 동진의 군사들이 긴 창을 이용해 이들의 전진을 막은 것이다. 돌진이 불가능해지자 소준은 황급히 말을 돌려 높은 곳으로 올라간 뒤 다시 말을 돌려 돌진을 시도했다.

동진의 몇몇 아문장들은 천재일우의 이 기회를 놓치지 않았다. 말 위에서 취한 모습으로 이리저리 흔들리며 말고삐가 춤추는 가운데 창끝을 향해 달려오는 소준을 단번에 말 아래로 끌어 내렸다. 이미 여러 곳에 창이 관통한 소준은 이내 숨이 끊어졌다. 동진의 장수들이 급히 달려들어 그의 몸을 토막 냈다. 포상을 받기 위해 머리와 사지는 남겨 놓고 시체의 나머지 부분은 모두 불살라 버렸다. 우두머리가 처참하게 죽었는데도 반군은 조금도 동요하지 않았다. 소준의 사마 임양은 소준의 동생 소일을 추대해 곧바로 동진의 군사와 맞섰다. 소준의 아들 소석은 비통해한 나머지 유량 부모의 묘를 파헤친 뒤 관을 깨뜨리고 시체를 불에 태웠다.

소일은 석두성의 문을 닫고 굳게 지켰다. 소준의 명을 받고 밖으로 나와 사방을 공략하던 장수들은 소준이 죽었다는 소식을 듣고는 분분히 철수했다. 동진의 관군장군 조윤은 소준의 사망 소식에 다시 원기를 되찾고는 역양의 조약에게 맹공을 가했다. 조약은 가족과 측근 등 수백 명을 이끌고 북쪽으로 달아나 석륵에게 투항했다.

석두성 내의 시중 종아와 우위장군 유초 등은 소준이 죽었다는 소식을 듣고 은밀히 어린 황제 사마연을 데리고 밖으로 빠져나가고자 했다. 그러나 도중에 일이 누설됐다. 소일이 임양을 보내 종아와 유초 등을 잡아 죽였다. 어린 황제는 자신에게 글자를 가르친 두 명의 충신이 끌려 나가는 것을 보고 황급히 달려 나가 울면서 소리쳤다.

"나의 시중과 우위장군을 돌려줘라!"

하지만 임양은 오히려 어린 황제가 보는 앞에서 두 사람의 목을 쳤다.

함화 4년(329년) 3월 동진의 군사들이 석두성을 향해 총공격을 가했다. 소준의 사후 반군의 사기가 크게 떨어진 까닭에 성의 일각이 이내 무너지기 시작했다. 어린 황제는 곧바로 구출돼 온교가 지휘하는 배 위로 옮겨졌다. 군신들이 어린 황제를 보자마자 모두 무릎을 꿇은 채 머리를 조아리고 눈물을 흘리며 벌을 줄 것을 청했다. 그동안 소준의 아들 소석과 한황 등은 도주하던 중 동진의 군사에게 참살됐다.

건강의 궁전이 모두 교전 중에 소실된 까닭에 황제와 군신들은 황실 화원중 하나였던 건평원建平園 내의 작은 건물에서 정사를 처리했다. 서양왕 사마양은 반군에 부화한 까닭에 두 자식과 함께 처형을 당했다. 소준의 사마 임양은 도간과 오랫동안 교유한 친구였다. 도간은 그를 살리고자 했다. 이 소식을 들은 어린 황제 사마연은 대신들 앞에게 이같이 말했다.

"이자는 나의 시중과 우위장군을 죽였다. 사면할 수 없다!"

군신들이 모여 논공행상을 할 당시 한 군사가 숨을 헐떡이며 달려와 전에 왕도가 황급히 도주할 때 깜박 놓고 간 절장節杖(원로 대신이 들고 다니는 지팡이)을 내놓았다. 도간이 크게 웃으며 말했다.

"소무蘇武의 절조가 당신과는 그리 닮지 않은 듯하오."

왕도는 부끄러운 나머지 아무 말도 못했다. 원래 소무는 흉노 정벌에 공을 세운 소건蘇建의 차남으로 한무제의 명을 받고 사신으로 갔다가 선우에게 붙잡혀 북해北海(바이칼호) 부근에서 19년간 유폐됐다가 돌아온 인물이다. 당시 그는 흉노에게 항복한 지난날의 동료 이릉李陵이 투항을 권유했으나 이에 굴하지 않고 절개를 지켜 귀국했다. 도간은 왕도가 소무와 달리 어린 황제를 적진에 놓아둔 채 자신의 두 아들과 함께 석두성을 빠져나온 것을 지적한 것이다.

논공행상 결과 도간은 시중, 태위에 임명돼 장사군공에 봉해졌고 치감은 시중, 사공에 임명돼 남창현공에 봉해졌다. 온교는 표기장군 및 시안군공이 됐으며 변호 등을 비롯해 난을 함께한 여러 대신들 모두 관작이 추증되거나 시호가 내려졌다. 병변을 야기한 유량은 상주하여 죄를 청했다. 그는 문을 걸어 잠근 후 산과 바다로 도주한다는 명목으로 집의 모형을 배 위에 싣고 경성을 떠날 준비를 했다. 그러나 이내 조서가 내려져 예주자사에 봉해져 무호無湖를 지키게 됐다. 당시 후조로 망명한 조약은 이내 참변을 면치 못했다. 그가 망명한 지 얼마 안 돼 석륵의 모사 정하가 이같이 진언했다.

"천하가 대략 정해졌으니 충신을 포상하고 간신을 제거해야 합니다. 한고조 유방이 항우에게 불충한 짓을 한 후 항우 사후 자신을 찾아온 정공丁公을 참한 것은 바로 이 때문이었습니다. 지금 조약이 진나라를 배신하고 망명해 왔는데 주상이 처리하지 않으니 신들은 실로 곤혹스럽습니다. 이런 반신叛臣을 그대로 두면 장차 큰 우환이 될 수밖에 없습니다."

석륵은 본래 스스로를 유방에 비유하곤 했다. 그는 곧 사람을 시켜 조약에게 서신을 보냈다.

"그대가 멀리서 왔는데 줄곧 공무가 바빠 아직 환담을 나누지 못했소. 그대의 전 가문과 자제들을 모아 입경하면 한번 보고자 하오."

당시 조약의 이복형 조납은 병이 있다는 핑계로 집에서 나가지 않았다. 그러자 석륵은 정하에게 명해 군사를 이끌고 가 조약의 전 가족을 업성으로 데려오게 했다. 이들은 곧바로 동시東市로 끌려 가 목이 잘렸다. 여인들은 죽음을 면했으나 모두 장령들의 비첩으로 하사됐다. 당시 조약은 화가 닥친 것을 알고 대취했다. 그는 동시로 끌려가는 와중에 그의 외손을 끌어안고 흐느꼈다.

피살된 1백여 명의 조씨 집 남자들 중에는 조적의 후손도 있었다. 조적의 적자는 모두 죽임을 당했으나 서자 조도중祖道重은 주변 사람의 도움으로 사찰에 몸을 숨겨 간신히 목숨을 구할 수 있었다. 그는 겨우 10세였다. 20여 년후 석씨가 염민에 의해 도륙될 때 조도중은 동진으로 도주했다.

조도중을 구한 사람은 왕안王安이라는 갈족 사람이었다. 그는 조적 휘하에서 노복으로 있으면서 시종 후대를 받았다. 조적이 석륵의 군사와 대치할 때 조적이 왕안에게 말했다.

"석륵과 너는 같은 종족이다. 그에게 가서 몸을 맡기도록 해라. 여기는 네가 없어도 아무 상관이 없다."

왕안은 석륵에게 넘어온 뒤 여러 차례 군공을 세워 장군이 되었다. 그는 조씨 일족이 주륙을 당할 때 조적이 베푼 은혜를 갚기 위해 죽음을 무릅쓰고 조적의 아들을 살려 낸 것이다. 당초 왕돈과 소준, 조약이 이끄는 3개의 군대는 동진에서 가장 강력한 군대였다. 이때에 이르러 이들 3개 군대는 모두 궤멸되고 말았다. 중원의 전조와 후조가 서로 죽고 죽이는 살육을 벌이지 않았다면 동진은 이때 일찍이 패망하고 말았을 것이다. 훗날 명대 말기의 왕부지는 『독통감론讀通鑑論』에서 이같이 평했다.

"이적夷狄끼리 서로 싸운 것이 중국에 이익이 되었다."

왕부지의 지적처럼 동진이 이후에도 수십 년에 걸쳐 잔명을 이어갈 수 있었던 이유가 바로 여기에 있었다.

제8장

권신 환온의
야심과
좌절

> *어렸을 때 나는 은호와 죽마竹馬를 타고 함께 놀았다.*
> *내가 매번 타다 버린 죽마를 은호가 주워서 놀았다.*
> *그러니 그가 내 밑에 있는 건 당연하다.*

기이한 골상을 한 아이

동진은 명이 길었다. 왕돈과 소준의 난에도 불구하고 이내 기력을 회복했다. 함화 4년(329년) 5월 시안공 온교가 병사했다. 이로부터 5년 뒤인 함화 9년(334년)에 장사공 도간도 세상을 떠났다. 도간 사후 한동안 몸을 낮추고 있던 유량이 다시 전횡하기 시작했다. 그는 강주와 형주, 예주, 익주, 양주, 옹주 등 6개 주의 군사를 총괄하며 무창에 주둔했다. 유량은 뜻만 크고 재주는 없는 지대재소志大才疏의 전형에 해당했다. 그는 다시 건강에서 조정의 정사를 장악하고 있는 왕도를 무력으로 끌어내리기 위해 경구에 주둔하고 있는 치감에게 밀신을 보냈다. 하지만 치감이 거절하자 유량은 부득이 다른 계책을 꾸미기 시작했다. 그는 자신의 위세를 높이기 위해 다시 중원 회복을 기치로 내걸었다.

함강咸康 5년(339년) 유량이 조정에 북벌 준비를 촉구하는 내용의 상주문을 올렸다. 이때는 이를 막을 수 있는 왕도와 치감 모두 세상을 떠난 뒤였다. 유량의 동생 유빙庾冰이 중서감을 맡아 이전에 왕도가 했던 역할을 대신했다. 유씨 집안의 위세를 막을 사람은 아무도 없었다.

기이한 골상을 한 아이 ◆ **339**

예전에 원래 동진 세력 하에 있던 주성柳城이 후주 군사의 공격을 받은 적이 있었다. 장군 모보와 번준樊峻은 결사적으로 포위망을 돌파했으나 결국 모두 강물에 빠져 죽고 말았다. 이로 인해 백성과 병사 수만 명이 희생되었다. 당시 도간은 무창에 진주하고 있었다. 어떤 사람이 그에게 속히 구원병을 보낼 것을 권하자 그는 일언지하에 반대했다.

"주성은 강북에 있어 기댈 곳이 없다. 삼국 시대 당시 동오는 이 성을 지키기 위해 3만 명의 병력을 동원했다. 지금 설령 군사를 보내 지킬지라도 강남에 아무런 이익이 없다."

도간 사후 유량은 강북의 고성을 북벌의 교두보로 만들고자 했다. 그러나 동진이 북벌의 깃발을 올리기도 전에 후조의 병사들이 먼저 동진의 성들을 함락시켰다. 유량은 조정에 상서해 스스로 3급 강등을 청했다. 얼마 후 울분을 참지 못한 유량이 병사했다. 당시 52세였다. 그의 동생 유익庾翼이 그를 대신했다.

유량은 노장학에 밝았고 문체도 뛰어났다. 장례 때 그의 친구 하충何充이 이같이 탄식할 정도였다.

"옥수玉樹를 땅속에 묻었으니 인정상 이를 어찌 견딜 수 있겠는가!"

태평성대라면 유량의 무리는 나름 뛰어난 기품을 드러낼 수 있었을 것이다. 그러나 당시는 난세였다. 이런 식의 겉만 화려한 풍조는 국가의 불행이었다. 실제로 유량은 도량이 좁은 범재에 지나지 않았다. 그의 동생 유빙과 유익도 크게 다를 바가 없었다.

함강 8년(342년) 동진의 성제 사마연이 병사했다. 17년간 재위했으나 다섯 살에 즉위한 까닭에 겨우 22세에 불과했다. 외숙인 유빙이 주동이 되어 성제의 친동생인 사마악司馬岳을 즉위시켰다. 그가 동진의 강제康帝이다. 당시 성제 사마연의 아들은 모두 강보에 싸인 어린애에 지나지 않았다. 불행히도 2년 뒤 강제 또한 병사했다. 그의 나이 23세였다.

유씨 형제는 원제 사마예의 아들로 이미 성년이 된 회계왕 사마욱司馬昱을 옹립코자 했다. 그러나 왕도의 처의 생질인 하충은 강제의 아들 사마담司馬聃을 강력 천거했다. 강제는 죽을 때 유조를 내려 자신의 아들로 뒤를 잇게 할 것을 당부한 바 있다. 이로 인해 겨우 2세에 불과한 사마담이 보위에 올랐다. 그가 목제穆帝이다.

얼마 후 유빙이 병사했다. 그 무렵 유씨 일족은 이미 세력을 잃고 있었다. 이듬해인 영화永和 원년(345년) 유익도 주둔지인 하구에서 병으로 진몰했다. 임종 직전 그는 조정에 상서해 아들 유원庾爰에게 자신이 맡고 있던 형주자사의 자리를 넘겨줄 것을 당부했다. 그러나 형주는 호구가 1백만에 달하고, 북쪽으로 강력한 호인과 접하고 있고, 서쪽으로 촉 땅과 붙어 있으며 지세가 험하고 주변이 1만 리에 달하는 그야말로 동진의 서쪽 문에 해당하는 요충지였다. 이곳을 지키면 중원을 도모할 수 있고, 잃으면 사직이 위험해졌다. 이런 상황에서 어린 소년에 불과한 유빙의 아들 유원을 형주자사에 앉힐 수는 없는 일이었다. 마침내 중신들은 생각 끝에 그럴듯한 인물을 천거했는데 그가 바로 환온桓溫이다. 환온은 문무를 겸비한 인물로 지략이 출중했다. 그의 등장은 위기에 처한 동진의 수명을 수십 년 더 연장시키는 결과를 낳았다.

환온은 자가 원자元子로 선성 태수 환이桓彝의 아들이었다. 명제 사마소의 신임을 받은 환이는 왕돈이 반란을 일으켰을 때 많은 계책을 내 만녕현남萬寧縣男이 되었다. 이후 온교의 천거로 요충지인 선성의 내사가 되었다. 소준의 난 때 주변의 모든 군현이 그에게 투항하거나 거짓 항복했지만 그는 이를 거부하고 버티다가 끝내 소준의 휘하 장수 한황에게 패해 목이 잘렸다. 당시 53세였다. 동진은 그를 정위廷尉로 추증하고 '간簡'의 시호를 내렸다.

환이가 피살되었을 때 환온은 열다섯 살이었다. 그는 부친을 죽음으로 내몬 주모자가 경현 현령 강파江播인 것을 알고 복수를 다짐했다. 3년 후 강파가 병사하자 그의 세 아들은 환온이 보복할 것을 두려워해 빈소에 예리한 병기를 숨겨 둔 채 조문객을 맞았다. 환온은 흰 적삼을 입고 조문객으로 가장해 상가에 들어간 뒤 영구 앞에서 문득 옷 속에 숨겨 둔 칼을 뽑아들어 강파의 장남 강표江彪를 단칼에 찔러 죽였다. 이어 황급히 도주하는 강파의 나머지 두 아들을 쫓아가 베어 버렸다. 당시 사람들은 그의 이런 행동을 지효至孝로 여기며 크게 칭송했다. 당초 환온이 출생한 지 얼마 안 되었을 때 환이의 친구 온교는 환온을 본 뒤 찬탄을 금치 못했다.

"이 아이는 기이한 골상을 하고 있소. 나에게 울음소리를 들려주기 바라오."

우는 소리를 듣고는 이같이 말했다.

"참으로 영물이다!"

당시 온교는 관상으로 명성이 높았다. 일찍이 온교는 왕돈의 심복 전봉을 보고 이같이 말한 적이 있었다.

"전봉은 뱃속에 정신이 가득 차 있다!"

전봉은 이 말을 듣고 크게 기뻐했다. 이후 전봉과 교우를 맺은 그는 왕돈이 난을 일으키기 직전 전봉의 천거로 단양윤이 되어 밖으로 나감으로써 화란을 면하게 되었다.

당시 온교에게 자식의 울음소리를 들려주고 영물이라는 극찬을 받게 된 환이는 너무 기쁜 나머지 곧바로 자식의 이름을 환온으로 지었다. 자신의 성과 온교의 성을 합쳐 만든 것이다. 환온의 모습은 심히 위풍당당했다. 얼굴에 난 7개의 점은 명사들 내에서 '칠성七星'으로 불렸다. 위진남북조 때 사람들은 상모와 풍도를 매우 중시했다. 실제로 당시의 명사 유담劉惔은 그의 관상을 보고 이같이 찬탄한 바 있다.

"환온의 눈은 마치 보라색 석영의 모서리와 같고, 수염은 고슴도치 털과 같다. 이는 삼국 시대 손권 및 사마의의 아류에 해당한다."

이로 인해 동진의 명제 사마소는 그를 사위로 삼았다. 이에 그는 사마소가 총애하는 남강장공주의 남편이 되어 부마도위에 임명되고, 부친의 만녕현남 작위를 세습했다. 이후 낭야 태수, 서주자사 등을 역임했다.

환온의 부친 환이는 생전에 유량과 매우 가깝게 지냈다. 환온 본인도 유량의 동생 유익과 매우 가까웠다. 명제 때 유익은 태자 사마연의 숙부가 되자 환온을 극력 천거했다.

"환온은 어렸을 때부터 웅략이 있었으니 폐하는 그를 범인으로 대해서는 안 됩니다. 그를 중용해 천하의 혼란을 구하도록 하십시오."

재주와 명성, 운 등이 모두 그의 한 몸에 모여 있는 듯한 느낌이었다. 유익 사후 조정은 환온을 형주와 양주 등 4개 주의 군사를 총괄케 하면서, 안서장군, 형주자사에 임명했다. 그의 원대한 포부를 펼칠 수 있는 무대가 마련된 셈이다.

촉 땅의 성한을 멸망시키다

당시 환원 역시 자신의 명성과 지위를 확고히 다지기 위해서는 공훈을 세워야 했다. 이에 촉 땅에 할거하고 있는 성한成漢을 치기 위한 준비 작업에 들어갔다. 그는 조정에 상표해 촉 땅 정벌을 위한 대대적인 거병을 요구했다.

후한 말기 파서 일대에 살던 저족은 장로張魯가 장악하고 있던 한중으로 이주했다. 조조가 한중을 손에 넣자 저족 추장 이씨李氏 일족은 곧바로 조조의 위나라에 귀부한 뒤 약양略陽으로 근거지를 옮겼다. 이때 파서의 저족 이름이 세상에 처음으로 알려지게 되었다.

진혜제 사마충의 치세 중엽인 원강 연간에 관중에 난이 일어나자 약양 일대 수만 명의 백성이 한중으로 들어왔다. 이후 저족의 추장 이특李特과 이상李庠, 이류李流 형제가 잇달아 이들 유민의 수령이 되었다. 원강 8년(298년) 이특 등은 촉 땅으로 들어가 취식하는 것을 조정에 허락받았다. 이특은 검각에 이르러 촉 땅의 빼어난 모습을 보고 이같이 찬탄했다.

"유비의 아들 유선이 이런 곳에 둥지를 틀고도 손이 묶인 채 압송됐으니 참으로 용재庸才로다!"

얼마 후 익주자사 조흠趙廞은 친척이 황후 가남풍 일파에 가담한 일로 인해 쫓겨나게 되자 촉 땅을 근거지로 독립하려고 했다. 이에 이특 형제 등을 불러 모반을 꾀했다. 조흠은 소인인지라 이특 형제가 웅무雄武를 지니고 있는 것을 보고는 이내 구실을 달아 이상을 죽였다. 이는 벌집을 건드린 것이나 다름없었다. 이특은 유민들을 이끌고 성도를 공격하면서 곧바로 상서해 조흠이 모반을 꾀한 사실을 고변했다. 성도가 함락되는 와중에 조흠은 황급히 도주하던 중 피살됐다.

진나라 조정은 팔왕의 난으로 인해 촉 땅의 일에 신경을 쓸 겨를이 없었다. 이특 형제를 장군에 임명하고 열후에 봉하면서 양주자사 나상羅尙을 평서장군, 익주자사로 삼았다. 나상은 부임한 후 조정의 명을 핑계로 이특이 이끄는 유민들로 하여금 촉 땅을 떠나 원래의 고향으로 돌아갈 것을 명했다. 일이 이렇게 되자 이특 형제는 6개 군郡에 정착한 유민들을 이끌고 모반한 뒤 스스로 진북대장군을 칭했다.

서진 혜제 영녕 2년(302년) 이특이 서진의 장수 장미張微를 격파했다. 이특은 독자적인 연호로 건초建初를 택했다. 건초 원년은 서진 혜제 태안 2년(303년)에 해당한다. 이해에 이특은 나상을 격파한 뒤 촉군 태수 서검西儉의 항복을 받아냈다. 그러나 이듬해인 건초 2년(304년) 9월 나상이 수만 명의 서진 군사를 이끌고 의기양양해 있던 이특을 급습했다. 이특과 이보李輔 형제가 전사했다. 이특 사후 그의 동생 이류가 스스로 익주목을 칭하면서 이특의 아들 이탕李蕩과 이웅李雄 등과 함께 완강히 저항했다. 이탕은 얼마 후 서진의 군사에 붙잡혀 목숨을 잃었다. 이류가 투항하려고 하자 형제와 조카들이 반대했다. 이류는 병권을 이특의 아들 이웅에게 넘겼다. 얼마 후 이류가 병사하자 이웅은 부중의 추대로 익주목, 대장군이 되었다. 이웅은 이특이 죽은 지 한 달 뒤인 이해 10월을 건흥建興 원년 10월로 바꿨다.

다시 한 달 뒤인 건흥 원년 11월 이웅은 스스로 성도왕成都王을 칭했다. 이로부터 1년 반 뒤인 건흥 3년(305년) 6월 황제를 자칭하면서 국호를 대성大成

으로 정하고, 연호를 안평安平으로 바꿨다. 관할 영역은 지금의 사천과 섬서 서남부, 운남과 귀주 북부 등이다. 대략 삼국 시대 촉한의 범위와 비슷하다. 사가들은 이를 성한成漢으로 칭한다.

이웅은 원래 관후한 인물이었다. 형벌을 간략하게 하고, 백성을 휴식하게 했다. 그가 31년 동안 재위한 이유다. 해내에서 무수한 변란이 계속 이어졌으나 성한만큼은 아무 일도 없었다. 그는 죽기 직전 자신의 아들이 비록 10여 명이나 되었으나 죽은 형 이탕의 아들 이반李班을 황태자로 삼았다. 이반은 인후했으나 이웅의 아들들은 그렇지 못했기 때문이다. 이반은 보위에 오른지 몇 달 안 돼 이웅의 아들 이월李越 및 이기李期가 보낸 자객에 의해 목숨을 잃었다.

이반 사후 이월이 연장이기는 했으나 서출인 까닭에 이기가 보위에 올랐다. 잔학했던 그는 형제와 조카들을 모두 독살해 버렸다. 당시 양주를 지키던 이특의 동생 이양李驤에게 아들 한왕漢王 이수李壽가 있었다. 그는 독살될까 늘 전전긍긍했다. 성한의 옥항玉恒 4년(338년) 3월 성도가 방심한 틈을 타이수는 대군을 이끌고 가 일거에 이월 등을 제거했다. 이기는 보위에서 끌려내려와 공도현공邛都縣公으로 강등되었다. 이수는 곧바로 연호를 한흥漢興으로 바꿨다. 이기는 옥에 갇혀 있는 동안 비통해하다가 이내 자진했다.

이수는 보위에 오른 뒤 국호를 한漢으로 바꿨다. 사가들이 저족의 이씨들이 촉 땅에 세운 정권을 통상 성한成漢으로 부르는 이유다. 그러나 이수 역시 이기와 별반 다를 게 없는 인물이었다. 그는 보위에 오른 직후 이웅의 자손을 모두 죽이고 병사들을 시켜 이웅의 부녀자들을 모두 간음케 한 뒤 일거에 제거했다. 동시에 그는 이전과 달리 북쪽 후조의 석호와 통호해 함께 동진을 치고자 했다.

이수가 후조와 통교하는 사이 후조의 사신들이 석호의 궁전이 장려하고, 미녀가 궁에 가득 차 있고, 형법이 엄한 것 등을 알려 주었다. 이수는 이를 곧바로 흉내 내고자 했다. 촉 땅의 백성들이 부역에 크게 시달린 이유다. 이수는 재위 6년 만인 한흥 6년(343년) 병사했다. 그의 아들 이세李勢가 즉위해 연호를 태화太和로 바꿨다.

이세는 신장이 7척9촌으로 허리띠를 10개나 차고도 위아래를 자유롭게 쳐다볼 수 있었다. 그는 태자로 있을 때는 매우 공손한 모습을 보였으나 보위에 오르자마자 본성을 드러냈다. 친동생 이광李廣을 핍박해 죽이고, 직간하며 정사에 밝은 대신 마당馬當과 해사명解思明을 제거한 것이다.

얼마 후 종실 이혁李奕이 거병하자 백성들이 크게 호응했다. 그러나 이혁은 성도를 공격할 때 앞장서서 달려가다가 화살에 맞아 즉사했다. 이후 영내의 요이족獠夷族이 반란을 일으킨 것을 계기로 사방에서 끊임없이 소요가 이어졌다. 여기에 이세가 대신들을 멋대로 죽이고 형벌을 함부로 시행하면서 민심이 완전히 이반하게 되었다.

동진의 환온이 성한 토벌을 상주한 것은 바로 성한이 멸망하기 직전의 일이었다. 그의 휘하 막료들 대부분이 이를 반대했다. 환온도 주저할 수밖에 없었다. 속료 중 한 사람인 강하상江夏相 원교袁喬가 이같이 진언했다.

"천하를 경략하는 대사는 범인이 미칠 바가 아닙니다. 지금 천하에 우환이 되는 것은 호인과 촉 땅의 도적뿐입니다. 촉 땅은 비록 험하다고는 하나 그 세력이 상대적으로 약합니다. 게다가 저들은 민심마저 잃고 있습니다. 정병 1만 명을 선발해 경무장으로 쳐들어가면 이세를 능히 사로잡을 수 있습니다. 촉 땅은 부유하고 인구도 많아 과거 제갈량이 이를 믿고 중원의 조조와 대치한 바 있습니다. 만일 이곳을 장악하면 실로 국가에 큰 이익이 될 것입니다."

원교는 환온의 의구심을 완전히 없애기 위해 이같이 덧붙였다.

"조야의 모든 사람들이 촉 땅 정벌을 막으려는 것은 우리가 서정西征하는 동안 그 빈틈을 노리고 북쪽의 오랑캐가 내려올까 우려하기 때문입니다. 사실 저들이 우리의 서정을 알면 일시 남침을 생각할 수도 있으나 우리의 경비가 삼엄한 것을 보면 감히 쉽게 움직이지 못할 것입니다. 설령 모험을 하여 침공할지라도 강변의 수비 부대로도 능히 막아 낼 수 있습니다. 후고지우後顧之

憂를 우려할 이유가 없습니다.”

이에 환온은 촉 땅 정벌을 결심했다. 동진 목제 영화 2년(346년) 말 환온이 익주자사 주무周撫, 남군태수 초왕 사마무기司馬無忌 등과 함께 서정에 나섰다. 환온은 조정에서 가부의 조명이 내려지기 전에 출병해 버렸다. 문무를 겸비한 책사 원교가 2천 명의 기병을 이끌고 선봉에 섰다.

출병 이후에 도착한 그의 성한 정벌 상주문을 두고 조정의 의론이 분분했다. 촉 땅으로 가는 길이 험하고 환온의 병력도 많지 않은 점 등을 들어 대부분 비관적인 전망을 내놓았다. 단지 환온의 오랜 친구인 유담劉惔만이 성공을 예견했다. 조신들이 우려스런 표정으로 삼삼오오 유담을 찾아와 그 이유를 물었다. 유담이 대답했다.

“나의 견해는 오랫동안 환온과 도박을 한 경험에서 나온 것이오. 환온은 도박의 대가이오. 그는 승산이 없는 일은 결코 하지 않소. 이로써 보면 촉 땅은 반드시 우리 손에 들어올 것이오.”

잠시 말을 끊었다가 다시 이같이 덧붙였다.

“다만 촉 땅을 점령한 후 조정을 손에 넣고 멋대로 할까 걱정이오.”

동진 목제 영화 3년(347년) 3월 환온의 군사가 홀연 촉 땅의 청의현에 그 모습을 드러냈다. 보고를 접한 이세는 자신의 귀를 의심했다. 황급히 숙부 이복李福과 사촌형 이권李權, 전장군 무견昝堅 등에게 병마를 모아 출동하게 했다. 민강 이북에서 청의현 방향으로 급행해 동진의 군사를 막고자 한 것이다.

성한의 장군들은 대부분 이일대로以逸待勞하여 매복하고 있다가 기습해야 할 것으로 생각했다. 『손자병법』「군쟁」 편에 나오는 '이일대로'는 편히 휴식을 취하여 전력을 비축하고 난 뒤 피로해진 적을 상대하는 계책을 말한다. 그러나 무견은 이를 듣지 않았다. 대군을 이끌고 민강 북쪽의 원앙기에서 출발해 곧바로 건위犍爲(사천성 팽산 이동)로 직진했다. 이때 환온의 군사는 이미 팽모彭模(사천성 팽산 동북쪽)에 도착해 성도 평원에서 결전을 치를 준비를 마쳤다. 환온이 팽모에서 군사를 정비하고 있을 때 어떤 군중 참모가 성한의 군사를 분산시키기 위해 두 갈래로 나눠 진격하는 방안을 건의했다. 선봉에 섰던 원교가 재차 자신의 복안을 밝혔다.

"지금은 우리 군사가 적진 깊숙이 들어와 있습니다. 이기면 대공을 세우게 되나 패하면 한 사람도 살아남을 수 없습니다. 응당 힘을 합쳐 단 한 번의 싸움으로 대승을 거둬야 합니다. 병력을 나누면 군심이 일치하지 않아 한쪽이 패할 경우 전체적으로 패할 수밖에 없습니다."

환온이 이를 좇았다. 이에 전군에 하령해 3일 치의 식량을 제외하고 취사 도구를 비롯한 모든 군장을 버리고 쾌속으로 성도를 향해 진군했다. 이 명령 하나로 전군이 결사의 각오를 다지게 되었다.

환온은 전진하는 도중 성한의 종실인 진남장군 이권이 이끄는 대군과 맞닥뜨려 세 번 모두 승리를 거뒀다. 패잔병들이 성안으로 밀려들자 성한의 진군장군 이위^{李位}는 대세가 기울었다고 판단해 군사들을 이끌고 투항했다.

당시 대군을 이끌고 건위로 간 성한의 대장 무견은 동진의 군사와 정반대의 길로 간 것을 뒤늦게 깨닫고 황급히 피로에 지친 군사들을 이끌고 성도 쪽으로 진군했다. 사두진^{沙頭津}을 막 건널 무렵 동진의 주력군이 성도 근교 10리 지역에 진세를 펼치고 무견의 군사를 기다리고 있다는 보고가 들어왔다. 무견의 군사는 싸우기도 전에 병사들이 사방으로 도주하는 바람에 스스로 무너지고 말았다.

곤경에 처한 이세는 마침내 최후의 방안으로 직접 군사를 이끌고 나가 성도 서남쪽의 작교^{笮橋}에서 동진의 군사와 결전했다. 처음에는 성한의 군사들이 결사적으로 나오는 바람에 동진의 군사가 불리했다. 이때 동진의 참군 공호^{龔護}가 피살됐다. 사기가 오른 성한의 군사가 난사한 화살 중 몇 개가 중군을 지휘하는 환온의 말 앞에 꽂혔다. 동진의 군사들이 크게 동요하며 어지러이 사방으로 흩어지려 했다. 이때 동진의 고수^{鼓手}는 응당 징을 쳐 퇴병을 알려야 했다. 눈앞에서는 성한의 병사들이 긴 창과 큰 칼을 들고 달려들고 있었다. 고수는 무심결에 손에 있는 나무 몽치로 북을 마구 쳐댔다. 북소리는 진군하라는 신호였다.

북소리를 들은 동진의 병사들은 앞으로 진군하기 시작했다. 선봉에 선 원교가 칼을 든 채 말에서 내려 독전했다. 성한의 병사들이 크게 두려워한 나머지 후퇴하기 시작했다. 환온은 병사들을 휘몰아 대승을 거두고 곧바로 성도의 성 아래에 당도했다. 네 곳의 성문에 불을 지르자 성한의 중서감 왕하^{王瑕} 등이 이세에게 투항을 권했다. 이때 시중 풍부^{馮孚}가 말했다.

"동한 초기 광무제 유수의 장수 오한^{吳漢}이 촉을 정벌하면서 공손술의 일족을 모두 도륙했습니다. 지금 진나라 격문을 보니 이씨 일족은 사면하지 않는다고 되어 있습니다. 투항하면 살아남지 못할까 우려됩니다."

이세가 두려운 나머지 밤을 이용해 동문을 빠져나와 가맹 쪽으로 황급히 달아났다. 곁에는 대장 무건을 포함해 한두 사람밖에 없었다. 이세는 간신히 사지를 빠져나오기는 했으나 활로가 없다는 것을 알고는 곧 사람을 시켜 환온에게 항복의 표문을 올렸다. 골자는 다음과 같다.

"가녕 2년(347년) 3월 17일 약양의 이세는 머리 숙여 죽을죄를 고합니다. 어리석게도 촉 땅의 험한 지세를 믿고 천위^{天威}를 범했으니 부질^{斧鑕}(도끼로 몸을 자르는 형벌)을 감수해야 마땅합니다. 오늘 사람을 각지에 보내 무기를 내려놓고 모두 투항하도록 했습니다. 궁박한 연못 속의 물고기는 오직 촌각을 다투며 명을 기다릴 뿐입니다."

환온이 이를 받아들여 수항^{受降} 의식을 거행했다. 저족이 세운 성한은 이로써 이특이 기병한 이래 이세에 이르기까지 모두 43년에 걸쳐 존재하다가 사라졌다. 성도에 있던 이씨 황족 10여 명은 모두 건강으로 보내졌다. 이세는 귀의후^{歸義侯}에 봉해져 호의호식하다가 동진의 목제 승평 5년(361년) 집에서 병사했다.

당시 환온은 성한을 평정한 대공을 인정받아 정서대장군, 개부^{開府}, 임하군공에 봉해졌다. 『세설신어』 「현원」 편에 당시의 상황과 관련한 일화가 나온다.

"환온은 촉을 평정한 후 이세의 여동생을 첩으로 삼아 심히 총애했다. 그의 부인 남강장공주는 이를 전혀 모르고 있다가 소식을 들은 후 화가 나 수십 명의 시비와 함께 칼을 들고 이씨를 습격했다. 마침 머리를 빗고 있던 이씨는 머리를 내려뜨려 땅에 닿게 하고는 전혀 동요하지 않은 채 조용히 말하기를, '나라가 무너지고 집이 망해 무심히 여기에 이르게 되었습니다. 오늘 죽임을 당하면 이는 본래 바라던 바입니다'라고 했다. 이에 남강장공주가 부끄러워하며 물러갔다."

『세설신어』를 주석한 남조 양나라 유효표劉孝標는 남조 송나라 우통虞通의 『투기』를 인용해 놓았다. 『투기』의 내용은 「현원」편과 대략 비슷하나 약간 차이가 있다.

"환온이 촉을 평정한 후 이세의 딸을 첩으로 삼았다. 환온의 처 장공주는 극히 투기가 심했다. 처음에는 이 사실을 모르다가 나중에 알고는 곧바로 칼을 뽑아 이씨가 있는 곳으로 갔다. 창문 앞에서 머리를 빗고 있던 이씨는 서서히 머리를 묶고는 손을 모아 공주에게 내밀었다. 신색이 우아하고 바르며 말이 매우 처량하면서도 은근했다. 장공주가 칼을 내던지고 나서 그녀를 껴안고는 '얘야, 내가 봐도 너는 매우 아름답다. 하물며 그 늙은이야 더 말할 게 있겠는가!'라고 했다. 이후 잘 대해 주었다."

여기서 '아견유련我見猶憐' 성어가 나왔다. 내가 보더라도 매우 아름답다는 뜻이다.

환온이 촉을 평정한 후 그 위명이 천하를 진동시키자 동진의 조정은 이를 크게 꺼렸다. 당시 조정을 장악하고 있던 회계왕 사마욱은 환온을 견제하기 위해 양주자사 은호殷浩를 심복으로 삼아 조정 대사에 참여시켰다. 이로써 조정에는 환온을 지지하는 파와 이에 대립하는 파, 이렇게 두 개의 붕당이 형성됐다.

환온의 제1차 북벌

동진 목제 영화 5년(349년) 후조의 석호가 병사하면서 후조 내부에 대란이 일어났다. 이 소식을 들은 환온은 즉각 안륙安陸에 군사를 주둔시킨 후 북벌 준비에 들어갔다. 동진의 조정은 환온이 다시 대공을 세우는 것을 바라지 않았다. 저태후褚太后의 부친인 정북대장군 저부褚裒는 당시 경구에 주둔하고 있었다. 그는 곧바로 상서해 후조를 칠 것을 건의했다. 저부 역시 환온을 흉내 내 상주문을 올린 후 가부가 나오기도 전에 행동에 들어갔다.

대피代陂의 싸움에서 저부가 노군魯郡에서 귀부하는 백성과 접응하기 위해 파견한 두 명의 장군이 모두 전사했다. 북벌을 호언했던 저부는 황급히 광릉까지 후퇴해야 했다. 이로 인해 황하를 넘어 남쪽으로 내려오던 20여만 명의 한족 백성이 몰살을 당했다. 저부는 수치심으로 인해 이내 병이 나 주둔지인 경구에서 죽고 말았다. 당시 48세였다. 그는 당대의 명사이기는 했으나 군사는 그의 장기가 아니었다. 그럼에도 동진의 조정은 환온에게 기회를 주지 않았다. 오히려 저부가 진몰한 영화 6년(350년) 회계왕 사마욱과 사적으로 가까운 은호를 양주와 예주, 서주, 연주, 수주 등 5개 주의 군사 통수권을 부여해 북벌을 총지휘하게 했다.

당시의 북방은 사분오열된 모습이었다. 갈족 석지의 후조와 한족 염민의 염위, 선비족 모용황의 전연前燕, 저족 부건苻健의 전진前秦을 비롯해 훗날의 후진後秦으로 성장하는 강족 요양姚襄의 세력 등이 서로 치열한 공방전을 벌이고 있었다. 동진의 조야는 이번 기회에 중원을 회복할 수 있을 것으로 내다봤다. 그러나 유독 광록대부 채모蔡謨는 이같이 말했다.

"호인들이 멸망하는 것은 확실히 큰 경사다. 그러나 그에 앞서 오히려 조정에서 더 큰 우환이 일어날까 걱정이다!"

사람들이 그 이유를 묻자 이같이 대답했다.

"능히 천시에 올라타 만민 창생을 구제하는 것은 대성인이나 일대 영걸이 아니면 할 수 없는 일이다. 지금의 상황을 보면 현자로 일컬어지는 사람들 모두 덕과 역량이 미치지 못함에도 혼란의 와중에 공을 세우려고만 든다. 이처럼 각자 천하를 경영하려 들면 민력만 피폐해지고 국력만 소모된다. 결국 재물과 병력이 모두 소진돼 지용智勇이 궁지에 빠지고 말 것이다."

이후의 역사는 채모가 말한 그대로 진행됐다.

저부에 이어 북벌을 맡게 된 은호는 자가 심원深源으로 어려서부터 나름 이름을 떨쳤다. 노장의 현언玄言(도가 이론)에 밝아 일대 청담가로 통했다. 젊었을 때 시종 병을 핑계 삼아 벼슬길에 나가지 않자 명류 인사들이 크게 탄식했다.

"심원이 밖으로 나오지 않으니 창생들은 어찌하란 말인가!"

훗날 동진의 승상이 된 사안謝安이 젊었을 때 밖으로 나오지 않자 조야의 인사들은 똑같은 말을 한 바 있다. 이는 은호의 경우를 흉내 낸 것이다. 당시 은호는 10여 년 동안 재야에 있다가 회계왕 사마욱이 여러 차례에 걸쳐 애원하자 부득이 밖으로 나왔다. 그는 일거에 양주자사에 임명됐다. 은호의 이런 행보를 두고 당시 유량의 동생 유익庾翼은 이같이 평한 바 있다.

"은호와 같은 이들은 고각高閣에 모셔야 한다. 그는 천하가 태평해지길 기다려 그 자리를 맡게 될 것이다."

그러나 천하는 바야흐로 난세였다. 뜻만 높고 재주는 얕은 은호가 사마욱의 지지로 일거에 현직에 오르게 된 것은 불행이었다. 그는 북벌 출정에 앞서 말에서 떨어졌다. 사람들은 이를 흉조로 보았다. 과연 은호는 7, 8만 명의 대군을 거느렸으나 그의 무능한 지휘로 인해 모두 궤멸하고 말았다. 처음 강족 추장 요익중과 그의 아들 요양은 후조가 멸망한 후 동진에 투항했다. 그러나 속이 좁은 은호는 동진에 투항한 강족 추장 요양을 핍박해 반기를 들게 만들었다. 이로 인해 은호 휘하의 수많은 장령이 목숨을 잃고, 병사들이 도주하거나 반기를 들었다. 군량을 포함한 군수품도 모두 요양의 손에 들어갔다.

환온은 은호가 패하고 돌아오자 이같이 상소했다.

"신인神人이 모두 노한 까닭에 병사들이 그를 버린 것입니다. 나라를 위기에 빠뜨렸으니 장차 그 위험이 사직에 미칠 것입니다."

동진의 조정도 환온의 비판을 받아들이지 않을 수 없었다. 결국 은호는 서인으로 폐해져 멀리 변경의 동양東陽으로 유배를 가 거기서 숨을 거두었다.

환온은 은호를 쫓아낸 뒤 조정에 나와 득의에 찬 모습으로 좌우에 이같이 말했다.

"어렸을 때 나는 은호와 죽마竹馬를 타고 함께 놀았다. 내가 매번 타다 버린 죽마를 은호가 주워서 놀았다. 그러니 그가 내 밑에 있는 건 당연하다."

여기서 인구에 회자되는 죽마고우竹馬故友 성어가 나왔다. 당시 은호는 비록 조정에서 쫓겨나기는 했으나 명류의 자세를 잃지는 않았다. 그는 늘 허공에 대고 손으로 '돌돌괴사咄咄怪事' 네 자를 쓰곤 했다. 그러고는 스스로에게 "참으로 괴이한 일이다!"라고 자문자답하며 탄식했다.

얼마 후 환온은 어렸을 때의 죽마고우를 생각해 은호를 중서령으로 천거하려고 했다. 이에 사람을 시켜 이를 알리는 서신을 보냈다. 서신을 받은 은호는 감사의 회신을 보내는 과정에서 몇 가지 실수를 했다. 그는 서신의 내용 중에서 제대로 뜻이 전달되지 못한 글자가 있을까 우려해 수십 번이나 서신을 열어 보았다. 이 와중에 서신의 내용이 누락된 채 빈 봉투만 전달되었다. 화가 난 환온이 소리쳤다.

"이자는 호의를 모르는 자이다!"

그러고는 좌우에 명해 은호를 영원히 금고에 처해 서용하지 못하게 했다. 이로 인해 당대의 명사 은호는 귀양지에서 울분을 안은 채 숨을 거뒀다. 이후 대권은 환온에게 집중됐다.

동진 목제 영화 10년(354년) 3월 환온은 4만 명의 군사를 이끌고 강릉을 출발했다. 수군 함대 역시 같은 시각에 양양에서 균구로 들어갔다. 제1차 북벌의 시작이었다. 이 북벌은 3년 전 관중에서 천왕天王을 칭한 저족의 추장 부건을 치기 위한 것이었다. 당시 부건은 대진大秦을 세웠다. 사서에서 말하는 전진前秦이다.

환온의 전군前軍은 상락과 청니를 취했다. 동진의 장수 사마훈司馬勳은 양주에서 자오도를 빠져나와 전진을 쳤다. 한족 장궤張軌가 세운 전량前涼의 진주자사 왕탁王擢도 환온의 진창 공격에 합세했다.

당시 전진의 부건은 전량의 군사까지 가세하자 크게 놀라 황급히 태자 부장苻萇 등에게 명해 5만 명의 군사를 이끌고 요류嶢柳에 영채를 차린 후 동진의 군사를 영격케 했다. 부건의 아들 부생苻生은 비록 애꾸눈이기는 했으나 용맹하기 그지없었다. 그는 남전藍田의 싸움에서 단기로 적진에 돌진해 동진의 병사를 대거 살상했다.

환온은 군사들을 독려해 결국 전진의 군사를 대파했다. 얼마 후 환온의 동생 환충桓沖이 백록원 싸움에서 전진의 승상 포홍蒲洪에게 대승을 거뒀다. 동진의 군사는 연전연승을 거둔 여세를 몰아 접전한 지 두 달 뒤인 동진 영화 10년(354년) 5월 마침내 장안 인근에 있는 위수渭水의 지류인 파수까지 쳐들어갔다. 전진의 태자 부장 등이 뒤로 물러나 장안성 남쪽을 지켰다. 부건 자신은 늙고 약한 수천 명의 병사를 이끌고 장안의 작은 성을 고수했다. 그는 성 앞의 해자를 깊이 판 뒤 3천 명의 정예 기병을 모두 내보내 태자 부장을 돕게 했다.

만일 이때 환온이 마불정제馬不停蹄의 자세로 장안을 공격했다면 병사들의 예기가 매우 성했던 까닭에 능히 장안성을 함몰시킬 수 있었을 것이다. 그러나 환온은 신중한 자세를 취하며 영루를 굳게 지키는 쪽으로 나아갔다. 장안성 안에서 내응하는 사람이 나올 때까지 기다려 더 이상의 피를 흘리지 않겠다는 속셈이었다.

이는 장안을 둘러싼 삼보三輔 일대의 군민이 모두 투항해 온 사실과 무관하지 않았다. 삼보는 장안 및 그 동부의 경조윤京兆尹, 북부의 좌풍익左馮翊, 서부의 우부풍右扶風을 총칭하는 말이다. 그곳 장관長官은 모두 장안성 안에서 근무했다. 진秦나라 때까지는 내사內史라고 불렀으나 한나라 때 이를 우내사

石内史와 좌내사左內史로 나눴다. 기원전 104년 이후부터 경조윤·좌풍익·우부풍으로 나누면서 장안 일대를 '삼보'로 부르게 되었다

당시 환온이 삼보의 사람들을 안무하는 포고문을 내자 백성들이 앞다퉈 고기와 술을 들고 와 동진의 군사들을 접대했다. 관중의 노인들이 눈물을 흘리며 목이 멘 소리로 말했다.

"오늘 다시 관군을 보리라고는 생각지도 못했소!"

당시 전란으로 인해 화음산華陰山에 은거하고 있던 당대의 명사 왕맹王猛은 환온이 관중으로 들어갔다는 소문을 듣고는 누더기 옷을 걸친 채 환온의 군영을 찾아왔다. 그는 천하의 형세에 대해 이야기하면서 마치 곁에 아무도 없는 듯이 손으로 자신의 옷을 뒤집으며 이를 잡았다. 여기서 '문슬이언捫蝨而言' 성어가 나왔다. 이는 주변의 평에 개의치 않고 소신껏 행보하는 것을 말한다. 환온은 왕맹의 특이한 행동에 크게 감탄하며 이같이 물었다.

"나는 백성들을 구하기 위해 천자의 명을 받들고 10만의 정병을 이끌고 왔소. 그런데도 관중의 호걸들이 아직 나를 찾아오지 않는 것은 어찌 된 일이오?"

환온은 4만 명의 군사를 10만 명으로 부풀려 말한 것이다. 왕맹이 대답했다.

"명공은 천 리 길도 마다하지 않고 적진의 깊숙한 곳까지 쳐들어왔소. 지금 장안이 지척에 있는데도 파수를 건너 진공할 생각을 하지 않으니 백성들은 명공이 무슨 생각을 갖고 있는지 알 길이 없소. 그래서 맞으러 나오지 않는 것이오."

환온이 오랫동안 아무 말도 하지 않다가 입을 열었다.

"강동에는 당신과 같은 인물이 없소!"

그러고는 왕맹을 명예직인 군모좨주軍謀祭酒로 삼았다.

여러 사서의 사관들은 당시 자신의 세력을 조정에 확고히 심을 생각으로 북벌에 나선 환온이 이미 대공을 세운 만큼 더 이상 진공하지 않은 것으로 평해 놓았다. 그러나 이에 대한 반론도 있다. 병력이 적은 데다 북벌에 대한 확신이 적었던 점 등을 드는 게 그것이다. 사실 전진의 병사들은 극히 사나

운 데다 용맹했다. 환온도 신중을 기하지 않을 수 없었다. 문제는 아무리 심모원려를 할지라도 정반대의 결과를 가져올 수 있다는 점이다.

당초 환온은 관중의 보리가 익으면 군량은 걱정이 없을 것으로 생각했다. 그는 전진의 병사들이 사방에서 보리를 베어 간 뒤 성을 굳게 지키는 견벽청야 전술을 구사하리라고는 전혀 생각하지 못한 것이다. 실제로 전진의 군사들은 어느 정도 숨을 돌리자 이내 반격에 나섰다. 부웅^{苻雄}이 이끄는 전진의 군사들이 다시 백록원에서 동진의 군사와 싸웠다. 동진의 군사가 이내 수세에 몰려 1만여 명이 죽었다. 환온이 철군을 결행하자 전진의 태자 부장이 그 뒤를 무섭게 추격했다. 결국 부장은 유시에 맞아 숨을 거뒀으나 동진의 군사 또한 1만 명이 넘는 병사가 퇴각 도중 목숨을 잃는 참패를 당했다.

게다가 동진의 장수 사마훈과 전량의 진주자사 왕탁이 이끄는 군사 역시 계속 패해 약양과 관중으로 퇴각하는 와중에 궁지에 몰린 왕탁이 부하들을 이끌고 전진에 투항했다. 결과적으로 전진에 대한 정벌은 실패로 끝난 셈이다.

당시 환온은 관중의 한족 3천여 호를 이끌고 강동으로 퇴각했다. 퇴각을 결정했을 때 왕맹을 도호^{都護}에 제수하며 같이 퇴각할 것을 권했으나 왕맹이 이를 거절했다. 이해 10월 환온의 군사가 양양에 도착했다. 이를 두고 중국의 한족 사가들은 제1차 북벌이라고 한다. 제갈량의 북벌에 비유한 것이다.

제2차 북벌, 낙양을 점령하다

동진 목제 영화 12년(356년) 정월 강족의 추장 요양이 허창을 점거한 후 여세를 몰아 낙양을 치고자 했다. 당시 낙양은 조정에 반기를 든 동진의 장수 주성^{周成}이 점거하고 있었다. 양측은 격전을 벌였으나 승패가 나지 않자 이내 대치 상태로 들어갔다.

요양은 자가 경국景國으로 요익중의 다섯째 아들이었다. 신장이 8척5촌이고 무예가 뛰어났다. 게다가 학문을 좋아하여 언변도 출중했다. 이해에 그는 예주를 점거했다. 당시 동진의 예주자사 사상謝尙은 일상복 차림으로 의장대도 없이 단기로 회수를 건너온 요양과 교담한 뒤 곧바로 평생지교를 맺었다. 요양은 낙양을 점거한 뒤 건국을 선언할 생각이었다. 낙양성에 맹공을 퍼부은 이유다. 이해 7월 동진의 조정은 환온을 정토대도독에 임명하고 사주와 기주 등 2개 주의 군사를 총괄케 했다. 그는 곧바로 요양을 토벌하기 위해 출격했다. 이것이 환온의 제2차 북벌이다.

　　배를 타고 강릉을 출발한 환온은 수륙 양면으로 진공했다. 환온과 제장들은 배의 높은 누각에 올라 멀리 중원을 바라보며 탄식했다.

　　"백 년 가까이 신주神州(중원)를 황폐하도록 방치했으니 왕이보王夷甫(왕연) 등은 그 책임을 면할 수 없다!"

　　왕연 등이 청담을 일삼으며 나라를 패망으로 이끌고 간 것을 질책한 것이다. 금성金城을 지나가는 와중에 환담은 자신이 젊었을 때 손수 심은 버드나무가 무성히 자란 것을 보고는 개연히 말했다.

　　"나무는 온갖 풍상에도 이처럼 의연한데 사람은 어찌 이를 감당하리요!"

　　그는 나뭇가지를 어루만지며 눈물을 하염없이 흘렸다. 이해 9월 환온의 군사가 낙양성 남쪽 이수伊水에 이르렀다. 크게 놀란 요양이 급히 낙양성 포위를 푼 뒤 동진의 군사를 저지하기 위한 군진을 펼쳤다. 그는 먼저 정병을 이수 북쪽의 숲 속에 매복시킨 뒤 사람을 시켜 환온에게 편지를 보냈다.

　　"명공이 친히 왕사王師(황제의 군사)를 이끌고 왔으니 저는 속히 명을 받들고자 합니다. 명공이 3군에 명해 뒤로 한 발 물러서면 제가 직접 나가 맞도록 하겠습니다."

　　병사가 매복한 쪽으로 물러서는 틈을 이용해 기습 공격을 가할 속셈이었다. 환온은 그 속셈을 읽고 사자에게 이같이 말했다.

　　"내가 이곳에 온 것은 중원을 회복하고 황릉에 참배하기 위한 것이니 그대와는 무관한 일이다. 상견할 생각이면 곧바로 와 만나면 된다. 다시는 번거롭게 사자를 오가게 할 필요가 없다."

요양은 부득불 이수를 사이에 두고 동진의 군사와 접전했다. 환온이 친히 앞에 서서 독전한 탓에 요양의 군사 수천 명이 목숨을 잃었다. 요양은 황급히 나머지 병사를 이끌고 낙양의 북산으로 퇴각했다. 이후 중과부적으로 요양은 서쪽의 평양平陽(산서성 임분현)으로 달아났다.

당시 요양의 애민愛民 행보는 놀라운 바가 있었다. 그가 거듭 패하는 와중에 허창과 낙양의 백성들이 그의 뒤를 따른 게 증거다. 요양이 중상을 입고 죽었다는 소문이 들리자 환온의 군영에 억류된 백성들이 모두 북쪽을 바라보며 울음을 터뜨렸다. 환온이 크게 놀라 요양 휘하에 있던 양량楊亮에게 요양이라는 인물에 관해 묻자 이같이 대답했다.

"그는 신명한 기개와 도량을 지니고 있어 삼국 시대의 손책에 비유할 만합니다. 웅무雄武는 오히려 뛰어난 바가 있습니다."

당시 낙양을 점거하고 있던 주성은 환온을 당할 수 없다고 판단해 이내 무리를 이끌고 성 밖으로 나가 항복했다. 환온의 군사는 입성한 뒤 금용성金墉城에 주둔했다. 환온은 이내 속료들을 이끌고 서진의 황릉을 찾아가 참배한 뒤 병사 2천 명을 남겨 두어 황릉을 지키게 했다. 이어 3천여 호의 백성을 강한江漢 평원으로 이주시키고, 주성을 건강으로 압송케 했다. 동진의 조정은 공을 높이 사 그를 남군공, 그의 아들 환제桓濟를 임하현공에 봉했다. 이를 계기로 환씨 일족이 모두 요직을 차지하면서 동진 최고의 문벌로 우뚝 섰다.

당시 평양으로 도주한 강족의 추장 요양은 관중을 손에 넣을 생각으로 저족이 세운 전진과 정면으로 맞붙었다. 부건의 뒤를 이어 보위에 오른 전진의 황제 부생은 사촌 형제 부황미苻黃眉와 부견苻堅을 보내 이들을 막게 했다. 양측은 삼원(섬서성 삼원현)에서 격전을 치렀다. 이 전투에서 패한 요양은 포로가 된 뒤 살해됐다. 당시 27세였다.

요양의 동생 요장姚萇이 곧 부중을 이끌고 가 부견에게 항복했다. 훗날 요장은 비수 싸움에서 동진의 군사에게 패한 부견을 호락평원에서 목을 매어 죽인 뒤 후진後秦을 세우고 요양을 위무왕魏武王으로 추시했다.

환온이 낙양을 수복한 지 5년 뒤인 동진 목제 승평升平 5년(361년) 5월 환온은 동생 환활桓豁을 시켜 면중沔中의 7개 군 군사를 이끌고 허창을 치게 했다. 환활은 허창을 점거하고 있던 전연의 대장 모용진慕容塵의 군사를 대파하고 허창을 수복했다. 이로부터 한 달 뒤인 이해 6월 동진의 목제 사마담이 병사했다. 17년 동안 보위에 앉아 있었으나 겨우 2세 때 즉위한 까닭에 당시 19세에 불과했다. 그는 후사를 남기지 못했다. 대신들이 성제 사마연의 장자인 낭야왕 사마비司馬丕를 옹립했다. 그가 애제哀帝이다.

사마비가 보위에 오른 지 2년 뒤인 흥녕興寧 원년(363년) 전연의 군사가 낙양으로 진공했다. 환온은 급히 수천 명의 구원병을 보내면서 낙양 천도를 주장하는 상주문을 올렸다. 당시 그는 시중, 대사마, 도독중외제군사, 가황월假黃鉞에 임명돼 인사와 군사를 한 손에 틀어쥐고 있었다.

환온의 낙양 천도 건의는 커다란 소동을 낳았다. 동진의 관원들은 이미 강남에서 자리를 잡은 까닭에 낙양으로 천도할 경우 천신만고 끝에 이룩한 대부분의 재산을 모두 포기해야만 했다. 더구나 낙양 인근의 전선은 언제 다시 무너질지도 모를 일이었다. 그리되면 모든 것이 끝일 수밖에 없었다. 그의 낙양 천도 건의는 성급했다.

양주자사 왕술王述이 이에 반대하는 견해를 표명했다. 이를 둘러싸고 격론이 벌어졌으나 결론을 내지 못했다. 이 와중에 보위에 오른 지 채 4년이 안 되는 흥녕 3년(365년) 2월 애제 사마비가 병사했다. 당시 나이 25세였다. 그의 동생 사마혁司馬奕이 뒤를 이었다. 그가 바로 6년 뒤 폐위돼 해서공海西公에 봉해진 동진의 폐제廢帝이다.

참패한 마지막 북벌

환온은 군정 대권을 손에 넣은 뒤 점차 진나라를 대신해 새 왕조를 세울 생각을 품었다. 그는 평소 무료할 때 길게 누운 자세로 가까운 속료들에게 이같이 말했다.

"이처럼 적적하니 장차 문경文景에게 웃음거리가 될 것이다."

문경은 후한 제국의 마지막 황제인 한헌제로부터 보위를 넘겨받은 위문제 조비와 위나라 황제 조방을 폐위시키고 고귀향공 조모를 새 황제로 앉혀 찬탈의 기반을 닦은 진경제 사마사를 지칭한 것이다. 이 말을 들은 사람들은 황공한 나머지 서로 얼굴만 쳐다보고 감히 응대하지 못했다.

당시 환온은 베개를 쓰다듬으며 몸을 일으킨 뒤 이같이 말했다.

"꽃다운 이름을 후세에 전할 수 없다면, 더러운 이름인들 만세에 남길 수 있겠는가!"

여기서 '유방백세流芳百世' 성어가 나왔다. 훌륭한 명성이나 공적을 후세에 길이 전한다는 뜻이다. 더러운 이름이 후세에 오래도록 남아 있다는 뜻의 유취만년遺臭萬年 성어도 여기서 유래한 것이다. 『진서』「환온전」에 따르면 그는 왕돈의 무덤가를 지나가면서 이같이 말하기도 했다.

"가인可人(본받을 만한 사람), 가인!"

그의 야심을 엿볼 수 있는 대목이다.

환온은 다시 북상해 대공을 세운 뒤 강동으로 돌아와 사마씨로부터 보위를 빼앗고자 했다. 그러나 인산人算(사람의 속셈)은 천산天算(하늘의 뜻)만 못한 법이다. 전장에서 풍운이 돌변하면 승부는 호흡지간呼吸之間에 결정 나기 마련이다. 천시와 지리, 인화가 모두 갖춰져야만 승리를 기할 수 있다. 당시 동진의 입장에서 볼 때 중원의 형세는 결코 낙관할 수 있는 상황이 아니었다. 전연과 동진은 허창에서 여러 차례 접전했으나 승부는 아직 나지 않았다. 사마비의 재위 말년인 흥녕 연간에는 회양淮陽(회수 북쪽) 일대를 잃었다. 고립무원이 될 것을 우려한 낙양성의 수장은 핑계를 대고 심경 한 사람에게 5백 명의 병사를 이끌고 성을 방비토록 조치한 뒤 이내 병사들과 함께 남하했다. 심경은 왕돈의 일파였던 심충의 아들이었다. 그는 부친의 오명을 씻을 생각으로 이를 기꺼이 받아들였다.

동진 애제 흥녕 3년(365년) 전연의 명장 모용각과 모용수慕容垂 형제가 대군을 이끌고 낙양으로 진공했다. 심경은 분전하다 죽었다. 얼마 후 노군, 고평, 완성이 연이어 전연의 군사에게 함락됐다. 전연의 군사는 여세를 몰아 한수 이북 지역까지 쳐들어와 약탈했다.

폐제 사마혁이 즉위한 지 3년이 되는 태화 3년(368년) 진나라 조정은 대사마 환온을 특별히 우대해 제후왕의 위에 놓았다. 이듬해인 태화 4년(369년) 5월 서주와 연주자사를 겸하게 된 환온은 보기 5만 명을 동원한 뒤 고숙에서 출발해 제3차 북벌에 나섰다. 이해 7월 환온의 군사가 금향에 도착했으나 큰 가뭄으로 인해 수로가 통하지 않았다. 그는 휘하 장수 모호毛虎를 시켜 거야에서 3백 리에 걸쳐 물길을 뚫게 했다. 문수汶水의 물을 끌어와 청수淸水와 합치자 대소 군선이 수백 리에 걸쳐 면면히 이어졌다.

환온의 측근 책사 치초郗超가 계책을 냈다.

"청수는 황하로 흘러드는 까닭에 군량을 운송하기가 어렵습니다. 만일 적들이 굳게 닫고 싸우지 않는다면 군량 수송길이 끊어져 위험하게 됩니다. 전군을 이끌고 곧바로 업성을 치느니만 못합니다. 선비의 군사는 명공을 크게 두려워하니 틀림없이 이름만 듣고도 요동으로 달아날 것입니다. 만일 저들이 감히 접근하면 쉽게 승리할 수 있고, 저들이 굳게 지키며 나오지 않을지라도 주변의 모든 백성을 동원할 수 있으니 역수易水 이남은 우리의 손에 떨어질 것입니다."

하지만 환온은 고개를 저었다. 그는 단 한 번의 결전으로 승부를 가리는 방안은 너무 경솔하다고 생각했다. 치초가 다시 계책을 올렸다.

"우리는 아직 황하와 제수濟水 일대에 둔병할 수 있으니 배로 군량을 날라 충분히 비축한 뒤 내년 여름에 재차 진병하는 것이 좋을 듯합니다."

환온은 이번에도 고개를 저었다. 그는 시간을 오래 끄는 것을 두려워했다. 전연의 군사는 굳게 지키며 전혀 싸움에 응하지 않았다. 치초가 크게 우려하며 말했다.

"이들 두 가지 계책을 버리고 북상하면 진격해도 속전속결할 수 없고, 후퇴해도 저지당하게 됩니다. 이대로 가다 찬바람이 불면 이내 군량 수송의 수로가 얼어붙어 후방의 군수를 보장할 수도 없습니다. 더구나 북방의 겨울은 빨리 오는데 우리 군사는 아무 준비도 하지 않은 까닭에 추위와 굶주림을 면할 길이 없을 것입니다."

평소 심모원려의 계책을 좇던 환온은 이상하게도 치초의 건의를 하나도 받아들이지 않았다.

환온은 군사들을 이끌고 계속 북상했다. 호류의 싸움에서 전연의 장수 모용충慕容忠을 사로잡고, 황하 일대의 싸움에서는 모용려慕容勵가 이끄는 2만 명의 기병을 대파했다. 임저 싸움에서 다시 전연의 장수 부안傅顔을 격파했다. 얼마 후 전연의 고평 태수가 임저를 들어 투항했다.

이해 8월 무양에 주둔했던 환온의 군사는 현지 백성들의 협조로 방두에 곧바로 이르렀다. 전연의 황제 모용위慕容暐와 태부 모용평慕容評이 크게 놀라 논의를 거듭한 끝에 이전의 수도인 요서의 화룡和龍(요녕성 조양)으로 달아나기로 결정했다.

전연의 군신이 모두 당황해하고 있을 때 오왕 모용수가 결사 항전을 자처하고 나섰다.

"신이 나가 저들을 영격토록 하겠습니다. 승리를 거두지 못할 경우 움직일지라도 결코 늦지 않을 것입니다!"

모용위는 결단력이 있었다. 이에 모용수가 남토대장군에 임명돼 군사 5만 명을 이끌고 영격에 나섰다. 이때 모용위는 사자를 전진으로 보내 구원을 청했다. 호뢰豪牢 이서의 땅을 베어 주겠다는 조건이었다. 당시 전진의 부견은 부생을 대신해 스스로 보위에 올라 있었다. 그는 곧 왕맹 등의 중신들을 조당에 모아 놓고 이 문제를 논의케 했다. 대다수 신하들이 반대했다.

"전에 환온이 우리를 칠 때 연나라는 우리를 구하지 않았습니다. 지금 환온이 연나라를 치고 있으니 우리도 수수방관하는 게 옳습니다."

왕맹이 은밀히 부견에게 말했다.

"연나라가 비록 강하다고는 하나 환온의 적수가 되지 못합니다. 일단 환온이 낙양에 병사를 주둔시키게 되면 유주와 기주의 병사를 거두고 병주와 예주의 군량을 취하게 됩니다. 이후 다시 관중으로 쳐들어오면 감당하기가 어렵게 됩니다. 연나라와 합세해 환온을 저지하느니만 못합니다. 환온이 패주한 후 연나라의 원기가 크게 상해 있을 때 기회를 틈타 연나라를 도모할 만합니다."

부견이 이를 좇아 휘하 장수에게 2만 명의 군사를 이끌고 가 전연을 돕게 했다.

당시 환온은 우물쭈물하며 사태를 관망했다. 모든 게 치초가 우려한 대로 진행되었다. 이전에 개착한 수로는 이미 수위가 하강해 군량을 수송할 수 없게 되었다. 진나라 장수 원진袁眞은 석문石門을 기일에 맞춰 개통하지 못했다. 이로 인해 수로가 완전히 단절되고 말았다. 이해 10월 연나라 장수 이규李邽가 병사를 이끌고 와 환온의 육로 운송로마저 차단했다. 이를 계기로 전황이 일변했다. 연나라 장수 모용주慕容垂가 1천 명의 기병을 이끌고 오던 중 진나라 군사와 맞닥뜨리게 되자 휘하 장병들에게 이같이 말했다.

"진나라 병사는 가볍고 날래서 달려드는 군사에게 쉽게 겁을 먹고, 퇴각하는 군사를 쫓는데 용감하다. 먼저 패한 척해 저들을 진격토록 만드느니만 못하다."

과연 전연의 기병 2백여 명이 접전하다가 짐짓 패한 척하며 도주하자 동진의 군사가 그 뒤를 맹추격하다가 전연의 매복에 걸려 수천 명의 군사를 잃고 말았다. 이로 인해 사기가 크게 떨어졌다.

환온은 동진의 군사가 연패하는 와중에 군량도 오지 않고 게다가 전진의 군사까지 가세한다는 소문이 들리자 이내 퇴각을 명할 수밖에 없었다. 그는 배를 불태우고 치중과 무기 등을 모두 버린 채 육로를 통해 황급히 철수했다. 환온의 군사는 동연東燕에서 창원倉垣으로 나와 급속히 남하했다. 밤낮없이 달려 순식간에 7백 리나 후퇴했다.

연나라 장수 모용수가 제장들에게 말했다.

"급히 추격해서는 안 된다. 환온은 틀림없이 정병을 뒤에 배치해 추격에 단단히 대비하고 있을 것이다. 저들은 우리가 급속히 추격하지 않으면 내심 크게 안심할 것이다. 저들의 기력이 쇠해질 때를 기다려 공격을 가하면 능히 대승을 거둘 수 있다."

모용수는 8천 명의 기병을 이끌고 천천히 동진의 군사 뒤를 따라갔다. 며칠 후 과연 진나라 군사들이 크게 지친 모습을 보이자 모용수가 하령했다.

"가히 환온의 군사를 곧장 공격할 만하다!"

이들은 양읍에서 마침내 동진의 군사를 따라잡았다. 동진의 군사가 양읍에 도착했을 때 동간에 매복하고 있던 연나라 범양왕 모용덕慕容德이 이끄는 4천 명의 복병이 홀연히 그 모습을 드러냈다. 동진의 군사는 앞뒤의 협격에 걸려 모두 3만여 명이 몰살당하고 말았다. 나머지 패잔병은 초군으로 달아났으나 다시 장수 구지苟池의 급습을 받아 1만 명 이상이 죽었다.

당초 전진의 태자태부 봉부封孚는 대신 신윤申胤에게 이같이 물은 적이 있었다.

"환온의 군사는 막강한 데다 승세를 타고 있는데 지금 높은 언덕에 머물며 서성이고 있소. 장차 어찌 될 듯하오?"

신윤이 대답했다.

"내가 보건대 환온은 성공하지 못할 것이오. 진나라 황실이 미약해 환온이 전제하고 있소. 조정 대신들은 틀림없이 그와 뜻을 같이하지 않을 것이오. 환온의 승리는 이들이 바라는 바가 아니오. 이들은 어떤 수를 써서라도 이를 막고자 할 것이오. 게다가 환온은 자신의 무리가 많은 것만 믿고 교만한 모습을 보이고 있소. 그는 좋은 기회를 놓친 채 사태를 관망하며 싸우지 않고 승리를 거머쥐는 방도를 꾀하고 있소. 이후 진나라 군사의 양식이 결핍되고 사기가 떨어지면 싸우기도 전에 스스로 무너지고 말 것이오.”

과연 사태는 신윤이 예측한 대로 진행되었다.

이해 11월 환온이 나머지 군사를 수습해 산양陽(강소성 회안)에 주둔했다. 이때 비로소 한숨을 내쉴 수 있었다. 제3차 북벌은 완전한 실패였다. 동진의 폐제 사마혁은 사람을 시켜 산양에 주둔하고 있는 병사들에게 고기와 술을 대접했다. 곧이어 회계왕 사마욱이 나아가 철군하는 군사들을 위무했다. 얼마 후 환온의 부인 남강장공주가 병사했다.

당시 환온은 울분을 참지 못해 백성들을 동원해 광릉성을 대대적으로 수축한 뒤 군사들을 이끌고 가 시종 그곳에 머물렀다. 여러 차례에 걸친 전투에 전염병까지 나돌자 사망자가 절반에 이르렀다. 원근에서 원망하는 소리가 높게 일면서 환온의 명성도 점차 땅에 떨어지기 시작했다.

사라진 유방백세와 유취만년의 꿈

환온은 제3차 북벌에서 참패한 후 그 책임을 다른 사람에게 물었다. 그는 조정에 상표해 원진이 석문의 수로를 열지 않은 까닭에 물길로 철군하는 계책이 무산됐다며 그를 엄히 문책할 것을 요구했다. 원진도 곧바로 상소해 환온이 자신을 무함하고 있다며 그의 죄상을 상세히 열거했다. 조정은 가부의 결정을 내리지 못했다. 대로한 원진은 수춘성을 들어 전연에 투항했다. 환온도 노한 나머지 곧바로 군사를 이끌고 진격했다. 근 1년의 시간을 소비한 끝에 태화 6년(371년) 간신히 수춘성을 수복했다. 이때는 이미 원진이 병사한 뒤였다. 환온은 원진의 아들 원근袁瑾과 주요 참모 주보朱輔 등의 목을 베었다.

수춘성을 수복한 직후 환온이 참모 치초에게 물었다.

"이것으로 북벌의 치욕을 씻을 만한가?"

이는 찬위의 시기가 왔는지를 물은 것이었다. 두 사람은 곧 밤늦게까지 밀담을 나눴다. 치초가 말했다.

"명공은 지금 천하의 중임을 맡고 있으나 이번 북벌의 실패로 아직 불세不世의 공업을 이루지 못하고 있습니다. 만일 대사를 행하지 못하면 사해의 민심을 복종시킬 수 없을 것입니다."

"어찌해야 좋겠소?"

환온은 대답이 어찌 나올지 빤히 알면서도 물었다.

"명공이 이윤과 곽광의 전례를 따르지 않으면 권위를 세울 수 없습니다."

환온이 연신 고개를 끄덕였다. 당초 그는 북벌에 성공한 후 강동으로 돌아와 구석을 받은 후 선양을 받을 생각이었다. 그러나 대패하는 바람에 구석은 입에 올리지도 못하고 선양을 받는 일도 미뤄지게 되었다. 그는 생각 끝에 황제 사마혁을 끌어내리는 극약 처방을 택한 것이다.

태화 6년 11월 환온이 사마혁의 후계자 문제를 들고 나왔다. 성불구인 그가 번왕으로 있을 때 측근 상룡相龍과 계호計好 및 주령보朱靈寶 등과 함께 동성애를 했고, 3명의 왕자 모두 이들의 소생이라는 주장이었다. 환온과 치초는 사람들을 시중에 풀어 이를 떠벌리게 했다. 조정은 의론만 분분할 뿐 진위를 알 길이 없었다. 환온은 곧 병사들을 이끌고 건강으로 올라갔다. 그는 저태후에게 사람을 보내 전말을 고하고 사마혁을 보위에서 끌어내린 뒤 원제 사마예의 아들 회계왕 사마욱을 옹립했다. 그가 바로 간문제簡文帝이다. 당시 저태후는 불당에서 예배를 보고 있다가 환온이 보낸 사자들을 보고 이같이 말했다.

"나는 처음부터 이런 일이 일어나지 않을까 의심했다!"

저태후는 사마혁이 자신의 소생도 아닌 데다 미약한 황실의 상황에 비춰 저항해도 소용이 없다는 사실을 알고 이같이 대답한 것이다. 당초 환온은 저태후가 이의를 제기할까 크게 우려했다가 태후가 순순히 비준하자 크게 기뻐했다. 얼마 후 환온이 백관을 소집한 뒤 폐립을 승인한 태후의 조서를 선포했다. 상서복야 왕표王彪가 『한서』에 나오는 곽광의 사례를 들어 순서를 정했다. 먼저 사마혁을 폐해 동해왕으로 봉한 뒤 회계왕 사마욱이 황통을 잇는 식으로 진행했다. 사마혁은 1년 뒤 해서공으로 다시 강등됐다. 이후 그는 15년을 더 살다가 45세에 죽었다.

환온은 사마혁을 폐한 후 다시 상서해 간문제의 형 무릉왕 사마희司馬晞가 아들 및 원진과 도모해 불궤를 꾀했다고 주장해 태재의 직책을 박탈하고 집에 유폐했다. 이외에도 환온은 다시 은씨殷氏와 유씨庾氏가 조정에 많은 것을 우려해 종실인 신채왕 사마황司馬晃을 강압해 모반 죄를 고변하게 만든 뒤 은호의 아들 은연殷涓과 유량의 동생 유익의 세 아들인 유온庾蘊, 유빙庾氷, 유정庾倩 등도 모반 혐의로 주살을 당했다.

예전에 은호가 죽었을 때 환온이 사람을 보내 조의했으나 은연은 이에 아무런 화답을 하지 않았던 까닭에 환온의 노여움을 산 적이 있었다. 이게 불씨가 돼 죽게 된 것이다. 유씨와 환씨 집안은 환온의 부친 환이가 유량과 가깝게 지낸 까닭에 대대로 친한 사이였다. 유익은 전에 명제 사마소에게 환온을 천거하기도 했다. 그럼에도 이들 또한 주살을 면치 못했다.

환온의 이런 조치는 커다란 효과를 낳았다. 시중 사안은 멀리서 환온이 보이면 황급히 꿇어앉아 배례했다. 환온은 당대의 명사가 이런 모습을 보이자 크게 놀라 물었다.

"안석安石(사안의 자), 당신은 왜 나를 향해 이런 예를 올리는 것이오?"

사안이 대답했다.

"군주가 앞에서 절을 올리거나 신하가 뒤에서 읍揖을 하는 경우는 없습니다."

사안조차 환온을 황제로 예우했던 것이다.

환온의 참군 치초의 관직은 비록 높지 않으나 조정의 관원들은 그가 환온의 지낭이라는 사실을 잘 알고 있었기에 모두 두려워하며 섬기는 모습을 보였다. 사안이 좌위장군 왕탄王坦과 함께 아침 일찍 치초의 부중으로 갔으나 그를 만나려는 사람이 너무 많아 반나절이 지나도록 만날 길이 없었다. 왕탄이 더 이상 참지 못하고 이내 수레를 타고 떠나려 하자 사안이 황급히 그의 소매를 잡고 이렇게 애원했다.

"가문을 살리기 위해 조금만 더 인내할 수 없단 말이오?"

간문제 사마욱은 자가 도만道萬으로 동진 원제의 작은아들이다. 그 역시 현학에 조예가 깊었다. 이런 사람은 세상을 구하는 용략이 없기 마련이다. 그는 즉위 이후 늘 폐출될까 두려워했다. 사안은 간문제를 서진의 진혜제 사마충과 같은 부류로 간주했다. 단지 청담을 애기하는 면에서 진혜제보다 약간 나을 뿐이었다.

간문제는 즉위한 지 얼마 안 돼 병이 들었다. 상황이 심각해지자 조정은 사방으로 조서를 보내고 환온에게 입조해 정사를 돕게 했다. 환온이 거절하자 사마욱은 주공이 섭정한 고사를 예로 들며 양위의 뜻을 밝히는 서신을 썼다.

"어린 자식이 가히 보필할 만하면 보필하고, 그렇지 못하면 그대가 스스로 취하도록 하시오!"

시중 왕탄이 이 서신을 보고 간문제의 병상 앞에서 찢어 버렸다.

"천하는 선제宣帝(사마의)와 원제元帝(사마예)의 천하입니다. 폐하가 어찌 이를 누구에게 줄 수 있다고 생각하는 것입니까?"

간문제는 왕탄의 충성을 아는 까닭에 그가 조서의 내용을 일부 고치도록 허용했다. 이에 국가의 중요 대사는 대사마 환온에게 고하고, 제갈량과 왕도의 고사에 준해 처리토록 하는 식으로 바뀌었다. 이날 간문제는 53세의 나이로 병사했다. 숨을 거둔 시점은 보위에 오른 지 8개월 만인 간문제 함안咸安 2년(372년) 7월이었다.

군신들은 환온이 아직 입조하지 않은 까닭에 감히 태자 사마요司馬曜를 새 황제로 옹립할 생각을 하지 못했다. 상서복야 왕표가 결단해 사마요를 옹립했다. 그가 바로 동진의 효무제孝武帝다. 당시 저태후는 이미 환온에게 주공의 전례를 좇아 섭정하라는 내용의 조서를 내려놓은 상태였다. 이는 환온을 사실상 섭황제攝皇帝(대리 황제)에 임명한 것이나 다름없었다. 하지만 왕탄이 저태후에게 간해 마지막에 이를 저지시켰다.

당시 환온은 간문제가 죽기 직전 보위를 자신에게 넘겨줄 것으로 생각하고 있었다. 설령 그리하지 않을지라도 최소한 자신에게 주공의 예를 좇도록 조치할 것으로 예상했다. 그러나 결과가 엉뚱하게 나타나자 크게 노했다. 그는 내심 왕탄과 사안 등이 주동한 것으로 생각해 원한을 품었다.

효무제 영강寧康 원년(373년) 3월, 환온이 군사를 이끌고 건강으로 들어갔다. 도성의 인심은 흉흉했다. 환온이 입경하자마자 왕탄과 사안을 주살하고 보위를 차지할 것이라는 소문이 무성했다. 이 소문을 듣고 왕탄은 크게 놀랐으나 사안은 태연했다. 백관들이 교외로 나가 대사마 환온을 신정新亭에서 맞았다. 왕탄이 목숨을 부지하기가 어렵다고 생각해 사직하려고 하자 사안이 만류했다.

"진나라의 존망이 이번 일에 달려 있소!"

환온이 신정에 도착하자 백관들이 길 옆에서 배례를 올렸다. 그는 병사들을 사방으로 둘러친 뒤 백관들을 차례로 접견했다. 백관들 모두 전율하는 모습이 그대로 드러났다. 왕탄은 땀을 비 오듯 흘리며 홀을 거꾸로 들었다. 오직 사안만이 조용한 모습으로 자리로 나아갔다.

백관이 좌정하자 사안이 웃으며 환온에게 말했다.

"내가 들건대 제후에게 도가 있으면 사방을 수호한다고 했소. 명공은 하필 여기에 이처럼 많은 병사들을 배치한 것이오?"

환온도 사안의 말에 웃으며 답했다.

"부득불 그리된 것이오!"

두 사람은 오랜 교분이 있었던 까닭에 여러 얘기를 하며 담소했다. 밤이 되자 환온이 사안과 왕탄 두 사람을 불러 국사를 논의했다. 치초는 환온의 명에 따라 방에 휘장을 치고 몸을 숨긴 뒤 얘기를 엿들었다. 마침 바람이 불어 휘장이 올라가자 치초가 엉덩이를 꼿꼿이 세우고 정신을 집중해 엿듣는 모습이 드러났다. 사안이 웃으며 말했다.

"치생은 가히 막빈幕賓(장군 막부의 손님)이라고 부를 만하오!"

사안 등의 설득으로 동진의 황실은 가까스로 보존될 수 있었다.

환온은 건강에 14일 동안 머무는 사이 이내 옛날 병이 도졌다. 곧 군사를 이끌고 본거지인 고숙으로 갔다. 병이 위독해지자 환온은 곧바로 조정에 사람을 보내 구석을 내릴 것을 청했다. 사안과 왕탄은 이를 거절할 길이 없어 이내 원굉袁宏을 시켜 환온에게 구석을 내리는 조명을 작성시켰다. 원굉이 초고를 작성한 뒤 왕탄에게 보여 주었다. 왕탄이 화미한 문장을 칭송하면서 이같이 말했다.

"경은 실로 뛰어난 재주를 지니고 있으나 어찌 이를 사람들에게 그대로 내보일 수 있겠소."

사안도 초고를 본 뒤 여러 곳을 고쳤다. 이로 인해 조명이 곧바로 나오지 못했다. 원굉이 이상한 낌새를 눈치채고 은밀히 왕탄에게 어찌 써야 하는지를 물었다. 왕탄이 대답했다.

"듣건대 환온의 병세가 날로 중해지고 있다고 하오. 대략 얼마 가지 못할 듯하오. 구석을 내리는 조명도 늦출 수 있는 데까지 늦추도록 하는 게 좋을 듯하오."

조명이 늦춰지면서 결국 환온은 구석을 받지 못했다.

효무제 영강寧康 원년 7월 환온이 고숙에서 병사했다. 그의 나이 62세였다. 진나라 조정은 곽광의 예를 좇아 그를 장사 지내고 승상으로 추증했다.

환온이 죽기 전에 그의 동생 환충이 형의 병사들을 통솔했다. 하지만 환온의 세자 환희桓熙와 그의 동생 환제桓濟가 불복했다. 이들은 숙부 환충을 제거하려고 했다. 환충은 이를 미리 눈치채고 두 사람을 비밀리에 체포했다. 그러고는 환온의 막내아들 환현桓玄을 후사로 삼아 남군공의 작위를 세습케 했다. 이때 환현은 겨우 여섯 살에 지나지 않았다.

환온에게는 모두 6명의 아들이 있었다. 장남과 차남인 환희와 환제는 장사로 옮겨져 기한도 없는 유배형에 처해졌다. 3남인 환흠(桓歆)은 요절했고, 4남 환의(桓禕)는 태어날 때부터 백치였다. 5남 환위(桓偉)는 성실하고 충후한 까닭에 안서장군과 형주자사 등을 역임했으나 30세 전후로 병사했다. 6남 환현은 훗날 황제를 칭하기도 했으나 이로 인해 환씨는 멸족을 당하고 말았다.

환충은 온량하고 신의가 두터웠다. 스스로 중앙 조정의 요직을 사양하고 양주자사 등의 외직을 택하면서 행정 대권을 사안에게 양보했다. 훗날 전진의 부견이 남침했을 때 투항한 장수 주서(朱序)는 원래 환충이 천거한 자였다. 주서가 투항하자 환충은 크게 수치스러워했다. 비수대전에서 부견이 패퇴할 당시 주서가 큰 소리로 "진 나라 군사가 패했다!"고 외치는 것으로 공을 세우고 돌아오자 환충은 이로 인해 더욱 부끄러워했다. 그는 몸에 잔병이 많아 동진이 대승을 거둘 당시 병사하고 말았다. 당시 57세였다. 조정은 그에게 태위 벼슬을 추증하고 선목(宣穆)의 시호를 내렸다. 사서의 기록에 따르면 환온은 죽기 직전 환충이 장차 사안과 왕탄을 어떻게 처리하면 좋을지를 물어보자 이같이 대답했다.

"그들은 네가 처분할 수 있는 사람들이 아니다!"

환온이 생전에 사마사와 사마소처럼 찬위할 마음이 있었다면 왕탄과 사안을 제거했을 것이다. 공정한 입장에서 보면 환온은 대국을 중시해 사안 및 왕탄과 같은 인재를 살려 두었다고 볼 수 있다. 그렇지 않았다면 훗날 부견이 대군을 이끌고 남침했을 때 사안이 이를 물리치는 일도 없었을 것이다. 사관도『진서』「환온전」에서 그의 공을 높이 평가해 놓았다.

환온은 본래 근검했다. 비록 권력이 제왕을 능가할 정도로 막강했으나 매번 음연(飮宴)할 때면 7개의 쟁반에 다과만 내오도록 했다. 그는 평생 두 사람만 존경했다. 유곤과 왕돈이 그들이다. 제1차 북벌 직후 환온이 장안에서 재주가 좋은 노파를 한 명 데리고 온 적이 있었다. 그녀는 전에 유곤의 부중에 있던 가기(歌妓)였다. 이 노파는 환온을 보자마자 눈물을 뚝뚝 흘렸다. 환온이 그 이유를 묻자 이같이 대답했다.

"그대는 유사공劉司空(유곤)과 꼭 닮았습니다."

이 말을 듣고 환온은 크게 기뻐했다. 집에 돌아온 그는 몸을 단장하고 의관을 정제한 뒤 다시 그 노파를 불러 물었다. 노파가 대답했다.

"얼굴도 많이 닮았으나 약간 얇고, 눈도 많이 닮았으나 약간 작고, 수염도 많이 닮았으나 약간 붉고, 체구도 많이 닮았으나 약간 짧고, 목소리도 많이 닮았으나 약간 가볍습니다."

환온은 왕돈과도 여러 면에서 닮아 있었다. 어렸을 때부터 무략이 뛰어났고 젊었을 때 황실의 부마가 된 후 대장군에 제수되었고, 세운 공업 또한 탁월했으며 만년에 보위를 찬탈하려는 생각을 지녔고, 마지막 단계에서 대업을 이루지 못했으며 이로 인해 병이 나 죽은 점 등이 똑같다. 『진서』가 왕돈과 환온을 열전의 같은 편에 편제해 놓은 이유다.

아쉬운 것은 그가 호언했듯이 새 왕조를 세워 유방백세遺芳百世를 이루지도 못하고, 나라를 찬탈해 유취만년遺臭萬年을 행하지도 못한 점이다. '유방백세'와 '유취만년' 사이에 본질적인 차이는 없다. 폭란을 제거하고 도탄에 빠진 인민을 구제하는 게 관건이다. 수천 년 동안 '만고의 역적'으로 매도된 조조가 20세기 중엽 이후 '난세의 영웅'으로 재평가 받는 게 그 증거다. 조조와 사마의는 비록 당대에는 보위에 오르지 못했으나 사후에 황제로 추존됐다. 환온은 훗날 아들 환현에 의해 선무황제宣武皇帝에 추존되기는 했으나 겨우 2년에 그친 데다 이 일로 인해 일족이 모두 주륙을 당하고 말았다. 차라리 추존을 받지 않느니만도 못했다.

제9장

전진 부견의
자만과
패망

전진의 굴기

서진이 패망한 후 황하 유역은 흉노와 선비, 갈, 저, 강 등 5개 민족의 각축장이 되었다. 이후 수십 년 동안 모두 16개의 왕조가 명멸했다. 이들은 문득 출현했다가 홀연히 사라졌다. 이들 가운데 가장 안타까운 것은 당대의 영웅 부견이 웅지를 펼친 전진前秦이다. 부견은 왕맹 등과 같은 인물의 보필을 받아 전량을 멸하고, 오연烏延을 치고, 서량에 위세를 떨치고, 연나라 모용위가 이끄는 40만 대군을 격파하고, 전연을 멸망시키고, 북방을 통일했다. 당시 부견이 백성을 다독이며 천시를 기다렸다면 동진의 내란을 틈타 천하를 통일할 수도 있었다. 그리했다면 수문제보다 몇 백 년 앞서 통일 시대를 열 수 있었다.

그러나 그는 천시를 어기고, 군신들의 반대를 무릅쓰고 단기간 내에 87만 대군을 동원해 일거에 동진을 삼키고자 했다. 그 결과는 비수淝水 싸움의 참패로 나타났다. 비수 전투는 후대 문인들의 상상력을 크게 자극했다. 당시의 상황과 관련한 성어와 글이 무수히 등장하게 된 배경이다.『진서』「부견재기」에 나오는 투편단류投鞭斷流와 풍성학려風聲鶴唳, 초목개병草木皆兵 등의 성어가 그 실례다. 이중에서 통상 '투편조류投鞭阻流'로도 쓰는 '투편단류'는 채찍을 던져 강의 흐름을 끊는다는 뜻으로 병력이 많고 강대함을 비유하여 이르는 말이다. 부견은 전연과 전량을 항복시켜 강북을 통일한 여세를 몰아 동진을 멸해 천하를 통일하려고 보병 60만, 기병 27만의 대군을 거느리고 장안을 출발했다. 그러나 신하들 중 권익은 동진에 현명한 신하가 많다는 이유로 반대했다. 석월石越도 동진은 장강에 의거하고 있고 그 조정에 혼란의 증후도 없으므로 군사를 움직이는 것은 불리하다며 출병을 반대했다. 그러나 부견은 전진의 대군이 가지고 있는 말채찍으로도 능히 장강의 흐름을 막을 수 있다며 공격을 감행했다. '투편단류' 성어가 나온 배경이다.

그러나 비수의 싸움은 단지 군사의 수가 많다고 승리하는 게 아니라는 사실을 뚜렷이 증명했다. 당시 혼란에 빠진 전진의 군사는 아군이 적군으로 보이는 혼란 속에 서로 짓밟으며 달아났다. 물에 빠져 죽는 자가 부지기수였다. 겨우 목숨을 건진 군사들은 갑옷을 벗어 던지고 밤을 새워 달아났다. 얼마나 겁에 질렸던지 바람 소리와 학의 울음소리만 들려도 동진의 군사가 뒤에서 쫓아오는 줄 알고 도망가기에 바빴다. 여기서 '풍성학려風聲鶴唳'라는 성어가 나왔다. 겁을 먹은 사람이 하찮은 일이나 작은 소리에도 몹시 놀람을 비유하는 말이다. 적을 두려워한 나머지 온 산의 초목까지도 모두 적군으로 보인다는 뜻의 '초목개병草木皆兵' 성어는 시각적인 착각을 말하는 것으로 같은 고사에서 나온 것이다. 그러나 풍성학려와 초목개병 모두 이민족인 부견을 비하하려는 취지에서 나온 것으로 지나친 바가 있다.

부견의 조부 부홍符洪은 자가 광세廣世로 서진 약양 임위(감숙성 진안)의 저족 추장이었다. 그의 원래 이름은 포홍蒲洪이었다. 이는 그의 집 안 연못에 부들이 많이 핀 까닭에 성을 '포蒲'로 삼은 결과였다. 훗날 그의 손자 부견은 성을 포씨에서 부씨符氏로 바꿨다. 이는 '초부응왕草付應王'이라는 참언에 따른 것이었다. 풀 '초艸' 변의 성을 지닌 사람이 왕이 될 수 있다는 취지였다. '포蒲' 자도 풀 '초' 변이 있기는 하나 참언에 제대로 부응하기 위해 성을 부씨로 바꾼 것이다. 부견의 백부 부건符健은 황시皇始 2년(352년) 황제를 칭하면서 부친 포홍을 혜무제惠武帝로 추시했다. 모든 사서가 포홍을 부홍으로 기록해 놓은 이유다.

서진이 팔왕의 난으로 크게 어지러워진 상황에서 흉노의 유요가 칭제하며 압박하자 부홍은 이내 귀순해 솔의후에 봉해졌다. 얼마 후 유요가 후조의 석륵에게 패하면서 부홍은 석호에게 투항한 뒤 많은 공을 세워 서평군공에 봉해졌다. 그의 휘하 장수 중 관내후關內侯에 봉해진 자가 2천여 명에 달했다. 그의 군사가 얼마나 많은 공을 세웠는지 짐작할 수 있는 대목이다. 부홍은 이들 관내후들의 두목에 해당했다.

후조는 폭군 석호가 죽자 곧바로 붕괴했다. 부홍은 천하 정세를 면밀히 검토한 뒤 명의상 동진에 귀부했다. 이후 많은 한족이 그의 휘하로 몰려들면서 어느새 10만여 명의 군사를 거느리게 되었다. 동진의 목제 영화 6년(350년) 동진 조정은 그를 정북대장군, 기주자사, 광천군공에 봉하면서 하북의 군사를 총괄케 했다. 당시 부홍 휘하의 막료들은 그에게 칭제할 것을 권했다. 천하의 일각을 겨우 차지하고 있다는 사실을 잘 알고 있던 부홍은 황제를 칭하는 대신 스스로 대장군, 대선우, 삼진왕三秦王을 칭했다. 16국 중에서 가장 융성했던 전진前秦의 탄생 배경이다.

부홍은 이후 석호의 부장 마추를 격파해 포로로 잡은 후 군사軍師로 삼고는 크게 총애했다. 야심을 품은 마추는 부홍을 연회에 초대해 은밀히 독살한 뒤 그의 부중을 손에 넣고자 했다. 부홍의 세자 부건苻健은 수상한 정황을 발견하고 이내 군사를 이끌고 가 그의 목을 베었다. 부홍은 죽기 직전 세자 부건에게 이같이 말했다.

"중원은 너희 형제들이 능히 점거할 곳이 아니다. 관중의 형세가 좋으니 내가 죽은 뒤 서쪽으로 진격해 이를 취하도록 하라!"

그는 이 말을 마치고 66세의 나이로 숨을 거뒀다.

부건은 보위에 오른 후 짐짓 왕호를 버리고는 동진이 하사한 작호를 사용했다. 관중을 취하기 위한 암수였다. 그는 이내 5천 명의 군사를 이끌고 동관을 통해 관중으로 들어갔다. 이후 동진의 장수 두홍杜洪과 장선張先을 격파한 뒤 장안을 도성으로 삼고 주변의 삼보三輔를 안정시켰다.

동진 영화 7년(351년) 부건은 스스로 천왕天王, 대선우를 칭한 뒤 연호를 황시皇始로 정했다. 황시 2년(352년) 부건이 마침내 황제를 칭했다. 이때 그가 동진의 장수 장거張遽를 깨뜨리자 동진의 진서장군 사상이 창황으로 도주했다. 사상은 사안의 족형이다. 황시 4년(354년) 부건은 백록원에서 환온이 이끄는 동진의 군사를 대파했다. 이로써 전진의 기틀이 확고히 잡혔다. 이후 부건은 한고조 유방을 흉내 낸 약법삼장約法三章을 발표해 인심을 모으고, 부역을 줄이고, 선비들을 우대하는 등 유학 숭상 정책을 펼쳤다.

얼마 후 부건이 중병에 걸려 자리에 누웠다. 태자 부장은 환온이 관중에 들어왔을 때 유시에 맞아 죽은 까닭에 3자인 부생이 태자가 되었다. 부건의 조카 부청苻菁은 부건이 중병에 걸렸다는 소식을 듣자 부생을 죽이고 보위에 오르기 위해 급히 무리를 이끌고 동궁으로 쇄도했다. 부건은 난이 일어났다는 소식을 듣자 아픈 몸을 이끌고 단문端門에 올라가 갑사들을 포진시켰다. 모반에 참여한 병사들은 황제가 살아 있는 모습을 보고는 크게 놀라 사방으로 도주했다. 부청은 이내 목이 잘렸다. 며칠 뒤인 황시 5년(355년) 5월 부건이 병사했다. 보위에 오른 지 4년 만이었다. 당시 39세였다.

뒤를 이은 태자 부생은 중국 역사상 몇 안 되는 유명한 폭군이다. 그는 태어날 때부터 애꾸였다. 할아버지 부홍은 그를 매우 꺼렸다. 그가 16세가량 되었을 때 하루는 부홍이 곁에 있는 시종에게 물었다.

"내가 듣건대 애꾸는 한쪽 눈으로만 눈물을 흘린다고 하던데 그게 사실인가?"

"그렇습니다."

곁에 있다가 이 말을 들은 부생이 대로한 나머지 곧바로 패도를 꺼내 자신의 얼굴을 그었다. 피가 철철 흘러내리는 가운데 그가 한 맺힌 소리로 말했다.

"이 또한 눈물입니다!"

부홍이 크게 놀라 채찍을 들어 패악한 손자를 마구 때렸다. 부생은 피할 생각도 하지 않은 채 이를 갈며 대들었다.

"저는 본래 칼과 창에 맞서는 것을 좋아합니다. 그러나 채찍을 맞는 수치는 견딜 수 없습니다."

부홍이 더욱 화가 나 소리쳤다.

"네가 계속 이같이 하면 너를 노비로 삼을 것이다!"

부생이 다시 대꾸했다.

"저를 석륵과 같은 인물로 바꿀 수는 없을 것입니다!"

당시 석씨의 후조는 석호가 정권을 잡고 있었다. 부홍은 석호에게 투항한 상태였다. 젊었을 때 노비로 있던 석륵의 이름을 함부로 거명한 사실이 알려지면 석호가 대로해 부씨 일족을 몰살할 공산이 컸다. 이 얘기를 들은 부홍은 신발을 신을 사이도 없이 호상에서 구르듯이 내려와 부생의 입을 막았다. 그가 머리를 돌려 부건에게 말했다.

"이 아이는 미쳤으니 미리 없애느니만 못하다. 그렇지 않으면 장차 일족의 씨를 말릴 것이다."

부건이 칼을 뽑아 자식을 죽이려고 하자 부홍이 탄식하며 막았다.

"나중에 잘될 수도 있으니 살려 줘라."

부생은 성장한 후 천 균鈞(1균은 30근)을 들 정도로 힘이 절륜해 능히 맨손으로도 맹수를 때려잡을 정도였다. 환온이 북벌에 나섰을 때 부생은 수십 차례에 걸쳐 단기필마로 적진에 뛰어들어 적의 장수기를 뽑아내고 적장의 목을 베었다.

부생은 즉위 직후 무차별로 사람을 죽이기 시작했다. 전에 대장 강회强懷가 진몰했을 때 그의 아들 강연强延이 응당 부친의 장군 직위를 이어받아야 했으나 부건이 죽는 바람에 그러지 못했다. 부생이 사냥에 나섰을 때 강회의 부인 번씨樊氏가 노상에서 이를 상서했다. 유홍이 지체된 것에 화가 난 부생은 곧 활을 쏘아 번씨를 죽여 버렸다. 보다 못한 전진의 중서감이 상서해 천상天

^彗이 경계를 보이고 있다며 부디 덕을 닦아 백성들을 다독일 것을 간하자 부
생은 낄낄거리며 말했다.

"짐은 천하에 임하면서 국상에 따른 변고를 대비하고 있다. 이제 대신이 꾸
짖는 지경에 이르렀으니 응당 보정대신으로 천하를 다스리는 모태부^{毛太傅}와
양거기^{梁車騎}, 양복야^{梁僕射} 등을 제거해 하늘의 경계를 좇아야 할 것이다."

그러고는 황후 양씨와 보정대신들을 모두 죽여 버렸다. 얼마 후 직언을 아
끼지 않은 승상 뇌약아^{雷弱兒}와 그의 아들 9명, 손자 27명도 모두 도륙했다.
한번은 황궁에서 대신들을 불러 놓고 술을 마셨는데 술을 마시지 않는 신하
가 있으면 권주를 담당하는 관원을 쏘아 죽였다. 놀란 신하들이 정신없이 술
을 마셔 주석에서 낭자하게 토하는 등 난장판이 되었다. 부생은 이런 모습을
보며 즐거워했다. 그의 외숙 강평^{彊平}이 간하자 대로한 부생은 나무에 구멍을
뚫는 끌로 강평의 머리를 뚫어 버렸다. 동생이 죽는 모습을 본 황태후 강씨는
이내 병사했다.

당시 전진에서는 야수들이 사람들을 잡아먹는 일이 많았다. 마치 부생이
살생하는 것과 닮아 있었다. 『자치통감』은 군신들이 이를 간하자 부생이 이
같이 대답했다고 기록해 놓았다.

"야수들은 배가 고파 사람을 잡아먹는 것이니 배가 부르면 이내 멈춘다.
지금 내가 죽인 숫자는 겨우 수천 명에 지나지 않으니 형벌이 엄하다고 할 수
없다. 거리에 사람들이 어깨가 스칠 정도로 많으니 사람이 적다고 할 수는 없
는 일이다!"

그는 소나 양 등의 짐승들을 산 채로 껍질 벗기는 것을 좋아했다. 껍질이
벗겨진 짐승들이 비명을 지르며 궐내를 뛰어다니는 것을 보며 즐겼다. 사람
도 예외가 아니었다. 사형수의 얼굴 가죽을 벗겨 낸 뒤 그들에게 이를 뒤집어
씌우고 노래와 춤을 추게 하고는 대신들을 불러 함께 감상했다.

별명이 독안룡^{獨眼龍}이었던 그는 꺼리는 것도 매우 많았다. 부족^{不足}, 불구^不
^具, 소^少, 결^缺, 무^無, 잔^殘, 훼^毀, 편^偏 등의 글자를 썼다가는 죽음을 면치 못했다.

부씨 왕족 중 부황미는 강족의 추장 요양을 죽이는 등 대공을 세웠으나 아무런 포상도 받지 못했다. 게다가 부생은 많은 사람들이 보는 앞에서 그를 모욕했다. 부황미는 부생을 죽인 뒤 자립할 생각을 했다. 그러나 도중에 기밀이 누설돼 수많은 부씨 왕족이 죽임을 당했다. 의심을 받으면 그 누구도 무사하지 못했다. 부생은 즉위 초 꿈속에서 커다란 물고기가 부들 잎을 먹는 꿈을 꾼 적이 있었다. 이후 장안에는 "동해 대어가 용이 되니, 남자는 왕이 되고 여자는 공주가 된다네. 어디가 낙양 성문의 동쪽인지 물어보게나!"라는 동요가 나돌았다. 부생은 어씨 성의 대신이 주인공이라고 생각해 곧바로 시중 및 태사로 있는 어준魚遵을 비롯해 그의 7명의 아들과 10명의 손자를 몰살했다.

당시 부씨 황족 중에서는 유독 좌불안석인 사람이 있었다. 동해왕 부견이 바로 그 주인공이었다. 부견은 부생의 사촌 형이었다. 그의 부친 부웅은 부건의 동생으로 군사에 밝았으나 불행히도 젊었을 때 병사했다. 슬하에는 부법苻法과 부견 등 두 아들이 있었다. 부견은 동해왕이었기 때문에 동요의 뜻과 부합했다. 그의 저택 역시 낙양 성문의 동쪽에 있었다. 그는 어준이 죽는 것을 보고 침식을 제대로 하지 못할 정도로 불안해했다.

하루는 부생이 밤늦게까지 술을 마시다가 곁에 있는 시녀에게 말했다.

"부법 형제가 사람들로부터 신망을 받도록 방치하지 않을 것이다. 내일 그들을 죽여 버리고 말겠다."

공교롭게도 이 시녀는 부법 형제로부터 총애를 받고 있었다. 그녀는 몰래 궁을 빠져나가 이를 알렸다. 부법 형제는 크게 놀랐다. 부법은 곧 수백 병의 병사를 이끌고 운룡문으로 잠입했고, 부견은 3백 명의 장사를 이끌고 북을 치며 진공했다. 당직 중인 어림군御林軍은 모두 무기를 놓고 부견의 대오에 가담했다. 이들 무리가 내궁으로 쳐들어갈 동안 부생은 혼취해 잠에 떨어져 있었다. 그의 목이 곧바로 바닥에 떨어졌다. 수광壽光 원년(355년) 5월의 일이었다. 당시 부생의 나이는 23세였다.

이와 관련해 『낙양가람기洛陽伽藍記』에는 부생에 대한 북위의 은사 조일趙逸

의 언급이 실려 있다. 『낙양가람기』는 북위 때 기성 태수 양현지楊衒之가 낙양의 사찰에 관한 전설과 고적古蹟 등을 기록해 놓은 문집이다. 조일의 언급은 『진서』와 정반대되는 내용이다.

"부생은 용맹하고 술을 좋아했으나 어질고 살인을 좋아하지 않았다. 그가 행한 일을 보면 흉포한 일이 없었다. 그러나 사가들은 천하의 모든 악을 그에게 뒤집어씌웠다. 부견은 스스로 현명한 군주를 자처했다. 그는 보위를 찬탈한 뒤 멋대로 부생을 폭군으로 몰았다. 무릇 사관이란 모두 이런 자들이다."

이것이 사실이라면 부견이 사신들을 조종해 멋대로 역사를 날조한 셈이다. 부씨 정권은 갈족의 석씨와 달리 한족에 대해 무차별적인 폭정을 행한 적이 없다. 이런 점 등을 감안할 때 부생에 대한 『진서』의 기록은 조작됐을 가능성을 배제할 수 없다.

오랑캐 황제와 한족 명신

부견은 자가 영고永固이다. 태어나면서부터 등 뒤에 붉은색 무늬가 있었는데 자세히 보니 '초부신우토왕함양草付臣又土王咸陽'이라는 여덟 자였다. '부씨성을 가진 신하가 함양에서 왕이 된다'는 뜻이다. 후대인이 부견을 미화하기 위해 만든 것으로 보는 게 옳다.

부견은 어렸을 때부터 영특해서 눈에서 빛이 났다고 한다. 부홍은 이 손자를 크게 총애한 나머지 '견두堅頭'라고 불렀다. 일곱 살 무렵 부견은 할아버지 부홍 곁에서 명을 기다리면서도 행동거지가 모두 예에 맞아 부홍을 기쁘게 했다. 여덟 살 무렵에는 부홍에게 선생님을 붙여 달라고 요구하면서 유학을 열심히 공부했다. 이를 본 부홍이 찬탄했다.

"우리 일족은 변방에서 살아온 까닭에 오직 술과 고기를 먹는 것밖에 모르는데 누가 너처럼 어렸을 때부터 학문을 열심히 배우리라고 생각이나 했겠는가?"

부건은 관중에 들어온 후 이 어린 조카를 용양장군에 임명한 뒤 군사를 이끌고 종횡으로 움직이며 정벌에 나서게 했다. 그는 늘 앞장서서 진군한 까닭에 부하들의 탄복을 자아냈다. 게다가 박학다재한 데다 가슴에 큰 뜻을 품고 있어 영웅의 모습이 완연했다. 실제로 그의 주변에는 왕맹을 비롯해 여파루^{呂婆樓}, 강왕^{强汪}, 양평로^{梁平老} 등 뛰어난 책사와 명장들이 포진해 있었다. 그가 일거에 부생을 제거하고 용상에 앉은 이유다.

그는 즉위 직후 한번은 등용문에 올라 좌우를 살펴보고는 크게 찬탄했다.

"참으로 뛰어나구나, 산하의 험고함이여!"

그러자 신하 권익^{權翼}이 간했다.

"산하의 험고함은 족히 믿을 바가 못 됩니다. 덕망 있는 군주는 응당 옛 성인을 좇아 덕정을 베풀어야 합니다. 치도^{治道}는 덕에 있지 산하의 험고함에 있는 게 아닙니다."

부건이 크게 기뻐하며 그의 계책을 좇았다. 백성들과 병사들에게 휴식을 갖게 하며 생산을 독려했다. 한족들이 주요한 자리를 차지하자 저족 출신들이 반발했다. 저족 출신 공신인 번세^{樊世}가 한족 출신 왕맹에게 따졌다.

"우리들이 애써 경작하면 너희들은 곡식만 먹고 있다!"

왕맹이 대답했다.

"그대는 나를 위해 경작하는 것도 아니고 취사하는 것도 아니지 않는가?"

화가 난 번세가 왕맹에게 욕을 해 댔다.

"내가 반드시 네 머리를 잘라 장안 성문에 매달고 말 것이다. 그렇지 않으면 나는 이 세상에 살아 있지 않을 것이다!"

이 이야기를 들은 부건이 대로한 나머지 왕맹에게 말했다.

"이자를 죽여 없애야만 조정의 규율이 제대로 잡힐 것이오."

이때 번세가 궁으로 들어와 진언했으나 부건은 이에 응하지 않고 아예 화

「선문군수경도宣文君授經圖」 부분. 선문군은 전진의 태상이었던 위령의 어머니이다. 이 그림은 전진의 황제 부견이 위령의 집에 강의실을 꾸미고 학생들을 선발해 위령의 어머니에게 예악을 배우게 하는 장면을 그린 것이다. 부견은 이처럼 학문을 중흥시키고 백성의 삶을 안정시킨 현명한 군주였다.

제를 돌려 왕맹에게 이같이 물었다.

"나는 양벽楊璧에게 내 딸을 주고 싶은데 그가 어찌 생각할 듯싶소?"

번세가 발연히 화를 냈다.

"양벽은 제 사위가 될 사람으로 이미 오래전에 정혼한 바 있습니다. 폐하는 어찌하여 그에게 공주를 시집보내려는 것입니까?"

그러자 왕맹이 소리를 높여 번세를 질책했다.

"폐하는 천하의 주인인데 어찌 감히 사위 문제를 놓고 폐하와 다투려는 것인가? 존비상하尊卑上下가 조금도 없구나!"

번세가 왕맹을 때리려고 하자 좌우에서 급히 말렸다. 번세가 함부로 욕을 해 대자 대로한 부견이 마구간으로 번세를 데리고 가 목을 치게 했다. 이 소식을 들은 저족 귀족들이 분분히 들고 일어났다. 그러자 부견이 더욱 화를 냈다. 대신 권익이 진언했다.

"폐하는 한고조 유방처럼 마음이 넓고 사리에 통달한 기개를 갖고 있습니다. 그러나 욕을 하는 태도는 배울 바가 못 됩니다."

부견이 이 말을 듣고 웃었다.

"짐이 잘못했소!"

이 일을 계기로 저족 귀족들은 왕맹을 크게 두려워했다. 당시 왕맹과 어사중승 등강鄧羌, 두 사람이 부견을 헌신적으로 보필했다. 몇 달 사이 조정의 기강이 엄숙해졌다. 강호強豪한 귀족 20여 명을 제거한 덕분이었다. 그중에는 부견의 처제인 강덕彊德도 있었다. 그러다 보니 사람들은 길에 물건이 떨어져 있어도 줍지 않을 정도였다. 부견이 찬탄했다.

"나는 이제야 천하에 법이 통하는 이치와 천자의 존귀한 위엄이 무엇인지를 알게 됐다!"

부견은 중농억상 정책을 통해 세금과 요역을 크게 감면하고, 매월 태학으로 나가 학생들을 격려했다. 한화漢化가 급속히 진행된 배경이다. 이에 반발한 흉노 좌우현왕의 반란을 비롯해 부생의 형제인 부류苻柳와 부쌍苻雙 및 부유

等의 반란이 잇달아 일어났으나 신속히 제압됐다.

동진의 권신 환온이 전연의 모용씨를 칠 때 부견은 순치脣齒의 의리를 좇아 군사를 파견해 이들을 도왔다. 환온이 대패한 이유다. 당시 모용위는 부견에게 파병의 대가로 호뢰 이서의 땅을 주기로 약속했다. 그러나 막상 환온이 철군하자 이를 지키지 않았다. 부견은 대로해 전연을 치기로 결심했다. 이에 왕맹이 대군을 이끌고 연나라로 쳐들어갔다.

왕맹의 보필

왕맹은 자가 경략景略으로 북해의 극현 사람이었다. 어려서부터 박학한 데다 병서를 특히 좋아하며 큰 뜻을 지녔다. 그러나 당시 부화한 청담가들은 그를 바보로 취급하며 비웃었다.

환온이 관중으로 들어왔을 때 그는 낡은 옷을 입고 이를 잡으며 환온과 세상사를 논했다. 두 사람은 마치 삼국 시대의 유비와 제갈량이 그랬듯이 단 한 번의 만남으로 평생지기를 만난 듯한 느낌을 받았다. 왕맹은 부견을 처음 만나자마자 그의 핵심 참모가 되었다. 부견은 보위에 오른 후 왕맹을 중서시랑에 임명한 뒤 그의 건의를 좇아 호강한 자들의 발호를 단호히 제거했다. 전진이 일시에 크게 다스려진 이유다. 부견은 왕맹을 상서좌복야, 보국장군, 사례교위에 임명해 궁중에서 숙위케 했다.

전연의 모용위는 부견의 도움으로 환온의 진공을 막은 후 배은망덕하게도 부견에게 한 약속을 후회하며 이를 모른 척했다. 마침 전연의 황실 내에서 내홍이 일어나자 갈 길이 없게 된 건국 공신 모용수가 일족을 이끌고 부견에게 몸을 맡겼다. 부견이 크게 기뻐하며 그를 고관에 임명한 뒤 왕맹에게 명해 전연의 토벌 계책을 세우게 했다.

부견의 장점은 인재를 널리 포용하는 것이었다. 그러나 가장 치명적인 약점 역시 지나친 관용에 있었다. 당시 부견이 모용수에게 크게 상을 베풀자 왕맹이 간했다.

"모용수는 연나라의 훈신입니다. 그는 부하들을 관인하게 대하고 있어 연나라와 조나라 땅 사람들 모두 그를 봉대하려는 생각을 갖고 있습니다. 더구나 그의 아들들은 모두 인걸입니다. 맹수와 교룡은 길들여 키울 수 있는 게 아닙니다. 지금 제거하느니만 못합니다."

하지만 부견은 불허했다.

"나는 지금 은의로 천하의 영호英豪를 거두고 있는 중이오. 만일 그를 죽이면 후인들이 장차 나를 어찌 평하겠소!"

모용수는 전연 토벌 과정에서 관군장군에 임명됐다.

당초 1세기 무렵 지금의 시라무렌 강 이북의 몽골 초원에는 많은 유목 부족이 몰려 살고 있었다. 이들은 오랜 기간 전쟁을 하는 동안 점차 하나의 거대한 집단으로 통합됐다. 대표적인 게 선비족 집단이다. 이들은 말과 관습 등이 오환烏桓과 유사했다.

1세기 중엽 흉노가 분열해 남흉노가 후한 제국에 내부하면서 광대한 몽골 초원은 주인이 없는 땅이 되어 버렸다. 이때 선비족이 고비사막 북쪽, 오환족이 남쪽으로 진출했다. 남아 있던 10여만 호의 흉노 부락은 이들과 융합됐다. 이들은 스스로 '선비'를 칭하며 점차 그 세력을 넓혀 가기 시작했다.

2세기 중엽 선비족의 우두머리로 단석괴檀石槐는 10만 명의 병사를 이끌고 막강한 무력을 자랑했다. 그는 선비 부족의 부락대인部落大人으로 추대를 받게 되자 지금의 하북성 장북長北 부근을 근거지로 삼아 사방의 여러 부족을 정복했다. 155년경에는 흉노의 옛 영토를 자신들의 세력 하에 넣었다. 후한은 회유하기 위해 그를 왕으로 봉하는 인수를 보냈으나 그는 이를 거절하고 계속 중원을 침공하다 45세에 병사했다. 그의 아들 화련和連이 왕위를 계승한 것을 계기로 선비 부락의 보위 세습이 이어지게 되었다.

단석괴가 생존할 당시 그의 휘하에는 '대인大人'이 이끄는 3개의 중요한 부족이 있었다. 중부대인, 동부대인, 서부대인이 그것이다. 중부대인은 모용慕容이었다. 전연과 후연 등을 세운 모용씨의 조상이다. 동부대인은 괴두槐頭였다. 훗날 북위에서 갈라져 나와 북주北周를 세운 우문씨宇文氏의 선조이다. 서부대인은 추연推演으로 이들이 훗날 16국 시대를 마무리 짓고 북중국을 통일한 북위를 세운 탁발씨拓跋氏의 조상이다.

이들 선비족은 조조가 건안 12년(207년) 오환을 토벌하는 것을 계기로 점차 위나라에 투항하기 시작했다. 선비족의 추장 가비능은 조조의 아들 조창이 오환을 대파할 당시 수만 명의 기병을 이끌고 쌍방의 전투를 관망하다가 싸움이 일방적으로 기울어지는 것을 보고 이내 투항했다. 조조가 생존할 당시 선비족 추장은 가비능을 비롯해 보도근步度根과 소리素利, 미가彌加, 궐기厥機 등의 대인이 이끌었다. 이들이 공물을 바치면서 통상을 허락해 줄 것을 청하자 조조는 곧바로 이를 받아들인 뒤 모두 왕으로 봉했다.

이중에서 가비능은 본래 선비족의 방계에 불과했으나 위인이 용감하고 공평하여 부중의 신망을 얻었다. 왕이 된 후 능히 위망에 기대어 각 부락을 통제하게 되자 그의 세력이 가장 강성했다. 운중과 오원을 시작으로 동쪽으로 요하에 이르는 지역이 모두 선비족의 땅이었는데 가비능은 소리 및 미가와 함께 이를 분할해 통치하면서 각각 분계선을 두었다. 가비능이 다스리는 지역은 중원과 접경하고 있어 중원의 많은 사람들이 반기를 들었다가 패배하면 그에게 망명했다.

이후 이들 선비족은 서진이 내란에 휩싸이자 점차 독립을 꾀하면서 북중국의 가장 막강한 세력으로 부상했다. 북중국에 성립한 16국 중 선비족이 세운 나라는 전연과 후연, 남연, 남량, 서진西秦 등 거의 절반에 가까웠다. 이들 선비족 중에서 모용씨는 피부색이 다른 선비 부족과 달리 흰색이었다. 이로 인해 '백부선비白部鮮卑'라는 별칭을 얻게 됐다. 이들 모용씨는 삼국 시대 말기에 이미 요동의 북쪽 지역으로 이동해 있었다. 서진이 멸망할 당시 모용외慕容

魔가 스스로 '선비대선우'를 칭하고 독립했다. 동진의 사마연 치세인 함강 3년(337년) 모용외의 아들 모용황慕容皝이 스스로 연왕燕王을 칭했다. 그는 후조의 석호가 이끄는 대군을 격파한 뒤 8만여 명의 병사를 몰살시켰다. 이를 계기로 모용씨 선비족이 세운 연나라가 북중국 최고의 세력으로 급부상했다. 사가들은 이를 전연이라고 한다.

모용황은 후조에 대승을 거둔 후 수도를 용성龍城(요녕성 조양)으로 옮긴 뒤 인접해 있는 부여와 고구려를 비롯해 같은 족속인 우문선비 등을 격파하고 광활한 요서를 호령했다. 이때 수많은 한족들이 분분히 전연에 투항했다. 당시 모용황은 짐짓 남쪽 동진을 종주국으로 삼는 모습을 보임으로써 갈족의 탄압에 신음하는 한족의 귀부를 부추겼다.

동진 목제 영화 4년(348년), 모용황이 죽자 그의 아들 모용준慕容儁이 보위에 올랐다. 이때 전연은 이미 30만 대군의 막강한 무력을 지니고 있었다. 투항한 한족들을 이용해 대규모 농경이 가능해지면서 경제력 또한 막강했다. 마침 한족 염민冉閔이 갈족의 석씨가 세운 후조를 멸하고 위魏나라를 세우자 모용준은 대군을 보내 염위에 맹공을 가했다. 당시 전연은 동진에 대해 계속 번국을 자칭한 데 반해 염위는 황제를 칭한 까닭에 동진은 이를 수수방관했다.

모용준은 염민의 목을 베고 염위를 손에 넣은 지 일곱 달 뒤인 동진 영화 8년(352년) 11월 마침내 황제를 칭하며 원새元璽를 독자적인 연호로 정하는 등 중원 장악의 속셈을 드러냈다. 이들은 이듬해에 도성을 용성에서 업성으로 옮겼다. 당시 업성을 수도로 한 전연의 영토는 매우 넓었다. 지금의 하북과 하남, 산서, 산동, 요서 일대가 모두 이들의 판도 안에 있었다.

모용준은 재위 9년째인 광수 3년(359년)에 병사했다. 그의 아들 모용위慕容暐가 뒤를 이었다. 당시 그의 나이는 겨우 11세에 지나지 않았다. 조정의 대권은 모용준의 동생인 태원왕 모용각의 수중에 있었다. 모용각이 헌신적으로 정사를 돌보면서 전연은 최고의 성세를 맞이했다. 그러나 건희建熙 8년(367년) 모용각이 병사하면서 내분에 휩싸이기 시작했다.

당시 모용각은 죽기 직전 자신의 동생인 오왕 모용수를 대사마에 천거했다. 모용황의 동생으로 태부太傅로 있던 상용왕 모용평慕容評이 이를 좇지 않고 모용위를 움직여 모용위의 동생 모용충慕容沖을 대사마로 삼게 했다. 원래 동진 환온의 제3차 북벌이 실패로 끝난 것은 모용수가 방두에서 동진의 군사를 대파한 결과였다. 나라를 패망의 위기에서 구한 것이다. 모용평 등은 모용수의 세력이 커지는 것을 우려해 그를 제거하려고 했다. 다급해진 모용수는 처자식 등 일족을 이끌고 황급히 전진의 부견에게 갔다. 전연의 패망은 여기에서 비롯되었다.

전진의 부견이 전연을 토벌하기로 결심한 것도 바로 이 때문이었다. 전진의 건원建元 6년(370년) 왕맹이 등강鄧羌과 양안楊安, 장자張蚝 등 10여 명의 대장과 함께 보기 6만 명을 이끌고 전연 토벌에 나섰다. 부견은 친히 송별하면서 내부의 무함 등을 전혀 염려하지 말고 오직 공벌에 전념해 줄 것을 당부했다. 호관과 진양 등지에서 잇달아 승리를 거둔 왕맹은 정벌에 나선 지 반년가량 되는 시점에 마침내 위원에서 제장들과 함께 최후의 결전을 앞둔 맹서 의식을 가졌다.

결전 하루 전날 밤 전진의 장수 서성徐成은 귀대하는 시간을 어긴 탓에 참수형에 처해지게 됐다. 당시 서성을 휘하에 거느리고 있던 등강이 그의 목숨을 살려 줄 것을 간청했으나 왕맹이 듣지 않았다. 대로한 등강이 영채로 돌아간 뒤 곧 군대를 이끌고 와 왕맹을 칠 기세를 보였다. 왕맹이 곧바로 이같이 말했다.

"내가 잠시 장군을 한번 시험해 본 것이오. 장군이 자신의 휘하 장수를 이처럼 아끼니 나라를 위해 더욱 진력해 주기 바라오."

결전의 날이 왔다. 전연의 군사가 전진의 군사보다 몇 배나 많았다. 왕맹이 등강을 격려했다.

"오늘 싸움의 성패는 오직 장군에게 달려 있소!"

등강이 대답했다.

"만일 나를 사례교위司隸校尉와 같은 직책에 임명해 주면 이 싸움에 전혀 신경 쓸 필요가 없습니다."

왕맹이 황급히 말했다.

"승리만 한다면 태수의 자리와 만호후萬戶侯를 보증할 수 있소. 그러나 사례교위와 같은 자리는 가히 대답해 줄 수 없소."

이들이 대화하는 사이 이미 싸움이 시작됐다. 등강은 여전히 군막 안에 누워 일어날 생각을 하지 않았다. 결국 왕맹은 등강의 요구를 수락했다. 등강이 군막 안에서 대대적인 주연을 베풀었다. 그는 술을 큰 잔에 부어 단숨에 벌컥 마신 후 서성 및 장자 등과 함께 말에 올라 비호같이 모용평이 이끄는 전연의 군진 속으로 돌진했다. 그는 종횡무진으로 휘저으며 적장의 목을 베고 장수기를 뽑아왔다. 이날 오전 중에 5만여 명의 전연 군사들이 목숨을 잃거나 포로가 되었다. 결국 승승장구하여 추격전을 펼친 전진의 군사들은 모두 10여만 명에 달하는 전연의 군사를 참획했다. 대승이었다.

왕맹은 군사를 이끌고 가 전연의 수도인 업성을 포위한 뒤 맹공을 가했다. 이 소식을 들은 부견은 크게 기뻐하며 친히 10만 명의 기병을 이끌고 친정에 나섰다. 마침내 업성을 점령한 뒤 모용위 등을 포로로 잡아 개선했다. 노획한 연나라의 호적대장에는 157개 군, 1579개 현, 인구 998만 명으로 집계돼 있었다. 이로써 전연은 역사 속으로 사라졌다. 전진의 건원 6년(370년) 11월의 일이었다.

전연을 멸한 후 왕맹은 부견을 대신해 양주에 근거지를 두고 있는 전량前涼의 장천석張天錫에게 투항을 권하는 서신을 보냈다. 장천석은 표문을 올려 번국을 칭했다. 연이어 양주와 익주 등지를 판도에 넣었다. 왕맹이 죽기 직전 전진은 북중국을 사실상 통일한 것이나 다름없었다. 왕맹의 공이 그만큼 컸다.

평소 부견은 태자에게 이같이 말하곤 했다.

"너는 나를 섬기듯 왕공을 섬겨야 한다."

객관적으로 볼 때 부견과 왕맹의 관계는 유비와 제갈량의 관계에 비유할 만했다. 왕맹에 대한 부견의 신임이 그만큼 컸다.

전진의 건원 11년(375년), 왕맹이 병석에서 일어나지 못했다. 당시 그의 나이 51세였다. 그는 죽기 직전 유소遺疏를 올렸다.

"폐하는 공업이 쉽게 이뤄진 게 아니라는 사실을 알고, 응당 전전긍긍戰戰兢兢하며 여림심연如臨深淵하는 자세로 국사에 임해야 할 것입니다."

전전戰戰이란 겁을 집어먹고 떠는 모양을, 긍긍兢兢은 몸을 삼가고 조심하는 것을 말한다. 마치 깊은 못에 임하듯이 늘 조심하며 겸허한 자세로 천하에 임해야 한다고 주문한 것이다. 얇게 언 얼음을 밟는 것처럼 조심한다는 뜻의 여리박빙如履薄氷과 같은 말이다. 모두 『시경』 「소아」편의 '소민小旻'에 나오는 구절이다.

왕맹이 죽기 직전 부견이 친히 병상으로 다가가 향후 대책을 묻자 왕맹이 이같이 말했다.

"남쪽 진나라는 비록 옛날의 오월吳越보다 협소하지만 정통을 잇고 있으니 사이좋게 지내야 할 것입니다. 오히려 선비족과 강족 등을 경계해야 합니다. 훗날 그들은 큰 우환이 될 것입니다. 점차 그들을 제압해 사직을 튼튼히 해야 합니다."

부견은 생전에 왕맹의 계책을 거의 그대로 받아들였다. 그러나 그의 유소와 유언만큼은 제대로 받아들이지 않았다. 이것이 결국 후에 전진의 패망 원인이 되었다. 왕맹이 5년만 더 살아 있었어도 전진은 천하를 통일할 수 있었다는 게 역대 사가들의 대체적인 평이다.

화이혼화의 꿈

원래 부견은 수렵을 매우 좋아했다. 사냥을 나갔다가 반달 가까이 환궁하지 않은 적도 있었다. 그러자 시종 왕락王洛이 말고삐를 잡고 간했다.

"폐하가 만일 실수라도 한다면 태후는 어찌하고, 천하는 어찌해야 합니까?"

이후 그는 수렵을 그만두었다. 대신 한가한 시간에 태학에 나갔고 학생들에게 직접 문제를 내기도 했다. 또한 그는 장안에서 각 지역으로 연결되는 도로에 일정한 간격으로 버드나무를 심었고 20리마다 정亭, 40리마다 역驛을 하나씩 설치했다. 전국의 상인들이 몰려들면서 장안은 이내 천하의 중심이 되었다.

건원 10년(374년) 9월, 부견은 촉 땅의 장육張育 등이 일으킨 반란을 평정한데 이어 2년 뒤인 건원 12년(376년) 13만 명의 대군을 보내 한족이 세운 전량의 장천석을 토벌케 했다. 당초 산기상시 등의 중직을 역임한 장궤張軌는 팔왕의 난으로 서진이 혼란에 빠지자 중앙 조정의 한계를 깨닫고 호강교위, 양주자사를 자청해 양주에 부임했다. 이후 양주의 선비족을 토벌하고 반 독립적인 세력이 되었다. 영가의 난으로 낙양이 함락되고 장안이 전조의 공격을 받을 때 원군을 파견해 돕기도 했다. 이에 서진의 조정은 그를 서평군공에 임명했다.

서진 건흥 2년(314년) 장궤가 병사한 후 아들 장식張寔이 뒤를 이었다. 6년 뒤 장식이 부하 염사閻沙 등에게 암살을 당했다. 『자치통감』은 염섭閻涉으로 기록해 놓았다. 장식이 비명횡사한 후 그의 동생 장무張茂가 정권을 잡았다. 동진 태녕 원년(323년) 전조의 황제 유요가 30만 대군을 이끌고 와 양주를 치자 장무가 번국을 칭했다. 이듬해인 태녕 2년(324년) 장무가 병사하자 장식의 아들 장준張駿이 보위에 올라 양주목, 서평군공을 자칭했다. 전조가 후조의 석씨에게 패망하는 틈을 타 장준은 농서 일대를 손에 넣었다. 한편으로 서역의 많은 나라가 분분히 진공하면서 크게 번성했다. 이때 한혈마汗血馬와 공작새 등 서역의 진귀한 물품이 전래됐다.

동진 영화 2년(346년) 장준이 병사하자 그의 아들 장중화張重華가 뒤를 이었다. 당시 16세에 불과했다. 후조의 석화가 이틈을 노려 침공했으나 포한(감숙성 임하)에서 대패했다. 대로한 석호는 재침을 노렸으나 반란이 잇따른 데다가 이내 병사하고 말았다. 전량의 중신들은 장중화를 승상, 양왕, 옹雍·진秦·양凉 3주목으로 추대했다. 이때가 전량의 전성기다.

영화 9년(353년) 장중화가 병사하자 아들 장요령張曜靈이 즉위했다. 그는 겨우 열 살밖에 안 되었던 까닭에 장중화의 서형 장조張祚가 보정대신이 되었다. 장조는 이미 장중화의 생모인 마씨馬氏와 사통하고 있었다. 마씨는 곧 조명을 내려 장요령을 폐하고 정부인 장조를 보위에 앉혔다. 장조는 보위에 오르자마자 사람을 보내 조카를 목 졸라 죽인 뒤 모래 속에 파묻게 했다. 그는 이듬해인 영화 10년(354년)에 황제를 칭하며 연호를 화평和平으로 정했다. 장조는 박학하고 무략도 있었으나 극히 음란하고 잔학했다. 그는 마씨와 통간한 후 장중화의 처 배씨裴氏를 비롯해 12세에 지나지 않는 장중화의 딸들과도 두루 통간했다.

전량의 화평 2년(355년) 9월 장씨의 종실인 장관張瓘이 포한에서 기병해 장조를 죽인 뒤 장중화의 또 다른 아들 장현정張玄靚을 양왕으로 옹립했다. 장현정은 황제 호칭을 폐한 뒤 동진의 연호를 다시 썼다. 이때 장관의 형제들이 찬위하려다가 보국장군 송혼宋混 형제에게 피살됐다. 송혼 형제가 발호하자 장씨의 종실인 장옹張邕이 송씨 일족을 도살한 뒤 장중화의 동생 장천석과 함께 정사를 보필했다. 장천석은 이내 장옹을 비롯해 14세의 조카 장현정을 제거하고 보위에 올랐다. 동진의 승평升平 7년(363년) 8월의 일이다.

전량은 장천석의 실정과 관원들의 탐욕, 천재 등이 겹치면서 황폐해졌다. 부견은 이를 놓치지 않고 대군을 동원해 공벌에 나섰다. 궁지에 몰린 장천석은 결국 투항하고 말았다. 장안으로 끌려간 그는 귀의후歸義侯에 봉해졌다. 이로써 전량은 장궤 이래 9대까지 총 76년간 존속하다가 사라지고 말았다. 이후 부견이 비수의 싸움에서 패하자 함께 종군했던 장천석은 귀국한 후 동진으로부터 금자광록대부에 임명됐다. 동진의 환현이 찬위할 때 장천석은 양주자사에 임명되었다. 그러나 며칠 후 그는 집에서 병사하고 말았다.

당시 부견은 전량이 패망하기 직전 10만 명의 대병을 보내 대왕代王 십익건
什翼健을 친 바 있다. 십익건은 결국 아들에 의해 팔려 나가고, 대국 역시 멸망
했다. 원래 부견은 망국의 군신에게 저택을 하사하며 잘 대우해 주었다. 그러
나 불충을 저지른 자에 대해서는 용서하지 않았다. 당시 부견은 불효하게도
아버지를 붙잡아 투항한 대국의 왕자 탁발식拓跋寔을 거열형에 처했다.

부견이 덕정을 베푼다는 소문이 들리자 서역의 여러 나라들로부터 조공
이 그치지 않았다. 한혈마를 비롯해 서역의 진귀한 물품 5백여 종이 전진의
궁궐 창고를 가득 메웠다.

전진의 건원 15년(379년) 부견의 군사가 동진의 양양을 치고 중랑장 주서
朱序를 생포해 장안으로 압송했다. 주서는 탁지상서에 임명됐다. 이때 부견의
사촌 형제 부락苻洛이 모반했다가 패해 포로가 되어 장안으로 압송됐다. 부
견은 이들을 죽이기는커녕 오히려 다른 땅을 내려 주며 관직을 제수했다. 전
진이 날로 부유해지자 궁중의 모습이 매우 사치스러워졌다. 상서랑 배원략裴
元略이 진시황 등의 예를 들어 간하자 부견이 크게 기뻐하며 진주로 꾸며진
주렴 등을 치우게 하고 배원략을 간의대부에 임명했다.

유가의 왕도사상에 경도된 부견은 고대의 주왕조를 모방해 각지에 제후
를 임명해 다스리는 봉건제를 실시하고자 했다. 부씨 황족을 비롯해 친근한
귀족 3천 호를 각지의 진鎭에 분봉한 이유다. 당시 지식이 있는 사람들은 이
것이 장차 변란의 조짐이 될 것으로 내다봤다. 실제로 부견은 수도 장안에
포로가 된 선비족과 강족 등을 대거 이주시켰다. 이들의 숫자는 수만 호에
달했다. 천하의 모든 민족을 하나로 섞어 화이혼화華夷混和를 이루고자 한 것
이나 오히려 화근으로 작용했다.

불가사의한 비수의 패배

부견은 20여 년에 걸쳐 정성을 다해 나라를 다스렸다. 덕분에 전진은 부강한 나라가 되었다. 그의 최대 목표는 천하 통일이었다. 이를 위해서는 동진을 정복해야만 했다. 양양에서 주서를 포획한 후 부견은 천하 통일의 시기가 무르익었다고 판단했다. 곧 군신들을 모아 놓고 자신의 구상을 밝힌 뒤 신하들에게 각자의 의견을 발표하도록 했다. 비서감 주동朱彤을 제외한 대신들 전원이 반대했다. 동진의 군신이 화목하고 장강을 도강하기가 쉽지 않다는 점 등을 들었다. 부견이 말했다.

"춘추 시대 말기 오나라 부차도 강남의 월나라 구천을 포로로 잡았고, 삼국 시대 말기 사마씨의 군사는 3대에 걸친 동오의 손호를 포로로 잡았다. 진나라가 장강의 험고함에 기대고 있으나 이는 큰 문제가 되지 않는다. 수많은 우리 군사의 말채찍으로 장강을 치면 가히 그 흐름도 끊을 수 있다."

군신들의 의견이 분분하자 부견은 군신들을 밖으로 내보낸 뒤 친동생 부융苻融과 단둘이 이 문제를 상의했다. 부융은 동진 토벌을 저지하기 위해 세 가지 이유를 들었다.

"첫째, 천상天象이 불리합니다. 오월의 땅은 물산이 풍부합니다. 둘째, 진나라 군주는 명군이고, 그 밑에 사안 및 환충과 같은 명신들이 있습니다. 셋째, 쉬지 않고 정벌에 나선 결과 병사들이 크게 피로해 있고, 전쟁을 두려워하는 마음을 지니고 있습니다."

그러고는 왕맹의 유언을 상기시켰다.

"정벌에 나섰다가 아무 공도 세우지 못하고 귀환할 경우 어찌할 것입니까? 폐하가 믿고 있는 선비족과 강족 및 갈족 등은 지금 장안 부근에 두루 산재해 병권을 지니고 있는데 우리 황족과 귀족들은 먼 변방의 수령으로 있습니다. 일단 출병하면 후회한들 소용없게 됩니다."

이후 대신 권익과 부견의 총애를 받고 있는 어린 아들 부선特詵을 비롯해 국사國師 도안道安 등 수십 명이 상서해 간했다. 하지만 부견은 듣지 않았다. 당시 투항한 연나라 왕족 모용수만이 부견을 지지했다. 그는 이미 자식과 조카 등을 각지에 배치해 연나라를 다시 세울 복안을 갖고 있었다. 그는 부견을 이같이 부추겼다.

"폐하의 영명한 무위가 천하를 진동시키고 있는데 감히 사마요(동진의 효무제)가 중원의 한구석에 의지해 명을 받들기를 거부하고 있습니다. 만일 이를 공벌하지 않으면 폐하의 위덕을 어찌 펼칠 수 있겠습니까? 옛날 손씨가 강동에 할거했으나 결국 사마씨에 의해 병탄됐으니 이는 하늘의 기운이 그리 만든 것입니다. 신이 듣건대 작은 것은 큰 것을 이길 수 없고, 약한 것은 강한 것을 막지 못한다고 했습니다. 하물며 대진大秦은 천명에 부응하고 있고, 폐하는 1백만 강병을 이끌며 신기한 계책으로 결단하고 있으니 어찌 저들을 그대로 두어 후대의 우환으로 남겨 둘 수 있겠습니까? 폐하는 응당 군신들의 여러 말에 흔들리지 말고 천기天機에 응해 독단함으로써 불세출의 공업을 쌓는 절호의 기회를 놓치는 일이 없도록 해야 할 것입니다."

부견이 이 말을 듣고 크게 기뻐했다.

"나와 더불어 천하를 평정할 사람은 오직 경 한 사람밖에 없소!"

비수의 싸움 직전 전진은 비록 극히 강성했으나 이는 겉모습에 지나지 않았다. 내부를 살펴보면 무수한 모순을 안고 있었다. 하북과 요동 및 하남 이북에는 모용 선비족, 산서와 섬서 북부는 흉노의 지파인 산호山胡, 관중과 농서 일대에는 강족과 흉노의 지족인 노수호盧水胡, 산서의 동북 지역과 내몽골 일대에는 탁발 선비가 넓게 분포돼 살고 있었다. 또한 광대한 중원 지역은 수많은 한족이 거주했다. 전진의 황실인 부씨를 비롯한 저족은 얼마 되지 않았다. 15만 호에 달하는 저족의 병사 역시 사방의 각지를 지키기 위해 멀리 나가 있었다. 전진은 겉으로만 강력했을 뿐 그 이면을 보면 매우 취약한 모습을 하고 있었다. 싸움에서 패할 경우 전진은 이내 스스로 무너질 공산이 컸다.

실제로 역사는 그렇게 진행됐다.

당시 부견은 양양을 치고 주호를 포로로 잡은 직후 다시 6만 명의 보기를 동원해 삼아(강소성 보응)로 진공하면서 사자를 건강으로 보낸 바 있다. 동진의 군신은 이에 크게 놀랐다. 이때 사안은 황급히 그의 동생 정로장군 사석謝石에게 명해 수군을 도중(안휘성 척현)에 결집케 했다. 또한 조카 사현謝玄을 시켜 광릉에서 삼아로 달려가 구원하게 했다. 이로 인해 삼아의 싸움은 이내 교착 상태로 들어갔다.

동진의 장수 환충은 이때 형주자사로 있었다. 그는 동진 효무제 태원 6년(381년) 말 경릉(호북성 잠강)에서 조카 환석건桓石虔을 보내 전진의 군사를 격파했다. 근 1만여 명의 목을 베고 1만여 명을 포획했다. 태원 8년(383년) 6월, 환충이 직접 10만 명의 군사를 이끌고 양양으로 진격해 적잖은 승리를 거뒀다. 이 소식을 들은 부견이 대로했다. 곧 아들 부예苻睿와 모용수를 시켜 보기 5만 명을 이끌고 가 양양을 구하게 했다.

모용수는 의병疑兵에 능했다. 그는 병사들에게 명해 밤에 한 사람 당 10개씩 횃불을 들게 했다. 수십 리에 걸쳐 횃불이 대낮처럼 밝게 빛나자 환충이 크게 놀라 상명(호북성 송자)으로 퇴각해 지켰다.

사안은 환온 사후 중앙에 정예군을 설치할 필요를 절감하고 이내 특단의 방안을 강구했다. 그는 북쪽에서 내려온 백성 중 건장한 청년들을 선발해 이른바 북부병北府兵을 구성했다. 이들은 사현의 지휘 하에 훈련을 받았다. 북부병은 10만 명 안팎이었다. 북쪽에서 탄압을 받았던 한족의 자손인 이들은 투지가 매우 높았다. 이때 부견은 각 주에 하령해 10명의 장정 중 1명의 병사를 내도록 하면서 말까지 징발해 보기 25만 명을 구성했다. 모용수에게 이들을 지휘하며 선봉에 서게 한 뒤 자신은 60만 명의 보병과 27만 명의 기병을 친히 이끌고 그 뒤를 따랐다. 행진하는 군대의 길이가 앞뒤로 천 리에 달했다. 이에 앞서 부견은 동진의 황제를 미리 상서좌복야, 사안을 이부상서, 환충을 시중으로 임명한 뒤 장안에 이들을 위한 저택을 마련해 놓았다.

명대 말기의 왕부지王夫之는 『독통
감론讀通鑑論』에서 부견 등의 예를 들
어 황제의 친정에 대해 매우 비판적
으로 평해 놓았다. 사실 수양제도 고
구려 친정에 나섰다가 패망했고, 당
태종 역시 요동으로 출병했다가 아무
공도 세우지 못하고 돌아왔다. 황제가
친정에 나서 성공한 것은 명대 영락제
와 청대 강희제 정도밖에 없다. 황제
의 친정으로 인해 패망에 이른 효시
는 바로 부견이었다.

「사현파진백만대병도謝玄破秦百萬大兵圖」 부분.
달아나는 전진의 왕 부견의 모습이 그려져 있
다. 전진의 부견은 비수 전투에서 대패해 천하
통일 바로 앞에서 무릎을 꿇어야 했다.

당시 동진의 조정은 부견이 나라를
기울여 친정에 나섰다는 소식을 접하
고 대경실색했다. 급히 사석을 정토대도독, 사현을 선봉도독으로 삼은 뒤 사
안의 아들 사염謝琰 및 환이桓伊 등과 함께 휘하의 병사 8만여 명을 이끌고 이
들을 막게 했다. 이로써 북부병이 부견의 대군을 저지하는 동진의 주력군으
로 부상했다.

전쟁 초기 싸움은 전진에게 유리하게 진행됐다. 부융苻融 등은 일거에 동진
의 북방 요새인 수춘성을 함몰시켰다. 동진의 평로장군 서원희徐元喜와 안풍
태수 왕선王先이 포로로 잡혔다. 모용수는 운성을 함락시키면서 동진의 장수
왕태병王太兵의 목을 베었다. 전진의 장수 양성梁成도 5만 명의 병사를 이끌고
가 낙간에 주둔하며 동진의 병사를 여러 차례에 걸쳐 격파했다. 동진의 조정
이 크게 놀라 곧 사석과 사현, 사담, 환이 등에게 속히 병사를 이끌고 와 양
성의 진공을 저지케 했다. 그러나 동진의 병사들은 양성의 병사가 사나운 것
을 보고는 이내 겁을 먹고 낙간에서 25리 떨어진 곳에 영채를 세운 뒤 감히
앞으로 나아가지 못했다.

동진의 용양장군 호빈胡彬이 먼저 협석을 굳게 지켰다. 그는 양식이 떨어지자 짐짓 양식을 나르는 모습을 보여 적들을 속인 뒤 신속한 지원을 청하는 서신을 사석에게 보냈다. 그러나 사자는 도중에 부융에게 잡히고 말았다. 크게 기뻐한 부융은 부견에게 이 사실을 알렸다.

"도적들 숫자가 얼마 안 돼 이내 포로로 잡을 듯싶습니다. 다만 저들이 도주하는 것이 우려되니 속히 진군해 단 한 번의 싸움으로 승리를 거두기 바랍니다."

부견이 크게 기뻐하며 곧바로 대군을 항성에 주둔시킨 뒤 직접 8천 명의 기병을 이끌고 수춘으로 달려갔다. 이때 문득 동진의 용양장군 유뢰劉牢가 5천 명의 병사를 이끌고 밤에 전진의 영채를 급습했다. 이에 양성을 비롯해 전진의 대장 10명의 목이 떨어지고 병사 1만5천여 명이 목숨을 잃었다.

동진의 장수 사석 등은 여세를 몰아 수륙으로 병진하며 영격에 나섰다. 부견과 부융은 성에 올라 동진의 부대가 정연하고 병사들의 사기가 높은 것을 보았다. 북쪽으로 눈을 돌리자 팔공산 위에 있는 초목이 모두 동진의 군사처럼 보였다. 이는 동진의 회계왕 사마도자司馬道子가 풀과 종이 등을 이용해 만들어 놓은 인형이었다. 부견이 놀라 부융에게 말했다.

"이는 모두 적들이 아닌가? 어찌하여 적들의 숫자가 얼마 안 된다고 말한 것인가?"

부견은 전에 포로로 잡혔던 주서를 사석에게 보내 투항을 권유했다. 그러나 주서는 오히려 사석에게 전진의 허실을 낱낱이 일러 주었다.

"속히 적들의 선봉과 결전을 치르시오. 선봉을 꺾으면 승리할 가능성이 높소. 저들의 백만 대군이 몰려오면 감당하기 어렵소."

당시 전진의 장수 장자는 비수 남쪽에서 사석의 군사를 대파하고 있었다. 사현과 사염이 병사 수만 명을 이끌고 비수의 한쪽 수변에서 접응하자 장자는 감히 추격하지 못하고 비수의 다른 쪽 수변에 군진을 펼쳤다. 이때 궁지에 몰린 사석이 사자를 부융에게 보내 이같이 전했다.

청나라 소육명이 그린 「동산보첩도東山報捷圖」. 비수 전투를 소재로 그린 그림이다. 동진의 태부 사안은 비수에서 승리를 거뒀다는 소식에 자신과 바둑을 두고 있는 손님에게 "어린애들이 드디어 적을 깨트렸군!"이라고 말했다.

"당신의 대군은 깊이 들어와 수변에 군진을 펼쳤으니 이는 지구전의 계책이 아니오. 당신이 약간 뒤로 후퇴한 뒤 빈 곳에서 쌍방의 전사가 서로 겨루도록 하고 당신과 나는 말을 타고 이를 관전하는 게 어떻겠소?"

부견과 부융은 동진의 군사가 절반쯤 강을 건넜을 때 곧바로 공격을 가할 심산이었다. 그래서 군사를 조금 뒤로 물리던 중 전에 투항했던 동진의 장수 주서가 큰 소리로 외쳤다.

"진군秦軍이 패했다!"

이 소리를 듣고는 전진의 군사로 편입돼 있던 선비족과 강족, 갈족의 병사들이 크게 놀라 사방으로 달아나기 시작했다. 후방에 있는 군사들도 앞에서 무슨 일이 일어났는지 알 길이 없어 곧바로 무기를 버리고 함께 도주했다.

부융은 말에 채찍을 가하며 이들을 저지코자 했으나 오히려 그가 타고 있던 말이 넘어지고 말았다. 전진의 군사들이 일패도지하자 동진의 군사들이 승세를 이어 급박하게 그 뒤를 추격했다. 이 와중에 부융은 유시를 맞은 채 단기로 회북까지 도주했다. 동진의 군사는 곧 수양을 회복하고 전진의 회남태수를 포로로 잡았다. 당시 부융의 30만 대군은 서쪽 운성에서 동쪽 낙간까지 5백 리에 걸쳐 길게 영채를 차려 놓고 있었다. 이와 별도로 연도의 요충지는 수십만 명에 달하는 병사가 각기 부대별로 나누어 지켰다. 전선이 매우 길었던 까닭에 맨 뒤의 부대는 겨우 장안을 출발한 상태였다. 전진의 백만 대군 중 비수의 싸움에 동원된 군사는 10만여 명에 불과했다.

이에 반해 동진의 군사는 8만 명의 기병이 진을 펼친 채 기다리고 있었고, 추가되는 지원 병력을 합치면 10만 명 안팎이었다. 게다가 내부 결속이 잘 되어 있었고 이일대로以逸待勞의 계책을 구사했다. 적개심에 불타는 북부병의 활약도 동진의 승리에 크게 기여했다.

이해할 수 없는 것은 동진의 재상 사안이 이 싸움에서 이름을 떨치고 후대의 무수한 시부와 가사에서 칭송의 대상이 된 점이다. 사서에는 그가 무슨 계책을 냈다는 얘기가 전혀 나오지 않고 있다. 단지 승리를 거뒀다는 소식을 들었을 때 태부 사안은 자신과 바둑을 두고 있던 손님에게 이같이 말했을 뿐이다.

"어린애들이 드디어 적을 깨뜨렸군!"

이어 방으로 돌아올 때 너무 기쁜 나머지 걷는 발에 힘을 지나치게 줘서 나막신의 뒤끝이 부러져 나갔다는 이야기가 전부다.

비수의 싸움에서 동진이 승리를 거둔 데에는 우연성이 매우 크게 작용했다. 운이 따르면서 승리를 거둔 셈이다. 만일 실패했다면 사안은 큰소리를 쳤던 서진의 재상 왕연과 비슷한 신세가 됐을 것이다

부견의 최후

전진은 비수의 싸움에서 패한 후 기세가 크게 꺾였다. 선비와 강족 등이 분분히 반기를 들어 독립 정권을 세웠다. 모용씨 일족은 전연의 고지로 도주했다. 강족의 요장 등도 새로이 일어섰다. 정령┌족┐과 오환도 연이어 반기를 들었다. 북부는 다시 사분오열 양상이 나타났다. 부견은 전연의 귀족들이 신의를 저버린 것을 보고 모용위 면전에서 욕을 했다.

"너희 형제와 아들, 조카 등은 모두 상장┌上將┐이 되었다. 당시 연나라는 비록 망했지만 나는 너희들을 우리 일가처럼 대해 줬다. 모용수와 모용충, 모용홍 모두 배신했으니 너의 가족은 인면수심이다. 그것도 모르고 나는 너희들을 국사┌國士┐로 대우해 준 셈이다."

장안성 밖에서는 모용위의 동생 모용충이 군사들을 이끌고 전진의 군사 수만 명을 섬멸한 뒤 아방성을 점거했다. 전진을 공격한 모용충은 열두 살 때 망국의 화를 입었다. 그는 열네 살인 누나 청하공주와 함께 부견의 후궁에 들어가 색동옷을 입고 부견의 시중을 들었다. 누이가 총애를 입으면서 왕맹

의 간언에도 불구하고 모용충은 커다란 주의 자사가 되었다.

선비의 대군이 장안성을 진공할 때 부견은 성에 기대 이를 지켜봤다. 이내 사람을 시켜 모용충에게 금포錦袍 한 벌을 보냈다. 이전의 추억을 회상케 하려는 속셈이었다. 모용충이 대답했다.

"우리는 지금 천하를 대상으로 하고 있는데 어찌 이런 작은 은혜를 돌아볼 수 있겠는가? 만일 항복한다면 전에 당신이 우리에게 대한 것처럼 당신 일족을 대해 줄 것이다."

대로한 부견이 피를 토하며 부르짖었다.

"왕경략(왕맹)과 평양공(부융)의 말을 듣지 않은 게 후회막급이다. 저들 백로白虜(흰둥이 오랑캐)가 감히 이처럼 미쳐 날뛰도록 만들었으니 말이다!"

당시 장안성 내에는 아직 선비족 수천 명이 살고 있었다. 모용위는 황급히 이들을 모아 부견을 급습하려다가 도중에 비밀이 누설됐다. 크게 놀란 부견이 곧 모용위 부자와 일족을 비롯해 선비족을 모조리 도륙했다.

포위가 길어지자 성안의 양식이 떨어져 사람이 사람을 잡아먹는 상황이 빚어지기 시작했다. 결국 몇 달 후 모용충이 군사들을 이끌고 성벽을 넘어왔다. 부견은 갑옷을 입고 친히 독전했으나 역부족이었다. 마지막 순간에 부견은 "황제가 5명의 장수를 내놓으면 오래갈 수 있다"는 참언을 믿고 이내 태자 부굉苻宏에게 성을 지키게 한 뒤 일부 시종들과 함께 장안성을 황급히 빠져나와 달아났다. 그가 달려간 곳은 황당하게도 강족의 소굴인 오장산五將山이었다. 그가 오장산에 도착하자 강족 수령 요장이 군사를 보내 그를 포위했다. 전진의 병사들이 사방으로 도주하자 그의 신변에는 겨우 10여 명의 시위 군사만 남게 되었다. 부견은 이때도 과거의 모습을 버리지 못하고 주방장을 불러 수라를 올리게 했다. 요장의 대장 오충吳忠이 말을 타고 달려와 부견을 단단히 묶은 뒤 신평으로 압송했다. 요장이 계속 사람을 보내 전국새를 내놓을 것을 요구하자 부견이 크게 꾸짖었다.

"국새는 이미 진나라로 보냈다. 어찌 너처럼 배은망덕한 반적叛賊에게 내줄 수 있겠는가!"

요장이 다시 제위를 선양할 것을 요구하자 부견이 다시 욕을 했다.

"선양은 성현 사이에서 행하는 일이다. 너 같은 자가 어찌 감히 스스로를 성인과 비교하는 것인가!"

요장은 수치심과 분노를 참지 못해 이내 사람을 시켜 신평에 있는 절로 끌고 가 부견을 교살하게 했다. 당시 그의 나이 48세였다. 그의 아들 부선을 비롯해 두 딸 부금符鍈과 부보符寶, 부인 장씨張氏 등은 모두 자진했다. 전진의 건원 21년(385년) 7월의 일이다. 공교롭게도 비수의 전투 당시 막후에서 이를 총지휘했던 동진의 사안 역시 이해 7월에 병사했다.

사가들은 부견의 업적으로 크게 네 가지를 들고 있다. 유학을 포함해 문학을 널리 장려했고, 내정을 잘 다스렸고, 큰 도량으로 사람을 두루 포용했고, 강력한 무력을 바탕으로 뛰어난 무공을 세운 점 등이 그것이다. 그러나 그는 백성들을 쉬게 하지 않았고, 부인지인婦人之仁을 베풀어 대사를 그르치고 말았다. 북송대의 왕안석王安石은 이같이 총평했다.

"부견은 많은 공을 세웠으나 참을성이 없었고, 지혜가 있었으나 천기를 보지 못했다. 왕맹은 그가 모용수를 제거하지 못할 것을 내다보고 진나라를 치지 말라고 한 것이다. 그렇지 않았다면 부견의 막강한 무력으로 어찌 진나라를 얻지 못할 리 있었겠는가!"

그러나 사마광은 『자치통감』에서 이와 사뭇 다른 사평을 내놓았다.

"부견이 망한 것은 잇단 승리에 교만해졌기 때문이다. 전국 시대 초기 위문후魏文侯가 이극李克에게 오왕 부차가 패망한 이유를 묻자 이극이 대답하기를, '연전연승했기 때문입니다'라고 했다. 그러자 문후가 다시 묻기를, '연전연승은 나라의 복이다. 어찌하여 망했다고 하는 것인가'라고 했다. 이극이 대답하기를, '여러 번 싸우면 민력이 피폐해지고, 여러 번 이기면 군주가 교만해집니다. 민력이 피폐하고 군주가 교만한 데도 망하지 않는 경우는 없습니다'라고 했다. 부견이 바로 이와 닮았다." 사마광의 분석은 역사적 사실에 부합한다.

조조를 높이 평가한 마오쩌둥이 적벽대전 패배의 원인을 조조의 자만심에서 찾은 게 그렇다. 고금을 막론하고 중요한 결전에서 자만하면 반드시 패하게 되어 있다.

제국의 분열과 붕괴

부견이 신평의 절에서 죽을 당시 장안을 지키던 태자 부굉은 더 이상 성을 지킬 수 없다고 판단해 몇 명의 기병과 함께 포위망을 뚫고 달아났다. 그는 여러 곳을 전전하다가 결국 동진으로 가 투항했다. 당시 줄곧 업성을 지키고 있던 부견의 서장자 부비苻丕는 모용수가 이끄는 20만 대군의 공격을 받고는 급히 동진의 사현에게 사자를 보내 구원을 청했다. 사현은 대장 유뢰지劉牢之 휘하의 장병 2만 명을 급파했다. 당시 동진은 중원을 탈환하고자 하는 의지가 없었던 까닭에 유뢰지의 장병은 이내 조정의 명을 받고 강동으로 철군했다. 부비는 황급히 진양(산서성 태원)으로 도주했다. 이때 부견이 이미 죽고 부굉이 동진에 투항했다는 소식을 들었다. 그는 부견이 죽은 지 한 달 뒤인 건원 21년(385년) 8월 진양에서 보위에 오른 뒤 연호를 태안太安 원년 8월로 바꿨다.

부비는 자가 영숙永叔으로 어렸을 때부터 총명했고 학문을 좋아했다. 경서와 사서에 두루 밝았다. 등강으로부터 병법을 전수받은 그는 나름 문무를 겸전했다고 할 만하다. 그는 대장 왕등王騰에게 진양을 지키게 한 뒤 4만 명의 군사를 이끌고 가 평양을 함락시켰다. 당시 모용영慕容永이 이끄는 관중의 선비족은 하동을 거쳐 하북으로 돌아갈 생각이어서 부비와 접전하는 것을 원하지 않았다. 모용영이 길을 비켜 줄 것을 요구했으나 부비는 이를 거절했다. 이에 황급히 돌아갈 생각에 젖어 있던 선비족 병사들이 대패했다.

그러나 부비 수하의 병사는 겨우 3천 명밖에 남지 않았다. 이들은 남쪽 동원(하남성 신안)으로 달아난 뒤 다시 기회를 틈타 동진의 성지를 습격하려고 했다. 동진의 장군 양위揚威는 도중에 이들을 급습해 부비를 참살하고 태자 부녕苻寧 등을 포로로 잡아 건강으로 압송했다. 동진의 조정은 투항한 부굉에게 이들을 보냈다.

부비가 패사하자 저족은 부견의 족손인 부등苻登을 옹립했다. 이들은 포한에서 기병해 요장 등과 격렬한 전투를 벌였다. 부등은 싸움에 능했다. 그는 부견을 살해한 강족에게 원한을 품고 있었다. 당시 천하 대란으로 인해 식량이 절대적으로 부족했다. 부등은 매번 강족 군사를 깨뜨린 뒤 그 시체를 이른바 '숙식熟食'으로 불렀다. 익혀 먹은 것이다. 그는 휘하의 전사들에게 이같이 격려했다.

"너희들이 아침에 싸우면 저녁엔 고기를 실컷 먹을 수 있다. 굶주림을 걱정할 이유가 어디에 있는가!"

그가 이끄는 저족의 군사들은 매번 싸울 때마다 강족 군사의 인육을 포식했다. 강족의 추장 요장이 이 소식을 듣고는 급히 부등과 대치하고 있던 동생 요석덕姚碩德을 불러들였다.

"너는 가지 마라. 반드시 너를 뼈까지 씹어 먹을 것이다."

이 말을 들은 요석덕이 크게 놀라 요장의 영채로 도망치듯 들어갔다. 부등은 부비가 죽은 지 한 달 뒤 보위에 오른 뒤 연호를 태초太初 원년(386년) 11월로 고쳤다. 그는 군중에 부견의 신위를 모시고는 정병 3백 명을 배치해 이를 호위케 했다. 매번 싸움이 벌어질 때마다 먼저 신주에 예를 올리면서 강개하여 눈물을 흘렸다. 휘하 장병들 중 함께 울지 않는 자가 없었다. 이들 모두 갑옷 위에 '사휴死休(죽은 뒤에야 쉼)'라는 두 글자를 새겨 넣었다.

이들이 잇달아 승리를 거두자 10만여 명의 저족과 한족 백성들이 귀부했다. 부등이 철기 1만여 기를 이끌고 요장의 대영을 둘러싼 뒤 사면에서 애통하게 곡성을 울렸다. 요장은 곧바로 3군에 하령해 곡성으로 대항케 했다. 곡성으로 서로 싸운 것은 동서고금의 역내 전쟁사를 통틀어 초유의 일이다. 저족은 격분해 통곡한 데 반해 강족은 두려워서 울부짖은 것이 달랐을 뿐이다. 요장은 거듭 패하자 죽은 부견이 영험을 발휘하는 것으로 생각해 자신의 군중에도 부견의 목상을 세워 친히 기도를 올렸다.

"전에 신평에서 빚어진 화난은 저 요장 때문이 아닙니다. 저의 형 요양이 전에 폐하에게 붙잡혀 부황미에게 격살된 후 저에게 복수를 하라고 한 것이니 저의 죄라 할 수 없습니다. 부등은 폐하의 종족으로 복수하는 것이고, 저는 형의 치욕을 갚는 것이니 모두 사람의 정리에 부합합니다. 폐하는 신이 되어서 어찌하여 부등의 손을 빌려 신하에게 보복하는 것입니까? 지금 폐하의 신상을 세웠으니 원컨대 신의 지성을 받아들여 신을 벌하지 말아 주십시오!"

부등이 군사를 휘몰아 진공하면서 높은 나무 누대 위에 올라가 요장을 향해 큰 소리로 꾸짖었다.

"예로부터 군주를 죽이고도 신상을 만들어 복을 바란 자는 너밖에 없다. 쓸데없는 짓거리는 이제 집어치워라!"

군중에 부견의 신상을 만들어 세웠는데도 강족의 군사는 매번 불리했다. 병사들이 밤중에 크게 놀라는 일이 빚어지고 아무 효험도 없게 되자 요장은 좌우에 명해 북을 울리는 가운데 신상의 목을 자른 뒤 이를 부등의 군진에 내던지게 했다.

연전연승을 거둔 부등은 수만 명의 강족 군사를 참획했다. 그러나 승리에 도취해 방심한 사이 밤에 기습 공격을 받고 부인 모씨毛氏와 두 아들을 비롯해 대장 수십 명이 피살되고 백성 5만여 명을 잃었다. 얼마 후 부등은 신라보 등지에서 패하고 마두원과 안정의 전투에서도 잇달아 패했다. 그러나 요장은 여러 차례의 승리에도 불구하고 꿈에 부견이 나타나자 이내 병에 걸리고 말았다. 그는 몸이 약간 나아지자 야간에 부등의 영채를 기습해 부등의 군사를 30여 리까지 추격한 뒤 밤을 새워 은밀히 철군했다. 부등도 군사를 이끌고 옹주로 철군했다. 얼마 후 부등이 신임하는 우승상 두충竇沖이 반란을 일으켜 스스로 진왕秦王을 칭했다. 부등이 병마를 이끌고 진공하자 두충은 요장에게 구원을 청했다. 이로 인해 부등은 다시 적잖은 병력을 손실하게 되었다.

요장은 부견이 신평의 절에서 액살縊殺을 당하기 1년여 전인 전진의 건원建元 20년(384년) 4월 '만년진왕萬年秦王'을 칭하며 독립을 선언한 뒤 연호를 백작白雀으로 정했다. 사가는 이를 후진後秦으로 부른다. 요장은 2년 뒤 황제를 칭하며 연호를 건초建初로 바꾼 뒤 근 9년 동안 복수심에 불타는 부등과 치열한 접전을 벌였다. 그는 건초 9년(394년) 4월 부견의 귀신이 계속 꿈에 나타나자 이내 병사하고 말았다. 뒤를 이어 아들 요흥姚興이 보위에 오른 뒤 연호를 황초皇初로 바꿨다. 당시 부등은 요장이 병사했다는 소식을 듣고는 크게 기뻐하며 이같이 말했다.

"내가 이자의 시체를 꺼내 몽둥이가 부러지도록 매를 때릴 것이다."

이에 저족의 모든 군사를 총동원해 관중으로 향했다. 부등이 후진의 여러 성보城堡들을 공격하는 사이 새로 보위에 오른 요흥이 대군을 이끌고 영격에 나섰다. 부등은 후진의 군세가 성한 것을 보고 이내 철군했다. 이때 요흥의 휘하 대장 이위伊緯가 이미 다리를 점하고 이들을 기다리고 있었다. 앞뒤로 협격을 받은 부등의 군사는 물 한 모금 마시지 못하고 황급히 달아났다. 갈증으로 죽은 사람이 3분의 1에 달했다. 부등이 이런 상황에서 군사를 지휘하며 이위와 교전을 벌였으나 결국 대패하고 말았다. 군사들이 사방으로 도주하는 가운데 그는 홀로 말을 몰아 옹주로 돌아왔다.

당시 호공보를 지키던 부등의 아들 부숭苻崇과 부등의 동생 부옹苻雍은 부등이 패했다는 소식을 듣고 최후의 보루인 호공보를 버린 채 도주했다. 부등이 호공보로 왔을 때는 이미 아무도 없었다. 그는 평량으로 가 마모산馬毛山에서 저족의 나머지 무리를 모은 뒤 아들 부숭을 농서의 선비족 두목인 걸복건귀乞伏乾歸에게 인질로 보내면서 구원을 간청했다. 걸복건귀가 2만 명의 병사를 보내 이들을 구원하게 했다. 부등은 마모산 남쪽에서 자신을 추격해 온 요흥의 군사와 결전을 벌였다. 이 싸움에서 결국 부등은 중과부적으로 패사하고 말았다. 그의 나이 52세였다. 전진의 태초 9년(394년) 6월의 일이었다.

부등의 아들 부숭이 연호를 연초^{延初}로 바꾼 뒤 저항했으나 석 달 만에 패사하고 말았다. 이 와중에 부등의 자식들이 모두 피살됐다. 이로써 저족의 전진은 351년 부건이 칭제하며 역사 무대에 등장한 후 부등이 피살될 때까지 모두 5대에 걸쳐 44년 동안 존속하다가 역사의 무대에서 사라지고 말았다. 반면 한때 패망의 위기에 몰렸던 동진은 비수의 싸움에서 승리를 거둔 뒤 여세를 몰아 양양과 익주, 양주 등지를 잇달아 수복했다. 사현도 대군을 이끌고 북벌에 나서 팽성과 견성, 청주, 업성 등을 함락시켰다. 또한 모용수를 압박해 중산(하북성 정현)으로 밀어냈다. 그러나 동진은 중원을 회복할 의지가 없었다. 얼마 후 유뢰지가 강동으로 철군한 것을 시작으로 하북과 관중을 포기한 데 이어 일시 회복한 하남까지 잃고 말았다. 비수의 싸움 이후 불과 10년 만에 황하 이남의 전략적 요충지를 모두 상실한 것이다. 이 와중에 선비족 모용덕^{慕容德}이 청주(산동성 동부)에서 자립해 남연^{南燕}을 세웠다. 이로써 북중국은 후연, 서연, 남연, 북연, 대하, 후진, 서진, 남량, 후량, 서량, 북량 등이 잇달아 등장해 서로 치열한 각축을 벌이는 혼란의 도가니로 변했다.

제10장

남조 동진의
문약과
혼란

> 그녀는 몇 겹이나 되는 이불 속에 있는
> 효무제의 머리를 깔고 앉았다.
> 숨이 막힌 효무제가 고통스럽게 발버둥 쳤으나
> 비단 이불의 사방을 단단히 묶은 까닭에 아무 소용이 없었다.

깔려 죽은 황제

동진의 효무제 사마요는 재위 24년만인 태원 21년(396년) 9월 급사했다. 당시 35세였다. 그는 평소 주색을 극히 밝혔다. 그의 주량은 날이 갈수록 늘었다. 이해 9월 병자일, 건강의 청서전清署殿 내에서 무희들이 음악에 맞춰 춤을 추고 있었다. 효무제가 곁에 있는 장귀인張貴人에게 농담조로 말했다.

"장귀인, 당신도 곧 30세가 되겠구려. 나이로 따지면 응당 폐출될 나이요. 나는 젊고 예쁜 여인들이 좋소!"

효무제는 껄껄 웃으며 잔을 들이켜고 대취한 나머지 이내 어탑御榻 위에 쓰러져 그대로 잠이 들고 말았다. 장귀인이 태감들을 불러 효무제를 숙소로 모시게 했다. 이어 4명의 시첩을 시켜 효무제의 몸 위에 이불을 덮은 뒤 사면의 귀퉁이를 단단히 묶게 했다. 얼마 후 그녀는 몇 겹이나 되는 이불 속에 있는 효무제의 머리를 깔고 앉았다. 숨이 막힌 효무제가 고통스럽게 발버둥 쳤으나 비단 이불의 사방을 단단히 묶은 까닭에 아무 소용이 없었다. 효무제는 이처럼 허무하게 죽었다. 이로 인해 동진의 효무제는 중국의 역대 황제 중에서 가장 황당하게 죽은 사람으로 기록되었다. 다음 날 장귀인은 황제가 악

몽을 꾸다 가위눌려 급서했다고 얘기했다. 당시 태자 사마덕종^{司馬德宗}은 백치인 데다 효무제의 동생 사마도자는 삿되고 방탕한 인물인 까닭에 더 이상 추궁하지 않았다. 결국 장귀인은 아무런 처분도 받지 않았다. 이는 중국의 역대 궁중 비사 가운데 가장 기괴한 사건 중 하나로 꼽힌다.

곧이어 태자 사마덕종이 보위에 올랐다. 그가 동진의 안제^{安帝}이다. 당시 15세였다. 사마덕종은 서진의 혜제 사마충만도 못한 인물이었다. 그는 말도 제대로 할 줄 모른 데다 추위와 더위, 굶주림과 배부름도 구분할 줄 몰랐다. 다행히 안제의 동복 동생 낭야왕 사마덕문^{司馬德文}은 공근하고 총명했다. 그는 늘 사마덕종 옆에서 시종하며 밥을 먹이고, 옷을 입혀 주는 등 수족의 역할을 수행했다.

비수의 싸움에서 승리를 거둔 후 사안은 크게 조바심을 냈다. 사서는 사안이 어떤 계책을 썼는지 아무런 기록도 남기지 않았다. 사안은 곧바로 상서하여 조정이 자신에게 부여한 태보의 직함을 사양했다. 그는 얼마 후 동진의 천하 통일을 돕는다는 이유로 이내 상소하여 북벌에 나설 뜻을 밝혔다.

명목은 북벌이나 사실은 정권을 잡은 효무제의 친동생인 회계왕 사마도자에게 해를 입을까 두려워해 이를 피한 것이다. 그는 비수의 싸움에서 승리를 거둔 후 태부, 태보의 직함을 비롯해 양주와 강주, 형주, 사주 등 15개 주의 군사를 총괄하는 자리를 맡게 됐다. 군주를 위협하는 위치에 선 것이다. 그가 이내 건강을 빠져나와 광릉의 보구에 성루를 쌓고 그곳에 머문 것은 바로 화를 피하고자 하는 심모원려의 일환이었다. 효무제 태원 10년(385년), 사안은 몸이 문득 좋지 않은 것을 느끼고 슬픈 목소리로 좌우에 이같이 말했다.

"전에 환온이 살아 있을 때 나는 늘 피살될까 두려웠다. 하루는 이상한 꿈을 꾸었다. 꿈속에서 나는 환온의 가마에 올라타 60리나 가던 중 흰색의 공작을 보고는 이내 멈췄다. 환온의 가마를 탔다는 것은 그의 자리를 대신한다는 징조이고, 60리를 간 것은 60대까지 산다는 뜻이다. 지금 내 나이가 꼭 60대이다. 더욱이 흰 닭은 12지에서 유^酉를 말한다. 올해가 닭의 해이다. 내가 병이 들면 다시는 못 일어날 듯하다."

과연 며칠 후 그는 숨을 거두었다. 향년 66세였다. 사안이 죽자 권력이 일시에 낭야왕으로 있던 사마도자에게 쏠렸다. 사마도자 역시 친형인 효무제와 마찬가지로 주색을 밝혔다. 예쁜 비구니들이 그의 좌우에 두루 깔렸다. 아첨하는 소인배들이 들끓은 것은 말할 것도 없다. 이들 소인배들이 사마도자의 이름을 빌려 매관매직과 가렴주구를 일삼자 백성들의 고통이 매우 컸다. 당시 사마도자가 가장 총애한 인물은 중서령 왕국보王國寶였다. 그의 부친은 간문제 사마욱 때 중서령을 지낸 왕탄지王坦之였고, 그의 장인은 사안이었다. 왕국보는 선비의 절조가 없고 아첨을 좋아해 사안이 등용하지 않았다. 왕국보의 사촌 누이는 사마도자의 왕비였다. 왕국보는 사마도자와 서로 취미도 비슷한 데다 의기 또한 같아 매번 등 뒤에서 장인 사안을 헐뜯었다.

사마도자는 평소 배우 출신인 조아趙牙와 포졸 출신인 여천추茹千秋 두 사람을 극히 총애했다. 그는 조아를 위군 태수, 여천추를 표기자의참군驃騎咨議參軍으로 삼았다. 조아는 건강에 공금을 끌어들여 사마도자를 위한 저택을 마련해 주었다. 왕부 내에 산을 쌓고 연못을 조성하고, 대나무 등을 심는 데 거만의 돈을 들였다. 효무제가 일찍이 이곳에 와 보고는 크게 놀라 이렇게 말했다.

"왕부 내에 산이 있으니 가히 볼 만하다. 다만 너무 장식이 요란하니 천하인에게 검소한 모습을 보여야 하는 것과 거리가 있다."

효무제가 떠난 후 사마도자가 조아에게 말했다.

"만일 황제가 왕부 내의 이런 산들이 모두 인공이라는 사실을 알았다면 너는 목이 달아났을 것이다."

조아가 웃으며 공자의 제자 안연의 흉내를 냈다.

"공이 계신데 저 조아가 어찌 감히 먼저 죽을 수 있겠습니까?"

그는 왕부의 저택을 배로 더 확장했다. 여천추는 매관매직으로 수억에 가까운 돈을 그러모았다.

효무제는 동생의 권세가 너무 커 자신의 자리를 위협하고 있다는 것을 알고 있었다. 곧 조서를 내려 자신의 큰 처남 왕공王恭을 남연주자사에 임명해 북쪽을 경비케 했다. 이어 강남의 세족 은중감殷仲堪을 형주자사로 삼아 장강의 상류를 지키게 했다. 왕순王珣과 왕아王雅 등에게는 궁내의 복야僕射 등을 맡겨 사마도자의 권력을 견제시켰다. 이어 작은아들 사마덕문을 낭야왕으로 봉하고, 사마도자를 회계왕으로 옮겨 가게 했다. 왕국보는 효무제가 사마도자를 꺼린다는 얘기를 듣고는 곧바로 황제에게 아부하기 시작했다. 매일 황제를 모시고 다니며 비위를 맞추자 효무제는 크게 기뻐한 나머지 낭야왕 사마덕종에게 왕국보의 딸을 맞아 왕비로 삼게 했다. 이로 인해 사마도자와 왕국보는 갈라서고 말았다.

사마도자는 술을 매우 좋아해 대취할 때까지 마셨다. 하루는 수백 명의 손님이 모인 연회 자리에서 큰 소리로 떠들었다. 그 자리에는 환온의 아들 환현桓玄도 있었다.

"환온이 만년에 모반하려 했을 때도 이와 같았을까?"

모두 이 소리를 듣고는 입을 다물었다. 환현이 황급히 무릎을 꿇고 앉아 땀을 비 오듯 흘리며 감히 얼굴을 들지 못했다. 황제의 친동생인 녹상서사 사마도자가 곧바로 그의 부친의 이름을 부르며 '모반' 운운하자 환현은 부끄러우면서도 두렵고, 한스러운 생각이 뒤엉켜 마치 바늘방석에 앉은 듯했다. 비록 환온은 만년에 찬위할 생각을 품기는 했으나 그 형적이 뚜렷이 드러난 것은 아니다. 사마도자의 부친 간문제 사마욱이 보위에 오를 수 있었던 것은 환온이 사마혁을 보위에서 끌어냈기에 가능했다. 환현 앞에서 환온을 '모반' 운운한 것은 도리에 어긋난 짓이었다. 이때 장사 사중謝重이 자리에서 일어나 엎드려 절한 뒤 정색하여 말했다.

"작고한 환대인이 세운 공은 이윤과 곽광을 넘어서는 것입니다. 밖에서는 비록 의론이 분분할지라도 전하는 응당 바르게 평해야 할 것입니다."

사마도자도 이내 고개를 끄덕이며 오나라 방언으로 말했다.

"농지儂知(내가 알았소), 농지!"

이어 계속 땀을 흘리며 꿇어앉아 있는 환현을 향해 건배를 제의했다.

"속히 일어나시오."

이 일이 있은 후 환현은 더욱 불안해하며 사마도자에게 한을 품었다. 훗날 환현이 모반을 꾀하게 된 근본 배경이 여기에 있다.

동상이몽

효무제 사후 왕국보는 다시 사마도자에게 아부했다. 이에 혹한 사마도자는 그를 재차 심복으로 삼았다. 왕국보의 족제인 낭야내사 왕서王緒도 족형인 왕국보와 함께 짝을 이뤄 조정의 정사에 깊숙이 개입했다. 효무제의 정실부인인 왕황후의 형으로 안제 사마덕종의 외숙인 전장군 왕공王恭은 효무제의 능묘에 참배한 후 사마도자를 향해 정색하고 소인배와 가까이하지 말 것을 충고했다.

왕국보와 왕서 형제는 왕공을 크게 두려워했다. 왕서가 왕국보에게 왕공이 안제를 배견하기 위해 입조할 때 척살할 것을 권했다. 왕국보는 겁이 많아 감히 응하지 못했다. 이때 왕공의 휘하도 입조할 때 병사들을 대동하고 들어가 왕국보를 살해할 것을 권했다. 왕공은 왕국보와 가까운 예주자사 유해庾楷의 병마가 강성한 것을 꺼려 쉽게 결단하지 못했다. 왕공이 임지로 돌아가는 날 많은 손님들이 모여 있는 자리에서 큰 소리로 회계왕 사마도자에게 충고했다.

"직언을 받아들이고, 아첨하는 소인배를 멀리해야 하오."

사마도자는 왕공이 떠난 후 명을 내려 왕국보를 좌복야左僕射에 임명해 조정의 인사 대권을 장악하게 하고, 동궁의 위병 전원을 왕국보의 지휘 아래 두었다. 당시 우복야右僕射로 있던 왕도의 손자 왕순도 상서령에 제수되었다. 왕

왕순의 『백원첩伯遠帖』. 환온은 왕순을 무척이나 총애했다. 그는 왕순을 두고 젊은 나이에 삼공에 오를 것이라고 칭하며 '흑두공黑頭公'이라 부르기도 했다.

순은 젊었을 때 환온의 막료로 있었다. 환온은 그를 총애했다. 하루는 왕순을 두고 '흑두공黑頭公'이라고 불렀다. 나이가 들어 백두白頭가 되었을 때 삼공이 되는 것이 아니라 그 이전에 능력을 인정받아 삼공의 반열에 오를 것이라고 예언한 것이다.

왕순과 그의 형제 왕민王珉은 본래 사안의 사위였다. 훗날 왕씨와 사씨가 서로 갈등을 빚으면서 두 형제는 사안의 핍박을 이기지 못하고 아내들과 헤어지게 됐다. 효무제는 말년에 사마도자를 견제하기 위해 왕순을 중앙으로 불러들였다. 왕순은 효무제가 죽기 직전에 어떤 사람이 나타나 서까래처럼 큰 붓을 넘겨주는 꿈을 꾸었다. 꿈에서 깬 후 그는 사람들에게 자신이 장차 크게 붓을 쓸 일이 있을 것이라고 말했다. 결국 장귀인이 효무제를 살해하자 그는 애책哀冊을 쓰고 시호를 논의하는 일을 맡게 되었다.

왕국보와 왕서 형제는 권력을 잡은 후 사방에서 뇌물을 받고 한없이 사치했다. 또한 사마도자에게 속히 왕공과 형주자사 은중감의 병권을 빼앗을 것을 권했다. 왕공과 은중감은 이 얘기를 듣고 북벌을 명분으로 이내 병사들을 엄히 훈련시키며 유사시를 대비했다.

은중감은 진군陳郡의 세족으로 청담을 즐겼다. 그는 3일마다 『도덕경』을 읽지 않으면 혀가 굳는 듯하다고 말할 정도였다. 그의 효성은 명성이 높았다. 부친 은사殷師가 오랫동안 병석에 누워 있자 스스로 의술을 배워 약 시중을 들었다. 입조한 후에는 효무제의 신임을 크게 받았다.

은중감은 비록 아름다운 명성이 있기는 하나 장수의 재목은 아니었다. 그는 부임 후 작은 은혜를 베풀어 백성을 다독였을 뿐이다. 왕공은 위기감이 고조되자 은중감에 연락해서 함께 기병해 왕국보 등을 토벌하려고 했다. 속으로 울분을 삭이며 뜻을 펴지 못한 환현은 물고기가 물을 만난 듯 은중감을 부추기고 나섰다.

"왕국보 형제는 멋대로 사람을 죽이는 등 전횡하고 있습니다. 왕공은 황제의 외숙이니 저들이 감히 먼저 손을 쓰지는 못할 것입니다. 명공은 선제의 총애를 받아 파격적으로 형주자사가 되었으나 여론은 방백方伯의 재목이 아니라고 합니다. 왕국보 등이 조명을 내려 공을 경성으로 불러들여 병권을 박탈하려고 할 터인데 그때는 어찌할 생각입니까?"

은중감은 이 말에 황급히 물었다.

"나도 이를 우려한 지 오래되었소. 어찌해야만 하오?"

"왕효백王孝伯(왕공)과 함께 거사하면 됩니다. 저 역시 거병하여 뒤따를 것입니다. 그리하면 가히 대업을 이룰 수 있습니다."

은중감이 곧 옹주자사 치회郗恢와 사촌 형인 남만교위 은기殷顗와 상의했다. 두 사람은 거사에 동의하지 않았다. 당시 건강의 사마도자는 왕공과 은중감이 수상한 움직임을 보인다는 얘기가 들리자 곧 안팎에 계엄을 선포했다. 이어 상서령 왕순을 불러 물었다.

"두 번에서 모반을 꾀한다는데 경은 이를 알고 있소?"

왕순은 왕국보의 배척을 받고 있었다. 그가 이를 핑계로 삼았다.

"저는 시종 조정의 논의에 참여하지 못했습니다. 이는 전혀 모르는 일입니다."

왕서는 사촌 형 왕국보에게 우선 사마도자의 명을 빌려 왕순과 차윤車胤 등을 제거하는 방안을 제시했다. 이후 안제와 사마도자를 위협해 천자를 끼고 제후들을 호령하는 이른바 '협천자영제후挾天子令諸侯'를 행하면서 왕공과 은중감을 토벌코자 했다. 사실 이같이 했으면 가능성이 제법 높았다. 그러나 간이 작은 왕국보는 머뭇거렸다.

왕순과 차윤이 입조하자 왕국보는 이들을 제거하는 명을 내리기는커녕 오히려 왕순에게 계책을 물었다.

"왕공과 은중감이 기병했으니 어찌하면 좋겠소?"

"이는 그대와 권력을 다투고자 한 것에 불과하고 무슨 철전지 원한이 있는 것도 아니니 크게 우려할 바는 아닙니다."

왕국보가 반문했다.

"저들이 세력을 잡은 후 삼국 시대 당시 선제(사마의)가 조상을 처치하듯이 나를 제거하지 않겠소?"

왕순이 대답했다.

"어찌 그런 일이 가능하겠습니까? 설령 그대가 조상과 같은 죄를 지었다고 할지라도 어찌 왕공 등이 선제와 같은 사람일 수 있겠습니까?"

왕국보가 차윤에게 대답을 구하자 차윤이 오히려 이같이 반문했다.

"만일 조정이 군사를 동원해 왕공을 토벌할 경우 그는 틀림없이 성을 굳게 지킬 것입니다. 이때 은중감이 장강의 상류에서 배를 타고 곧바로 건강으로 진공할 경우 어찌할 것입니까?"

왕국보가 크게 놀라 얼굴이 흙색이 되었다. 그는 곧 상서하여 모든 직책을 내놓고 대죄할 뜻을 밝혔다. 조정 대권을 모두 장악하고 있는데도 왕순과 차윤의 한마디에 크게 놀라 모든 것을 내놓은 것이다. 당시 겁이 많았던 사마도자 역시 이번 기병이 왕국보로 인해 일어난 것이라고 판단해 곧 사람을 보내 왕국보와 왕서를 체포한 뒤 왕국보는 사사하고, 왕서는 저자에서 참수했다. 그러자 왕공은 철군해 경구로 돌아갔다. 당시 은중감은 말로만 거병하기로 해 놓고 시종 유예하며 움직이지 않았다. 그는 왕국보가 사사당했다는 소식을 들은 뒤에야 비로소 거병을 발표하고 부장 양전기楊佺期에게 명해 군사를 이끌고 파릉으로 가 주둔케 했다. 하지만 사마도자가 친서를 보내자 이내 원래의 주둔지로 돌아갔다.

사마도자의 세자 사마원현司馬元顯은 당시 16세였다. 종실의 일원으로 시중이 될 정도로 준재였던 그는 부친에게 왕공과 은중감이 재차 기병할 소지가 많은 만큼 미리 대비해 둘 것을 조언했다. 사마도자가 크게 기뻐하며 아들을 정로장군으로 삼은 뒤 많은 군사를 지휘케 했다. 그는 동시에 종실인 초왕 사마상지司馬尙之와 사마휴지司馬休之 형제를 심복으로 삼은 뒤 사마상지의 참모로 활동하는 왕국보의 이복형 왕유王愉를 강주자사에 임명해 유사시를 대비했다. 당시 환현은 왕공과 은중감이 기병했다가 아무 공도 세우지 못한 채 철군하자 이내 조정에 상주해 임지를 광주廣州로 바꿔 줄 것을 청했다. 회계왕 사마도자는 환현이 형주자사 은중감의 핵심으로 활약하는 것을 꺼려 곧바로 그를 광주자사에 임명했다. 환현은 임명을 받은 후에도 계속 핑계를 대고 현지에 머물며 시변을 유심히 지켜봤다.

예주자사 유해는 조정에 상소하며 자신의 관할 하에 있는 4개의 군郡을 왕유가 관장하게 된 것에 커다란 불만을 표했다. 조정이 그의 재심 신청을 받아들이지 않자 이내 한을 품은 나머지 곧 아들 유홍劉鴻을 왕공에게 보내 이같이 설득했다.

"지금 실권을 장악한 초왕 사마상지 형제는 왕국보보다 더 해롭습니다. 이들은 조정의 명으로 여러 군진의 세력을 약화한 뒤 보위를 찬탈하려고 합니다. 그들의 계책이 완성되기 전에 미리 손을 쓰는 게 좋을 것입니다."

왕공은 사마상지 형제가 자신의 생질인 안제 사마덕종에게 불리하다고 판단해 유해의 건의를 받아들였다. 곧 사자를 은중감 및 환현에게 보내 재차 힘을 합쳐 기병할 것을 촉구했다. 사마도자가 변란이 일어났다는 소식을 접하고 크게 놀라 곧 사람을 유해에게 보냈다.

"전에 그대와 함께 술을 마시며 환담할 때 그 정이 골육과 같았소. 만일 왕공이 뜻을 얻게 되면 그대는 소인으로 몰려 자신과 일족을 보전하지 못할 것이오."

유해가 화가 나 이같이 답장했다.

"작년에 왕공이 기병했을 때 나는 줄곧 조정의 명을 기다렸으나 전하는 있는 힘을 다해 싸울 생각을 하지 않고 오히려 왕국보를 죽여 자신의 안전을 꾀했소. 장차 천하인 중 그 누가 감히 전하를 위해 힘을 다하려 하겠소? 나는 감히 나와 일족의 목숨을 웃음거리로 만들 수 없소!"

유해와 왕국보는 매우 가까운 사이였다. 유해까지 함께 기병한다는 소식이 들리자 조정이 크게 당황했다. 당시 17세의 사마원현은 조금도 두려워하지 않고 부친에게 이같이 권했다.

"전에 왕공을 치지 않았기에 오늘의 일이 빚어진 것입니다. 만일 그를 그대로 놓아두면 더 큰 화가 닥쳐올 것입니다."

사마도자는 어찌할 바를 몰라 조정의 일을 아들 사마원현에게 맡긴 뒤 날마다 술을 마시며 우려를 떨쳐 냈다. 1차 거병 때 은중감은 시종 관망하며 머뭇거린 탓에 면목이 없었다. 이에 그는 지휘권을 양전기에게 넘긴 뒤 5천 명의 선봉을 이끌게 했다. 환현이 그 뒤를 따르고 자신은 2만 명의 군사와 함께 후미를 맡았다.

양전기의 9대조인 양진楊震은 후한 제국의 태위 벼슬을 지낸 홍농 지역의 세족이었다. 영가의 난 때 양씨는 장강을 넘었다. 이후 강동의 명족과 혼인하지 못해 오랫동안 억눌려 왔다. 양전기는 이번 기회를 이용해 그간의 울분을 풀고 일거에 명성을 떨쳐 양씨 일족을 명족의 반열에 올려놓고자 했다.

안제 융안隆安 2년(398년) 9월 양전기와 환현의 병선이 온구에 이르자 왕국보의 이복형인 강주자사 왕유는 화살 한 대 쏘지 않고 황급히 임천으로 달아났다. 사마도자는 아들 사마원현을 정토도독으로 삼아 위장군 왕순을 비롯해 사안의 아들인 우장군 사염謝琰과 함께 군사를 이끌고 가 이들을 영격케 했다. 동시에 초왕 사마상지에게는 예주자사 유해를 치게 했다. 유해는 반나절 만에 패해 단기로 환현에게 달려갔다. 환현은 백석에서 관군을 대파한 뒤 양전기와 함께 횡강으로 바짝 다가가 또다시 사마상지와 사마휴지 형제가 이끄는 관군을 격파했다. 관군은 석두성으로 들어가 문을 걸어 잠근 뒤 굳게 지켰다.

연승을 거두자 왕공은 득의양양해졌다. 안제 사마덕종의 외숙이기도 한 그는 당초 보위에 관심이 없었으나 이내 욕심을 내기 시작했다. 그의 두 번에 걸친 기병은 전적으로 휘하의 남팽성 내사로 있던 유뢰지의 계책을 좇은 결과였다. 유뢰지는 비수의 싸움 당시 5천 명의 북부병을 이끌고 부견의 명장 양성이 이끄는 2만 명의 군사를 격파한 바 있다. 이후 그는 동진의 장병들로부터 커다란 신망을 받게 되었다. 이는 동진의 군사가 최종 승리를 거두는 기초가 되었다.

비수의 싸움 이후 그는 병사를 이끌고 북벌에 나섰다. 그가 견성鄄城에 주둔하자 하남 일대의 백성들이 대거 그에게 귀의했다. 이후 후연의 모용수가 부견과 격전을 벌이자 동진은 다시 그를 시켜 부견의 아들 부비를 돕게 했다. 왕교택의 싸움에서 동진의 군사는 모용수에게 패했다. 사정없이 말채찍을 휘두른 유뢰지는 5장 길이의 계곡물을 뛰어넘어 간신히 달아날 수 있었다. 완전히 삼국 시대 유비가 달아날 때의 재판이었다. 이후 하늘을 찌르던 용맹도 사라져 늠구에 포위된 우군을 구하지 않는 등 유약한 모습을 보여 직책에서 물러나게 되었다.

왕공은 출진하면서 유뢰지를 신뢰했으나 이는 어디까지나 자신의 조아爪牙에 해당하는 무장으로 대우한 것이지 군사軍師 등과 같이 어떤 특별한 예우를 한 것은 아니었다. 유뢰지는 이를 수치로 여겼다. 당시 사마도자의 세자 사마원현은 이런 사실을 모두 알고 있었다. 그는 크게 기뻐하며 급히 유뢰지에게 사람을 보내 설득했다. 일이 성사되면 왕공의 직위를 그에게 준다는 조건이었다. 사마도자 역시 극히 겸허한 내용의 친서를 보내 그를 유인했다. 유뢰지는 선뜻 결단하지 못하고 자신의 아들 유경선劉敬宣과 이를 상의했다.

"왕공은 금상의 외숙인데도 여러 번 거병했다. 그가 승리를 거두면 천자와 회계왕 밑에 들어갈 리 있겠는가? 나는 토역의 명분을 내세워 왕공에게 반격하려고 하는데 너의 생각은 어떠냐?"

유경선이 대답했다.

"조정이 그간 비록 선정을 베푼 것은 아니나 그렇다고 커다란 악정을 행한 것도 아닙니다. 왕공은 자신의 무력을 믿고 황실을 멸시하고 있으니 실로 난신적자입니다. 어른은 왕공과 골육지친도 아니고, 군신의 관계도 아닙니다. 단지 일시적으로 손을 잡은 것에 불과하니 창을 거꾸로 하여 그를 칠지라도 어찌 문제될 리 있겠습니까?"

이때 장막 밖에서 왕공의 참군 하담지何湛之의 수하가 이를 엿듣고는 곧바로 왕공에게 보고했다. 하담지는 평소 유뢰지와 사이가 좋지 않았다. 왕공도 이를 알고 있었다. 그는 하담지가 유뢰지를 무고하는 것으로 생각해 이를 믿지 않았다. 그뿐 아니라 주연을 베풀어 유뢰지를 초대한 뒤 형으로 대우하며 정병을 모두 그에게 귀속시켰다. 그는 하담지의 밀보를 받은 뒤 유뢰지를 깍듯이 예우하기로 한 것이다. 하지만 이는 오히려 유뢰지의 의심을 더욱 자극해 정반대의 결과를 가져왔다.

왕공은 유뢰지를 안연顔延과 함께 출정시켰다. 몇 리 못 가 유뢰지는 안연을 벤 뒤 조정에 투항했다. 이어 아들 유경선과 사위 고아지高雅之에게 정병을 이끌고 가 왕공의 영채를 급습하게 했다. 왕공은 자신의 군복을 입은 기병들이 쇄도하자 단기필마로 곡아 쪽을 향해 황급히 도주했다. 그는 기마에 능숙하지 못해 몇 리 못 가 허벅지 양쪽에서 피가 흘러내렸다. 다행히 곡아에서 그의 옛 부하인 은확殷確이 작은 배를 찾아 그를 실어 주었다. 두 사람은 환현이 있는 곳으로 달아날 생각이었다. 이때 공교롭게도 은확과 척을 진 전강錢强을 만나게 되었다. 전강은 전에 세금을 빼돌린 혐의로 은확에게 처벌을 받은 적이 있었다. 그는 은확의 배에 있는 사람이 왕공이라는 것을 알고는 곧 관군에 고발했다. 은확과 왕공은 체포돼 건강으로 압송됐다. 왕공은 입성하기도 전에 사마도자가 보낸 사람에 의해 건강의 동북 교외에서 참수됐다.

청담을 즐긴 왕공은 뛰어난 용모와 자태를 지니고 있음에도 뜻만 크고 재주가 없었다. 아랫사람을 따뜻이 대하지 않고 불도를 숭신한 나머지 절을 크게 축조하는 등의 일로 백성들을 혹사했다. 『세설신어』에 따르면 그는 젊었을 때 몸에 학창구鶴氅裘(학의 털로 만든 덧옷)를 걸치고 눈을 밟으며 다녔다. 당시 명사들이 이를 보고 크게 찬탄했다.

"이는 실로 신선이 내려온 것이다!"

그러나 그는 용인에 실패했다. 유뢰지를 과신하다 자멸한 게 그 증거다. 그는 죽을 때 입으로 불경을 외우며 전혀 두려운 기색을 드러내지 않았다. 오히려 형을 집행하는 감독에게 이같이 말했다.

"나는 어리석게도 사람을 깊이 믿다가 이 지경에 이르렀다. 원래의 본심은 사직에 충성하고자 한 데 있다. 백대 후에 사람들이 나의 진심을 알아주기를 기대한다!"

왕공의 다섯 아들과 조카, 그의 동생 왕순 등이 모두 같은 날 목이 달아났다. 단지 아직 어린애에 불과했던 그의 서자만이 죽음을 면하고 유모 집으로 보내졌다. 왕공의 이전 속료가 이 애를 몰래 빼내 환현이 있는 곳으로 보냈다. 훗날 환현이 집정하면서 왕공을 고발한 전강 등은 모두 요참 형을 당했다. 당시 사마도자 부자는 유뢰지에게 확실히 식언을 했다. 그에게 왕공이 행사했던 연주와 청주, 기주, 유주, 병주, 서주, 양주 등에 관한 군사 지휘권을 넘겨주겠다는 것은 불가능한 일이었다. 왕공은 비록 죽었으나 은중감과 환현, 양전기 등은 무호와 석두성을 압박하고 있었다. 이들은 분분히 상표해 왕공의 억울함을 호소하면서 속히 유뢰지를 주살할 것을 청했다. 유뢰지는 북부병의 정병을 이끌고 건강 주변의 신정에 영채를 세웠다. 환현 등은 북부병이 온 것을 보고 크게 겁을 먹고 건강에서 수십 리 떨어진 채주蔡州로 퇴각했다.

건강성 내에서 유뢰지 문제를 놓고 시끄럽게 다툴 때 좌장군 환수桓脩가 사마도자를 찾아갔다. 환수는 환충의 아들로 환온의 조카이고 환현의 사촌 형이었다. 환수는 내심 환현과 은중감 모두 왕공을 두목으로 삼은 까닭에 이제 왕공이 죽고 없는 만큼 능히 이들을 쉽게 설득할 수 있을 것으로 생각했다. 그가 사마도자에게 말했다.

"만일 조정에서 환현과 양전기 두 사람에게 높은 관작을 내리면 두 사람은 필히 크게 기뻐하며 은중감으로부터 떨어져 나올 것입니다. 이때를 노려 능히 은중감을 벨 수 있을 것입니다."

사마도자가 이를 받아들였다. 이에 환현을 강주자사로 삼고, 옹주자사 치회郗恢를 중앙으로 불러들여 상서에 임명하면서 양전기를 옹주자사로 내보내고, 환수를 형주자사로 삼으면서 은중감을 광주자사로 내쫓는 조칙을 내렸다. 조서를 받아보고 대로한 은중감은 즉시 환현과 양전기에게 진군의 명을 내렸다. 그러나 두 사람은 조명을 받아 보고 크게 기뻐한 나머지 유예하며 진군을 늦췄다. 은중감은 이번 거사가 이내 실패할 것으로 판단해 무호에서 남쪽으로 철군하면서 사람을 환현과 양전기가 있는 채주로 보내 병사들 내에 이런 소문을 퍼뜨리게 했다.

"은중감을 좇지 않을 경우 은중감이 강릉에 도착하자마자 귀순하지 않은 병사의 일족을 모두 도살할 것이다!"

이 소문을 들은 양전기의 부하 2천여 명이 황급히 달아났다. 환현도 병란兵亂이 일어날 것을 염려해 급히 군사를 이끌고 은중감의 뒤를 좇았다. 결국 세 사람은 다시 모여 굳게 맹서한 후 공동 명의로 왕공의 억울함을 호소하고 환수를 배척하는 내용의 상주문을 올렸다. 이렇게 은중감과 환현, 양전기는 다시 뭉쳤지만 각기 다른 생각을 품고 있었다. 사마도자는 계책을 낸 환수를 파면하고 은중감의 형주자사 직책을 회복시켰다.

이 일이 있은 지 얼마 후 사마도자는 중병에 걸렸으나 여전히 폭음을 그치지 않았다. 사마원현은 부친 사마도자가 맡고 있는 사도와 양주자사의 직책을 잃을까 우려해 부친이 대취한 틈을 이용해 스스로 양주자사의 직책을 대신했다. 며칠 뒤 술에서 깨어난 사마도자는 자신의 직책을 잃은 것을 알고 대로했으나 어찌할 도리가 없었다.

당시 18세의 사마원현은 계책이 무궁했다. 게다가 여강 태수 장법순張法順도 사마원현을 위해 계책을 냈다. 얼마 후 사마원현이 다시 녹상서사에 임명됐다. 당시 사람들은 사마도자를 동록東錄, 사마원현을 서록西錄으로 불렀다. 부자가 동시에 명을 내리면 병거와 기마가 온통 서쪽에 가득 찼다. 그러나 사마원현은 잔학했다. 그는 세족들로부터 노비 신분을 갓 벗어난 민호^{民戶}를 강박해 경성 부근으로 이주하게 한 뒤 이들을 모두 '낙속^{樂屬}'이라고 불렀다. 이것은 원하는 대로 징집할 수 있다는 뜻이다. 사마원현은 낙속을 직접 통제해 유뢰지 휘하의 북부병 및 은중감 휘하의 형주군에 맞서고자 했다. 그러나 낙속에 징발된 청장년들은 불만이 컸다. 가까스로 자유로운 신분이 돼 살아가려는 순간 신분이 낮은 병호^{兵戶}로 편입된 데 따른 불만이었다. 한번 병호에 편입되면 대대로 이를 세습했다. 호족들도 불만이었다. 조정의 명을 좇을 경우 은밀히 부리고 있는 소작인을 잃게 돼 경제적 손실이 막대했다. 결국 이들 모두 모반을 심각하게 생각하게 됐다.

오두미도 교주의 난

안제 융안 3년(399년) 말, 도적 손은^{孫恩}이 민심이 흉흉한 틈을 타 해도^{海島}에서 출병했다. 그는 상우현 현령을 죽인 뒤 곧바로 회계를 쳤다. 이때 이른바 서왕^{書王}으로 불리는 당대의 명필 왕희지^{王羲之}의 아들 왕응지^{王凝之} 등을 죽였다.

낭야 손씨 역시 당대의 세가였다. 이들 중 일부가 오두미도^{五斗米道}를 믿었다. 손은의 숙부 손태^{孫泰}는 줄곧 전당^{錢塘} 출신 두자공^{杜子恭}으로부터 방술을 배웠다. 그는 이를 이용해 어리석은 백성들로부터 재산을 편취했다. 백성들은 그를 신으로 생각해 재산과 자녀를 바치며 복을 빌었다. 왕순은 일찍이 회계왕 사마도자에게 손태가 혹세무민하는 정황을 보고하면서 그를 광주로 방출할 것을 건의했다. 그러나 광주의 지방관 역시 손태의 방술에 미혹돼 그를 울림(광서성 귀현) 태수로 삼았다. 효무제 사마요는 재위 말년에 장생할 생각으로 그를 경성으로 불렀다. 사마도자는 그를 서주의 주부^{主簿}로 삼아 돈과 땅, 사람 등을 지원하며 불로장생의 연단^{煉丹}을 만들게 했다.

왕공이 기병했을 때 손태는 왕공을 토벌한다는 구실 아래 백성들을 그러 모았다. 그는 동진의 천명이 끝났다며 오두미도로 오^吳 땅의 백성을 혹하게 만든 뒤 반란을 꾀했다. 사마원현이 정권을 잡았을 때 조정의 관원들은 이 사실을 알고 있었으나 손태와 사마원현의 관계가 가까운 까닭에 감히 이를 말하지 못했다. 결국 회계내사가 확실한 증거를 잡고는 곧 조정에 그를 고발 하는 보고서를 올렸다. 사마도자는 손태로 인한 화가 자신에게 미칠 것을 우 려해 곧 사람을 보내 손태를 비롯해 그의 아들 6명을 모두 죽였다.

원래 오두미도는 후한 말기에 나타난 것으로 교리 자체는 결코 위험한 게 아니었다. 그러나 두자공과 손태 등을 거치면서 백성들을 미혹하고, 부단히 새로운 내용을 가미해 결국 사교^{邪教}로 발전했다. 손태의 시체가 저잣거리에 내걸리자 신도들은 그가 선태등선^{蟬蛻登仙}(매미가 껍질을 벗듯이 신선이 됨)했다 며 해변에 모인 뒤 바다에 금은보화와 음식 등을 내던지며 그를 제사 지냈다. 손태의 조카 손은은 사마도자 부자에 대한 원성이 높게 일고 있는 점을 이용 해 곧 수만 명의 신도를 모은 뒤 왕응지를 포함한 오 땅의 지방관을 차례로 격살했다. 여기에는 사안의 두 아들인 사막^{謝邈}과 사충^{謝沖}도 끼어 있었다.

손은은 회계를 점령한 후 스스로 정동장군을 칭하고, 신도들을 '장생인^{長 生人}'으로 불렀다. 자신들을 좇지 않는 현지의 사서^{士庶}는 영아를 포함해 그 일 족을 모조리 주살했다. 이들은 관원을 죽인 뒤 시체를 큰 솥에 넣어 끓인 뒤 관원의 처자식에게 먹게 했다. 신도들은 손은이 머무는 회계성을 '대인성성^{人 人聖城}'으로 부르며 구름처럼 몰려들었다. 부녀자들은 아이들이 행동에 방해 가 된다고 생각해 물속에 집어 던져 익사시키면서 이같이 주문을 외웠다.

"먼저 신선이 된 것을 축하한다. 나는 교주를 알현한 후 너와 다시 만날 것 이다."

당시 동진은 환현과 유뢰지, 양전기 등이 광대한 영역에 할거하고 있어 조 정의 호령은 겨우 삼오^{三吳}(남경 일대) 지역에만 통용될 뿐이었다. 건강성 내에도 손은을 추종하는 신도들이 적잖이 있었다. 조정은 사마원현을 중군장군으로 삼은 뒤 유뢰지 및 사안의 아들 사염謝琰과 함께 이들을 치게 했다.

손은이 이끄는 난민들은 관군이 밀어닥치자 사방으로 도주했다. 난세에 영웅이 나오는 법이다. 이때 손은의 난으로 마침내 진나라를 탈취한 사람은 유유劉裕였다. 유유는 원래 경구의 빈천한 인물이었다. 겨우 글자를 깨우쳐 짚신을 만들어 파는 것으로 목숨을 이어갔다. 투계와 경마 등의 도박을 좋아한 그는 향리를 떠도는 유랑민의 한 사람에 지나지 않았다.

유뢰지는 손은을 격파한 뒤 신분을 가리지 않고 창을 들고 활을 쏠 수 있는 자를 사방에서 구했다. 유유는 여기에 가담해 순라 등의 하급 군직을 맡았다. 하루는 밖으로 나가 순라 업무를 수행하던 중 사교 집단 수천 명과 만나게 되었다. 밑바닥 삶에서 순라의 군직까지 오르게 된 그는 전혀 두려워하지 않고 같이 있던 10여 명의 종자와 함께 이들을 향해 돌진했다. 종자들이 모두 죽고 그 역시 강변까지 몰리게 되었다. 유유는 손에 잡은 긴 창을 마구 휘두르며 여러 명을 죽인 뒤 단번에 강변 언덕 위로 올라갔다. 수천 명의 사교 집단이 소리를 치며 그에게 달려들었다. 이때 문득 유뢰지의 아들 유경선이 순라로 나간 유유가 돌아오지 않은 것을 알고 이내 군사를 이끌고 이들을 찾아 나섰다가 이 모습을 목도하게 되었다. 그의 출세는 여기서 시작되었다.

당초 손은은 오 땅의 8개 군을 공파한 뒤 크게 웃으며 휘하들에 이같이 장담했다.

"천하가 무사하게 되면 응당 제군들과 함께 건강으로 갈 것이다!"

얼마 후 유뢰지가 군사를 일으켰다는 소식을 듣고는 이같이 말했다.

"나는 절강(전당강) 이동에 할거해 월나라 구천과 같은 인물이 될 것이다!"

다시 유뢰지의 군사가 강을 건넜다는 소식을 듣고는 이같이 말했다.

"과인은 수치스럽게 도주하지는 않을 것이다!"

그러나 그는 결국 20여만 명의 남녀를 이끌고 황급히 동쪽으로 도주했다. 이때 연도에 금은보화와 약탈해 온 미소녀들을 뿌려 추격을 따돌렸다. 손은은 이내 해도로 들어갔다.

삼오 땅의 사민들은 유뢰지의 군사들이 도착한 후 오히려 약탈을 일삼는 모습에 크게 실망했다. 조정은 손은이 다시 밖으로 나올까 우려해 사염을 회계 태수로 임명해 해안을 엄히 방비하게 했다. 당시 사마원현은 손은의 난을 평정한 것은 모두 자신의 공이라고 생각해 기고만장했다. 주변의 소인배들이 일대의 영걸로 드높이자 그는 조정 대신들 모두 자신을 향해 배견의 예를 행하도록 명했다.

손은의 난을 계기로 과거의 맹우였던 환현과 은중감, 양전기는 서로 상대방을 제거하고자 했다. 양전기가 은중감에게 서신을 보내 함께 환현을 급습하는 방안을 건의했다. 환현은 은중감과 양전기가 서로 혼인을 하여 자신을 노리고 있는 것을 잘 알고 있었다. 그는 곧 조정에 서신을 보내 자신의 관할 지역을 넓혀 달라고 요청했다. 조정은 이들을 이간시키기 위해 환현을 형주 4개 군의 군사를 도독케 했다. 이어 환현의 친형 환위桓偉를 양전기의 형 양광楊廣을 대신해 남만교위에 임명했다.

대로한 양전기는 마침 후진의 요홍이 낙양을 침공하자 곧 북벌을 명분으로 기병했다. 은중감과 함께 환현을 소탕할 심산이었다. 그러나 은중감은 환현을 두려워한 데다 양전기가 득세한 후 전횡할 것을 우려해 이에 응하지 않았을 뿐 아니라 사촌동생 은홀殷遹을 시켜 강릉 이북에 머물며 양전기의 진공을 막게 했다.

당시 형주 일대에 홍수가 나 은중감은 부득불 백성들을 구제하지 않을 수 없었다. 이 때문에 창고가 모두 비게 되었다. 환현이 이 소식을 듣고는 군사를 보내 파릉에 있는 은중감의 식량 창고를 탈취했다. 이어 서신을 보내 자신은 북벌에 나섰다가 멋대로 철군한 양전기를 치려고 하는 것일 뿐이라며 속히 양전기의 친형 양광의 목을 벨 것을 주문했다. 이때 환현은 은중감 휘하에 있는 형 환위에게 밀신을 보내 내응을 당부했다. 그러나 담이 작은 환위는 크게 두려운 나머지 이를 은중감에게 보여 주었다. 은중감은 곧 환위를 연금해 인질로 잡은 뒤 친서를 환현에게 보내 기병하지 말 것을 권했다. 그러나 환현의 대군은 진격을 멈출 수가 없었다. 그가 좌우에 말했다.

"은중감은 결단력이 없어 늘 성패 여부를 따지며 머뭇거린다. 나의 형이 비록 잡혀 있으나 목숨을 잃는 일은 결코 없을 것이다."

환현이 쳐들어오자 은중감은 급히 사촌 동생 은휼에게 7천 명의 수군을 이끌고 서강구로 가 이들을 막게 했다. 당시 부견의 태자로 있다가 동진에 투항한 부굉은 강주에 안치돼 있다가 환현의 휘하로 들어가게 되었다. 환현은 휘하의 부굉과 곽전郭佺을 시켜 은휼을 격파하게 했다. 은휼이 대패하자 양전기의 친형인 양광이 원군을 이끌고 왔으나 이들 또한 대패하고 말았다.

은중감은 강릉성 안의 식량이 떨어지자 병사들에게 기름을 짜고 남은 깻묵을 군량으로 나눠 줬다. 깻묵을 한두 숟가락 먹는 것은 가능하나 이를 밥으로 먹을 수는 없는 일이다. 병사들이 설사를 하자 구덩이를 파 만든 변소에서 소화되지 않은 깻묵 냄새가 진동했다.

환현의 대군이 승승장구해 강릉에서 20리 떨어진 영구까지 진격하자 은중감은 급히 양전기에게 사람을 보내 구원을 청했다. 양전기는 강릉에 식량이 떨어졌으니 포위를 뚫고 나와 자신과 함께 양양을 지키자고 제안했다. 강릉을 떠날 생각이 전혀 없었던 은중감은 다시 사람을 보내 이같이 말했다.

"근래 사방에서 식량을 징발해 이미 병사들이 충분히 먹을 만큼 군량을 쌓아 놓았소."

양전기가 이를 믿고 직접 8천 명의 기병을 이끌고 강릉으로 왔다. 이들이 성 밖에 주둔하자 은중감이 식량을 보냈다. 그러나 이는 양전기의 군사가 단한 끼를 채울 수 있는 양에 불과했다. 대로한 양전기는 입성한 후 은중감은 만나지도 않은 채 형 양광과 함께 군사를 지휘해 곧바로 환현의 군사를 향해 돌진했다. 크게 놀란 환현이 황급히 마두馬頭까지 철군했다.

다음 날 양전기가 군사를 이끌고 환현의 대장 곽전을 급습했다. 곽전을 거의 포로로 잡게 되었을 때 환현의 군사가 증원됐다. 양전기의 군사는 모두 굶은 탓에 결국 대패하고 말았다. 그가 이끌고 온 8천 명의 기병이 몰살당했다. 양전기는 홀로 말을 타고 황급히 양양으로 돌아오던 중 뒤쫓아 오는 환현의 군사에게 잡혀 목이 잘리고 말았다.

성안에서 양전기의 군사가 참패하는 모습을 지켜본 은중감은 곧바로 문을 열고 찬성鄭城을 향해 도주했다. 도중에 양전기가 피살됐다는 소식을 접한 그는 다시 방향을 바꿔 후진後秦의 장안 쪽을 향해 달려갔다. 그러나 얼마 못가 환현의 대장 풍해馮該의 군사에게 생포되고 말았다. 풍해는 환현의 사전 지시를 좇아 은중감이 떨어뜨린 칼을 건네며 자진을 명했다. 은중감은 이내 스스로 목을 베고 죽었다. 은중감이 강릉에서 탈출할 당시 휘하의 관원 중 그를 수종한 사람은 자의참군 나기생羅企生밖에 없었다. 나기생은 일찍이 동생 나준생羅遵生에게 이같이 말한 바 있었다.

"은공은 어질기만 하고 결단력이 없어 필시 난을 면치 못할 것이다. 나는 그의 은혜를 입었으니 의리상 함께 죽을 수밖에 없다."

나기생이 은중감과 함께 달아날 당시 그가 문 앞을 지나게 되자 동생 나준생이 그를 강제로 말 위에서 끌어내 함께 노모의 집으로 갈 것을 애원했다. 은중감은 황급한 나머지 나기생을 기다리지 못하고 종자들과 함께 달아나다가 죽임을 당했다. 환현이 대승을 거두자 은중감의 속료들이 모두 찾아와 배견했지만 유독 나기생만이 보이지 않았다. 나기생은 은중감의 장례를 준비하고 있었다. 환현은 옛날의 우정을 생각해 사람을 보내 이같이 전했다.

"만일 나에게 사과하면 곧 활로를 열어 주겠소."

나기생이 사자에게 이같이 대답했다.

"나는 은공의 신하요. 은공을 구하지 못했으니 내심 부끄럽기 그지없소. 또한 환공에게 무엇을 사과해야 한단 말이오?"

환현이 좌우에 명해 나기생을 체포해 목을 치게 했다. 형을 집행하기 직전 환현이 다시 사람을 보내 유언을 물었다. 나기생이 대답했다.

"진문제晉文帝는 혜강을 죽였으나, 혜강의 아들 혜소는 진나라의 충신이었

소. 나에게 노모가 한 분 있소. 나의 형제를 살려 주어 노모를 끝까지 봉양할
수 있도록 해 주기 바라오.”

환현이 이를 좇았다.

동진의 조정은 환현이 은중감과 양전기를 모두 제거하자 그의 청을 좇아
형주와 사주, 옹주, 태주, 양주, 익주, 영주 등 7개 주의 군사를 도독케 하고 형
주자사에 임명했다. 환현이 강주자사의 자리까지 요구하자 이를 들어 주지
않을 수 없었다. 환현은 이때 어느 정도 휴식을 취할 수 있었다. 그러나 이 또
한 얼마 가지 않았다. 안제 융안 4년(400년) 봄, 손은이 해도를 빠져나와 동진
의 군사를 습격했다. 당시 회계를 지키던 사염은 매일 시주詩酒를 일삼으며 방
심했다. 비수의 싸움 당시 보국장군에 임명된 사염은 8천 명의 정병을 이끌고
맹위를 떨친 바 있다. 그는 사촌 형 사현謝玄과 함께 작전을 펼쳐 대공을 세웠
다. 이로 인해 망채공望蔡公에 봉해졌다. 그러나 그는 회계에 부임한 후 무비를
소홀히 하며 부중의 장수들이 간할 때마다 큰소리로 일축했다.

“부견이 백만 대군을 이끌고 왔다가 회남에서 대패했다. 손은이 패잔병을
이끌고 바다로 도주했는데 어찌 감히 다시 올 수 있겠는가? 그가 다시 밖으
로 나왔다가는 하늘이 곧 그를 죽게 만들 것이다.”

손은은 협구(절강 진해)를 빠져나와 상우上虞를 격파하고 단숨에 산음 이북
의 30여 리에 달하는 지역을 휩쓸었다. 사염이 보낸 동진의 군사는 모두 패
했다. 여러 사람이 그에게 방비를 엄중히 하고 매복할 것을 권했으나 듣지 않
았다. 사염이 점심을 막 먹으려고 할 때 적군이 내습했다는 보고가 들어왔다.
그가 상을 미뤄 놓으면서 호언했다.

“이 도적들을 섬멸한 뒤 밥을 먹겠다!”

그러고는 곧 군사들을 이끌고 적을 치러 갔다. 선봉에 선 환보桓寶는 순식
간에 적병을 대거 해치웠다. 사염의 군사는 하당의 좁은 길을 행군할 때 굴비
가 엮인 모습으로 전진했다. 길 양쪽에서 협공을 가하자 속수무책으로 당하
고 말았다. 사염은 황급히 도주하던 중 오두미도를 믿는 휘하의 도독 장맹張

^猛의 급습을 받고 두 아들과 함께 즉사했다.

융안 5년(401년) 3월 손은이 다시 협구를 빠져나왔다가 유뢰지의 반격을 받고 도주했다. 이해 4월 손은이 해염을 공격했다가 유유에게 패했다. 이해 7월 손은의 군사가 수로를 따라 문득 단도(진강)에 나타났다. 병사가 10만여 명에 전선이 1천여 척이나 되었다. 조정이 이내 진동했다.

당시 유뢰지는 산음에서 손은을 요격했다. 손은의 군사가 재빨리 빠져나가자 유뢰지는 유유에게 해염에서 경사 쪽으로 가 돕게 했다. 유유가 8, 9백 명의 피곤에 지친 군사를 이끌고 산산(^{蒜山})을 점거하고 있던 적들을 격파했다. 손은이 견디지 못하고 무리에게 배로 퇴각할 것을 명했다. 그럼에도 손은의 군사는 아직 수만 명이나 남아 있었다. 손은은 다시 군사를 정비해 건강을 향해 쇄도했다. 사마원현이 군사를 이끌고 영격에 나섰으나 연전연패했다. 그의 부친은 장산으로 가 장후묘에 꿇어앉아 승리를 기도했다.

손은의 누선은 거대하기는 했으나 속도가 느렸다. 백석에 도착했을 때 동진의 군사가 이미 경사에 들어와 구원에 나섰다는 소식이 들렸다. 손은은 북쪽으로 항해해 울주(강소성 관운)로 들어갔다.

조정은 유유를 하비 태수에 임명해 손은을 토벌케 했다. 유유가 연승하자 손은은 해안을 따라 남쪽으로 도주했다. 유유는 계속 그 뒤를 추격했다. 당시 환현은 강병을 거느린 채 계속 사람들을 올려 보내 제왕의 부서(^{符瑞})를 받았음을 알렸다. 동시에 사마도자에게 서신을 보내 조정이 사람을 잘못 써 이 지경에 이르렀다고 비판했다. 사마원현은 환현의 서신을 보고는 크게 놀라 여강 태수 장법순에게 이를 상의했다. 장법순이 말했다.

"환현은 얼마 전에 형주를 손에 넣은 까닭에 민심이 아직 귀부하지 않았습니다. 가히 유뢰지에게 명해 이들을 토벌할 만합니다."

마침 무창 태수 유해는 환현이 모반할 경우 이에 연루될 것을 우려해 은밀히 사람을 사마원현에게 보내 환현을 토벌할 때 내응할 뜻을 전했다. 사마원현이 크게 기뻐하며 환현 토벌을 결정했다. 장법순이 경구로 가 유뢰지에게 사마원현의 환현 토벌 의사를 전했다. 무장 출신인 유뢰지는 신중한 입장을 보였다.

"이 일은 성사시키기가 심히 어렵소."

장법순이 귀경한 뒤 사마원현에게 유뢰지를 경사로 부른 뒤 목을 치고 그의 병사를 거둘 것을 권했다. 사마원현은 이를 감히 좇을 수가 없었다. 단지 수군을 정비하며 환현 토벌을 준비시켰을 뿐이다. 안제 원흥元興 원년(402년) 2월 조정이 환현의 죄를 열거하며 상서령 사마원현을 정토대도독으로 삼고 18주의 군사를 총괄케 했다. 이어 황월을 수여한 뒤 토벌에 나설 것을 명했다. 유뢰지가 선봉도독, 초왕 사마상지가 후원이 되었다. 이때 장법순은 사마원현에게 환수 등 환씨 일족을 도륙케 했다. 환현은 조정의 출병이 이처럼 빠를 줄은 생각지도 못했다. 강릉으로 퇴각해 굳게 지키려고 하자 장사 변범지卞範之가 간했다.

"명공의 명성이 원근에 널리 퍼졌습니다. 유뢰지는 신망을 크게 잃고 있고, 사마원현은 젖비린내 나는 아이에 불과합니다. 만일 명공이 곧바로 경사로 올라가면 저들은 이내 토붕와해土崩瓦解될 것입니다. 그리하지 않고 후퇴해 지키려 들 경우 그 후과는 상상하기가 어렵습니다."

환현이 이 말을 듣고 크게 기뻐했다. 그는 형 환위에게 강릉을 지키게 한 뒤 사방에 격문을 돌려 사마현원의 죄를 성토하면서 곧바로 군사를 이끌고 건강으로 진격했다. 진격에 앞서 사마원현과 내통한 유해를 체포했다. 환현의 격문을 본 사마원현은 크게 두려워했다. 이해 3월 안제 사마덕종은 황궁의 서쪽 연못에서 사마원현의 전송을 위한 연회를 가졌다. 공경이 만좌한 자리에서 사마원현은 강개한 나머지 몇 마디 말을 하고는 통음한 뒤 칼을 뽑아들고 전선에 뛰어올랐다. 그러나 담이 작은 그는 감히 출발 명령을 내리지 못했다.

당시 유뢰지는 환현을 토벌한 뒤 사마원현이 더욱 교만하고 제멋대로 굴까 크게 우려했다. 새를 잡으면 활은 퇴장되기 마련이고, 지나치게 큰 공을 세우면 포상을 받지 못하는 법이다. 이로 인해 유뢰지는 수서양단首鼠兩端의 모습을 보였다. 결국 그는 먼저 환현의 손을 빌려 사마원현을 제거한 뒤 기회를 보아 다시 환현을 제거하는 방안을 강구했다. 유뢰지의 참군 유유는 군사를 이끌고 가 환현을 치려고 했으나 윤허를 받지 못했다.

환현은 유뢰지의 외가 쪽 인물인 하목何穆을 유뢰지에게 보내 이같이 유세했다.

"예로부터 큰 공을 세운 사람치고 목숨을 온전히 한 자는 매우 드물었소. 월왕 구천의 신하 문종文種, 진시황의 명장 백기白起, 한고조의 장수 한신韓信이 그 실례요. 이들은 명군을 섬겼는데도 그리됐으니 하물며 어둡고 흉악한 사마도자 부자의 경우야 더 말할 게 있겠소? 명공은 승리하든 패하든 가문이 모두 살육당할 것이오. 나와 힘을 합쳐 함께 일어나 장구토록 부귀를 누립시다."

유뢰지가 머리를 끄덕였다. 이때 유뢰지의 아들 유경선과 생질 하무기何無忌, 참군 유유 등이 간했다.

"환현은 동탁과 같은 인물입니다. 응당 수비를 튼튼히 하고 그와 밀통해서는 안 됩니다."

이를 들은 유뢰지가 대로했다.

"나 역시 환현이 어떤 자인지를 잘 안다. 오늘 환현을 평정하는 것은 여반장이다. 그러나 그를 평정한 후 사마원현이 우리를 제거하려 할 경우 어찌할 것인가?"

이해 4월 15일, 유뢰지가 아들 유경선을 환현이 있는 곳으로 보내 귀항의 뜻을 밝혔다. 환현과 유뢰지가 결맹하는 동안 사마원현은 계속 시간을 늦추며 출정하지 않았다. 가까스로 출정 명령을 내린 뒤 아직 원래의 출발지에 머물고 있을 때 홀연 환현이 이미 건강의 교외인 신정에 이르렀다는 소식을 듣게 되었다. 혼비백산한 그는 곧 배를 버리고 상륙해 국자감으로 퇴각해 영채를 차렸다. 얼마 후 다시 선양문 아래에 별도의 진을 펼쳤다.

군진을 펼치고 잠시 쉴 즈음 환현의 대군이 이미 대성臺城 남쪽으로 입성했다는 소식이 들려왔다. 사마원현은 군사를 이끌고 왕궁으로 피신했다. 환현은 선두 부대 수십 명을 입성시켜 동정을 살피게 했다. 이들은 관군이 허둥대는 모습을 보고 칼을 뽑아 등 뒤에서 크게 소리쳤다.

"무기를 내려놓아라!"

사마원현이 이끄는 수만 명의 대군이 순식간에 사방으로 흩어졌다. 사마원현은 동부東府로 가 부친인 사마도자에게 대책을 물었다. 사마도자가 계속 머리를 흔들며 한마디도 하지 못했다. 부자가 서로 바라보며 한없이 눈물만 흘렸다. 환현이 입성하자 조정은 그를 승상, 녹상서사, 도독중외제군사에 임명했다. 문무의 대권을 일임한 것이다.

환현은 곧 좌우에 명해 사마원현과 사마상지, 유해, 장법순 등을 모두 저자로 끌고 가 참수케 했다. 사마도자는 안성군으로 내쫓은 뒤 사람을 보내 독살했다. 당시 40세였다. 회계왕 부자와 그 당우들을 제거하자 환현의 창끝은 자연 유뢰지를 향하게 됐다. 환현은 조정의 명을 빌려 유뢰지를 회계내사에 임명했다. 이 소식을 들은 유뢰지가 소리쳤다.

"어떻게 이처럼 빨리 나의 병권을 박탈한단 말인가? 큰 화가 닥칠 것이다!"

유경선이 부친에게 기병奇兵으로 환온을 기습하는 방안을 제시했으나 유뢰지는 결단하지 못하고 이내 군사를 이끌고 반독으로 가 주둔했다. 유뢰지가 유유를 불러 말했다.

"나는 북쪽 광릉으로 간 뒤 거병하여 환현을 칠 생각이다. 너는 능히 나를 따르겠는가?"

유유가 거절했다.

"장군은 수만 명의 정병을 이끌고도 지레 겁을 먹고 항복했습니다. 환현은 지금 대승을 거둬 그 위세가 천하를 진동시키고 있습니다. 조야의 인정이 모두 떠나 버렸는데 장군은 어떻게 광릉으로 갈 수 있다는 말입니까? 저 역시 겨우 경구로 돌아갈 수 있을 뿐입니다."

유뢰지의 생질 하무기가 유유의 뒤를 따라 장막에서 나오며 물었다.

"저는 어찌해야 합니까?"

유유가 대답했다.

"진북장군(유뢰지)은 필시 화를 면치 못할 것이오. 경은 나를 따라 경구로 갑시다. 환현이 신하의 절행節行을 보이면 경과 함께 섬기고, 그렇지 않으면 함께 대사를 도모합시다."

당시 유뢰지는 막료들을 모아 놓고 강북에 둥지를 튼 다음 환현을 토벌하는 방안을 논의했다. 사람들이 입을 다물고 아무 말도 하지 않았다. 이때 참군 유습劉襲이 자리에서 일어나 큰 소리로 말했다.

"장군은 전에는 왕공, 근일에는 사마원현을 배반한 데 이어 지금은 환현을 배반하려 하고 있소. 한 사람이 세 번이나 배반하니 어찌 자립할 수 있겠소!"

그러고는 소매를 떨치고 밖으로 나가 버렸다. 곁에 있던 사람들도 분분히 흩어졌다. 유뢰지는 대세가 이미 끝난 것을 알고 곧 아들 유경선을 시켜 경구로 가 가속들을 데려오게 했다. 그러나 유경선이 이르기도 전에 일이 누설돼 일족이 모두 도살됐다. 유뢰지는 황급히 몇 명의 가속을 이끌고 북쪽으로 도주했다. 신주新洲에 이르렀을 때 그는 지난 일이 너무 후회스런 나머지 밤중에 숲 속에서 스스로 목을 맸다. 유경선은 뒤늦게 쫓아와 부친이 죽은 모습을 보고 곡상을 한 뒤 강을 건너 광릉으로 도주했다.

유뢰지가 죽었다는 소식이 들리자 옛 동료와 속료들이 그의 영구를 신고 가 단도에 장사 지냈다. 환현이 이 소식을 듣고 사람을 보내 관을 쪼갠 뒤 그의 목을 잘라 저자에 내걸게 했다. 손은은 동진에 내란이 일어났다는 소식을 듣고 다시 해안을 침공했다가 임해 태수 신경辛景에게 대패했다. 퇴로가 막힌 손은은 황급히 바다로 몸을 던져 자진했다.

손은이 죽었다는 소식이 들리자 무리들은 그가 물속으로 들어가 신선이 된 것으로 생각했다. 수백 명의 무리가 그의 뒤를 따라 자진했다. 나머지 수천 명의 무리는 손은의 매부 노순盧循을 우두머리로 삼고 몸을 숨겼다. 노순의 증조부는 사공종사중랑을 지낸 노담盧湛이었다. 환현은 노순이 명족 출신인 점을 감안해 영가 태수에 임명했다. 노순은 곧바로 기병해 인근의 주군을 공격했다. 환현은 유유에게 명해 이들을 토벌시켰다. 잇달아 패한 노순은 배를 타고 영남(광동성)으로 간 뒤 광주자사를 몰아내고 그곳을 근거지로 삼았다.

비틀거리는 제국

환현은 자가 경도敬道로 아명은 영보靈寶이다. 생모 마씨馬氏가 유성이 동 쟁반 위에 떨어져 구슬로 변하는 꿈을 꾸고 그를 임신한 데서 나온 이름이다. 그는 어려서부터 용모가 단아했을 뿐만 아니라 머리도 비상했다. 환온이 죽을 때 6명의 아들 중 그의 남군공 작위를 이어받은 사실이 이를 뒷받침한다. 환온의 1년 상기를 마친 후 옛날의 문무 속료들이 모두 환온의 동생 환충의 부중에 모여 인사를 했다. 부중에 가득 모인 사람들을 가리키며 환충이 일곱 살의 어린 조카에게 이같이 말했다.

"여기 있는 사람들이 모두 옛날 너희 집에서 일했던 사람들이다."

환현이 이 얘기를 듣고 선친을 생각하며 눈물을 흘리자 사람들이 모두 탄식했다. 그는 장성한 후 문장과 글씨에 뛰어났을 뿐만 아니라 금기서화琴棋書畵에도 일가견이 있었다. 그는 23세 때 태자세마의 벼슬을 얻었지만 실권이 없는 소관素官이었다. 효무제 때 그는 선친이 대공을 세우고 황제를 폐립한 사실을 알게 됐다. 그는 젊은 시절 실의했을 때 높은 곳에 올라 먼 곳을 바라보며 이같이 탄식했다.

"부친이 구주백九州伯(천하를 호령하는 패왕)이 되었으니, 자식은 오호장五湖長(오호 일대의 태수)이 되겠습니다!"

당시 그의 꿈은 이처럼 태수 수준에 머물러 있었다. 그러던 그가 동진이 혼란한 틈을 타 은중감과 양전기, 유뢰지, 사마도자 부자 등을 차례로 제거하고 마침내 동진 최고의 권력자가 된 것이다. 그는 집권 후 검을 차고 대전에 오를 수 있는 등의 특권을 인정받았다. 그의 일족 또한 모두 현귀한 자리로 나아갔다. 형 환위는 안서장군과 형주자사가 되었다. 환충의 아들인 사촌형 환겸桓謙은 좌복야, 중군장군, 영선領選이 되었다. 환충의 아들이자 또 다른 사촌 형인 환수桓修는 우장군에 임명돼 서주와 연주, 두 주를 통괄하는 자사의 자리를 겸했다. 또 환활桓豁의 아들인 사촌 형 환석생桓石生은 전장군 및 강주자사가 되었다. 또한 그의 핵심 모사인 변범지는 건무장군, 단양윤에 임명되었고, 은중감의 사촌 동생으로 자신의 매부인 은중문殷仲文은 시중이 되었다.

환현은 이전의 권신들처럼 군사를 이끌고 가 고숙에 주둔했다. 조정의 대사가 모두 그의 재가를 받은 후 실시된 것은 말할 것도 없다. 작은 일은 환겸과 변범지가 직접 처리했다. 환현은 초기에 간녕한 소인배를 몰아내고, 인재를 과감히 발탁해 백성들의 신망을 얻었다. 그러나 시간이 지나면서 사치하고 방탕한 모습을 보이자 조야의 사람들이 크게 실망했다. 얼마 후 환현은 고소高素와 유습 등 전에 유뢰지 휘하에 있던 제장들을 차례로 주살했다. 이들 모두 북부병의 지휘관들이었다. 환현은 스스로를 예장공에 봉하고, 식읍을 7천5백 호로 늘렸다.

그는 곧 상서해 후진의 요흥을 토벌하기 위한 북벌을 건의하면서 다시 사람을 보내 조명으로 이를 저지하는 식의 허영을 부리는 등 경박한 모습을 보였다. 한번은 고숙에서 가볍고 날랜 작은 배를 여러 척 건조한 뒤 진귀한 서화 등을 싣게 했다. 사람들이 그 이유를 묻자 이같이 대답했다.

"병란이 잦으니 뜻밖의 일이 일어날 경우 쉽게 운반할 수 있다."

안제 원흥 2년(403년) 9월, 환현의 친형인 형주자사 환위가 병사했다. 환현이 사촌 형 환수로 하여금 형주자사의 직을 겸직케 하려고 하자 하속들이 만류했다.

"환겸과 환수 형제가 조정의 안팎을 장악하고 있으니 그 권세가 너무 중합니다."

이에 그는 환활의 아들인 사촌 형 환석강桓石康을 형주자사로 삼았다. 이후 동진에 충성심이 강했던 친형 환위가 죽자 찬위의 발걸음을 빨리 했다. 심복 변범지와 은중문 등이 그에게 은밀히 선양을 받을 것을 부추겼다. 원흥 2년 10월 조정이 그를 상국에 임명해 백관을 총지휘하게 하고, 초왕楚王에 봉해 10개 군을 봉지로 내렸다. 여기에 구석이 더해지면서 초나라는 자체적으로 승상 이하의 백관을 둘 수 있게 되었다. 이때 환겸이 업무 보고차 경성에 올라온 팽성내사 유유에게 물었다.

"초왕의 공이 너무 높고 덕이 중하니 조정의 상하가 모두 선양이 있을 것으로 생각하고 있소. 경은 이를 어찌 생각하오?"

유유가 대답했다.

"초왕은 환선공(환온)의 아들입니다. 공훈과 덕망이 세상을 덮을 만하고, 진나라 왕실이 쇠미해 민심은 이미 옮겨간 지 오래입니다. 운세를 좇아 선양을 하는 것이니 무엇이 문제될 리 있겠습니까?"

환겸이 크게 기뻐했다.

"경이 그같이 말하니 곧 그리될 것이오!"

사실 유유는 경성으로 올라오기 전에 이미 참모 하무기와 함께 산음에서 기병해 환현을 토벌할 생각이었다. 이때 산음 출신 공정孔靖이 이같이 권했다.

"산음은 건강에서 거리가 멀어 거사가 성사되기 어렵습니다. 지금 환현이 아직 찬위하지 않았으니 일단 그가 찬위하기를 기다렸다가 경구에서 기병해 토벌토록 하십시오."

이해 11월 환현이 짐짓 북벌의 취지를 담은 상표를 올린 뒤 다시 사람을 시켜 조명으로 이를 만류하는 짓을 벌였다. 도처에 사람을 보내 강주에 감로甘露가 내렸다는 등의 상서로운 조짐을 떠들고 다니게 했다. 과거 왕망이 찬위할 때의 수법을 그대로 흉내 낸 것이다. 그는 또 동전을 폐지해 곡물과 비단으로 이를 대신하고, 육형肉刑을 부활하는 등의 방안을 강구했다. 이를 둘러싼 논의가 분분했으나 아무것도 이뤄진 게 없었다.

그는 옛 도서 등을 좋아해 어떤 사람이 좋은 물건을 갖고 있다는 얘기를 들으면 곧 부중으로 불러 도박을 하는 수법으로 이를 손에 넣었다. 이해 12월 변범지가 선양의 조서를 작성한 뒤 임천왕 사마보司馬寶를 시켜 안제 사마덕종에게 선양을 강요했다. 백관들이 고숙을 찾아가 선양을 받아들일 것을 권했다. 환현이 곧 구정산에 단을 쌓고 보위를 넘겨받았다. 그는 보위에 오르자마자 환온을 선무황제, 환온의 정실 남강장공주를 선무황후로 추존하고 아들 환승桓升을 예장왕에 봉했다.

환온은 이어 연호를 건시建始로 정하고자 했다. 우승 왕유王愉가 급히 만류했다. 이는 팔왕의 난 당시 조왕 사마륜이 찬위할 때 사용한 연호였다. 환현은 곧 영시永始로 바꿨다. 그러나 이 또한 왕망이 사용했던 것이다. 불길한 조짐이었다. 이어 그는 안제 사마덕종을 평고왕에 봉한 뒤 심양에 연금했다. 새 왕조 건립 의식이 끝나자 그는 고숙을 출발해 건강의 황궁으로 향하고자 했다. 공교롭게도 이때 큰 바람이 불었다. 의장기가 바람에 찢겨져 나가고 옥좌도 홀연 무너져 내렸다. 조신들이 모두 경악했다. 은중문이 나서서 이같이 말했다.

"페하의 성덕이 매우 깊고 두터워 땅도 이를 싣지 못하고 있습니다."

환현이 크게 기뻐했다. 이날 저녁 환현은 군신들을 황궁의 내전으로 불러들여 커다란 잔치를 벌였다. 그는 인자한 군주의 모습을 보이기 위해 친히 죄인들을 심문하면서 죄의 경중을 묻지 않고 일률적으로 석방했다. 관인함을 보이고자 한 것이다. 백성 중에는 승여에 매달리며 구빈救貧을 청하는 사람이 적지 않았다. 환현은 그때마다 금은을 나눠 주었다. 작은 은혜로 민심을 현혹한 것이다.

그는 자신의 학문을 자랑하는 것을 즐겼다. 신하들이 상주문을 올리면 글자 사이의 작은 잘못까지 찾아내 어필로 붉은 점을 찍었다. 자신의 총명을 드러내기 위한 행보였다. 천자가 하속 아전과 같은 모습을 보이자 신하들의 고통이 이만저만이 아니었다. 그는 모든 일을 자신이 직접 행하지 않으면 직성이 풀리지 않았다. 모든 일에 시시콜콜 끼어든 이유다. 아전의 행보였다. 처리해야 할 문건이 산더미처럼 쌓이니 법령이 제대로 시행될 리 없었다.

게다가 그는 겉치레를 좋아했다. 건강의 궁궐 대문을 모두 활짝 열고 치도馳道를 크게 중수했다. 사서에는 3천 명이 앉을 수 있는 큰 가마를 만들어 2백 명이 들게 했다는 기록이 나온다. 액면 그대로 믿을 수는 없으나 유사한 수레를 만든 것은 확실해 보인다. 대규모 토목공사가 빈번하자 백성들의 부역 부담이 가중됐다.

환현이 찬위했을 때 동진의 각지를 지키는 수장守將 가운데 이를 반대해 기병한 사람은 매우 드물었다. 오직 동진 초기에 활약한 명장 모보毛寶의 손자인 익주자사 모거毛璩만이 격문을 돌리며 백제성에 주둔한 뒤 환현 토벌을 준비했다. 환현은 조신들과 각지의 수장들을 끌어들이기 위해 애썼다. 특히 유유를 크게 우대했다. 그를 서주와 연주, 두 주의 자사에 임명하고, 성대한 주연을 베풀어 친히 술을 따라 주었다. 환현의 부인 황후 유씨劉氏는 사람을 보는 눈이 있었다. 그가 환현에게 말했다.

"유유는 용행호보龍行虎步를 하고 있고, 눈빛이 비범하니 끝내 다른 사람 밑에 있지 않을 것입니다. 조기에 제거하느니만 못합니다."

이를 들은 환현은 일축했다.

"짐은 이제 막 중원을 평정하려는 참이오. 유유와 같이 영무한 사람이 필요하오. 관중과 낙양을 평정한 뒤 제거 방법을 강구할 생각이오."

유유를 경구로 돌려보낸 것은 호랑이를 산에 풀어 놓은 것이나 다름없었다. 그는 곧 하무기 등과 동진의 부흥 방안을 강구했다. 경릉 태수 유매劉邁의 동생 유의劉毅도 이 모의에 가담했다. 방침이 정해지자 유유는 사람을 건강으로 보내 여러 사람과 두루 관계를 맺게 하고, 병사와 말들을 모아들이고, 유목劉穆을 주부로 삼았다.

이듬해인 영시 2년(404년) 봄, 하무기가 거짓으로 조명을 칭해 경구의 성문을 열게 한 뒤 곧바로 뛰어들어 환수의 목을 베었다. 이로써 유유는 견고한 경구의 성을 가볍게 손에 넣었다. 유의의 형 유매는 겁이 많아 유유 등의 밀신을 받은 후 크게 두려운 나머지 이를 갖고 가 환현에게 보여 주며 자수했다. 환현이 크게 놀라 곧 유매를 중안후에 봉한 뒤 유유와 관계를 맺고 있는 왕원덕王元德과 동후지童厚之 등을 참살했다. 다음 날 그는 문득 유매까지 죽여 버렸다.

환현은 사촌 형 환겸을 정토도독에 임명하고, 매부 은중문으로 하여금 환수의 자리를 대신하게 한 뒤 휘하의 용장 오보지吳甫之와 황보부皇甫敷에게 명해 군사를 이끌고 가 유유의 군사를 영격케 했다. 환현의 얼굴에 우려의 기색이 완연하자 좌우가 물었다.

"유유의 군사는 오합지졸에 불과합니다. 사세 상 틀림없이 성사될 리 없습니다. 폐하는 왜 이처럼 우려하는 것입니까?"

환현이 말했다.

"유유는 족히 일세의 웅걸이라 할 만하오. 유의는 집에 아무것도 없는데도 저포樗蒲(주사위로 하는 윷놀이 도박)에서 한번에 백만 전을 거는 사람이오. 유뢰지의 생질 하무기는 그의 외숙과 꼭 닮았소. 이 세 사람이 함께 거사했는데 어찌하여 성사될 리 없다고 말하는 것이오!"

황보부와 오보지는 유유와 강승에서 접전했다가 모두 패해 목이 잘리고 병사 또한 몰사하고 말았다. 당시 유유의 휘하에는 병사가 총 2만 명도 채 안 됐다. 황보부 등이 패했다는 소식을 듣고 크게 놀란 환현은 곧 환겸과 변범지 등에게 2만 명의 군사를 이끌고 가 복주산(남경 태평문 부근)을 굳게 지키게 했다.

유유의 군사는 아침 일찍 든든히 먹은 후 나머지 식량을 모두 버리며 필사의 각오를 다졌다. 복주산 아래에 도착한 후 유유가 먼저 쇠약한 병사들로 이뤄진 선발대에게 깃발을 들고 산을 오르게 했다. 적을 유인키 위한 의병疑兵이었다. 이어 군대를 여럿으로 나눠 이들과 함께 병진했다. 환현의 군사 중 대부분이 전에 북부병으로 있던 자들이었다.

진공이 시작되자 유유와 유의가 앞장서 독전했다. 결국 환현의 군사가 궤멸하자 이전의 북부병들은 싸우지도 않은 채 항복했다. 당시 환겸 등은 출전 즉시 도주할 준비부터 했다. 은중문은 부두 부근에 여러 척의 큰 배를 정박시켜 놓았다. 환겸이 패했다는 소식이 들리자 환현은 병사 수천 명을 이끌고 아들 환승 및 조카 환준桓濬 등과 함께 남액문을 빠져나와 황급히 도주했다.

도중에 환현의 이전 하속인 호번胡藩이 말고삐를 당기며 나머지 군사들을 이끌고 유유와 결전할 것을 간했다. 환현이 손가락으로 하늘을 가리키며 채찍으로 말 엉덩이를 더욱 세게 쳤다. 손가락으로 하늘을 가리킨 것은 '하늘이 나를 망하게 했다'는 뜻이다. 초한전 때 오강으로 도주하던 항우의 흉내를 내고 있었던 것이다.

그는 부두에 도착하자마자 곧바로 배에 올라 황급히 출발을 명했다. 승선한 사람들 모두 하루 종일 아무것도 먹지 못했다. 야간에 좌우에서 밥을 지어 올리자 환현은 밥을 넘기지 못했다. 여섯 살의 어린 아들 환승이 그의 품에 안겨 가슴을 어루만지며 위로하자 비통함을 금치 못했다.

유유는 건강을 접수한 뒤 환온의 신주를 불태우고, 도주하지 못한 환씨 일족을 모두 주살했다. 환현은 심양으로 간 뒤 폐위된 안제 사마덕종 등을 이끌고 강릉으로 천도했다. 한 달 내에 위세를 어느 정도 회복해 무리가 2만 명에 달했다. 이때 실패를 교훈 삼아 휴식을 취하면서 힘을 비축했다면 다시 국면을 전환시킬 가능성이 있었다. 그러나 그는 제장들의 무능에 원한을 품은 나머지 함부로 화를 내며 그들을 마구 죽였다.

환현의 5촌 조카 환진桓振을 비롯해 곽전郭銓과 하담지何澹之, 곽욱郭旭 등이 잇달아 패주해 왔다. 화를 참지 못한 환현은 부굉 및 양승수羊僧壽를 선봉으로 내세운 가운데 직접 전함 2백 척을 이끌고 쟁영주崢嶸洲에서 유유의 군사와 결전을 치렀다. 당시 환현의 군사는 많은 군선을 보유했으나 유유의 군사는 겨우 몇 천 명에 지나지 않았다. 그러나 겁이 많은 환현은 싸움 직전 지휘선 옆에 도주용의 작은 배를 끌고 갔다. 이를 본 사람들 모두 투지를 잃고 말았다.

교전이 시작되자 유유의 군사들이 바람을 이용해 불을 지르며 일당백의 기세로 분투하자 환현의 군사가 대패했다. 환현이 밤을 새워 도주하자 부장 곽전과 은중문 등이 잇달아 투항했다.

환현이 강릉으로 돌아오자 부장 풍해가 출성하여 다시 싸울 것을 권했다. 그러나 환현은 한천으로 이동했다가 양주자사 환희桓希가 있는 곳으로 달아나 몸을 맡기고자 했다. 그가 승선해 환희가 있는 곳으로 갈 당시 묘한 일이 벌어졌다. 공교롭게도 전에 백제성에 머물며 환현 토벌을 준비했던 익주자사 모거의 동생 모번毛璠이 병사하자 손자 모우지毛祐之와 모거의 참군 비열費恬 일행이 영구를 싣고 강릉으로 돌아오고 있었다. 일행은 모두 2백여 명이었다. 환현의 신변에 있는 둔기교위 모수지毛修之는 모거의 조카였다. 이미 대세가 기울었다고 판단한 그는 환현을 포획해 공을 세울 심산으로 환현에게 촉 땅으로 들어갈 것을 권했다. 환현이 이를 좇았다.

환현 일행을 태운 배가 익주의 군선 쪽으로 다가가자 모우지가 활을 쏘게 했다. 모수지는 기회를 틈타 물로 뛰어들어 도주했다. 환현 신변의 태감이 온몸으로 환현을 감쌌다. 그의 몸은 이내 고슴도치가 되고 말았다. 환현도 몸에 여러 발의 화살을 맞았다. 어린 아들 환승이 울면서 손으로 화살을 뽑아내려 애썼다.

영구를 호송하던 군사 중 풍천馮遷이라는 자가 가장 먼저 환현이 탄 배에 올라탔다. 그가 칼을 뽑아들고 앞으로 다가오자 환현이 고통을 참으며 머리띠에 있는 값비싼 옥관자를 뽑아 내던지면서 일갈했다.

"너는 누구냐? 감히 천자를 죽이려 하다니!"

"나는 천자를 죽이러 온 도적이다!"

그가 칼을 휘두르자 환현의 목이 떨어져 나갔다. 당시 36세였다.

같은 배에 타고 있던 환석강, 환준 모두 풍천에게 살해됐다. 이때 어린 환승이 익주의 군사들을 향해 말했다.

"나는 예장왕이다. 군사들은 나를 죽이지 마라!"

병사들이 감히 손을 못 대고 강릉으로 보냈다. 그러나 그 역시 유유의 명령으로 저자에서 참수됐다.

당시 강릉에 남아 있던 환겸과 환진은 안제 사마덕종 형제를 수중에 넣고 사태를 지켜보고 있었다. 얼마 후 환현이 죽었다는 소식이 들리자 화가 난 환진이 이내 칼을 뽑아 들고 안제가 있는 곳으로 가서는 이같이 소리쳤다.

"우리 가문이 나라에 무슨 잘못을 저질렀기에 이처럼 도살되는 것인가!"

사마덕종이 멍하니 바라보자 옆에 있던 동생 사마덕문이 황급히 환진에게 예를 올리며 말했다.

"이것이 어찌 우리 형제의 뜻이겠소?"

얼마 후 환승마저 저자에서 참수됐다는 소식이 들리자 환진이 대로해 다시 안제 형제를 죽이려고 했다. 환겸은 이를 간신히 만류했다.

환진은 환온의 조카인 환석건恒石虔의 아들이었다. 어렸을 때 장수들이 호랑이를 쏘면서 환석건에게도 화살을 건네 주며 쏘게 했다. 환석건은 아무 거리낌 없이 화살을 받아 날뛰는 호랑이를 향해 여러 발의 화살을 날렸다. 환온이 관중으로 쳐들어가 전진의 부건을 칠 때 환석건은 단기필마로 적진을 향해 돌진해 결국 포위당한 숙부 환충을 구해 냈다. 환진도 부친의 피를 이어받아 과감했다.

환진은 유유가 보낸 대장 노종지魯宗之를 대파했다. 얼마 후 유의 등이 환현의 장령 풍해를 깨뜨리자 환겸 등이 도주했다. 이어 사람들이 다시 안제를 옹립했다. 환진은 패잔병을 모아 강릉을 급습해 초왕 사마상지의 동생인 사마휴지가 이끄는 유유의 군사를 대파했다. 그러나 결국 그의 군사 역시 수십 명밖에 남지 않았다. 그럼에도 이들을 이끌고 사교沙橋에서 유유의 군사들과 결전을 벌였다. 그는 통음한 뒤 적진으로 돌진하다가 전사했다.

환겸은 환진이 죽었다는 얘기를 듣고 후진으로 달아났다. 후에 그는 다시 촉 땅으로 들어와 초종譙縱 등과 함께 반기를 들었다가 동진의 장수에게 피살됐다. 환씨 일족 중 환충의 손자 환윤恒胤만이 특사로 살아남아 신안에 연금됐다. 이후 은종문 등이 모반을 꾀해 환윤을 환현의 후사로 삼으려다가 도중에 기밀이 새는 바람에 환윤마저 목숨을 잃었다. 이로써 환씨 일족은 완전히 절멸되고 말았다. 손은의 난이 평정되고, 환현 역시 죽게 되었으나 동진의 운명은 이미 끝을 향해 숨가쁘게 내달리고 있었다.

– 『삼국지 다음 이야기』 2권에서 계속됩니다.

280년 사마염이 오나라를 정복하고 천하를 통일하다.

282년 황후 가남풍의 아버지 가충 병사.

290년 진무제 사마염 붕어. 사마충이 보위에 올라 진혜제가 되다.

291년 가남풍이 초왕 사마위를 시켜 양준을 비롯한 양황후 일파를 살해하고 여남왕 사마량을 태재太宰로 삼음. 이후 초왕 사마위로 하여금 다시 사마량을 죽이게 하고 얼마 뒤 사마위도 조서를 멋대로 고쳤다는 이유로 살해함.

300년 조왕 사마륜과 양왕 사마동, 제왕 사마경 등이 가남풍의 일족을 죽임. 가남풍은 이후 금용성에 유폐되었다가 금설주를 마시고 사사됨.

301년 조왕 사마륜이 진혜제를 태상황으로 높이고 자신은 황제의 자리에 오름. 제왕 사마경 등이 각지에 격문을 보내 이를 성토함. 이후 제왕 사마경과 성도왕 사마영 등과의 싸움에서 패한 사마륜이 사사됨. 진혜제가 다시 황제로 복위. 제왕 사마경이 정권을 잡음.

302년 하간왕 사마옹이 장사왕 사마예 등을 부추겨 제왕 사마경을 공격하게 함. 싸움에 패한 사마경이 사사됨.

303년 성도왕 사마영과 하간왕 사마옹이 합세해 장사왕 사마예를 공격하다. 진혜제의 숙부 사마월 등의 배반으로 사마예가 패하고 죽임을 당함.

304년 흉노 모돈 선우의 직계 후손인 유연이 한왕을 칭하며 좌국성에서 보위에 오르다.

305년 동해왕 사마월이 하간왕 사마옹의 죄를 성토하며 토벌 격문을 돌리다.

306년 동해왕 사마월의 장군 기홍이 관중으로 쳐들어가 사마옹의 군사를 격파하다. 이해 사마영이 사마월의 사촌 형인 범양왕 사마효가 보낸 장수에 의해 목숨을 잃다. 이어 하간왕 사마옹을 사도에 임명해 낙양으로 오게 하는 길에 그 역시 죽이다. 이해 진혜제 붕어.

307년 진회제 사마치가 즉위하다. 사마예가 건업을 지키다.

308년 유연이 황제를 칭하고 도읍을 평양으로 옮기다.

310년 유연이 병사하다. 유연의 아들 유화가 뒤를 잇다. 갈족의 석륵이 이끄는 군대가 영평성에서 인간 사냥을 하다. 유화가 유총 등을 제거하려다가 오히려 죽임을 당하다.

311년 석륵이 공격해 오자 사마월이 출병했으나 도중에 병사하다. 진회제가 유총의 군사에게 사로잡히는 '영가의 난'이 일어나다. 수많은 중원의 사족들이 사마예가 지키는 남쪽으로 몰려오다.

313년 진회제가 피살되다. 장안에서 사마업이 보위에 올라 진민제가 되다. 석호가 업성을 함락시키다.

314년 석륵이 진나라 장군 왕준의 목을 베다.

316년 유총의 명을 받은 유요가 장안을 함락시키다. 진민제 사마업이 항복하다. 서진 멸망.

318년 유총이 진민제 사마업을 살해하다. 사마예가 동진을 세우다. 유총 병사. 유찬이 뒤를 이어 즉위하나 이내 근준에 의해 살해되다.

319년 유요가 전조前趙를 세우다. 뒤이어 석륵 역시 스스로 조왕을 칭하면서 후조後趙를 세우다. 조적의 진나라 군사와 후조의 병사들이 준의에서 대치하다.

321년 북벌에 나서 하남 일대의 땅을 수복했던 진나라 장수 조적이 병사하다. 조적이 수복했던 진나라의 땅은 이내 후조에 흡수되다.

322년 후조의 석호가 진나라 장수 서감을 죽이고 연주와 서주를 손에 넣다. 동진의 왕돈이 병사를 이끌고 난신인 유외를 주살한다는 명목으로 건강을 향해 진군한 뒤 권력을 장악하다.

323년 석륵의 군사가 동진에 투항한 청주자사 조의를 죽이고 3만 명을 갱살하다. 진원제 사마예가 죽고 진명제 사마소가 보위에 오르다.

324년 석륵의 군사가 동진의 하비와 동해, 팽성을 손에 넣다. 동진의 왕돈이 병사하다.

325년 석륵이 휘하 장수 석타에게 명해 전조를 공격하다. 유요가 접전을 벌여 후조의 군사를 대파하다. 석호가 전조의 유악 등 장령 80여 명을 포로로 잡고 병사 1만여 명을 갱살하다. 석륵의 세력이 회하 유역까지 확장하다. 동진의 명제 사마소가 붕어하다. 뒤를 이어 태자 사마연이 성제로 즉위하다.

326년 동진의 유량이 정권을 장악하다. 이어 남돈왕 사마종에게 모반 혐의를 씌워 죽이다.

327년 동진의 소준과 조약 등이 병사를 일으키다.

328년	석륵이 조카 석호에게 명해 전조를 공격하다. 유요가 석호의 군사를 물리치다. 동진의 도간이 소준의 난을 진압하기 위해 심양에 도착하다.
329년	유요가 성고의 전투에서 패해 사로잡힌 뒤 죽임을 당하다. 전조 멸망. 동진에서는 소준의 난이 평정되다.
330년	석륵이 스스로를 '대조천왕'이라 부르며 황제를 칭하다.
333년	석륵이 병사하다. 석륵의 아들 석홍이 보위를 잇다.
334년	석호에 의해 석홍이 폐위되다. 석호가 이내 석홍을 죽이고 보위에 오르다.
335년	석호가 후조의 도읍을 양국에서 업성으로 옮기다. 대대적인 토목공사를 일으키다.
337년	석호가 대조천왕을 칭하고 그의 아들 석수를 황태자로 삼다. 모용외의 아들 모용황이 연왕을 칭하다. 후조의 석호가 이끄는 대군이 모용황을 공격하나 패하다.
338년	북위가 독자적인 연호를 사용하다. 탁발부의 십익건이 성락에 도읍을 정하고 대국을 세우다.
342년	동진의 성제 사마연 붕어. 사마악이 보위를 잇다(진강제).
344년	동진의 진강제 붕어. 두 살에 불과한 사마담이 보위를 잇다(진목제).
346년	동진의 환온이 촉에 근거한 성한成漢 정벌에 나서다.
347년	환온이 성한을 멸망시키다.
348년	석호가 황제의 자리에 오르고 모든 자식들의 작호를 '공'에서 '왕'으로 높이다. 전연의 모용황이 죽고 그의 아들 모용준이 보위에 오르다.
349년	석호가 병사하다. 석세가 보위를 잇다. 유황후와 장시의 전횡해 반발해 석준이 군을 이끌고 업성으로 쳐들어간 뒤 보위를 찬탈하고 황제에 오르다. 석민이 석준을 죽이고 다시 석감을 보위에 올린 뒤에 그를 감금하고 권력을 빼앗다. 후조의 갈족들이 반기를 들자 한족이었던 석민과 이농이 살호령을 내리다.
350년	석민이 연금 상태에 있던 석감을 토막 내 죽이다. 석민이 자신의 이름을 염민으로 바꾸고 염위를 건국하다. 갈족의 석지가 양국에서 황제를 칭제한 후 후조의 보위를 잇다.
351년	석지가 보위에 오른 지 1년 만에 죽고 후조가 완전히 패망하다. 부건이 전진前秦을 세우다.
352년	연왕 모용준이 이끄는 대군이 염위를 비롯한 후조의 잔존 세력을 공격하다. 염위가 멸망하다. 모용준이 황제를 칭하며 독자적인 연호를 사용하다.
354년	동진의 환온이 4만의 군사를 이끌고 1차 북벌에 나서다. 삼보 일대를 장악했으나 전진의 견벽청야 전술에 막혀 후퇴하다.
355년	전진의 부건이 병사하다. 부생이 보위를 잇다.
356년	동진의 환온이 낙양을 공격하는 요양을 토벌하기 위에 2차 북벌에 나서서 낙양

을 점령하다.

357년	부법과 부견이 군사를 일으켜 부생을 죽이다.
359년	전연의 모용준이 붕어하다.
361년	환온의 동생 환활이 허창을 점령하다. 동진의 목제 사마담이 병사하고 그 뒤를 낭야왕 사마비가 잇다(진애제).
363년	전연의 군사가 낙양을 공격하다. 환온이 낙양 천도를 건의하다.
365년	동진의 애제 사마비가 병사하다. 그의 동생 사마혁이 뒤를 이어 진폐제가 되다. 전연의 모용각과 모용수가 낙양을 공격해서 빼앗다.
368년	동진 조정이 대사마 환온을 제후왕으로 높이다.
369년	환온이 보기 5만 명을 동원해서 3차 북벌에 나서다.
370년	전진의 부견이 보기 6만 명을 이끌고 전연 토벌에 나서다. 전연이 멸망하다.
371년	환온이 전연에 넘어갔던 수춘성을 수복하다. 동진의 폐제가 폐위되어 동해왕으로 강등되다. 환온이 회계왕 사마욱을 진간문제로 옹립하다.
372년	진간문제가 붕어하다. 사마요가 보위를 잇다(진효무제).
373년	동진의 환온이 병사하다.
374년	전진의 부견이 촉에서 일어난 장육의 반란을 평정하다.
375년	전연의 왕맹이 병사하다.
376년	전진의 부견이 13만의 대군을 보내 전량을 공격해 멸망시키다. 탁발십익건의 대국이 전진에게 멸망하다.
379년	전진의 부견이 동진의 양양을 치고 중랑장 주서를 생포하다.
381년	동진의 환석건이 경릉에서 전진의 군사를 격파하다.
383년	동진의 환충이 양양에서 전진의 군사와 싸워 승리를 거두다. 비수에서 동진의 군사가 전진의 군사를 대파하다.
384년	요장이 후진後秦을 건국하다.
385년	전진의 부견이 후진의 요장에게 붙잡혀 살해당하다. 부비가 진양에서 보위를 이은 뒤 동진을 공격하다 패사하다. 저족이 부견의 족손인 부등을 옹립하다.
386년	모용영이 서연의 황제로 즉위하다. 탁발규가 대국을 다시 세운 뒤 이내 국호를 위로 바꾸다.
393년	후연의 모용수가 서연을 공벌하다.
394년	후진의 요장이 병사하다. 그의 아들 요흥이 보위에 오르다. 부등이 요흥의 군사에게 패하다. 전진 멸망.
396년	동진의 효무제 사마요 급사. 진안제 즉위. 모용수 지난해의 대패를 만회하고자 출병하였으나 병이 재발해 죽다. 모용보가 뒤를 이어 즉위하다.

398년	모용보의 외숙인 난한이 북위의 침공으로 혼란한 정세를 틈타 모용보와 측근들을 몰살하다. 장인인 난한에게 거짓 항복한 모용성이 난한을 죽이고 칭제하다.
400년	모용덕이 남연의 황제로 즉위하다.
401년	후연의 모용성이 정변으로 사망하다. 모용성의 숙부 모용희가 태자를 폐하고 스스로 즉위하다.
404년	유유가 환현을 토벌하다.
405년	남연의 모용덕이 병사한 뒤 모용초가 뒤를 잇다.
407년	풍발의 모반으로 후연이 멸망하다. 후연의 모용희를 죽이고 제위에 오른 모용운이 자신의 원래 성인 '고'씨로 바꾸다. 이로써 북연이 창립되다.
409년	동진의 유유가 남연 정벌에 나서다. 도무제 탁발규가 탁발소에게 피살되다. 탁발사가 탁발소를 처리하고 보위에 오르다. 북연의 고운이 척살되고 풍발이 즉위하다.
411년	유유가 오두미도의 소란을 종식시키다. 노순을 격파하다.
416년	후진의 요흥이 병사하다.
417년	유유가 후진을 멸망시키다.
418년	동진의 진안제 붕어.
420년	동진의 사마덕문이 유유에게 선양의 조서를 내려 유유가 송을 건국하다. 북량의 저거몽손이 서량을 멸하다.
421년	유유가 연금 상태로 있으면서 염불이나 외던 공제를 독살하다.
422년	유유가 사망하자 북위가 북송을 침공하다.
423년	유의부가 유유의 뒤를 잇다. 북위 도무제 탁발사가 병사하다.
424년	보정대신들이 소제 유의부와 여릉왕 유의진을 피살하고 송문제 유의륭을 옹립하다.
425년	대하의 혁련발발이 폭사하자 3남인 혁련창이 보위에 오르다. 북위의 탁발도가 유연을 격파하다.
429년	북위 탁발도가 유연을 대파하다.
430년	북연 풍발이 죽고 동생 풍홍이 보위에 올라 조카 1백여 명을 모조리 죽이다.
431년	북위의 탁발도가 대하를 멸망시키다.
436년	북위의 압박 속에 북연이 멸망하다.
439년	북위의 탁발도가 북량을 정벌함으로써 북중국이 북위로 통일되다.
450년	탁발도가 국사 편찬 문제로 최호를 주살하다. 그해 9월 남정에 들어서다.
452년	북위 태무제 탁발도가 휘하의 태감 종애에게 피살당하다. 뒤를 이은 탁발여가 또다시 종애에게 피살되자 대신들이 종애를 제거하고 탁발준을 옹립하다.
453년	유소가 송문제 유의륭을 죽이다.

466년 탁발홍이 북위 문성제 탁발준의 뒤를 잇다.

471년 북위 헌문제 탁발홍이 황태자 탁발굉에게 선양하다.

472년 송명제 유욱이 병사하고 후폐제 유욱이 즉위하다.

476년 북위 헌문제 탁발홍이 풍태후로부터 사약을 받다.

477년 후폐제 유욱이 신하들의 반란으로 죽고 소도성이 유준을 옹립하다.

479년 소도성이 송나라를 찬탈하고 제나라를 세우다.

482년 제고제 소도성이 죽고 제무제 소색이 즉위하다.

490년 호한융합 정책을 펼치던 북위의 문명태후 풍씨가 죽다.

493년 소색이 병사하여 소소업이 뒤를 잇다. 북위 효문제 탁발굉이 도성을 평성에서
       낙양으로 옮기다.

494년 제명제 소란이 소제 소소업을 시해한 뒤 보위에 오르다.

495년 북위 효문제 탁발굉이 조명을 내려 북방어 사용을 금지하다.

496년 탁발굉이 모든 선비족의 성씨를 일제히 바꾸게 하다.

498년 제명제 소란이 병사하고 뒤를 이어 소보권이 즉위하다.

501년 동혼후 소보권이 소연의 반란으로 죽임을 당하다.

502년 소연이 제나라의 소보융을 폐하고 양나라를 세우다.

515년 북위 선무제 원각이 병사하고, 효명제 원후가 옹립되다.

523년 북위에서 6진의 난이 일어나다.

528년 효명제 원후가 생모 호태후에게 독살되다. 이주영이 반란을 일으켜 호태후를 죽
       이고, 효장제 원자유를 옹립한 뒤 하음에서 조정 백관 1천3백여 명을 도살하다.

529년 양나라 진경지가 원호를 호송하며 북위를 공략하여 낙양에 들어가다. 북위 이
       주영이 다시 낙양을 탈환하고 원호와 진경지가 퇴각하다.

530년 북위의 이주영이 6진의 난을 진압하다. 이후 이주영은 전횡을 일삼다가 효장제
       에게 살해당하다. 이후 효장제 역시 이주영 일족에 의해 목숨을 잃다.

531년 이주씨 일족이 원엽을 폐하고 절민제 원공을 새로 옹립하다.

532년 고환이 군사를 일으켜 이주씨 일족을 도륙하고 효무제 원수를 옹립하다.

534년 효무제가 고환을 제거하려다 실패하고 도망치자 고환이 효정제 원선견을 옹립
       하다.

535년 우문태가 문제 원보거를 옹립하다. 이로써 북위가 고환의 동위와 우문태의 서위
       로 쪼개지다.

536년 동위와 서위가 소관에서 제1차 회전을 벌인 결과 동위가 패배하다.

537년 동위와 서위의 두 번째 접전에서 서위가 재차 승리하다.

547년 동위의 고환이 사망하다. 그의 아들 고징이 뒤를 잇다. 후경이 동위의 고징을 배

신하고 양나라에 귀순하다.

549년 후경이 난을 일으켜 건강을 함락하고 양무제를 연금한 뒤 굶어 죽게 하다.

550년 고징의 동생 고양이 동위의 마지막 황제인 효정제 원선견을 폐하고 제나라를 세우다. 양나라 간문제 소강이 보위에 오르다.

551년 후경이 예장왕 소동으로부터 보위를 넘겨받다.

552년 후경이 소역과 왕승변에게 토벌당해 도주하다 살해당하다. 양원제 소역이 보위에 오르다.

554년 서위가 양나라 강릉을 함락하고 양원제 소역을 죽이다.

555년 진패선이 왕승변을 제거하고 양경제 소방지를 옹립하다.

556년 서위의 우문태가 죽다. 그의 조카 우문호가 실권을 장악하여 서위의 마지막 황제 공제 원곽을 폐하고 우문태의 셋째 아들 우문각을 옹립해 북주를 건국하다.

557년 양경제 소방지가 진패선에게 양위하다.

559년 북제 문선제 고양이 병사하고, 태자 고은이 즉위하나 이내 숙부 고연이 찬위하다. 진나라 진패선이 병사하다.

560년 진문제 진천이 진패선의 뒤를 잇다.

561년 북제 효소제 고연이 병사하고, 무성제 고담이 보위에 오르다.

565년 무성제 고심이 태상황으로 물러나며 태자 고위에게 보위를 넘겨주다.

569년 진선제 진욱이 조카인 진폐제 진백종을 제거한 뒤 보위에 오르다.

572년 북주의 우문호가 죽다. 우문옹이 친정을 시작하다.

575년 우문옹이 내분에 휩싸인 북제를 공격하다. 진문제 진욱이 숙적 왕림을 참수하다.

577년 북주가 북제를 멸하고 화북 일대를 통합하다.

578년 우문옹이 남조 진나라 정벌에 나섰다가 불행히도 도중에 병사하다.

579년 주무제 우문옹의 뒤를 이어 우문빈이 보위에 오르나 이내 태자 우문연에게 보위를 물려주다.

580년 북주의 우문빈이 과도한 주색잡기로 22세의 나이에 요절하다.

581년 양견이 외손자인 정제 우문연을 압박해 보위를 넘겨받고 수나라를 건국하다.

582년 진선제 진욱의 상중에 진숙릉이 보위를 노리고 태자 진숙보를 해하려다 실패하다.

588년 양견이 차남 양광을 총사령관으로 삼아 남조 진나라를 공격하는 원정군을 파견하다.

589년 수문제 양견이 진나라를 멸망시키고 중국을 통일하다.

위진남북조 연호 및 세계*

1. 조위曹魏

시호	이름	연호
문제文帝	조비曹丕	황초(黃初: 220. 10~226)
명제明帝	조예曹叡	태화(太和: 227~233. 1)
		청룡(青龍: 233. 2~237. 2)
		경초(景初: 237. 3~239)
제왕齊王	조방曹芳	정시(正始: 240~249. 4)
		가평(嘉平: 249. 4~254. 10)
향공鄕公	조모曹髦	정원(正元: 254. 10~256. 5)
		감로(甘露: 256. 6~260. 5)
원제元帝	조환曹奐	경원(景元: 260. 6 - 264. 5)
		함희(咸熙: 264. 5 ~265)

2. 서진西晋

무제武帝	사마염司馬炎	태시(泰始: 265. 12~274)
		함녕(咸寧: 275~280. 4)
		태강(太康: 280. 4~289)

---

* 본 부록은 역대 제왕의 연호를 기준으로 정리한 것으로 연호를 사용하지 못한 제왕의 이름은 빠져 있음을 밝힌다.

시호	이름	연호
무제武帝	사마염司馬炎	태희(太熙: 290. 1~4)
혜제惠帝	사마충司馬衷	영의(永熙: 290. 4~12)
		영평(永平: 291. 1~3)
		원강(元康: 291. 3~299)
		영강(永康: 300~301. 4)
		영녕(永寧: 301. 4~302. 12)
		태안(太安: 302. 12~303)
		영안(永安: 304. 1~7)
		건무(建武: 304. 7~305. 12)
		영흥(永興: 304. 12~306. 6)
		광희(光熙: 306. 6~12)
회제懷帝	사마치司馬熾	영가(永嘉: 307~313. 4)
민제愍帝	사마업司馬鄴	건흥(建興: 313. 4~317. 3)

3. 남북조南北朝

1) 북조

(1) 유한劉漢

시호	이름	연호
광문제光文帝	유연劉淵	원희(元熙: 304. 10~308. 9)
		영봉(永鳳: 308. 10~309. 4)
		하서(河瑞: 309. 5~310. 6)
소무제昭武帝	유총劉聰	광흥(光興: 310. 7~311. 5)
		가평(嘉平: 311. 6~315. 2)
		건원(建元: 315. 3~316. 10)
		인가(麟嘉: 316. 11~318. 6)
영제靈帝	유찬劉粲	한창(漢昌: 318. 7~9)

(2) 전조前趙

시호	이름	연호
	유요劉曜	광초(光初: 318. 10~329. 8)

(3) 성한成漢

시호	이름	연호
경제景帝	이특李特	건초(建初: 303~304. 9)
무제武帝	이웅李雄	건흥(建興: 304. 10~306. 6)
		안평(晏平: 306. 6~310)
		옥형(玉衡: 311~334)
유공幽公	이기李期	옥항(玉恒: 335~338. 3)
소문제昭文帝	이수李壽	한흥(漢興: 338. 4~343)
귀의후歸義侯	이세李勢	태화(太和: 344~346. 9)
		가녕(嘉寧: 346. 10~347. 3)

(4) 전량前凉

시호	이름	연호
소공昭公	장식張寔	건흥(建興: 317~320. 5)
성공成公	장무張茂	건흥(建興: 320. 6~324. 4)
문공文公	장준張駿	건흥(建興: 324. 5~346)
환공桓公	장중화張重華	건흥(建興: 346. 5~353)
위공威公	장조張祚	화평(和平: 354~355. 9)
충공沖公	장현정張玄靚	건흥(建興: 355. 윤9~361. 11)
		승평(昇平: 361. 12~363.10)
귀의후归義侯	장천석張天錫	승평(昇平: 363. 8~376. 8)

(5) 후조後趙

시호	이름	연호
명제明帝	석륵石勒	태화(太和: 328. 2~330. 8)
		건평(建平: 330. 9~333)
해양왕海陽王	석홍石弘	연희(延熙: 334)
	석호石虎	건무(建武: 335~348)
		태녕(太寧: 349)
의양왕義陽王	석감石鑒	청룡(靑龍: 350. 1~윤2)
신흥왕新興王	석지石祇	영녕(永寧: 350. 3~351. 4)
위무도魏武悼	염민冉閔	영흥(永興: 350. 윤2~352. 4)

(6) 전연前燕

시호	이름	연호
경소제景昭帝	모용준慕容儁	원새(元璽: 352. 11~357. 1)
		광수(光壽: 357. 2~359)
유제幽帝	모용위慕容暐	건희(建熙: 360~370. 11)

(7) 후연後燕

시호	이름	연호
성무제成武帝	모용수慕容垂	연원(燕元: 384~386. 2)
		건흥(建興: 386. 2~396. 4)
혜민제惠愍帝	모용보慕容寶	영강(永康: 396. 4~398. 4)
소무제昭武帝	모용성慕容盛	건평(建平: 398. 10~12)
		장락(長樂: 399~401. 7)
소문제昭文帝	모용희慕容熙	광시(光始: 401. 8~406)
		건시(建始: 407. 1~7)

(8) 서연西燕

시호	이름	연호
제북왕齊北王	모용홍慕容泓	연흥(燕興: 384. 4~12)
위제威帝	모용충慕容沖	갱시(更始: 385~386. 2)
서연왕西燕王	단수段隨	창평(昌平: 386. 2~3)
서연왕西燕王	모용개慕容凱	건명(建明: 386. 3)
서연왕西燕王	모용요慕容瑤	건평(建平: 386. 3)
서연왕西燕王	모용충慕容忠	건무(建武: 386. 3~9)
하동왕河東王	모용영慕容永	중흥(中興: 386. 10~394. 8)

(9) 남연南燕

시호	이름	연호
헌무제獻武帝	모용덕慕容德	건평(建平: 400~405. 11)
말주末主	모용초慕容超	태상(太上: 405. 11~410. 2)

(10) 전진前秦

시호	이름	연호
명제明帝	부건苻健	황시(皇始: 351~355. 5)
여왕厲王	부생苻生	수광(壽光: 355. 6~357. 5)
선소제宣昭帝	부견苻堅	영흥(永興: 357. 6~359. 5)

시호	이름	연호
선소제宣昭帝	부견苻堅	감로(甘露: 359. 6~364)
		건원(建元: 365~385. 7)
애평제哀平帝	부비苻丕	태안(太安: 385. 8~386. 10)
고제高帝	부등苻登	태초(太初: 386. 11~394. 6)
후주後主	부숭苻崇	연초(延初: 394. 7~10)

(11) 후진後秦

무소제武昭帝	요장姚萇	백작(白雀: 384. 4~386. 4)
		건초(建初: 386. 4~394. 4)
문환제文桓帝	요흥姚興	황초(皇初: 394. 5~399. 9)
		홍시(弘始: 399. 9~416. 1)
후주後主	요홍姚泓	영화(永和: 416. 2~417. 8)

(12) 북연北燕

혜의제惠懿帝	고운高雲	정시(正始: 407. 7~409. 10)
문성제文成帝	풍발馮跋	태평(太平: 409. 10~430)
소성제昭成帝	풍홍馮弘	태흥(太興: 431~436. 5)

(13) 서진西秦

선열왕宣烈王	걸복국인乞伏國仁	건의(建義: 385. 9~388. 6)
무원왕武元王	걸복건귀乞伏乾歸	태초(太初: 388. 6~400. 7)
		갱시(更始: 409. 7~412. 8)
문소왕文昭王	걸복치반乞伏熾磐	영강(永康: 412~419)
		건홍(建弘: 420~428. 5)
후주後主	걸복모말乞伏暮末	영홍(永弘: 428. 5~431. 1)

(14) 후량後涼

의무제懿武帝	여광呂光	태안(太安: 386. 10~389. 1)
		인가(麟嘉: 389. 2~396. 6)
		용비(龍飛: 396. 6~399)
		승강(承康: 399~?)
영제靈帝	여찬呂纂	함녕(咸寧: 399. 12~401. 1)

시호	이름	연호
후주後主	여륭呂隆	신정(神鼎: 401. 2~403. 8)

(15) 남량南涼

시호	이름	연호
무왕武王	독발오손禿髮烏孤	태초(太初: 397~399)
강왕康王	독발리록고禿髮利鹿孤	건화(建和: 400~402. 3)
경왕景王	독발욕단禿髮傉檀	홍창(弘昌: 402. 3~404. 2)
		가평(嘉平: 408. 11~414. 7)

(16) 북량北涼

시호	이름	연호
문왕文王	단업段業	신새(神璽: 397. 5~399. 1)
		천새(天璽: 399. 2~401. 5)
무선왕武宣王	저거몽손沮渠蒙遜	영안(永安: 401. 6~412. 10)
		현시(玄始: 412. 11~428)
		승현(承玄: 428. 6~431)
		의화(義和: 431. 6~433. 4)
애왕哀王	저거목건沮渠牧犍	영화(永和: 433. 4~439. 9)
주천왕酒泉王	저거무휘沮渠無諱	승평(承平: 443~460)

(17) 서량西涼

시호	이름	연호
무소왕武昭王	이고李暠	경자(庚子: 400. 10~404)
		건초(建初: 405~417. 2)
후주後主	이흠李歆	가흥(嘉興: 417. 2~420. 7)
관군후冠軍侯	이순李恂	영건(永建: 420. 10~421. 3)

(18) 하夏

시호	이름	연호
무열제武烈帝	혁련발발赫連勃勃	용승(龍昇: 407. 6~413. 2)
		봉상(鳳翔: 413. 3~418. 10)
		무창(昌武: 418. 11~419. 1)
		진흥(眞興: 419. 2~425. 7)
폐주廢主	혁련창赫連昌	승광(承光: 425. 8~428. 2)
후주後主	혁련정赫連定	승광(勝光: 428. 2~431. 6)

(19) 북위北魏

시호	이름	연호
소성제昭成帝	탁발십익건拓跋什翼健	건국(建國: 338. 11~376)
도무제道武皇	탁발규拓跋珪	등국(登國: 386~396. 6)
		황시(皇始: 396. 7~398)
		천흥(天興: 398. 12~04. 10)
		천사(天賜: 404. 10~409. 10)
명원제明元帝	탁발사拓跋嗣	영흥(永興: 409. 윤10~413)
		신서(神瑞: 414~416. 4)
		태상(泰常: 416. 10~423)
태무제太武帝	탁발도拓跋燾	시광(始光: 424~428. 1)
		신가(神䴥: 428. 2~431)
		연화(延和: 432~435. 1)
		태연(太延: 435~440. 6)
		태평진군(太平眞君: 440. 6~451. 6)
		정평(正平: 451. 6~452. 2)
남안왕南安王	탁발여拓跋余	승평(承平: 452. 2~10)
문성제文成帝	탁발준拓跋濬	흥안(興安: 452. 10~454. 7)
		흥광(興光: 454. 7~455. 6)
		태안(太安: 455. 6~459)
		화평(和平: 460~465)
헌문제獻文帝	탁발홍拓跋弘	천안(天安: 466~467. 8)
		황흥(皇興: 467. 8~471. 8)
효문제孝文帝	원굉元宏	연흥(延興: 471. 8~476. 6)
		승명(承明: 476. 6~12)
		태화(太和: 477~499)
선무제宣武帝	원각元恪	경명(景明: 500~504. 1)
		정시(正始: 504. 1~508. 8)
		영평(永平: 508. 8~512. 4)
		연창(延昌: 512. 4~515)
효명제孝明帝	원후元詡	희평(熙平: 516~518. 2)
		신구(神龜: 518. 2~520. 7)
		정광(正光: 520. 7~525. 6)
		효창(孝昌: 525. 6~528. 1)
		무태(武泰: 528. 1~4)

시호	이름	연호
효장제孝莊帝	원자유元子攸	건의(建義: 528. 4~9)
		영안(永安: 528. 9~530. 10)
장광왕長廣王	원엽元曄	건명(建明: 530. 10~531. 2)
절민제節閔帝	원공元恭	보태(普泰: 531. 2~10)
안정왕安定王	원랑元朗	중흥(中興: 531. 10~532. 4)
효무제孝武帝	원수元修	태창(太昌: 532. 4~12)
		영흥(永興: 532. 12),
		영희(永熙: 532. 12~534)

(20) 동위東魏

시호	이름	연호
효정제孝靜帝	원선견元善見	천평(天平: 534. 10~37)
		원상(元象: 538~39. 11)
		흥화(興和: 539. 11~42)
		무정(武定: 543~50. 5)

(21) 서위西魏

시호	이름	연호
문제文帝	원보거元寶炬	대통(大統: 535~551)
폐제廢帝	원흠元欽	건명(乾明: 551~554)

(22) 북제北齊

시호	이름	연호
문선제文宣帝	고양高洋	천보(天保: 550. 5~559)
폐제廢帝	고은高殷	건명(乾明: 560. 1~560. 8)
효소제孝昭帝	고연高演	황건(皇建: 560. 8~561. 11)
무성제武成帝	고담高湛	태녕(太寧: 561. 11~562. 4)
		하청(河淸: 562. 4~565. 4)
후주後主	고위高緯	천통(天統: 565. 4~569)
		무평(武平: 570~576. 12)
		융화(隆化: 576. 12)
안덕왕安德王	고연종高延宗	덕창(德昌: 576. 12)
유주幼主	고항高恒	승광(承光: 577. 1~3)

(23) 북주北周

시호	이름	연호
명제明帝	우문육宇文毓	무성(武成: 559. 8~560)
무제武帝	우문옹宇文邕	보정(保定: 561~565)
		천화(天和: 566~572. 3)
		건덕(建德: 572. 3~578. 3)
		선정(宣政: 578. 3~12)
선제宣帝	우문빈宇文贇	대성(大成: 579. 1~2)
정제靜帝	우문연宇文衍	대상(大象: 579. 2~580)
		대정(大定: 581. 1~2)

2) 남조

(1) 동진東晋

원제元帝	사마예司馬睿	건무(建武: 317. 3~318. 3)
		대흥(太興: 318. 3~321)
		영창(永昌: 322~323. 2)
명제明帝	사마소司馬紹	태녕(太寧: 323. 3~326. 1)
성제成帝	사마연司馬衍	함화(咸和: 326. 2~334)
		함강(咸康: 335~342)
강제康帝	사마악司馬岳	건원(建元: 343~344)
목제穆帝	사마염司馬聃	영화(永和: 345~356)
		승평(昇平: 357~361)
애제哀帝	사마비司馬丕	융화(隆和: 362~363. 2)
		흥녕(興寧: 363. 2~365)
폐제廢帝	사마혁司馬奕	태화(太和: 366~371. 11)
간문제簡文帝	사마욱司馬昱	함안(咸安: 371. 11~372)
효무제孝武帝	사마요司馬曜	영강(寧康: 373~375)
		태원(太元: 376~396)
안제安帝	사마덕종司馬德宗	융안(隆安: 397~401)
		원흥(元興: 402~404)
		의희(義熙: 405~418)
공제恭帝	사마덕문司馬德文	원희(元熙: 419~420. 6)

(2) 송宋

시호	이름	연호
무제武帝	유유劉裕	영초(永初: 420. 6~422)
소제少帝	유의부劉義符	경평(景平: 423~424. 8)
문제文帝	유의륭劉義隆	원가(元嘉: 424. 8~453)
효무제孝武帝	유준劉駿	효건(孝建: 454~456)
		대명(大明: 457~464)
전폐제前廢帝	유자업劉子業	영광(永光: 465. 1~8)
		경화(景和: 465. 8~11)
명제明帝	유욱劉彧	태시(泰始: 465. 12~471)
		태예(泰豫: 472)
후폐제後廢帝	유욱劉昱	원휘(元徽: 473~477. 7)
순제順帝	유준劉準	승명(昇明: 477. 7~479. 4)

(3) 제齊

고제高帝	소도성蕭道成	건원(建元: 479. 4~482)
무제武帝	소색蕭賾	영명(永明: 483~493)
울림왕鬱林王	소소업蕭昭業	융창(隆昌: 494. 1~7)
해릉왕海陵王	소소문蕭昭文	연흥(延興: 494. 7~10)
명제明帝	소란蕭鸞	건무(建武: 494. 10~498. 4)
		영태(永泰: 498. 4~12)
동혼후東昏侯	소보권蕭寶卷	영원(永元: 499~501. 3)
화제和帝	소보융蕭寶融	중흥(中興: 501. 3~502. 3)

(4) 양梁

무제武帝	소연蕭衍	천감(天監: 502. 4~519)
		보통(普通: 520~527. 3)
		대통(大通: 527. 3~529. 9)
		중대통(中大通: 529. 10~534)
		대동(大同: 535~546. 4)
		중대동(中大同: 546. 4~547. 4)
		태청(太淸: 547. 4~549)
간문제簡文帝	소강蕭綱	대보(大寶: 550~551)

시호	이름	연호
예장왕豫章王	소동蕭棟	천정(天正: 551. 8~11)
하남왕河南王	후경侯景	태시(太始: 551. 11~552. 3)
무릉왕武陵王	소기蕭纪	천정(天正: 552. 4~553. 7)
원제元帝	소역蕭繹	승성(承聖: 552. 11~555. 4)
정양후貞陽侯	소연명蕭淵明	천성(天成: 555. 5~10)
경제敬帝	소방지蕭方智	소태(紹泰: 555. 10~556. 8)
		태평(太平: 556. 9~557. 10)

(5) 진陳

무제武帝	진패선陳霸先	영정(永定: 557. 10~559)
문제文帝	진천陳蒨	천가(天嘉: 560~566. 2)
		천강(天康: 566. 2~12)
폐제廢帝	진백종陳伯宗	광대(光大: 567~568)
선제宣帝	진욱陳頊	태건(太建: 569~582)
후주後主	진숙보陳叔寶	지덕(至德: 583~586)
		정명(禎明: 587~589. 1)

찾아보기

하란산賀蘭山 ▲

104°
은천銀川 ○
108°
황

청해
무위武威
영무靈武
하
황

코코노르
青海
○서녕西寧
영하
하

36° 황 하
난주蘭州
고원固原
연안延安

부현富縣

섬서
임조臨洮
감숙
공동산崆峒山 ▲
하조

만영

농산隴山 ▲
경
포성蒲城
영제永

농현隴縣
봉상鳳翔
하
관작루

천수天水
보계寶鷄
위
수
마외馬嵬
위남渭南
동관

성현成縣
대산관大散關
서안西安
곡강曲江
화산華山

봉현鳳縣
(장안)
임전藍田
락

태백산太白山 ▲
수양산首陽山
종남산終南山
상주商州

면현勉縣
포성褒城

한중漢中

대大

검각관劍閣關
파巴

강유江油
검각
산山

면양綿陽
창계蒼溪
무

랑중閬中
파중巴中
산

삼대三台
가嘉
백제성白帝城
봉절奉節
무산巫山
자귀秭歸

성도成都
남충南充
룽陵
만현萬縣
구당협瞿塘峽
무협巫峽
파동巴東

사천
충현忠縣
강

공래邛崍
강江

미산眉山

아미산峨眉山 ▲
강江
부릉涪陵

청의강
중경重慶
팽수彭水
장가계張家界

상

의빈宜賓
장
도원桃源

노주瀘州
원강沅江

금
야랑夜郎

사
귀주

강江
도현

『삼국지 다음 이야기』 무대(중심부)

0   100   200   300   400   500km

○곤명
104°
108°
계림桂林